REPORT OF HEDGE FUNDS IN CHINA 2022

清华大学五道口金融学院
TSINGHUA UNIVERSITY PBC SCHOOL OF FINANCE

2022年中国私募基金研究报告

曹泉伟　陈卓　等 / 著

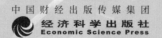

中国财经出版传媒集团

经济科学出版社
Economic Science Press

编　委　会

主　　任：曹泉伟

副 主 任：陈　卓

编著人员（按姓氏笔画为序）：

门　垚　王平凡　石　界　李　想

姜白杨　詹欣琪　滕立雅

前言

2021 年，尽管面临着严峻复杂的国际环境和国内新冠肺炎疫情区域性扩散等多重考验，但我国经济持续恢复发展的态势没有改变，相较于 2020 年 GDP 增长 8%。这一年，我国资本市场改革持续深化，北京证券交易所（以下简称"北交所"）正式开市，进一步丰富了中小企业的融资渠道；中央经济工作会议指出全面实行股票发行注册制；监管部门通过多种途径，不断规范、健全资本市场。回顾 2021 年股票市场，上证综指上涨 4.8%，深圳成指上涨 2.7%，创业板指数上涨 12.0%，沪深 300 指数下跌 5.2%。股票市场呈现出明显的分化特征，板块轮动加快，这对基金经理的投资能力带来严峻的考验。

随着我国资本市场的发展、监管制度的完善以及居民财富的不断积累，私募基金逐渐成为我国财富管理当中不可或缺的一部分。本书以中国证券投资类私募基金为研究对象，从发展现状、业绩表现、选股择时能力和业绩持续性等角度进行了细致的分析。第一章，我们回顾私募基金市场的发展历程，并从不同维度剖析我国私募基金的发展现状。2021 年，随着私募基金监管新规的正式出台，中国证券监督管理委员会（以下简称"证监会"）加大了私募领域的处罚力度，中国证券投资基金业协会（以下简称"基金业协会"）也数次更新官方系统，监管持续收紧，整个私募基金行业逐渐驶入了健康发展的快车道。同时，2021 年 A 股市场热点快速轮动，百亿元级私募基金业绩分化明显，年内新增 14 家百亿元级量化私募基金管理人，量化私募基金的管理规模也突破 1 万亿元，实现跨越式发展。截至 2021 年底，我国证券类私募基金备案数量达到 76 839 只，规模为 6.12 万亿元。整体来看，受新冠肺炎疫情冲击以及居民财富逐渐向资本市场转移的影响，我国私募基金行业迎来爆发式增长阶段。

第二章，我们以私募基金中最具代表性的股票型私募基金为研究对象，与股票型公募基金以及覆盖市场上所有股票的万得全 A 指数的业绩表现进行综合比较。从收益的角度来看，2021 年，股票型私募基金的净值平均上涨 11.8%，股票型公募基金的净值平均上涨 9.1%，万得全 A 指数上涨 9.2%。将样本期间拉长，近三年（2019~2021 年）股票型私募基金的平均年化收益率为 27.1%，近五年（2017~2021 年）平均年化收益率为 15.6%，在两个时间段内私募基金的业绩都跑赢了万得全 A 指数，但皆未跑赢公募基金。在考虑风险因素后，近三年和近五年股票型私募基金的夏普比率皆不如公募基金；与大盘指数相比，其表现在近三年与大盘指数几乎持平，近五年优于指数。从索丁诺比率的分析结果来看，在相同的下行风险水平下，当样本区间是三年时，私募基金的索丁诺比率不如公募基金，但优于大盘指数；当样本是五年时，私募基金的索丁诺比率好于公募基金和大盘指数。从收益——最大回撤比率的分析结果来看，无论是三年样本还是五年样本，在相同的下行风险水平下，私募基金能够取得高于大盘指数的风险调整后收益。相对而言，私募基金还是在长期才具有较强的盈利能力。

第三章，我们评估股票型私募基金经理的选股能力和择时能力。我们的量化分析结果显示，在近五年（2017~2021 年）具有完整历史业绩的 864 只股票型私募基金中，有 459 只（占比 53%）基金表现出正确的选股能力，有 28 只（占比 3%）基金表现出正确的择时能力。经自助法检验后发现，有 373 只（占比 43%）基金的选股能力、25 只（占比 3%）基金的择时能力源于基金经理自身的投资能力，而非运气。

第四章，我们分别使用基金收益率的 Spearman 相关性检验、绩效二分法检验、描述统计检验和基金夏普比率的描述统计检验，研究私募基金过往业绩与未来业绩的关系。检验结果显示，当排序期为一年（或三年）、检验期为一年时，私募基金的业绩在下一年不具有持续性。因此，仅仅依据过往一年（或三年）的收益选择基金，很难选出在未来一年收益高的基金。同时，当排序期为一年时，过去一年夏普比率排名靠前或靠后的基金在未来一年有较大概率仍然排名靠前或靠后；当排序期为三年时，过去三年夏普比率排名靠前的基金在未来一年有较大概率仍然排名靠前。可见，私募基金过去一段时间的夏普比率，对投资者而言具有重要的参考价值，投资者在选取基金时，可以以此为依据选取或规避特定的私募基金。

第五章，为使大家了解我国私募基金行业的发展状况以及不同策略私募基金的整体收益和风险程度，我们根据私募基金的投资策略构建出六类中国私募基金指数，分别为普通股票型私募基金指数、股票多空型私募基金指数、相对价值型私募基金指数、事件驱动型私募基金指数、债券型私募基金指数和 CTA 型私募基金指数。上述六类私募基金指数的收益皆高于相应的市场指数，除事件驱动型私募基金指数的风险略高于其市场指数外，其余五类私募基金指数对风险的控制明显优于市场指数。我们将指数进行横向对比后发现，CTA 型私募基金指数的收益及调整风险后收益指标的表现最好，并且除债券型和事件驱动型私募基金指数外，其余四类私募基金指数的风险都低于同期市场指数。

第六章，我们构建私募基金风险因子，并用这些风险因子解释私募基金收益的来源。私募基金风险因子包括股票市场风险因子（MKT）、规模因子（SMB）、价值因子（HML）、动量因子（MOM）、债券因子（BOND10）、信用风险因子（CBMB10）、债券综合因子（BOND_RET）及商品市场风险因子（FUTURES）。结果显示，当对单只基金进行回归分析时，四类股票型基金的拟合程度较好，与 MKT 因子呈正相关的基金数量比例较高，体现出股票型基金的特征，而债券型基金和 CTA 型基金的拟合程度较差，意味着我们构造的八个风险因子不能较好地解释这两个策略私募基金的收益构成。当对私募基金指数进行回归时，普通股票型、股票多空型和事件驱动型私募基金指数的模型拟合程度较高。

本书通过定性的归纳总结和大量的数据分析，力求以客观、独立、深入、科学的方法，对我国私募基金行业的一些基础性、规律性的问题做出深入分析，使读者对私募基金行业整体的发展脉络有一个全面而清晰的认识，加深对私募基金发展现状的理解。同时，也为关注私募基金行业发展的各界人士提供一份可以深入了解私募基金的参阅材料。

目 录 CONTENTS

第一章

中国私募基金行业发展概览

　　2021 年，尽管面临着严峻复杂的国际环境和国内新冠肺炎疫情区域性扩散等多重考验，但我国经济持续恢复发展的态势没有改变，相较于 2020 年 GDP 增长 8%，虽然消费恢复低于市场预期，但投资增速整体平稳，制造业投资增势良好，进出口高速增长。在出口与工业生产保持稳定的情况下，企业利润继续增长，有效支撑了企业的基本盘。然而，这一年 A 股市场风格频繁切换，板块分化明显，代表新经济、新产业的行业板块不断轮动领涨，如新能源汽车、绿色电力、能源革命、科技升级等板块；而代表传统经济、传统产业的行业板块则整体回调严重，如白酒、消费、医药、保险、证券、银行等板块。整体来看，2021 年上证指数上涨 4.8%，沪深 300 指数下跌 5.2%。

　　尽管 2021 年市场持续动荡，但私募证券投资基金行业延续了 2020 年的火热行情，私募基金数量与规模均创历史新高。基金业协会数据显示，截至 2021 年 12 月底，私募证券投资基金管理人有 9 069 家，存续私募基金产品数量为 76 839 只，存续私募基金规模由 2020 年底的 3.77 万亿元增长至 6.12 万亿元，同比增长 62%。相较于 2020 年，2021 年私募基金新增备案产品数量为 31 596 只，同比增加 19%。值得一提的是，2021 年量化类私募基金发展迅猛，年内新增 14 家百亿元级量化私募基金管理人，据公开信息显示，备案产品最多的 10 家私募机构均为量化私募基金管理人。私募基金行业急剧增长背后的原因有：一方面，在资管新规落地后，由于国家对房地产行业的管控，居民财富逐渐转移至权益类市场，投资者愿意将资金交给专业的基金管理人打理；另一方面，私募基金业绩也较为突出，如在 2020 年震荡的股市行情中，万得（Wind）数据显示，股票型私募基金等权平均年度收益率达到 38%。

　　本书将围绕证券类私募基金展开研究，关注其在我国的发展历史、现状、投资表现等，以期为社会各界人士提供一份详尽的参考。本章将从四个维度来梳理私募基金的发展脉络：首先描述私募基金的基本概念与特征，之后简述行业发展历程、汇总 2021 年行业的大事件以及梳理行业发展现状。

一、私募基金与公募基金的区别

证券投资基金是指通过发售基金份额，将众多不特定投资者的资金汇集起来，形成独立财产，委托基金管理人进行投资管理、基金托管人进行财产托管，由基金投资人共享投资收益、共担投资风险的集合投资方式。证券投资基金所投的有价证券主要是在证券交易所或银行间市场上公开交易的证券，包括股票、债券、货币市场工具、金融衍生品等。投资者投资证券、投资基金，主要是为了实现资产的保值与增值。根据资金募集方式的不同，证券投资基金划分为公募证券投资基金（以下简称"公募基金"）和私募证券投资基金（以下简称"私募基金"）。私募基金是指向特定投资者，即少数机构投资者和富有的个人投资者，以非公开方式进行资金募集的基金，对投资者的风险承受能力有一定的要求；公募基金是向不特定投资者公开发行基金份额并进行资金募集的基金。

在我国资产管理行业的发展进程中，公募基金与私募基金均扮演了十分重要的角色，两者的发展呈现出彼此交织、影响与互补的态势。虽然二者同为证券类投资基金，但是相较于公募基金，私募基金有许多独有的特征，包括非公开募集资金的方式、投资者为合格投资者、"固定+浮动"的管理费机制等。本书将展开具体分析，希望能够帮助投资者深入了解私募基金的内涵与性质。私募基金的特征有以下几点。

合格投资者制度。私募基金具有较高的投资风险，需要投资者具备一定的风险识别和风险承受能力，故而私募基金只面向合格投资者募集资金，并且合格投资者有着严格和明确的标准。根据 2018 年人民银行、银保监会、证监会、外汇局联合发布的《关于规范金融机构资产管理业务的指导意见》（以下简称《资管新规》）可知，私募基金的个人合格投资者需满足以下几点要求。个人投资者需要具备两年以上的投资经验，且需要满足以下条件之一：（1）其家庭金融净资产不低于 300 万元；（2）家庭金融资产不低于 500 万元；（3）近 3 年本人年均收入不低于 40 万元。私募基金的机构合格投资者需要满足：最近 1 年末净资产不低于 1 000 万元。社会保障基金、企业年金等养老基金，慈善基金等社会公益基金，以及保险资金等都属于合格机构投资者的范畴。2015 年修订的《中华人民共和国证券投资基金法》（以下简称《证券投资基金法》）中规定，一只私募基金合格投资者人数（包括单位和个人）累计不得超过 200 人。

非公开募集。与公募基金公开募集资金的方式不同，私募基金只能向合格投资者以非公开的方式募集资金，私募基金不得向合格投资者以外的个人或单位宣传和推介私募基金。私募基金管理人以变相公开方式向不特定对象宣传私募基金产品的行为同样不被允许，如借助互联网、微信、报刊、电视、电台、讲座、报告会、短信、邮件、传单等平台或载体进行宣传的行为均不合规，有此行为的私募基金管理人将受到证监会或基金业协会等监管机构的处罚。私募基金管理人在向特定投资者宣传推介私募基金之前，需经特定对象确定程序评估投资者是否具有相应的风险识别和风险承受能力，特定对象确定程序①可以采取调查问卷等方式。调查问卷应包含投资者的基本信息、财务状况、投资知识、投资经验和风险偏好等信息。在互联网等在线平台推介私募基金时，同样需经过在线特定对象确定程序，包括投资者的基本信息、联系方式、调查问卷等，并且投资者需确认自身为符合监管机构要求的合格投资者。

"固定+浮动"管理费。私募基金采取固定管理费和浮动管理费相结合的模式收取管理费。固定管理费是指投资者每年向私募基金管理人按一定比例支付的管理费用，通常为1%~2%。浮动管理费是指当私募基金业绩达到某一水平时，私募基金管理人将收取一部分业绩收益作为业绩报酬，一般基金管理人提取业绩的20%作为浮动管理费。在实际操作过程中，有些私募基金管理人的业绩报酬提取比例会超过20%。2020年6月，基金业协会起草《私募证券投资基金业绩报酬指引（征求意见稿）》，规定业绩报酬的计提比例上限为业绩报酬计提基准以上投资收益的60%。另外，私募基金管理人提取浮动管理费的时间节点也各不相同，基金管理人可以按合同约定的固定时间节点或在基金分红时计提报酬，也可以选择在投资者赎回基金份额时计提报酬，也有私募基金管理人会选择在基金清盘时一次性计提业绩报酬。通常情况下，公募基金只提取固定管理费，万得数据显示，截至2021年底，我国股票型、债券型、混合型、货币型公募基金的平均固定管理费率分别为0.8%、0.4%、1.2%、0.2%左右。

监管相对宽松。尽管私募基金的监管合规要求愈加严厉，但相对于公募基金而言，私募基金的监管约束仍然较少，这与私募基金的特征密切相关。私募基金面向合格投资者募集资金，具有较高的投资门槛，投资者范围小，社会影响面窄，故而更加注重市场主体自治，以行业自律监管为主。在我国，由基金业协会负责私募基金的自律监督管理，包括对私募基金登记备案、信息披露、募集行为、合同指引、命名指引等多维度的监管，但基金业协会不对私募基金管理人和产品做实质性的事前检查。私募基金的投资运作主要依据基金合同，信息披露程度较低，有较高的隐蔽性。而公募基金面向不特定对象公开募集资金，投资者范围较广，基金份额持有的人数下限是200人，投资者中有很大一部分人风险识别和风险承受能力较低，因而公募基金的监管严苛，发行的产品也需经过证监会的严格审核，投资目标、投资

---

① 特定对象确定程序是私募基金在募集资金前必须完成的程序，该程序可以评估投资者是否具备相应的风险识别能力和风险承受能力。

组合等各方面信息都要披露，产品公开化与透明化程度较高。

投资策略灵活。监管层面在投资范围、投资限制、投资策略等方面对私募基金的约束较少，留给私募基金的可操作空间较大，故而私募基金具有较高的灵活性。私募基金产品体量相对较小，产品设立下限容易达到，单只产品的设立规模通常为几千万至亿元，而单只公募基金产品的设立规模需至少达到两亿元。并且，私募基金可以在 0~100% 之间自由控制仓位，而股票型公募基金则有 80% 的股票仓位限制。同时，私募基金可以运用丰富的投资策略，如做空、对冲等，公募基金在这方面受约束较大。私募基金的灵活性有利于私募基金管理人最大限度地运作自身的投资策略，实现追求绝对收益的目标。

追求绝对收益。私募基金管理人更加关注基金的绝对收益和超额回报，无论市场涨跌，私募基金都以获得绝对的正收益率为目标。而公募基金追求的是相对收益，更加注重的是与业绩比较基准和业内同类型基金的对比，业绩比较基准通常为股指或者债指，如华夏大盘精选的业绩比较基准为"富时中国 A200 指数×80%+富时中国国债指数×20%"，该基金就更关注自身的收益率是否能够超越上述业绩比较基准和业内的平均收益水平。

二、行业发展历程

回顾私募基金的成长历程，不难发现，私募基金经历的是一个自下而上、自发孕育产生和发展的过程，本节从以下三个阶段梳理私募基金的成长过程。

第一阶段：地下生长阶段（20 世纪 90 年代初至 2004 年）。20 世纪 90 年代初，上海证券交易所（以下简称"上交所"）与深圳证券交易所（以下简称"深交所"）相继成立，资本市场初步建立，但制度尚不完善，市场上有制度套利和操纵股价的空间，如一家企业从一级市场进入二级市场，企业估值可以产生巨大差别。由于制度体系存在缺陷，所以有许多投资者想要参与两个市场之间的套利。但当时的公募基金并不能满足这部分投资者的需求。与此同时，随着改革开放的推进，我国市场上涌现出越来越多的富有投资者和拥有闲置资金的企业，其急需创新型的理财方式来管理自身的资金。在此背景下，私募基金自发孕育产生。1993 年，国家允许证券公司投资一级市场，证券公司便可以开展承销业务。证券公司与一些客户之间建立起信任关系，这些客户将大量资金交给证券公司代理证券投资，这部分资金大多数发展成为隐蔽的"一级市场基金"，即在一级市场上认购新股。这种大客户与证券公司间不正规的信托资金委托关系便是我国私募基金的雏形。

1996~2000 年，股票市场行情火热，投资者理财需求增加，一些投资者以委托理财的方式进入股市，部分上市公司也将闲置资金委托给主承销商代理投资，这均促使投资公司大热。与此同时，在券商经营过程中，基金管理人受到诸多限制，薪酬水平也较低，许多券商精英"跳槽"出来成立以委托理财方式设立的投资咨询公司、投资顾问公司以及投资管理公司等，补充了私募基金的人才队伍。于是，市场上出现了更接近严格意义上的私募基金。之后，随着公募基金大举建仓钢铁、石化、能源电力、银行、汽车等行业并获得丰厚的利润，价值投资逐渐在市场上流行起来，崇尚该理念的私募基金逐渐崭露头角，一批私募基金管理人陆续转型，逐步接受和运用价值投资理念。

2001~2003 年，私募基金阳光化的条件逐渐成熟。2001 年，《中华人民共和国信托法》（以下简称《信托法》）的颁布为信托公司合法化从事私募业务拉开序幕。《信托法》建立了信托的法律制度，明确和规范了信托关系，给各类机构依托信托关系进行业务创新提供了必要的法律基础。2003 年，由云南国际信托有限公司发行的"中国龙资本市场集合资金信托计划"正式成立，这是我国首支以信托模式运作并投资于二级市场的证券类信托产品。2003 年 10 月，全国人大常委会通过《证券投资基金法》，明确了公开募集基金的法律体系，虽并未给予私募基金相同的法律地位，但为国内引入私募基金预留了一定口径。2003 年 12 月，证监会发布《证券公司客户资产管理业务试行办法》，准许证券公司从事集合资产管理业务，此后券商也逐步展开私募基金业务。这一系列法律和政策层面的变化给我国私募基金行业带来了新的发展契机。

第二阶段：阳光化成长阶段（2004~2013 年）。 2004 年 2 月，深圳市国际信托投资有限责任公司（以下简称"深国投"）推出了我国首支证券类信托计划——"深国投·赤子之心（中国）集合资金信托计划"（以下简称"赤子之心"），这是国内第一只由私募机构担任投资顾问的私募基金产品。该产品的业务模式是以信托公司作为发行方，银行充当资金托管方，私募机构受聘于信托公司负责资金的管理。该基金的业务模式中私募基金管理人可以充当信托等产品的投资顾问/实际管理人，也正是这种方式开启了我国阳光私募基金的新纪元。阳光私募基金通过以信托关系为基础的代客理财机制，将私约资金改造为资金信托，这种创新使得私募契约、资金募集、信息披露等都更加规范化和公开化，也促使我国私募基金由地下的野蛮生长转为阳光化发展。值得一提的是，"赤子之心"业绩十分出色，在赵丹阳任基金经理期间，即 2004 年 2 月至 2008 年 1 月，基金累计收益高达 370%，年化收益率为 49%，最大回撤仅为 9%，而同期标普中国 A 指累计收益率为 279%。尽管赵丹阳因看空后市而主动清盘了"赤子之心"，但该基金的发行对我国基金行业意义深远，以致后来以信托方式投资于股市的私募基金都被视为阳光私募基金。阳光私募基金也逐渐被市场接受，受到投资者和基金经理的认同，成为私募基金行业中的主流运作方式。2006 年 12 月，银监会发布《信托公司集合资金信托计划管理办法》，进一步促进阳光私募基金的规范化发展。

2007～2008 年，股市由暴涨到暴跌，这百年难遇的金融海啸不仅磨砺了私募基金经理，也带动了私募基金的蓬勃发展。2007 年 10 月，上证指数飙升至 6 124 点，火热的股市行情促使许多公募基金管理人加入私募基金的行业，市场上出现了第一波"公奔私"的潮流，并且此后一直都是行业内的热门话题。大量公募基金行业内的精英"下海"创立私募基金的主要原因是公募基金行业缺乏股权激励机制，相较而言，私募基金的浮动管理费制和薪酬激励制度更能吸引人才，所以"公奔私"的事件时有发生。在此过程中，有众多优秀的公募基金管理人加入私募基金行业，如上投摩根的吕俊、工银瑞信的江晖等，最引人瞩目的必然是原"公募一哥"——王亚伟。王亚伟是第一位为投资者带来十倍收益的基金经理，在他管理期间内的"华夏大盘精选"业绩表现极其出色，2005 年 12 月至 2012 年 5 月，该基金复权单位净值增长率高达 1 200%。2012 年，王亚伟从华夏基金离职，正式成立私募基金（千合资本）。这些公募业内的领军人物转跳私募行业，为私募基金带来规范化运作的理念，促进了私募基金的稳健发展，同时还推动了《证券投资基金法》中公募基金股权激励机制条款的产生，对私募基金行业的长期发展有着不容忽视的作用。

进入 2008 年，市场火热的行情骤然转停，股市呈单边下行状态，标普中国 A 指的跌幅为 63%，股票型公募基金的跌幅为 50%，而股票型阳光私募基金的下降幅度却控制在了 33% 以内，凸显出私募基金在风险控制上的实力。2009 年，股市呈恢复性增长状态，阳光型私募基金的平均收益率（55%）整体上输给标普中国 A 指（106%）和公募基金（66%）。但在 2010 年，私募基金在股市震荡下跌的行情中，再次向投资者展示了自身的价值，分别跑赢股票型公募基金和大盘指数 3 个百分点和 10 个百分点。在牛熊市的转换中，私募基金用业绩向投资者证明了自身优秀的投资能力，逐渐获得了市场的关注和投资者的青睐。从此，阳光私募基金的管理规模逐渐走向千亿元时代。

与此同时，私募基金自身的运作模式与组织形式也在随着市场与监管环境的变化而不断创新。2009 年 5 月，东海证券与平安信托发行国内首只信托中信托（trust of trust，TOT）型阳光私募基金——"平安财富—东海盛世一号集合资金信托计划"。TOT 是投资对象主要为阳光私募证券投资信托计划的信托产品，能够有效地分散风险和配置资产，有其内在优势，但也会因双层收费摊薄投资者收益。当时证监会叫停信托证券账户的开设，使得许多需要借助信托渠道发行的阳光私募基金陷入极大困境，而 TOT 模式的展开刚好可以应对不能开设信托证券账户的难题。2009 年 12 月，修改后的《证券登记结算管理办法》明确合伙制企业可以开设证券账户，为我国发展有限合伙型私募基金带来契机。2010 年 2 月，我国首只以有限合伙方式运作的银河普润合伙制私募基金正式成立。有限合伙型私募基金的创立规避了当时不能开设证券账户的障碍。直到 2012 年，中国结算有限责任公司发布

《关于信托产品开户与结算有关问题的通知》，信托证券账户才获得解禁。

我国资本市场在上述这段时期跌宕起伏、瞬息万变，私募基金行业大浪淘沙，能够经受住市场的考验，取得持续优秀业绩而稳立潮头，并长期坚守在业内的基金经理逐渐成为行业的佼佼者，如裘国根、江晖、蒋锦志、赵军等基金经理，都已成长为行业的中坚力量，是行业的领头军。此外，市场上还不断有年轻的"血液"注入私募基金行业，为我国私募基金行业增添了新活力，后起之秀与行业内的"老兵"相互交织，共同构成了如今朝气蓬勃的私募基金市场。资本市场从来都是一个英雄不问出处的地方，无论是券商派基金经理，还是民间派基金经理，又或是公募派基金经理，都能在这个舞台上大显身手。但同时，资本市场又是残酷的，只有其管理的产品能长期斩获优秀的业绩，基金经理才能得到市场的肯定。

第三阶段：合法化发展阶段（2013年至今）。随着经济结构的调整和居民财富管理需求的增长，私募基金迅速在资产配置中占据了重要的角色，这离不开监管层面的大力支持，国务院、证监会、基金业协会等多方机构为私募基金健康发展构建了良好的制度环境。在私募基金的监管体系中，证监会对私募基金施行统一监管，基金业协会履行行业自律监管职能，负责私募基金的登记备案。不断出台的规范性文件与行业自查等监管措施无疑促进了行业的长期健康发展，私募基金行业合法化发展过程中的重要政策如表1-1所示。

表1-1　　　　　　　　　私募基金行业合法化发展阶段重要政策一览

发布日期	监管政策名称	发布方
2013年6月	《中华人民共和国证券投资基金法》	证监会
2014年1月	《私募投资基金管理人登记和基金备案办法（试行）》	基金业协会
2014年5月	《关于进一步促进资本市场健康发展的若干意见》	国务院
2014年6月	《关于大力推进证券投资基金业创新发展的意见》	证监会
2014年8月	《私募投资基金监督管理暂行办法》	证监会
2016年7月	《证券期货经营机构私募资产管理业务运作管理暂行规定》	证监会
2017年7月	《证券期货投资者适当性管理办法》	证监会
2017年8月	《私募投资基金管理暂行条例（征求意见稿）》	国务院
2018年4月	《关于规范金融机构资产管理业务的指导意见》	人民银行、银保监会、证监会、外汇管理局
2019年12月	《私募投资基金备案须知》	基金业协会
2021年1月	《关于加强私募投资基金监管的若干规定》	证监会

资料来源：国务院、人民银行、证监会、基金业协会。

2013 年，全国人大常委会通过修订版的《证券投资基金法》（以下简称"新基金法"），首次将非公开募集资金纳入法律监管范围，为私募基金确立了合法地位，也为行业发展留下足够的自由度和发展空间。针对私募基金投资者范围小、运作方式灵活、影响面较窄的特点和发展需要，新基金法对私募基金的规范侧重于规章建制，构建出与公开募集基金不同的制度框架，着眼于系统性风险的防范，规定私募基金的具体业务运作主要依靠基金合同和基金参与者自主约定，以行业自律监管为主。新基金法的施行，对我国私募基金行业意义深远，这标志着我国私募基金正式告别野蛮生长，步入合法化发展阶段。

2014 年 1 月，证监会授权基金业协会对私募基金进行自律监管，负责私募基金的登记与备案工作。私募基金不设行政审批，这意味着基金业协会担负着重大的事中、事后监管职责。此后基金业协会出台了若干个适用于私募基金的自律监管办法，开始逐步构建我国私募基金的自律监管体系。2014 年 1 月，基金业协会发布《私募投资基金管理人登记和基金备案办法（试行）》，明确私募基金管理人登记和基金备案制度。自登记备案制度施行以后，行业发展迅速，登记的基金管理人达到相当大的规模，但同时也暴露出鱼龙混杂、良莠不齐的问题，有些管理人缺乏合规意识，甚至出现违法违规现象。由此，基金业协会开始布局"7+2"自律规则体系，从备案登记、信息披露、募集行为等诸多维度规范私募行为，强化事中、事后监管。这七项管理办法与两项指引具体包括募集办法、登记备案办法、信息披露办法、从事投资顾问业务办法、托管业务办法、外包服务管理办法、从业资格管理办法，以及内部控制指引和基金合同指引。

2014 年 5 月，国务院发布《关于进一步促进资本市场健康发展的若干意见》（以下简称"新国九条"），以专门篇幅提出要"培育私募市场"，将私募基金的发展提高到一定的战略高度，这也是国务院首次在文件中单列一条对私募基金进行具体部署。新国九条着重强调要建立健全私募基金发行制度和发展私募投资基金，提出功能监管与适度监管相结合的监管原则，为私募基金的合规化发展创造了有利的政策环境。2014 年 6 月，为落实新国九条中关于基金行业的战略布局，证监会出台《关于大力推进证券投资基金行业创新发展的意见》，继续为私募基金行业"松绑"。2014 年 8 月，证监会发布并施行《私募投资基金监督管理暂行办法》（以下简称《暂行办法》），这是首个专门监管私募基金的部门规章，也是我国私募基金行业发展过程中的一个重要里程碑。《暂行办法》是证监会落实新基金法和新国九条的重要举措，对新基金法的条款做了具体规定，将证券公司、基金公司、期货公司及其子公司从事私募基金业务纳入适用范围，并初步建立了各类私募基金的全口径统一检测系统。《暂行办法》填补了监管空白，促进私募基金进入更加规范化、制度化发展的崭新阶段。

2016~2019 年，合规一直是行业发展的主旋律，各种史上最严监管文件频频出台，监管不断升级加码，扶优限劣，行业监管效能逐步提升，行业监管框架也愈加完善。2016 年可以称为私募基金的严监管元年，是行业规范化发展的重要节点。基金业协会在 2016 年颁布的监管文件众多，包括《私募投资基金管理人内部控制指引》《私募投资基金信息披露管理办法》《私募投资基金募集行为管理办法》《私募投资基金合同指引》《私募投资基金服务业务管理办法（试行）》《关于资产管理业务综合报送平台上线运行相关安排的说明》等。2016 年 7 月，证监会出台《证券期货经营机构私募资产管理业务运作管理暂行规定》，强化私募基金风险管控，重点对宣传推介行为、结构化资管产品、过度激励等方面进行规范，明确私募证券基金管理人需参照执行。

2017 年，监管持续加码。7 月，证监会发布《证券期货投资者适当性管理办法》，构建投资者的分类标准、产品或者服务分级、适当性匹配等体系。8 月，国务院发布《私募投资基金管理暂行条例（征求意见稿）》（以下简称《暂行条例》），这代表着私募基金行业的顶层设计即将落地。《暂行条例》从私募基金管理人、托管人、资金募集、投资运作、信息提供、行业自律等多方面严格规范了私募基金的行为，使私募基金运作有了更为明确的参考标准。11 月，人民银行、银监会、证监会、保监会和外汇局联合发布《关于规范金融机构资产管理业务的指导意见（征求意见稿）》，对私募基金的募资、产品设计等多方面有着重大影响。2018 年 4 月，《资管新规》正式施行，为资管行业统一监管的时代拉开了序幕，私募基金的监管格局、产品募资与业务模式等诸多方面都受到一定程度的影响。《资管新规》强调资产管理业务要功能监管与机构监管相结合，对合格投资者新增了家庭资产情况、投资经历上的要求，限制通道和嵌套产品。《资管新规》带来诸多挑战的同时，也为私募基金打开了与银行理财子公司合作的空间。

基金业协会的自律监管不断加强。2018 年 5 月，基金业协会发布的《私募证券投资基金管理人会员信用信息报告工作规则（试行）》正式施行，私募基金正式成为基金业协会首个开启信用报告工作的会员，之后陆续发布《私募投资基金命名指引》、更新版《私募基金管理人登记须知》、《私募基金管理人登记须知（2019 版）》、《私募证券投资基金业绩报酬指引（征求意见稿）》和《私募投资基金电子合同业务管理办法》等。此外，基金业协会也一直在开展行业自查工作，通过自查工作的展开，私募基金管理公司的经营信息更加全面透明，这不仅有利于基金业协会的监督管理，更有利于保障投资者的合法权益。基金业协会自律监管体系的重要政策如表 1-2 所示。

表 1-2 私募基金自律监管体系的重要政策一览

发布时间	监管政策名称
2014 年 1 月	《私募投资基金管理人登记和基金备案办法（试行）》
2015 年 3 月	《关于实行私募基金管理人分类公示制》
2015 年 9 月	《关于建立"失联（异常）"私募机构公示制度的通知》
2015 年 12 月	《私募投资基金募集行为管理办法（试行）（征求意见稿）》
2016 年 2 月	《私募投资基金管理人内部控制指引》
2016 年 2 月	《私募基金管理人登记法律意见书指引》
2016 年 2 月	《私募投资基金信息披露管理办法》
2016 年 2 月	《关于进一步规范私募基金管理人登记若干事项公告》
2016 年 4 月	《私募投资基金募集行为管理办法》
2016 年 4 月	《私募投资基金合同指引》
2016 年 4 月	《私募投资基金风险揭示书内容与格式指引（个人版）》
2016 年 8 月	《关于私募基金管理人注销相关事宜的公告》
2016 年 11 月	《私募投资基金服务业务管理办法》
2017 年 7 月	《基金募集机构投资者适当性管理实施指引（试行）》
2017 年 10 月	《证券投资基金管理公司合规管理规范》
2017 年 12 月	《私募基金管理人登记须知》
2017 年 12 月	《证券投资基金增值税核算估值参考意见》
2018 年 1 月	《私募证券投资基金管理人会员信用信息报告工作规则（试行）》
2019 年 1 月	《私募投资基金备案须知》
2019 年 11 月	《私募投资基金命名指引》
2019 年 12 月	《私募基金管理人登记须知（2019 版）》
2020 年 6 月	《私募证券投资基金业绩报酬指引（征求意见稿）》
2020 年 10 月	《私募投资基金电子合同业务管理办法》
2021 年 9 月	《关于优化私募基金备案相关事项的通知》
2021 年 9 月	《关于开展分道制二期试点工作的通知》
2021 年 11 月	《关于上线"量化私募基金运行报表"的通知》

资料来源：基金业协会。

2020 年，私募基金迎来新的爆发性增长，这一方面得益于高涨的股市行情吸引了许多场外投资者"借基"入市，另一方面受到银行理财产品和货币基金收益率下跌的影响，权益类产品对投资者的吸引力大幅增加，在多重因素影响下，私募基金管理规模激增。截至 2020 年 12 月底，私募基金备案存续管理规模为 3.7 万亿元。

2021 年 1 月，证监会发布《关于加强私募投资基金监管的若干规定》，这是自《私募投资基金监督管理暂行办法》后出台的第二个部门规章，其监管效力大于基金业协会出台的规范性文件。该规定共计十四条，包括规范私募基金管理人名称、从严监管集团化私募基金管理人、确保私募基金应当向合格投资者非公开募集、明确私募基金财产投资的负面清单、强化私募基金管理人及从业人员等主体规范要求、明确法律责任和过渡期安排等六个方面，以期控制私募基金存量风险，有序防控和疏导增量风险。2021 年 9 月，基金业协会发布《关于优化私募基金备案相关事项的通知》和《关于开展分道制二期试点工作的通知》，对私募基金产品备案做出了详细的规定，其主要内容为部分产品变更业务不用经过协会人工审核，系统自动审核，后期再抽查，该方法可实现自动办理，提升效率。该规定涉及的产品变更业务具体为投顾类产品备案、重大变更和终止、自主发行类产品的部分重大变更以及产品的清算开始申请；同时，基金业协会扩大了分道制备案试点范围，将证券类私募基金纳入试点，并公布了纳入标准。11 月，基金业协会发布《关于上线"量化私募基金运行报表"的通知》，完善私募基金信息监测体系。

在行业急速发展之时，外资的脚步并未停歇，但发展速度较为缓慢。截至 2021 年底，外资私募机构共有 35 家，全年新增的外资私募机构仅有 4 家，分别为荷宝私募基金管理（上海）有限公司（Robeco）、澳帝桦私募基金管理（上海）有限公司（Optiver）、先知私募基金管理（上海）有限公司（Prescient）、晨曦（深圳）私募证券投资基金管理有限公司（Anatole），备案数量创下自 2017 年外资私募机构进入中国以来的新低。在管理规模上，百亿元级别的外资私募机构只有桥水中国（Bridgewater）；在发行数量上，桥水中国同样是 2021 年发行基金数量之冠，全年共计发行产品数量 31 只。另外，贝莱德（BlackRock）在 2021 年成功发行首只公募基金，并且已经主动注销私募管理人资格。外资机构的加入丰富了我国私募和公募基金管理人的结构，虽然会带来一定的竞争压力，但外资机构的投资理念与风控措施等会推动我国基金管理行业的成长。换个角度来看，外资私募机构能否较好地适应我国特有的资本市场尚未可知，本书将持续关注其后续的发展。

三、行业新动向

（一）证监会与基金业协会加强私募基金监督管理

2021 年 1 月 8 日，证监会发布《关于加强私募投资基金监管的若干规定》（以下简称《规定》），以期控制私募基金存量风险，有序防控和疏导增量风险。《规定》是自《暂行办法》后出台的第二个部门规章，其监管效力大于基金业协会出台的规范性文件。过往，私募基金违反基金业协会的自律监管条例，受到的监管惩罚包括书面警示、行业内通报批评、公开谴责等，对非法机构违规行为的威慑力略显不足。但此次证监会出台的《规定》严厉打击私募基金违规行为，对于违反相关规定的私募基金，证监会可以采取行政监管措施、市场禁入措施，并可采取行政处罚，记入中国资本市场诚信信息库。值得注意的是，《规定》中第十三条增加了非法机构违规行为涉嫌犯罪情况的处理方式，涉嫌犯罪的私募基金将被依法移送司法机关追究刑事责任，解决了行政处罚权限的问题。这也就是说，私募基金违规的成本将大幅提升。

《规定》共计十四条，主要包括规范私募基金管理人名称、确保私募基金应当向合格投资者非公开募集、明确私募基金财产投资的负面清单、强化私募基金管理人及从业人员等主体规范要求，以及明确法律责任和过渡期安排。具体来看，在私募基金管理人名称方面，《规定》明确要求私募基金管理人的名称和经营范围中应有"私募基金"及"私募基金管理"等字样，体现受托管理私募基金的特点。不过对私募基金管理人名称实行新老划断原则，故而存量私募基金即使不符合新规要求也无需修改基金名称。此外，《规定》对私募基金管理人及其从业人员提出了十三项禁止行为，旨在约束其在私募基金运营环节的行为，具体包括单独建账、单独管理，不得混同运作、不得以管理人及关联方名义代收付基金财产、不得开展资金池业务、不得自融、不得不公平对待投资者、不得有收益与风险脱钩等刚性兑付设计安排、不得侵占基金财产、不得违约运作基金或违约信披、不得以基金财产为个人谋私、不得利用商业秘密谋私、不得从事内幕交易等不正当交易、不得玩忽职守等。值得注意的是，私募基金管理人的控股股东和实际控制人、私募基金托管人、私募基金销售机构及其他服务机构及从业人员也不得从事这十二条禁止行为或者为这些行为提供便利。这些禁止行为包括不得混同基金财产、资金池运作、不公平对待投资者、利益输送、内幕交易、操纵证券市场等违法违规情况。

与此同时，基金业协会也实施了多项举措加大私募自律规范。2021 年 6 月，基金业协会通过资产管理业务综合报送平台（AMBERS）发布通知，明确规定申请私募基金管理人登记的机构员工总人数不应低于 5 人，申请机构的一般员工不得兼职。该通知还指出，不符合相关员工人数要求的需在 3 个月内尽快完成整改，整改期后将对仍不符合要求的管理人采取进一步自律措施。2021 年 9 月，基金业协会发布了《关于优化私募基金备案相关事项的通知》和《关于开展分道制二期试点工作的通知》。前者对私募基金产品备案做出了详细的规定，主要内容为部分产品变更业务不用经过协会人工审核，系统自动审核，后期再抽查，该方法可实现自动办理，提升效率。该规定涉及的产品变更业务具体为投顾类产品备案、重大变更和终止、自主发行类产品的部分重大变更以及产品的清算开始申请。后者扩大了分道制试点范围，将私募证券投资基金管理人纳入二期试点，其纳入标准为将会员信用信息报告的指标体系运用于所有已登记的私募证券基金管理人，剔除合规类指标存在问题的私募基金管理人后，如受过监管机构处罚或经营异常等，筛选出60%的指标在60分位数以上的私募基金管理人，最终形成本期分道制试点私募证券基金管理人名单。对于试点私募基金备案业务采取自动办理，实现"即提即备"。

2021年11月，基金业协会向部分私募基金管理人发送《关于上线"量化私募基金运行报表"的通知》，要求相关管理人于2021年11月15日前完成首期报送任务，收到通知的相关私募基金管理人需要在此后于每月结束之日起5个工作日内完成报送任务。量化私募基金运行报表的内容除包括管理人信息以及境外关联方和子公司信息等基本信息外，还包括基金策略、日均股票投资情况、期货及衍生品交易、账户最高申报速率等信息。并且，根据该通知规定，不报送或逾期报送达到两次及以上的管理人，将被列入信息报送异常机构，基金业协会将在官网予以公示，并视情况进一步采取自律措施。

另外，2021年6月11日印发的《国务院2021年度立法工作计划》中，《私募投资基金监督管理条例》赫然在列，该条例位于"拟制定、修订的行政法规"，由证监会负责起草。同年8月30日，证监会主席易会满在中国证券基金业协会第三届会员代表大会上讲话时指出，证监会将坚守监管的主责主业，推动适时出台私募基金条例，持续完善基金监管制度体系。可见，私募基金行业有望迎来新的法律法规。

（二）百亿元级私募机构再扩容，行业分化加剧

2021年股市震荡，然而仍有一批私募基金的管理规模逆势扩张。如表1-3所示，截至2021年底，百亿元级私募机构数量已经达到100家，合计管理基金数量14 994只。[①] 而在2019年初的时候，国内百亿元级私募机构数量仅为27家，短短三年时间，数量暴涨270%。百亿元级私募机构成立时间分布如图1-1所示。从中不难发现，百亿元级私募机构多为老牌私募机构，在2014年及以前成立的机构数量为59家，占总体的59%；成立不满五年（含五年）的机构仅有14家，占总体的14%。

---

① 这里只包括自主发行私募证券投资基金规模达到100亿元以上的私募基金管理人。

表 1-3　　　　规模超过百亿元的私募基金管理人：截至 2021 年 12 月底

编号	机构名称	编号	机构名称	编号	机构名称
1	中国对外经济贸易信托	35	深圳凡二私募	69	浙江九章
2	深圳市红筹投资	36	上海久期投资	70	上海嘉恳
3	深圳东方港湾投资	37	上海同犇投资中心	71	广州市玄元投资
4	上海申毅投资	38	上海重阳战略投资	72	深圳金汇荣盛财富
5	深圳市林园投资	39	上海冲积资产	73	上海石锋资产
6	上海大朴	40	珠海阿巴马资产	74	上海希瓦私募基金
7	淡水泉（北京）投资	41	上海明汯投资	75	广东睿璞投资
8	深圳市中欧瑞博投资	42	上海黑翼资产	76	海南世纪前沿私募
9	深圳市平安德成投资	43	上海宽远资产	77	上海趣时资产
10	上海银叶投资	44	海南进化论私募基金	78	广东正圆私募基金
11	上海鸣石投资	45	宁波灵均投资	79	上海复胜合伙企业
12	河南伊洛投资	46	上海千象资产	80	北京磐泽资产
13	敦和资产	47	南京盛泉恒元投资	81	上海思勰投资
14	平安道远投资（上海）	48	上海汐泰投资	82	宁波幻方量化
15	上海合晟资产	49	北京天演资本	83	桥水（中国）投资
16	北京乐瑞资产	50	深圳市泰润海吉资产	84	上海赫富投资
17	深圳市凯丰投资	51	因诺（上海）资产	85	上海聚鸣投资
18	宁波宁聚资产	52	宁波金戈量锐	86	上海盘京投资中心
19	上海金锝资产	53	南京双安资产	87	浙江旌安投资
20	上海铂绅投资	54	上海保银私募基金	88	北京聚宽投资
21	九坤投资（北京）	55	上海佳期投资	89	檀真投资合伙企业
22	上海映雪投资	56	上海宽投资产	90	上海煜德投资中心
23	上海睿扬投资	57	珠海市瑞丰汇邦	91	上海宁泉资产
24	明毅私募基金	58	上海展弘投资	92	北京源峰私募
25	上海景林投资	59	海南希瓦私募基金	93	上汽颀臻（上海）
26	北京汉和汉华资本	60	相聚资本	94	天津礼仁投资
27	盈峰资本	61	永安国富资产	95	上海衍复投资
28	杭州遂玖资产	62	深圳前海玖瀛	96	上海和谐汇一资产
29	歌斐诺宝（上海）	63	上海通怡投资	97	上海慎知合伙企业
30	上海高毅资产	64	北京泓澄投资	98	星阔（青岛）投资
31	上海少数派投资	65	上海睿郡	99	国新新格局（北京）
32	深圳市康曼德资本	66	上海启林投资	100	上海瓴仁私募基金
33	西藏源乐晟	67	昌都市凯丰投资		
34	深圳诚奇资产	68	上海迎水投资		

资料来源：基金业协会。

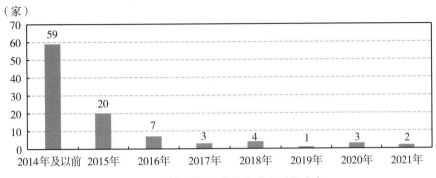

图 1-1　百亿元级私募机构成立时间分布

除了实现规模爆发外，私募行业的马太效应也更加明显，中小私募机构的处境并不乐观，尤其是尾部机构面临较大的生存压力。由于百亿元级私募机构大多具有较高的品牌知名度，"头部效应"显著，行业内强者恒强的现象逐渐凸显，较少的头部机构拥有较大的管理规模。基金业协会公布的《2020 年度私募基金统计分析简报》显示，美国私募基金管理规模位于前 100 位的机构管理的资金规模占整个美国市场管理规模的 29%，而中国前百位私募基金管理人管理的资金占据市场管理规模的 57%。由此可见，中国的私募基金市场集中度远高于美国市场。

两极分化现象也使得中小私募机构募资困境愈发凸显。私募产品成立初期基本都是原始自有资金，但要进一步发展，就需要银行、券商等代销渠道的支持。银行券商一般都有自己内部的白名单，私募机构只有进入白名单内，才有机会与之合作。然而，银行的白名单有着严苛的条件，通常要从私募基金的管理规模、历史业绩、管理团队等角度进行全方位筛选，银行也会定期剔除不符合要求的私募基金。不同的银行或者券商的白名单准入标准亦不相同，但大多都会倾向于选择成立时间久、业绩优秀、投资体系成熟的私募机构。因此，大型私募机构更容易获得资金，充足的资金也能激发机构的发展动力，从而形成良性循环；反之，小型私募机构因规模小难以获得资金支持，发展愈加乏力。在强者更强的马太效应下，中小私募机构募资难度越来越高。

（三）量化私募基金爆发

近两年来，国内市场行情较好，投资机会凸显，交易活跃，私募基金规模与发行产品数量双双大幅提升，量化私募基金也随之迎来爆发期。从整个私募证券市场来看，截至 2020 年末，量化/对冲策略基金产品共有 13 465 只（含 FOF）、规模合计 7 000 亿元，分别占自主发行类私募证券投资基金总只数、总规模的 26%、19%，较 2019 年分别增长 26%、66%。尤其是，2020 年量化基金新备案规模约为

319 亿元,同比增长 365%。并且,私募排排网数据显示,在 2021 年第二季度,量化类私募基金的资产规模已正式迈过 1 万亿元关口,而 2019 年末量化私募基金的规模仅在 3 000 亿元左右,由此可见量化私募基金发展之迅猛。

私募排排网数据显示,2020 年,62 家百亿元级私募机构中有 10 家为量化私募基金管理人,分别是金锝资产、进化论资产、明汯投资、九坤投资、灵均投资、诚奇资产、鸣石投资、九章资产(幻方量化)、宁波幻方量化和衍复投资。2021 年,100 家百亿元级私募机构中,量化私募基金管理人已增加至 27 家,占比由 2020 年的 16% 提升至 27%。百亿元级量化私募基金管理人名单如表 1-4 所示。另外,百亿元级量化私募机构发行热度高涨,基金业协会公开数据显示,2021 年,灵均投资与九坤投资发行新基金数量都超过 300 只,明汯投资备案产品超 200 只,宁波幻方量化、启林投资、衍复投资、诚奇资产等年内新发基金均在 100 只以上。

表 1-4　　　规模超过百亿元的量化私募基金管理人:截至 2021 年 12 月底

序号	公司简称	成立时间	序号	公司简称	成立时间
1	申毅投资	2004/06/23	15	天演资本	2014/08/05
2	呈瑞投资	2010/05/31	16	因诺资产	2014/09/24
3	鸣石投资	2010/12/09	17	金戈量锐	2014/11/12
4	金锝资产	2011/11/25	18	佳期投资	2014/11/28
5	九坤投资	2012/04/12	19	宽投资产	2014/12/08
6	诚奇资产	2013/09/24	20	启林资产	2015/05/28
7	凡二投资	2013/11/26	21	幻方量化	2015/06/11
8	阿巴马资产	2014/02/13	22	世纪前沿资产	2015/08/24
9	明汯投资	2014/04/17	23	宁波幻方量化	2016/02/15
10	黑翼资产	2014/05/05	24	赫富投资	2016/03/21
11	进化论资产	2014/06/04	25	聚宽投资	2017/03/20
12	灵均投资	2014/06/30	26	衍复投资	2019/07/25
13	千象资产	2014/07/04	27	星阔投资	2020/09/15
14	盛泉恒元	2014/07/08			

资料来源:私募排排网。

量化私募基金爆发式增长表现在以下四个方面。一是我国居民财富管理需求增加,投资结构改善,房地产市场降温,增量资金从楼市涌入二级市场,在私募基金整体规模扩大的情形下,投资者配置量化类私募基金的概率也会增加。二是人工智能高速发展,量化策略不断丰富。三是 2021 年市场行情多变,板块风格快速轮动,相较于持股集中度较高的主观类投资，宽度选股的量化投资更具优势。Wind 数据显示，2021 年，纳入统计的 1684 只量化型私募基金的等权平均收益率为 22.6%，而同期普通股票型私募基金的等权平均年度收益率为 11.8%，股票多空型私募基金的等权平均年度收益率为 5.5%。四是 A 股交易活跃，尤其是在 2021 年 7 月至 9 月底期间，A 股连续 63 个交易日交易金额超万亿元，显著高于 2020 年的 8 480 亿元、2019 年的 5 200 亿元，以及 2018 年的 3 700 亿元，这为量化投资提供了良好的基础环境。在活跃的交易市场中，量化投资可以专心捕捉市场错误定价，进行高频反向投资。同时，股市流动性高，交易量大，促使量化策略的冲击成本显著降低，进一步提高投资收益。值得注意的是，尽管量化策略在 A 股市场高速发展，但也有不少量化私募机构为了控制规模而宣布产品封盘，如天演资本、进化论资本、衍复投资等。

事实上，对比海外市场，我国量化私募机构才刚刚起步。2010~2015 年，量化私募基金发展处于 1.0 时代，也就是探索和萌芽生长阶段。2010 年，国内第一个股指期货合约标的——沪深 300 股指期货上市，融资融券推出，给量化策略带来施展空间，量化私募基金才开始缓慢起步。此后几年时间里，小盘股行情较好，创业板指走势明显优于沪深 300 指数和上证 50 指数，量化私募基金先配置中小盘股票，再做空大市值沪深 300 股指，便能轻松获得超额回报。这一时期量化私募基金主要采取中低频的策略，以套利、对冲和多因子策略获利。值得注意的是，在量化私募基金刚起步的时候，一批国外优秀的对冲基金人才回国，为我国量化私募基金的发展储备了充足的人才。

2015~2019 年，量化私募基金发展进入 2.0 时代，也就是蛰伏期。2015 年，中国金融期货交易所（以下简称"中金所"）相继推出了上证 50 股指期货、中证 500 股指期货等，A 股市场对冲的工具更加丰富，特别是中证 500 指数作为小市值股票的代表，在一定程度上避免了以往由于没有小市值股票对冲工具而造成的风险，这意味着量化策略拥有了更多的发挥空间。随后股灾发生，股指期货遭遇严监管，卖出持仓交易保证金被提高，交易手数被限制等，加上此后股指期货由升水转为贴水状态，导致对冲成本显著增加，过去占主导地位的中低频策略受到严重冲击，但却促使量化私募基金不断开发新的策略。例如，量化私募基金逐渐由低频多因子策略转向中高频策略，通过量价因子捕捉短线交易的定价偏差从而博取超额回报。在这个过程中，量化投资不断拥抱机器学习、大数据分析等，加快了因子挖掘与模型迭代效率。管理人策略的迭代升级也为后续行业分化现象埋下伏笔。

2019 年至今，量化私募基金发展步入 3.0 时代，也就是高速发展阶段。2019 年，两融标的扩充到 1 600 只，融券的券源种类和规模得以丰富，A 股的做空机制更加完善。到 2021 年底，量化私募基金的资管规模已经突破了万亿元大关。投资者往往追捧的是业绩更具有竞争力的策略，资金大量涌入头部机构，一些小型量化私募机构退出市场。

在量化私募基金迅猛扩容的当下，策略高度同质化的问题亟待解决。量化交易、高频交易在增强市场流动性、提升定价效率的同时，也容易引发交易趋同、波动加剧、有违市场公平等问题。面对策略同质化的问题，一些机构开始调整策略，或牺牲规模确保收益的稳健，或在已有模型里加入择时对冲、CTA 等，或引入基本面量化策略等。此外，值得思考的是，监管层如何优化对新型交易方式的监管，保证量化私募基金的稳健发展。

四、行业发展现状

Wind 数据显示，截至 2021 年底，私募基金累计发行数量为 152 203 只，停止运营的基金数量为 15 239 只，由于停止运营的基金数量占比较多（10%），为避免研究结果受幸存者偏差（即在数据筛选时只考虑目前还在运营的个体而忽略停止运营的个体）的影响，本部分所分析的数据包含继续运营和停止运营在内的全部私募基金数量，以求全面反映行业的发展情况。[①] 需要提醒读者的是，在本书的后几章中，基金样本数量与本部分不完全一致，原因是我们只选取具有完整复权单位净值数据的基金为研究样本来进行分析。本部分将依据 Wind 数据库，从基金发行数量、基金实际发行规模、基金发行地点、基金投资策略以及基金费率五个维度进行具体分析，旨在为读者理清私募基金行业当前所处的态势。

（一）基金发行数量

图 1-2 中展示的是我国历年新发行和继续运营的私募基金数量。私募基金数量的变化大体能够折射出我国私募基金的发展历程。2002 年，私募基金刚刚萌芽，全年有 2 只基金产品发行。2005 年，受到股市下行影响，基金发行速度趋缓，新发基金数量为 27 只，停止运营的基金数量急剧增加，为 43 只。2007 年，股市大牛，私募基金得以蓬勃发展，新发基金数量达到 418 只。2008 年，全球金融危机，私募基金受其负面影响发行数量回落为 307 只，停止运营数量首次破百，达到 231 只。2009~2012 年，私募基金得以阳光化发展，每年新发行的基金数量稳步增加，同时停止运营的基金数量也随之呈现出递增趋势。截至 2012 年底，新发行的私募

---

① 2020 年 Wind 数据库的统计口径发生一定变化，故而自 2020 年起本书所涵盖的证券类私募基金样本也随之发生较大变化。通过对比 Wind 口径下的私募基金产品和在基金业协会备案的私募基金数据，本书发现 Wind 数据库中不仅包含在基金业协会备案基金类型为"证券私募基金"的私募基金，还涵盖信托计划、资产管理计划等类型的私募基金。

基金数量攀升至 1 325 只，停止运营的基金数量约为 591 只。

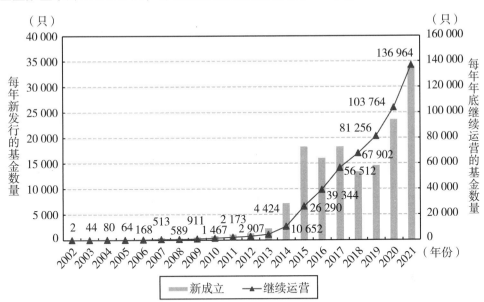

图 1-2　每年新发行及继续运营的私募基金数量：2002~2021 年

2013 年，由证监会修订的《证券投资基金法》发布，首次将非公开募集资金纳入监管范围，为私募基金合法化发展拉开序幕，新发行基金数量达到 2 266 只。2014 年，证监会、基金业协会等部门相继发布针对私募基金的监管条例，为私募基金的发展营造了良好的制度环境，私募基金呈井喷式增长，新发产品数量跃至 7 193 只。2015 年，私募基金再次迎来爆发式增长，新发产品数量为 18 275 只，是 2014 年的 2.5 倍。2016~2019 年，监管不断趋严，证监会出台了多项监管政策，国务院《暂行条例》征求意见稿发布，资管新规及其配套制度相继落地，私募基金运作愈加合规，发行量相对平稳，每年新发行数量均为 1 万只以上。2020~2021 年，私募基金迎来爆发式增长。2020 年，受到新冠肺炎疫情的影响，政策宽松，流动性宽裕，股市出现结构性行情，私募基金新发基金数量首次突破两万只，为 23 548 只。2021 年，尽管股市震荡，分化严重，但是在居民财富向资本市场转移的大趋势中，私募基金新发产品数量再次激增，攀升至 33 953 只。

表 1-5 展示的是我国历年新发行、停止运营以及继续运营的私募基金产品数量。从中可以看出，随着私募基金新发数量的不断攀升发展，停止运营的私募基金数量也在不断增加。自 2015 年开始，私募基金每年停止运营的数量进入千只时代，2016 年达到顶峰，停止运营的基金数量接近 3 000 只。2017~2020 年，伴随着私募基金的合规化发展，每年停止运营的基金数量均为 1 000 只左右。2021 年，停止运营的私募基金数量缩减至 753 只。截至 2021 年底，累计停止运营的私募基金共有

15 239 只，约占累计发行基金总量的 10%。

表 1-5　每年新发行、停止运营以及继续运营的私募基金数量：2002~2021 年　单位：只

年份	新发行	停止运营	继续运营	年份	新发行	停止运营	继续运营
2002	2	0	2	2013	2 266	749	4 424
2003	43	1	44	2014	7 193	965	10 652
2004	46	10	80	2015	18 275	2 637	26 290
2005	27	43	64	2016	16 038	2 984	39 344
2006	134	30	168	2017	18 283	1 115	56 512
2007	418	73	513	2018	13 385	1 995	67 902
2008	307	231	589	2019	14 570	1 216	81 256
2009	529	207	911	2020	23 548	1 040	103 764
2010	766	210	1 467	2021	33 953	753	136 964
2011	1 095	389	2 173	—	—	—	—
2012	1 325	591	2 907	总计	152 203	15 239	136 964

　　通常来说，基金停止运营最为常见的原因是基金存续期满而结束运营。基金会在合同中设定存续期限，在存续期满之时，基金管理人会根据受托人或者自身意愿来决定是否清盘。另外，还有些私募基金会因为业绩欠佳而被动结束运营。私募基金会设定净值底线，一般设置在 0.7~0.8，当私募基金业绩触及清盘底线之时，私募基金会被强制清盘。此外，还有部分私募基金管理人因看空后市而主动结束运营。当管理人对后市持有悲观态度时，为了投资者权益，会主动清盘旗下基金。例如，赵丹阳在 2008 年看空股市，于是清盘旗下所有的"赤子之心"产品，而后 A 股回调。除上述原因外，还有一些特殊的清盘原因，如产品的结构设计不符合新的监管政策、投资者入市热情受挫进而大规模赎回、基金管理人难以取得业绩报酬、公司内部调整等。

　　本部分数据来源于 Wind 数据库，除此之外，市场上还有其他平台在统计私募基金产品信息，如朝阳永续、私募排排网等。各个机构统计口径不同，统计出的私募基金数量也不同，如私募排排网的口径就比较广泛，包含了信托、自主发行、公募专户、券商资管、期货专户、有限合伙、海外基金等类型（或渠道）的私募基金产品。不过，自 2014 年起，在监管要求下，私募基金施行登记备案制度，新发私募基金需要在基金业协会备案，故而基金业协会披露的备案产品数据更加精确。基金业协会数据显示，截至 2021 年底，我国证券类私募基金备案数量达到 76 839 只，规模为 6.12 万亿元人民币。

（二）基金实际发行规模

私募基金的发行规模能够反映出市场对该产品的接受程度，同时也能够展现出投资者对私募基金管理人的认可程度。通常来说，投资者更愿意购买资历久、业绩好的私募基金管理人或明星基金经理发行的基金产品，私募基金的销售机构也更愿意去推广此类基金。

图1-3展示的是2002~2021年我国私募基金实际发行规模的数量占比情况。如图1-3所示，我国单只私募基金产品发行规模大多在1亿元以下，占比约为72%，与2020年相比增加了1个百分点。具体来看，截至2021年底，单只产品实际发行规模在2 000万元以下的私募基金产品最多，占比为27.5%；单只产品发行规模在2 000万~5 000万元、5 000万~1亿元和1亿~3亿元区间的私募基金产品占比均在20%以上，分别为23.7%、20.5%和20.1%；单只产品发行规模大于3亿元的私募基金数量最少，占比为8.3%，较2020年降低了1个百分点。

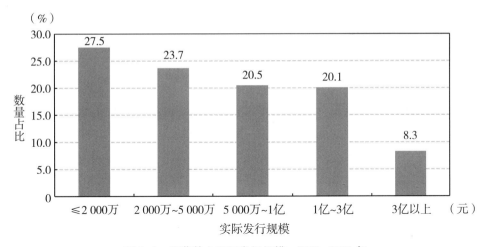

图1-3　私募基金实际发行规模：2002~2021年

（三）基金发行地点

表1-6描述的是2002~2021年我国私募基金发行地点分布情况。截至2021年底，私募基金发行地主要聚集在上海、北京、深圳、杭州、广州等城市，这些城市大多为一线城市或者省会城市，其私募基金发行量占全国总量的七成以上。其中，上海市的私募基金发行数量居全国首位，为42 927只，占比约为28%，这主要是因为上海是我国的金融中心，也是上交所的所在地；北京的私募基金发行数量位居第二，为30 559只，占比约为20%，这主要是因为北京作为首都，拥有着集中的

监管机构和丰富的客户资源；深圳的私募基金发行数量位列第三，为 22 418 只，占比约为 15%，这主要是由于深圳是深交所的所在地，且前海自贸区有一系列金融优惠政策，大量金融与科技领域的高精尖人才聚集在此地，私募基金也受到相关利好。

表 1-6   私募基金发行地点的分布：2002~2021 年

发行地点	发行数量（只）	数量占比（%）
上海	42 927	28.20
北京	30 559	20.08
深圳	22 418	14.73
杭州	8 337	5.48
广州	6 633	4.36
其他	41 329	27.15
合计	152 203	100.00

私募基金发行数量位列第四和第五的城市分别为杭州和广州，但发行量均不足万只，分别为 8 337 只和 6 633 只，占比分别约为 5% 和 4%。这两座城市均为省会城市，其中，杭州作为新一线城市，受政府政策引导和经济发展影响；广州是沿海经济发达城市，经济实力强劲，并且政府为私募基金创造了良好的运营环境，构建了健全的政策体系。除此之外，哈尔滨、昆明、成都、厦门、宁波等城市的私募基金发行数量同样较多，均在 2 000 只以上。

（四）基金投资策略

在 Wind 基金分类体系中，根据投资类型的不同，私募基金可以划分为普通股票型、债券型、宏观对冲型、相对价值型、股票多空型、混合型、商品型、事件驱动型以及国际（QDII）股票型基金等不同策略的投资基金。[①] 表 1-7 统计的是我国不同策略的私募基金发行总量及其占比情况。股票型私募基金仍是基金产品中的主流，产品数量首次突破 10 万只，为 124 288 只，约占私募基金总数量的 82%。股票型私募基金是将资产主要投资于股票的基金，通过低买高卖获取差额收益，其业绩与大盘走势密切相关。

① Wind 基金分类体系是结合了契约类型和投资范围来进行的分类。契约类型主要分为开放式和封闭式，又在此基础上按照投资范围进行分类。Wind 基金投资范围分类主要依据为基金招募说明书中所载明的基金类别、投资策略以及业绩比较基准。

表 1-7　　　不同策略的私募基金发行总量及占比情况：2002~2021 年

投资策略	基金数量（只）	数量占比（%）
股票型基金	124 288	81.7
债券型基金	9 518	6.3
混合型基金	5 362	3.5
股票多空型基金	3 885	2.6
宏观对冲型基金	2 719	1.8
相对价值型基金	2 676	1.8
商品型基金	2 106	1.4
国际（QDII）股票型基金	876	0.6
事件驱动型基金	640	0.4
其他	133	0.1
总计	152 203	100.0

　　除股票型私募基金外，其余各策略中基金数量最多的为债券型私募基金，发行数量为 9 518 只，占比约 6%。债券型私募基金是将资金主要投资于债券的基金，收益相对稳定，风险也相对较小，也称为固定收益型基金。混合型私募基金发行数量居第三位，为 5 362 只，占比约 4%。混合型私募基金的投资标的包括股票、债券和货币市场工具等，灵活性较强，可以根据市场情况随时调整仓位，也就是说这类基金既可以在股市稳定时投资股票，又可以在股市行情萎靡时投资债券等固定收益类产品的基金。股票多空型、宏观对冲型和相对价值型私募基金发行量均在 2% 左右，分别为 2.6%、1.8% 和 1.8%，发行数量分别为 3 885 只、2 719 只和 2 676 只。股票多空型私募基金在持有股票的同时会卖空股票对冲风险，这意味着通过做空业绩未达预期和表现较差的股票或股指期货，基金可以同时在熊市和牛市都获得不错的收益。宏观对冲型私募基金是借助于经济学理论，对利率走势、政府的货币与财政政策等宏观经济因素进行研究，以此来预判相关投资品种未来趋势，并进行相应的操作。相对价值型私募基金利用关联证券间的价差获利，即买入价值被低估的股票、卖空价值被高估的股票，获取价格收敛所带来的收益。商品型私募基金发行数量为 2 106 只，占比为 1.4%。商品型私募基金是通过商品交易顾问（CTA）进行期货或者期权投资交易的一种基金。

　　国际（QDII）股票型私募基金和事件驱动型私募基金发行数量均不足千只，分别为 876 只和 640 只，占比均不超过 1%，分别为 0.6% 和 0.4%。国际（QDII）股票型私募基金是在我国境内设立，经相关部门批准从事境外证券市场的股票、债券等有价证券业务的基金。事件驱动型私募基金主要通过分析上市公司的重大事项

（如并购重组、增资扩股、回购股票）等影响公司估值的因素来进行投资。除此之外，还有其他几种类型的私募基金，如货币市场型私募基金、国际（QDII）另类投资型私募基金等，由于发行数量极少，在此不做详细描述。

（五）基金费率

与公募基金不同，私募基金在收取固定管理费的基础上，还收取额外的浮动管理费率，一般来说是"2—20"的收费模式，即2%的固定管理费率和20%的浮动管理费率。表 1-8、图 1-4、表 1-9 和图 1-5 展示的是我国私募基金行业的管理费率信息，包括固定管理费率和浮动管理费率的情况。在本书中，我们重点关注以股票为投资标的的股票型私募基金。从表 1-8 可以看出，股票型私募基金的平均固定管理费率约为 1.26%。从图 1-4 可以看出，我国私募基金的固定管理费主要集中在 1.0%、1.5% 和 2.0% 三个费率上，分别占比 22.2%、25.2% 和 19.5%。

表 1-8	股票型私募基金的固定管理费率：截至 2021 年 12 月底	单位：%
平均值	1.26
75%分位数	1.80
50%分位数	1.50
25%分位数	1.00

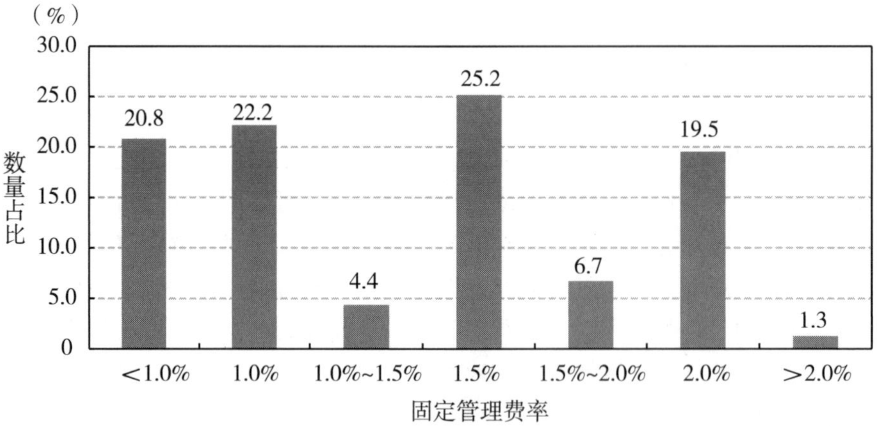

图 1-4 股票型私募基金固定管理费率的分布：截至 2021 年 12 月底

表 1-9 和图 1-5 展示的是我国股票型私募基金的浮动管理费率信息。浮动管理费是指基金业绩达到合同要求后，对盈利部分按照一定比率收取的管理费。遗憾的是，由于 Wind 数据库从 2018 年开始不再披露浮动管理费率的相关数据，因此我

们统计的数据截至 2017 年 12 月底。从表 1-9 可以看出，浮动管理费率均值为 20%，而 25%、50% 和 75% 的分位数均为 20%。由此可见，20% 的浮动管理费率是我国私募基金市场上的主流，占比高达 88%，这在客观上也说明大多数私募基金具有较为统一的浮动管理费收取标准。

表 1-9　　　　　股票型私募基金的浮动管理费率：截至 2017 年 12 月底　　　　　单位：%

平均值	20
75%分位数	20
50%分位数	20
25%分位数	20

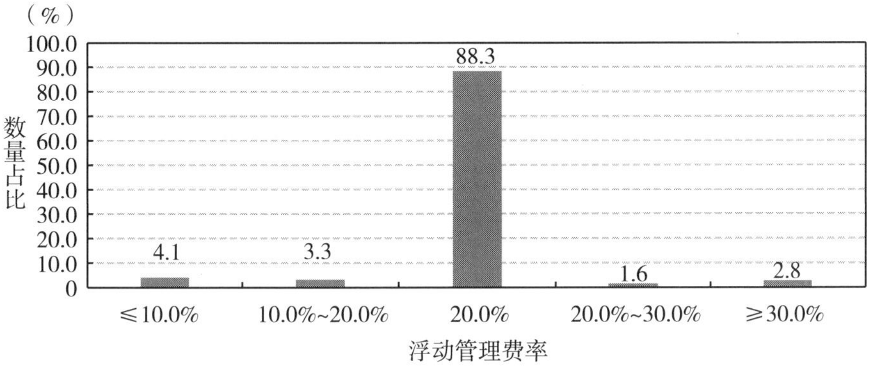

图 1-5　股票型私募基金浮动管理费率的分布：截至 2017 年 12 月底

五、小结

随着我国资本市场的发展、监管制度的完善以及居民财富的不断积累，私募基金逐渐成为我国财富管理当中不可或缺的一部分。虽然初期私募基金一直处于地下发展状态，游走于灰色地带，但私募基金有着强劲的生长势头，并没有就此被市场淘汰。2004 年，我国私募基金进入阳光化发展阶段。2014 年，证监会出台《暂行办法》，私募基金正式翻开合法化发展的篇章。自 2016 年起，私募基金进入严监管的新时代，合规成为行业发展的主旋律。在国务院、证监会、基金业协会等多方机构的共同努力下，行业监管体系逐步成熟，行业发展愈加规范。2020~2021 年，受新冠肺炎疫情冲击以及居民财富逐渐向资本市场转移的影响，私募基金迎来爆发式增长，Wind 数据显示，这两年私募基金新发产品数量合计 57 501 只。

本章还从私募基金的数量、发行规模、发行地点、投资策略和基金费率五个维度对证券类私募基金行业的现状进行了详细梳理。可以发现，2021 年全年新发行 33 953 万只私募基金，较 2020 年增加 44%。在严监管的制度环境中，私募基金发展愈加规范化，停止运营的私募基金数量趋缓，2021 年停止运营的私募基金数量为 753 只。在发行规模上，私募基金仍以中小规模为主，发行规模位于 1 亿元以下的基金占比约为 72%。在发行地的选择上，私募基金主要集中在上海、北京、深圳、杭州和广州五座城市。私募基金的投资策略依然以普通股票型基金为主，发行数量占比为 82%。从费率水平来看，截至 2021 年底，股票型私募基金的固定管理费率多数集中于 1.0%、1.5% 和 2.0% 上，平均数约为 1.26%。截至 2017 年底（Wind 数据在 2018~2020 年均未披露相关数据），股票型私募基金浮动管理费率的均值为 20%，占比高达 88%。整体来看，我国私募基金行业处于全新的爆发式增长阶段。

私募基金能否战胜公募基金和大盘指数

自 20 世纪 90 年代初产生以来，我国私募基金行业在探索中不断前行，在磨砺中不断成长，发展至今已形成相当大的规模，各类投资策略也渐趋成熟。那么，私募基金行业到底能否为投资者带来可观的回报？私募基金的收益状况究竟如何？私募基金与公募基金的业绩相比又如何？这些问题困扰着许多高端客户和机构投资者。为了回答这些问题，我们选取投资于股票市场股票型私募基金这一在私募基金行业中具有代表性的一类基金作为研究对象，再以大盘指数作为参照标的，对股票型私募基金的收益情况做出全面的分析。

万得全 A 综合指数（以下简称"万得全 A 指数"）覆盖了所有 A 股上市公司的股票，在业界常常被用来表征市场的整体表现，故我们选择万得全 A 指数作为与股票型私募基金对比的大盘指数。此外，我们也将股票型公募基金作为比较对象，对比股票型私募基金与股票型公募基金的业绩。在本书中，我们对私募基金与万得全 A 指数、公募基金的业绩，分别从收益率指标和风险调整后的收益率指标两个角度作出对比。在风险调整后收益指标中，我们选择了考虑不同风险因素的夏普比率、索丁诺比率和收益—最大回撤比率三个指标，将私募基金与大盘指数、公募基金的业绩进行多层次、多角度的对比，以得出综合可靠的分析结论。

我们的研究发现，从年度收益率的角度看，在 2008～2021 年的多数年份里，私募基金的年度收益率战胜了万得全 A 指数，但与公募基金相比则互有高低。从累计收益率的角度看，2008～2021 年股票型私募基金的累计收益为 222%，略高于股票型公募基金 190% 的累计收益率，远高于万得全 A 指数 53% 的累计收益率。从夏普比率的角度来看，在五年样本中，股票型私募基金在承担相同整体风险水平下，取得了高于大盘指数的风险调整后收益；从索丁诺比率和收益—最大回撤比率的分析结果来看，不管是三年样本还是五年样本，在相同的下行风险水平下，股票型私募基金取得了高于大盘指数的风险调整后收益。另外，我们还发现，股票型私募基金近三年和近五年的年化夏普比率均未超过股票型公募基金，而从近五年的年化索丁诺比率的比较结果来看，股票型私募基金好于股票型公募基金。

本章内容主要分为三个部分。第一部分，将私募基金和万得全 A 指数、公募基金的收益率分别进行年度和长期的对比；第二部分，对私募基金与万得全 A 指数、公募基金风险调整后收益再作比较和分析，通过多角度、多层次的对比，综合判断私募基金能否真正战胜大盘指数和公募基金；第三部分，比较私募基金的收益率、夏普比率、索丁诺比率和收益—最大回撤比率四个指标的相关性，选择评估私募基金业绩的恰当指标。

一、收益率的比较

本章的研究对象是股票型私募基金，根据对私募基金各类投资策略的判断，我们将 Wind 数据的私募基金二级分类中投资于股票二级市场的普通股票型、股票多空型、相对价值型和事件驱动型私募基金定义为股票型私募基金。由于分级基金的净值统计存在不统一的现象，我们在样本中排除了分级基金。对于普通投资者而言，最易于获取的信息就是私募基金的收益率指标，因此，我们对私募基金和大盘指数、公募基金业绩的比较从收益率开始。对于基金的收益率，我们采用的是红利再投资的净值增长率，即以复权净值计算的收益率，并且剔除管理费率和托管费率。

在处理数据的过程中我们发现，Wind 数据在收集私募基金净值时，如果某个月没有获取到某只基金的净值数据，系统会自动填充其上个月的净值数据作为当月净值，如此一来会存在基金净值重复出现的情况。鉴于此，我们统计了 2003~2021 年股票型私募基金净值重复的情况，并根据净值的重复比例区间，绘制了基金分布图。如果基金的复权净值与上个月没有变化，我们就认为这个月该基金的净值是重复的。据此我们确定了净值重复率的计算公式：基金的净值重复率=该基金有重复净值的样本数/该基金的总样本数。从图 2-1 中可以看出，2003~2021 年基金净值重复率小于 10% 的基金占比为 60%，其他区间内股票型私募基金占比都很小。基金净值重复率过高通常是由数据收集问题所致，若将此类基金纳入样本会使分析结果不准确。因此，我们在样本中删除了在分析期间内净值重复率大于 10% 的基金。

在收集样本时，我们发现部分基金的收益和风险指标在数值上十分近似，如表 2-1 所示。不难看出，"重阳尊享"的五只基金无论是 2020 年还是 2021 年的年度收益率在数值上都一样。因此，本书在进行统计分析时，仅选择相似产品中的一只基金作为代表进行分析研究。例如，我们仅将表 2-1 中"重阳尊享 A 期"基金纳入样本。

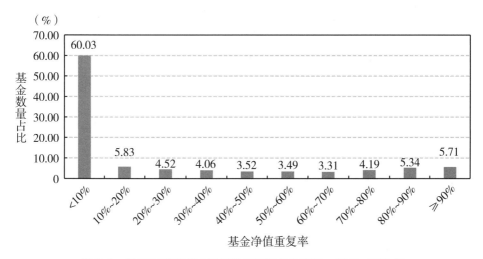

图 2-1 股票型私募基金净值重复率的分布情况：2003~2021 年

表 2-1 同类股票型私募基金样本举例 单位：%

编号	基金名称	2020 年收益率	2021 年收益率
1	重阳尊享 A 期	11.80	21.96
2	重阳尊享 B 期	11.80	21.96
3	重阳尊享 C 期	11.80	21.96
4	重阳尊享 D 期	11.80	21.96
5	重阳尊享 E 期	11.80	21.96

本书涉及三个基金净值的基本概念，我们对各概念的定义作如下说明。基金净值，是指在某一基金估值点上，按照公允价格计算的基金资产总市值扣除负债后的余额；累计净值，是指基金净值加上基金成立后累计分红所得的余额，反映该基金自成立以来的所有收益的数据；复权净值，是指考虑分红再投资后调整计算的净值。其中，复权净值最能反映基金的真实表现，因此在以下的分析中，我们均使用复权净值指标。在对私募基金与大盘指数、公募基金的收益进行比较之前，我们先将四类策略的私募基金样本与大盘指数的收益与风险进行单独比较，使读者可以清晰地观察这四类私募基金的特征。

（一）四类股票型私募基金与大盘指数的比较

首先，我们在表 2-2 中展示了每年每类基金的样本数量，表中显示"<10"的区域代表当年该类型的基金数量不足 10 只，不具有研究意义；"—"则代表在当

年没有该类型基金。需要提醒读者的是，在 2020 年和 2021 年，事件驱动型私募基金均不足 10 只，但为了更全面地展示近几年事件驱动型私募基金的详细情况，故在研究中并未剔除这两年事件驱动型私募基金的数据。从表 2-2 可以看出，普通股票型私募基金每年含有样本数量的时间段是 2008~2021 年，股票多空型私募基金每年含有样本数量的时间段是 2009~2021 年，相对价值型私募基金每年含有样本数量的时间段是 2011~2021 年，事件驱动型私募基金每年含有样本数量的时间段是 2012~2021 年。

表 2-2　　　四类股票型私募基金在每一年的样本数量：截至 2021 年 12 月底　　　单位：只

年份	普通股票型	股票多空型	相对价值型	事件驱动型
2008	108	<10	<10	—
2009	178	17	<10	—
2010	325	27	<10	<10
2011	601	49	17	<10
2012	815	72	33	36
2013	904	58	57	43
2014	1 164	98	113	22
2015	1 564	282	223	23
2016	4 445	534	360	33
2017	6 301	606	368	35
2018	7 688	450	281	23
2019	8 607	399	258	12
2020	3 853	200	187	4
2021	5 214	235	203	7

　　其次，截至 2021 年底，我们分别统计近一年到近十年有完整历史数据的四类策略股票型私募基金的样本数量（见表 2-3）。据表 2-3 可知，有近一年（2021 年）完整历史数据的股票型私募基金有 5 109 只，有近三年（2019~2021 年）完整历史数据的基金有 1 869 只，有近五年（2017~2021 年）完整历史数据的基金有 864 只，有近七年（2015~2021 年）完整历史数据的基金有 266 只，有近十年完整历史数据（2011~2021 年）的基金只有 131 只。

表 2-3　　　　有完整历史数据的四类股票型私募基金的样本数量：

截至 2021 年 12 月底　　　　　　　单位：只

策略类型	近一年	近二年	近三年	近四年	近五年	近六年	近七年	近八年	近九年	近十年
普通股票型	4 701	2 720	1 754	1 237	790	525	246	173	143	129
股票多空型	214	109	52	42	36	30	11	3	1	1
相对价值型	189	121	60	50	35	24	8	5	2	0
事件驱动型	5	3	3	3	3	3	1	1	1	1
合计	5 109	2 953	1 869	1 332	864	582	266	182	147	131

1. 普通股票型私募基金

普通股票型私募基金是指将资产主要投资于股票的私募基金，通常这类基金能够分散投资者直接投资于单一股票的非系统性风险，但其业绩表现也易受大盘（系统性风险）的影响。我们计算了 2008~2021 年普通股票型私募基金每年的等权平均年化收益率，并在图 2-2 中与万得全 A 指数的年化收益率进行了比较。据图 2-2 可知，在过去 14 年中，普通股票型私募基金超过大盘指数收益率的年份有 9 年，这几年均是股指下跌较严重或股指上涨不多的年份，如 2008 年、2010 年、2011 年、2013 年、2016~2018 年、2020 年和 2021 年等。而在股指高涨的 2009 年、2014 年和 2015 年，普通股票型私募基金的收益率没有超过大盘指数。例如，2015 年万得全 A 指数上涨了 38%，而普通股票型私募基金的上涨幅度比大盘指数要低一些，为 36%。此外，普通股票型私募基金年化收益率的变化方向基本与万得全 A 指数保持一致，即若大盘指数的年化收益率较上一年增长，那么普通股票型私募基金的年化收益率也会提高，反之亦然。

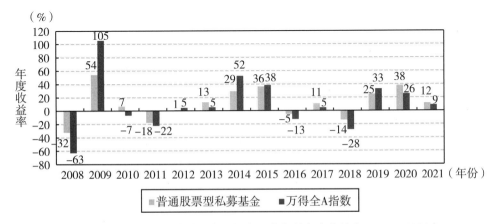

图 2-2　普通股票型私募基金与万得全 A 指数的年度收益率：2008~2021 年

图 2-3 展示了 2008~2021 年普通股票型私募基金与万得全 A 指数波动率的比较结果，我们可以观察这些年普通股票型私募基金的风险是否较大盘指数的风险更低。从图 2-3 可以看出，在过去 14 年中，除了在 2011 年、2014 年、2017 年、2018 年、2020 年和 2021 年这 6 个年份中普通股票型私募基金的年化波动率比万得全 A 指数的波动率稍大一些外，在其他 8 个年份中普通股票型私募基金的波动率明显低于万得全 A 指数的波动率。总的来说，在样本范围内，多数年份里普通股票型私募基金的风险较大盘指数的风险更低，说明普通股票型私募基金风险控制能力相对较强。

图 2-3　普通股票型私募基金和万得全 A 指数收益率的年化波动率：2008~2021 年

具体来看，我们发现，在 2008~2016 年期间，仅有两年普通股票型私募基金波动率高于大盘指数的波动率。然而，在近五年期间，即 2017~2021 年，普通股票型私募基金的波动率有 4 年均高于万得全 A 指数，尤其是在股市行情极度分化的 2021 年中，普通股票型私募基金的波动率比大盘指数的波动率高 11 个百分点。

2. 股票多空型私募基金

股票多空型私募基金是指在投资过程中，在做多一批股票的同时卖空一批股票来达到盈利的目的，基金经理也可以使用股指期货等工具进行对冲。当投资标的为股票时，该策略可以通过市场内买卖、融资融券以及场外期权来实现。多空策略空头的作用主要有三个：一是部分对冲多头的系统性风险；二是看空标的证券，主动做空以获利；三是出于统计套利、配对需求，沽空价格异常变动的股票。但由于同时持有多头寸和空头寸，交易佣金所带来的成本也会较高。我们将 2009~2021 年股票多空型私募基金（2009 年之前此类基金没有样本）与万得全 A 指数的年度收益率进行比较，结果如图 2-4 所示。可以看出，2009~2021 年，股票多空型私募基金有 5 个年份的收益率超过了万得全 A 指数的收益率，分别为 2010 年、2011 年、

2013 年、2016 年和 2018 年。在近五年时间里，即 2017～2021 年，股票多空型私募基金收益率高于大盘指数的年份只有 1 年。此外，与普通股票型私募基金类似，股票多空型私募基金年度收益率的变化方向基本与万得全 A 指数收益率的变化方向保持一致。

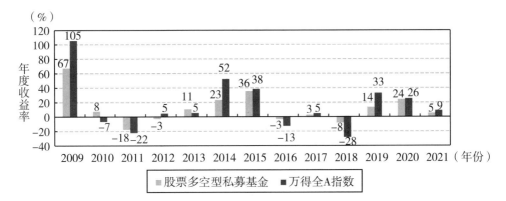

图 2-4　股票多空型私募基金与万得全 A 指数的年度收益率：2009～2021 年

图 2-5 展示了 2009～2021 年股票多空型私募基金与万得全 A 指数收益率的年化波动率比较结果。我们发现，在这 13 年中，有 9 年股票多空型私募基金的年化波动率明显低于万得全 A 指数的波动率，由此可见股票多空型私募基金的风险规避能力较强，这主要是由于股票多空型私募基金有做多和做空两种投资手段，可以对冲风险。同理，股票多空型私募基金的波动幅度应该较普通股票型私募基金更低，我们的结果也论证了该特点。通过与图 2-3 对比，我们发现，股票多空型私募基金的年化波动率略高于普通股票型私募基金波动率的年份只有 3 年（2009 年、2010 年和 2013 年）。

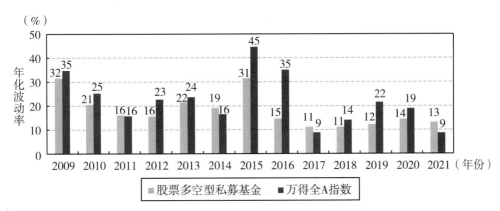

图 2-5　股票多空型私募基金与万得全 A 指数收益率的年化波动率：2009～2021 年

3. 相对价值型私募基金

相对价值型私募基金主要利用关联股票之间的价差来获利，即通过买入价值被低估的股票和卖空价值被高估的股票获取价格收敛所带来的收益，这类基金的收益情况往往与市场走向无关。目前相对价值策略主要集中于两类：一类主要以套利为主，如跨品种套利、跨期限套利和跨区域套利等各种套利模式的混搭，由于目前专注于某一个领域套利机会相对有限，所以产品的策略倾向于不同套利机会的混搭；另一类主要专注于股票现货与股指期货完全对冲的阿尔法策略，即构建一揽子股票现货和股指期货的组合，通过完全对冲掉组合中的系统性风险而获取超额收益。图 2-6 展示了 2011~2021 年相对价值型基金（2011 年之前此类基金没有样本）与万得全 A 指数的年度收益率的比较结果。据图 2-6 可知，在这 11 年中，此类基金仅有 4 个年份（2011 年、2013 年、2016 年和 2018 年）的收益率超过了万得全 A 指数的收益率，而且较之前两类基金与指数收益率间同升同降的变化规律，相对价值型私募基金收益与大盘指数收益的相关性显然低得多，并且此类基金的收益也明显偏低。也就是说，尽管在股市利好时这类基金带来的收益不高，但在股市下跌的时候往往能为投资者守住更多的财富。例如，2016 年和 2018 年，万得全 A 指数分别下挫 13% 和 28%，而相对价值型私募基金的年度收益率分别约为 1% 和 -2%，价值没有损失或损失较小，这一结果与其策略特征比较相符。值得一提的是，在 2015 年此类基金的收益率达到了罕见的 29%，这是非常难得的业绩水平。总体而言，虽然相对价值型私募基金在市场大涨时的收益较低，但在股市出现大幅下跌时，该类基金往往能为投资者守住更多的财富。

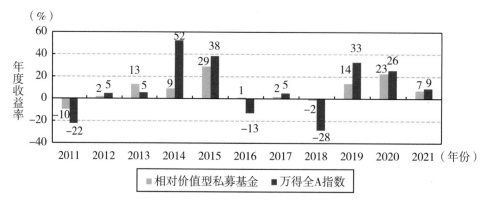

图 2-6 相对价值型私募基金与万得全 A 指数的年度收益率：2011~2021 年

图 2-7 展示了 2011~2021 年相对价值型私募基金与万得全 A 指数收益率的年化波动率比较结果。可以明显看出，在这 11 年中，仅 2021 年相对价值型私募基金的波动率略高于万得全 A 指数的波动率，差额仅为 1%，其余 10 年中相对价值型

私募基金的波动率均低于指数的波动率。并且，此类基金波动率的变化方向与万得全 A 指数并不保持一致性。具体来看，在 2015 年、2016 年和 2019 年，相对价值型私募基金的波动率分别较万得全 A 指数波动率低 31 个、27 个和 11 个百分点，说明这 3 年里股市的跌宕起伏并未影响到这类基金的风险控制水平，这一点与此类基金的策略特征也是相符的。特别是在 2015 年和 2016 年，指数的波动率分别高达 45% 和 35%，而相对价值型基金的波动率仅为 14% 和 8%。综合来看，我国的相对价值型私募基金基本保持了低风险和低收益的风格。

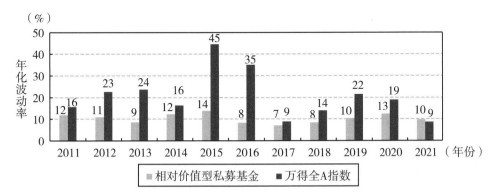

图 2-7　相对价值型私募基金与万得全 A 指数收益率的年化波动率：2011~2021 年

4. 事件驱动型私募基金

事件驱动型私募基金通过在提前挖掘和深入分析可能造成股价异常波动事件的基础上，充分把握交易时机来获取超额投资回报。"事件驱动"中的"事件"一般包括公司的收购、并购、重组、增资扩股、回购股票、ST 类个股摘帽事件、年报潜在高送转事件，也包括影响公司估值的其他因素，如公司科技专利申请的批准等，这类基金表现通常与大盘走势的相关性不大。图 2-8 展示了 2012~2021 年

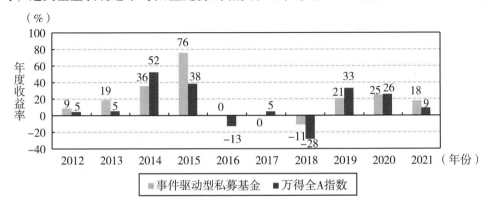

图 2-8　事件驱动型私募基金与万得全 A 指数的年度收益率：2012~2021 年

（2012 年之前此类基金没有样本）事件驱动型私募基金与万得全 A 指数年度收益率的比较结果。我们发现，在这 10 年中，事件驱动型私募基金有 6 个年份的收益率高于指数的收益率，分别为 2012 年、2013 年、2015 年、2016 年、2018 年和 2021 年。并且，我们发现，在这 10 年中，有 6 年此类基金的收益率高于普通股票型、股票多空型和相对价值型私募基金的收益率，具体为 2012～2015 年、2017 年和 2021 年。尤其在 2015 年，事件驱动型私募基金的年度收益率达到了惊人的 76%，是万得全 A 指数及其他三类基金收益率的两倍以上。

高收益往往伴随着高风险，那么事件驱动型私募基金的风险水平如何？图 2-9 展示了 2012～2021 年事件驱动型私募基金与万得全 A 指数收益率的年化波动率比较结果。我们发现，与前三类基金有所不同的是，事件驱动是一类伴随着较高风险的投资策略，在这 10 年中，有 7 年事件驱动型私募基金的波动率都高于指数的波动率，分别是 2012～2014 年、2017 年、2018 年、2020 年和 2021 年。在指数波动率较大的 2015 年和 2016 年，该类基金的年化波动率也都达到了 24% 以上的水平。综合来看，虽然事件驱动型私募基金的收益较高，但其在四类基金中的风险也是最高的，其投资风险甚至在多数年份里要高于指数。

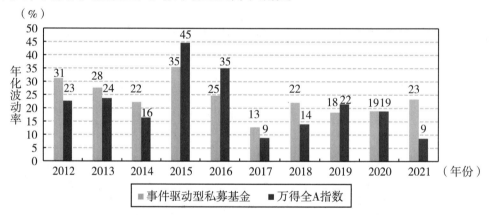

图 2-9　事件驱动型私募基金与万得全 A 指数收益率的年化波动率：2012～2021 年

接下来，我们将从股票型私募基金与万得全 A 指数和股票型公募基金的年度收益率、各年度超越大盘指数收益率的比例和累计收益率三个方面展开分析。

（二）年度收益率的比较

在结合万得全 A 指数的表现，分别讨论了上述四类股票型私募基金年度收益率和年化波动率之后，接下来我们对 2008～2021 年股票型私募基金的年度收益率与万得全 A 指数、股票型公募基金的年度收益率进行整体的比较，图 2-10 给出了这一结果。

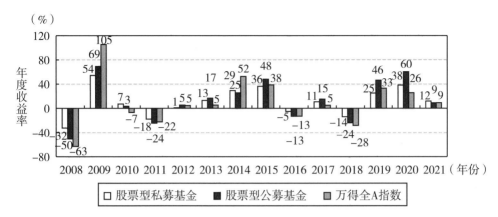

（%）

图 2-10　股票型私募基金、公募基金与万得全 A 指数的年度收益率比较：2008～2021 年

首先，相比业绩低于大盘指数收益的年份，私募基金业绩超过大盘指数收益的年份更多。在 2008～2021 年的 14 年里，有 9 个年份股票型私募基金的收益超过万得全 A 指数的收益，具体为 2008 年、2010 年、2011 年、2013 年、2016～2018 年、2020 年和 2021 年。我们还可以看出，当指数在某一年大幅上涨时，私募基金的表现往往不如大盘指数。例如，2009 年、2014 年、2015 年和 2019 年，万得全 A 指数分别上涨了 105%、52%、38% 和 33%，而私募基金的年度收益率分别为 54%、29%、36% 和 25%，均低于大盘指数。这是由于大多数私募基金经理缺乏择时能力，在指数快速上升时，基金经理不能完全踩准进出市场的节点，没能获得相应的回报；也可能是基金股票仓位不够高所致，当股市大涨时，基金的股票仓位过轻，基金必然赶不上大盘的涨幅。

其次，在指数回撤的年份里，股票型私募基金的收益均优于万得全 A 指数。在 2008～2021 年间，大盘指数在 2008 年、2010 年、2011 年、2016 年和 2018 年这 5 个年份里呈下跌态势，而私募基金跌幅相对较小，甚至取得了正收益。其中，2008 年股票型私募基金的收益率（-32%）超越指数收益率（-63%）最多，高于指数收益率 31 个百分点；2018 年指数的年度收益率出现了 28% 的损失，而私募基金仅下挫 14%，抗跌能力强于指数；甚至在 2010 年这个指数下跌 7% 的年份里，私募基金获取了 7% 的正回报，不但没出现亏损，还有不错的收益，这是非常难得的。总体来看，私募基金给投资者带来的亏损更少，更能帮助投资者守住财富。

最后，在 2008～2021 年间，投资私募基金承担的风险更小。可以看到，无论是在股市上涨还是下跌的年份，相较于私募基金，指数在年度间的波动幅度更大。在 2009 年、2014 年和 2015 年的牛市中，指数的收益率分别为 105%、52% 和 38%，而私募基金的收益率分别为 54%、29% 和 36%，私募基金的表现不如指数；而在 2008 年、2016 年和 2018 年的熊市中，指数的收益率分别为 -63%、-13% 和 -28%，而私募基金的收益率分别为-32%、-5%和-14%，跌幅相对较小，私募基金的表现强于指数。在我国这样一个易于发生暴涨暴跌的新兴资本市场中，保持优秀的风控能力是极其重要的。

在讨论了私募基金和万得全 A 指数的年度收益差别之后，再来看一看私募基金和公募基金的对比。在我们出版的《2022 年中国公募基金研究报告》中，研究样本范围为 2003~2021 年，而本书的分析期间为 2008~2021 年，这是因为私募基金在 2008 年后才逐渐走向成熟，基金数据开始比较规范。那么在 2008~2021 年，私募基金和公募基金的收益率表现孰优孰劣呢？可以看到，在其中 7 个年份里，私募基金的收益率超过了股票型公募基金的收益率，分别是 2008 年的-32%（私募）对-50%（公募）、2010 年的 7%对 3%、2011 年的-18%对-24%、2014 年的 29%对 25%、2016 年的-5%对-13%、2018 年的-14%对-24%、2021 年的 12%对 9%。在剩余的 7 个年份里，私募基金的收益均低于公募基金。此外，在指数上涨的 9 年里（2009 年、2012~2015 年、2017 年、2019~2021 年）中，除 2014 年和 2021 年外，私募基金的年度收益率都不及公募基金的收益率；在指数下跌的 5 年中，私募基金的收益率都高于公募基金的收益率。由此可见，私募基金经理由于可以灵活调整股票仓位和策略，展示出了强于公募基金经理的风控能力。

接着，我们用私募基金和万得全 A 指数、公募基金的月度收益率计算它们的年化波动率，进一步分析私募基金和大盘指数、公募基金的收益率波动幅度的差异，图 2-11 展示了三者的比较结果。首先，观察私募基金和大盘指数年化波动率的差异。2008~2021 年，除 2011 年、2014 年、2017 年和 2018 年、2020 年、2021 年外，私募基金收益率的波动率在其余 8 年里都低于万得全 A 指数的波动率。我国股票市场在 2015 年 7 月和 2016 年 1 月发生了严重的股灾，指数波动率高达 45%和 35%，而私募基金的波动率则被控制在了 36%和 19%，远低于指数的波动率。

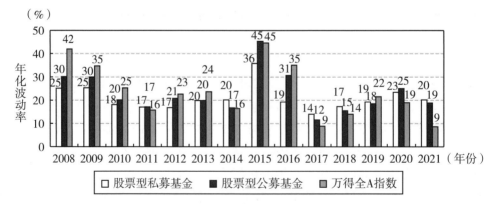

图 2-11　股票型私募基金、公募基金和万得全 A 指数收益率的
年化波动率比较：2008~2021 年

其次，我们再看私募基金和公募基金间收益波动率的差异。可以看到，有 9 个年份（2008~2013 年、2015 年、2016 年和 2021 年）私募基金的年化波动率小于公募基金。整体来看，在多数年份中，私募基金的波动率低于大盘指数和公募基金的波动率。在这三者中，私募基金的风险控制能力最强，公募基金次之，风险最高的是大盘指数，说明投资于股票型私募基金可以明显地规避系统性风险。

（三）基金超过大盘指数收益率的比例

前面我们对年度收益率的比较是以私募基金行业收益率的平均值作为比较的指标，那么究竟有多少私募基金能够战胜大盘指数呢？为了观察 2008~2021 年私募基金行业整体的收益率与大盘指数收益率的对比情况，我们计算了每年私募基金行业中收益率超越大盘指数收益率的基金数量占比，结果在图 2-12 中给出。同时，为了比较私募基金和公募基金两个行业在超越大盘指数比例方面的差异，我们在图 2-12 中也给出了每年公募基金的相应指标。

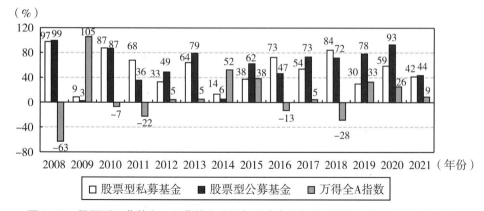

图 2-12　股票型私募基金、公募基金分别超越大盘指数收益率的比例：2008~2021 年

首先，我们来观察私募基金超越大盘指数的比例情况。在 2008~2021 年间，有 8 年私募基金收益率超越大盘指数收益率的数量占比在 54% 以上，甚至在股市剧烈波动的 2015 年，仍有 38% 的私募基金跑赢大盘指数。

其次，私募基金的整体业绩大比例超越万得全 A 指数的年份往往出现在指数上涨较少或下跌较多的时候。例如，2008 年、2010 年、2011 年、2016 年和 2018 年，股市表现十分惨淡，而在私募基金行业中收益超越大盘的基金占比最低为 68%。然而在牛市年份中，私募基金行业内能够超越大盘指数收益的比例普遍较低。例如，2009 年和 2014 年，万得全 A 指数分别上涨 105% 和 52%，而超越指数收益的私募基金数量占比仅为 9% 和 14%。也就是说，在牛市行情中，只有少部分私募基金的收益可以超过大盘，而私募基金行业整体上并没有超过指数。虽然在牛市中绝大部分比例的基金可能都在盈利，但此时私募基金行业内部的业绩差距却在拉大，只有极少数基金经理能够准确把握进出市场的时机，通过仓位控制和组合变换获取超越大盘指数的收益，从而站在市场涨势的最高处，而大部分私募基金经理此时都无法追赶上大盘指数上涨的步伐。

最后，我们对私募基金和公募基金两个行业超越大盘指数的比例进行比较。可以发现，两者的共同点在于，在熊市年份中，基金超越指数收益的比例都较高；而在牛市年份中，基金超越指数的比例都偏低。由此看来，这是基金行业运作的共性。不同的是，在这 14 年中有 6 年私募基金收益超越指数收益的比例高于公募基金收益超越指数收益的比例，分别是 2009~2011 年、2014 年、2016 年和 2018 年，其余 8 年则是公募基金的收益表现更好。

（四）累计收益率的比较

投资者常常关心的另一个问题是，自己投资的基金能否长期取得比较不错的收益？本部分我们将从投资者的角度出发，来探究一下长期投资于私募基金的收益究竟如何？如果能够超越指数，其超越指数的幅度是多少？假设私募基金的业绩可以超过指数的业绩，那么它是否也能超越公募基金的业绩？超越公募基金的幅度又是多少？为了回答上述问题，我们首先选取近三年（2019~2021 年）和近五年（2017~2021 年）这两个期间作为样本观察期，计算并比较私募基金和万得全 A 指数、公募基金年均收益率的高低，随后对 2008~2021 年私募基金和万得全 A 指数、公募基金的累计收益率进行比较。在选取基金样本时，我们要求私募基金样本在 2019~2021 年或 2017~2021 年具有完整三年或五年基金复权净值数据。

图 2-13 展示了近三年（2019~2021 年）和近五年（2017~2021 年）股票型私募基金年化收益率和万得全 A 指数、股票型公募基金年化收益率的比较结果。据图 2-13 可知，近三年股票型私募基金的年化收益率为 27.14%，低于股票型公募基金的年化收益率（37.05%），但高于万得全 A 指数的年化收益率（22.19%）；近五年股票型私募基金的年化收益率为 15.59%，略低于股票型公募基金的年化收益率（17.42%），但高于万得全 A 指数的收益率（6.55%）。从前面的分析中可知，私募基金的风险控制能力强于公募基金。但是，尽管在 2016 年、2018 年等熊市里私募基金收益率的下挫幅度（-5%、-14%）小于公募基金的收益跌幅（-13%、-24%），但仍无法弥补其在 2019 年、2020 年等指数上涨年份里与公募基金收益产生的较大差距，故而在图 2-13 中，无论是从近三年还是近五年结果来看，公募基金的年化收益率都高于私募基金的年化收益率。总体来看，私募基金保持了相对于大盘指数的业绩优势，但与公募基金相比，在近三年和近五年都未表现出业绩优势。

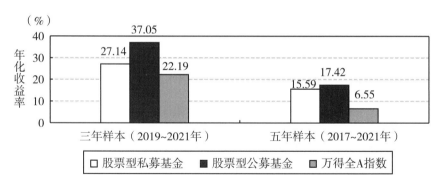

图 2-13　近三年（2019~2021 年）和近五年（2017~2021 年）股票型私募基金、公募基金和万得全 A 指数的年化收益率比较

　　我们将考察期间延长至整个样本期间，对 2008~2021 年间股票型私募基金和万得全 A 指数、股票型公募基金的累计收益率进行比较，结果展示在图 2-14 中。我们将三者在 2007 年最后一天的初始价值都设定为 100 元，即如果投资者在 2007 年底以同样的 100 元分别投资于股票型私募基金和万得全 A 指数、股票型公募基金，到 2021 年底，投资股票型私募基金的价值变为 322 元，累计收益率为 222%；投资于股票型公募基金的价值变为 290 元，累计收益率为 190%；投资于万得全 A 指数的价值变为 153 元，即累计收益率仅为 53%。可见，在不考虑风险因素的情况下，与指数相比，长期投资私募基金将会获得更高的回报。

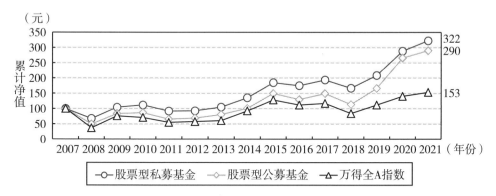

图 2-14　股票型私募基金、公募基金与万得全 A 指数的累计净值：2008~2021 年

　　基于上述三个方面的分析，我们可以得到，在不考虑风险因素的情况下，无论是分年度看，还是从中长期看，2008~2021 年投资于股票型私募基金的收益会高于投资于万得全 A 指数的收益。但是，从私募基金和公募基金的诸方面比较来看，私募基金的优势表现得并不明显。造成这一结果的原因是私募基金收取近 20% 的业绩分成。虽然在提取 20% 的业绩分成之前，私募基金的整体平均业绩好于公募基金的业绩，但是在扣除了 20% 的业绩分成后，2008~2021 年私募基金的业绩和公募基金的业绩接近。

二、风险调整后收益指标的比较

对私募基金和大盘指数、公募基金的比较，从投资者最易于获取的绝对收益信息分析入手是第一步。而若要深入了解私募基金的业绩状况，则应进一步分析风险调整后的收益指标。与绝对收益指标相比，风险调整后收益指标增加了对风险因素的考虑，更加科学、合理。在选择风险调整后收益指标时，我们选取衡量总风险的夏普比率、衡量下行风险的索丁诺比率，以及衡量一段时期内最大回撤风险的收益—最大回撤比率三个指标，从而使私募基金业绩与指数、公募基金业绩的比较结论更为准确和可靠。不同的投资组合面临的风险是不同的，而风险调整后的收益指标使我们可以回答以下问题：在承担相同风险的情况下，私募基金和大盘指数、公募基金的收益是否存在差异？

在接下来的内容中，我们开始对四类策略基金组成的股票型私募基金整体样本作出分析。我们以近三年和近五年作为研究的期间，从多个层次、多个角度对私募基金和大盘指数、公募基金的相关风险调整后收益指标展开比较和分析。在选取基金样本时，我们同样要求基金在 2019～2021 年或 2017～2021 年具有完整三年或五年的基金复权净值数据。从表 2-3 看到，近三年私募基金的样本量为 1 869 只，近五年私募基金的样本量为 864 只。我们在附录一汇报了股票型私募基金近五年（2017～2021 年）业绩的描述性统计，详细展示了每只基金的收益和风险指标。

（一）夏普比率

夏普比率的含义为基金每承担一个单位的风险所获得的超额收益。在计算这一指标时，用某一时期内基金的平均超额收益率除这个时期超额收益率的标准差来衡量基金风险调整后的回报，该比例越高，表明基金在风险相同的情况下获得的超额收益越高。其公式如下：

$$Sharpe_M = \frac{MAEX}{\sigma_{ex}} \tag{2.1}$$

$$Sharpe_A = Sharpe_M \times \sqrt{12} \tag{2.2}$$

其中，$Sharpe_M$ 为月度夏普比率，$Sharpe_A$ 为年化夏普比率，$MAEX$ 为月度超额收益率的平均值（monthly average excess return），σ_{ex} 为月度超额收益率的标准差（standard deviation）。基金的月度超额收益率为基金的月度收益率减去市场月度无风险收益率，市场无风险收益率采用整存整取的一年期基准定期存款利率。

图 2-15 展示了近三年（2019~2021 年）和近五年（2017~2021 年）股票型私募基金与万得全 A 指数、股票型公募基金的年化夏普比率的比较结果。据图 2-15 可知，近三年股票型私募基金的年化夏普比率为 1.14，低于股票型公募基金年化夏普比率 1.50，低于指数的年化夏普比率 1.18；近五年股票型私募基金的年化夏普比率为 0.79，略低于股票型公募基金的年化夏普比率 0.82，二者均高于万得全 A 指数的年化夏普比率 0.38。因此，从夏普比率的比较来看，在承担相同风险的情况下，无论是三年样本还是五年样本，私募基金的风险调整后收益均低于公募基金；短期来看私募基金的表现与大盘指数几乎持平，但长期来看私募基金的表现远好于大盘指数。

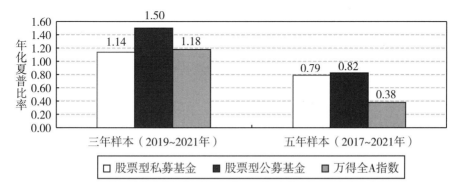

图 2-15 近三年（2019~2021 年）和近五年（2017~2021 年）股票型私募基金、公募基金和万得全 A 指数的年化夏普比率比较

我们将 2017~2021 年股票型私募基金夏普比率由低到高分为 10 个区间，在直方图中将私募基金的夏普比率与万得全 A 指数的夏普比率进行更直观的比较，每个区间直方图代表属于该区间的基金数量占比，结果如图 2-16 所示。从图 2-16 可以看

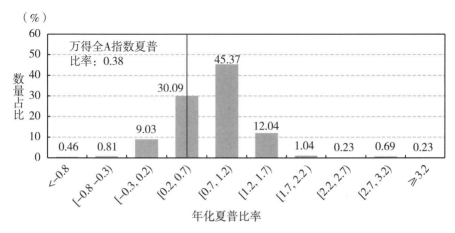

图 2-16 股票型私募基金年化夏普比率分布：2017~2021 年

出，私募基金年化夏普比率主要集中在［0.2，0.7）和［0.7，1.2）这两个区间内，合计占比约为 75%，可见大多数基金的夏普比率分布还是比较集中的。万得全 A 指数的年化夏普比率（0.38）落于［0.2，0.7）区间内，我们可以估算得出有将近 60% 私募基金的夏普比率高于大盘指数的夏普比率。同时，近五年年化夏普比率的最大值为 4.90，最小值为−1.02，两极差异较大。

我们将 2017~2021 年私募基金样本的夏普比率从高到低排列，如图 2-17 所示，图中横线代表万得全 A 指数的年化夏普比率（0.38），表示每承担 1 单位风险，大盘指数可获得 0.38% 的收益。有 724 只股票型私募基金的年化夏普比率超过大盘指数的夏普比率（0.38），占比为 84%，表明有八成股票型私募基金的夏普比率超越了万得全 A 指数的夏普比率。此外，我们也注意到有 35 只（4%）基金的年化夏普比率小于零，这些基金的收益都不如银行存款利率。

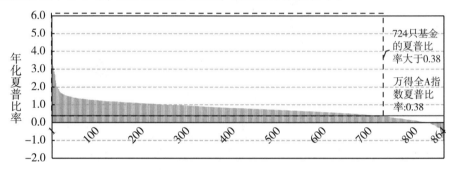

图 2-17　股票型私募基金年化夏普比率排列：2017~2021 年

图 2-18 为过去五年（2017~2021 年）中股票型私募基金年化夏普比率的散点分布图，显示了这 864 只股票型私募基金的夏普比率分布情况。其中，纵轴代表股票型私募基金的超额收益率，横轴代表股票型私募基金超额收益标准差（风险），每只基金的夏普比率是从原点到每一坐标点的斜率，斜率越大，基金的夏普比率越大，风险调整后的收益越高。为了展示得更加清晰，我们在制图时去掉一个异常

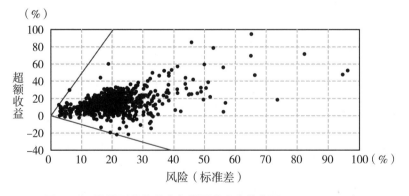

图 2-18　股票型私募基金年化夏普比率散点图：2017~2021 年

值。其中，最大斜率为 4.90，最小斜率为-1.02，二者分别为夏普比率最大值和最小值，所有基金的夏普比率都落入由原点射出、斜率分别为 4.90 和-1.02 的射线所围成的扇形区间内。不难发现，股票型私募基金夏普比率的分布较为集中，这也验证了之前的分析。

图 2-19（a）展示了 2017~2021 年股票型私募基金年化夏普比率排名在前 10 名的基金名称和对应的年化夏普比率。因为夏普比率是结合基金的超额收益与风险因素的考量指标，所以夏普比率高的基金并不一定是因为其年化超额收益率也高，同理，也不能说明它的风险水平很低。从图 2-19（a）中观察前 10 名基金，不难发现，不同的基金产生高夏普比率的原因各有不同。有些是因为能将风险控制在相对较低的水平，如"展弘稳进 1 号"、"金锝 5 号"和"金锝 6 号"基金，其风险水平均控制在 3%左右，分别为 2.62%、3.26%和 3.16%，而其超额收益均未超过 13%，分别为 12.46%、10.14%和 9.10%，这 3 只基金凭借着优秀的风险控制能力获得了较高的风险调整后收益。而有些私募基金则是通过高人一筹的超额收益来获得较高的年化夏普比率的，如"靖奇光合长谷"和"靖奇金牛思锐"基金，尽管这两只基金承担的风险较高，均在 16%以上，但二者的超额收益更为优秀，分别为 60.02%和 43.95%。因此，单独评估基金的超额收益或风险都不足以判断基金的优劣，只有综合考量这两种因素，才能对基金业绩有更深入、全面的了解。

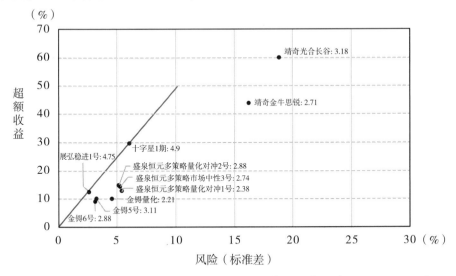

图 2-19（a）　股票型私募基金年化夏普比率散点图（前 10 名）：2017~2021 年

图 2-19（b）展示了 2017~2021 年年化夏普比率排名在后 10 名的基金名称和对应的年化夏普比率。如图 2-19（b）所示，"淘利多策略量化套利"和"新价值 4 号"基金的年化夏普比率均在-0.3 左右，"淘利多策略量化套利"基金的年化超额收益和风险分别为-1.42%和 4.60%，而"新价值 4 号"基金的年化超额收益和

风险分别为 –7.53% 和 23.73%。此外，我们可以看出，通常收益率越差的基金，其夏普比率也越低，而对于这些年化夏普比率为负的基金，夏普比率大小的决定性因素更侧重于超额收益率指标。总体而言，如果基金的夏普比率为零或为负值，说明基金经理所贡献的收益连银行存款利息都赶不上，投资者应该避免投资夏普比率小于零的基金。

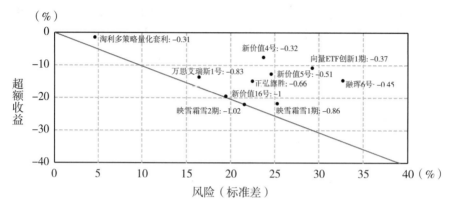

图 2-19（b）　　股票型私募基金年化夏普比率散点图（后 10 名）：2017～2021 年

我们将 2017～2021 年期间按照年化夏普比率排名在前 5% 和排名在后 5% 的私募基金单独挑出，分别与万得全 A 指数进行比较，综合超额收益和风险，进一步观察较优秀和较差的股票型私募基金与大盘指数表现上的显著差异。表 2-4 列出了 2017～2021 年按照年化夏普比率排名在前 5%（共 43 只）的基金。如果用万得全 A 指数作为比较基准的话，其近五年的年化夏普比率为 0.38，我们将这 43 只基金的年化超额收益率标准差的平均值（14.22%）设为指数的风险，那么可以计算得出万得全 A 指数的年化超额收益率为 5.40%（14.22%×0.38）。据表 2-4 可知，夏普比率排名位于前 5% 的基金年化超额收益率的平均值为 25.25%，远高于万得全 A 指数的年化超额收益率（5.40%）。此外，我们可以通过表 2-4 的数据验证之前的观点，即不同基金产生较高夏普比率的原因各不相同，决定夏普比率大小的，主要是年化超额收益率和年化超额收益率的标准差两个指标。从表 2-4 可以看出，有 10 只基金的年化超额收益标准差小于 5%，它们是凭借着优异的风险掌控能力而获得高夏普比率的。例如，位于第 23 名的"资舟观复"，超额收益率仅为 5.27%，但其风险水平控制在了 3.19%。有 4 只基金的超额收益率大于 50%，它们是由于强劲的盈利能力而获得高夏普比率的。例如，位于第 39 名的"建泓绝对收益 1 号"，超额收益率高达 78.64%，年化超额收益标准差为 52.90%。所以我们看到，这些基金通过降低风险和提高收益等手段，都取得了闪耀的年化夏普比率业绩。

表 2-4　　　　年化夏普比率排名在前 5% 的股票型私募基金：2017~2021 年

编号	基金名称	年化超额收益率（%）	年化超额收益率标准差（%）	年化夏普比率
1	十字星 1 期	29.68	6.06	4.90
2	展弘稳进 1 号	12.46	2.62	4.75
3	靖奇光合长谷	60.02	18.85	3.18
4	金锊 5 号	10.14	3.26	3.11
5	金锊 6 号	9.10	3.16	2.88
6	盛泉恒元多策略量化对冲 2 号	14.83	5.16	2.88
7	盛泉恒元多策略市场中性 3 号	14.42	5.26	2.74
8	靖奇金牛思锐	43.95	16.24	2.71
9	盛泉恒元多策略量化对冲 1 号	12.90	5.41	2.38
10	金锊量化	10.09	4.58	2.21
11	辉毅 5 号	13.19	6.45	2.04
12	辉毅 4 号	9.87	4.95	1.99
13	辉毅 3 号	7.72	3.91	1.98
14	信弘龙腾稳健 1 号	7.50	3.82	1.96
15	大朴多维度 24 号	23.45	12.12	1.94
16	申毅多策略量化套利 3 号	7.10	3.75	1.89
17	弘茗套利稳健管理型 2 号	85.13	45.79	1.86
18	进化论复合策略 1 号	30.78	17.41	1.77
19	因诺天跃	20.05	11.52	1.74
20	理臻鸿运精选 1 号	31.19	18.45	1.69
21	博普跨市场 1 号	5.12	3.06	1.67
22	盛泉恒元定增套利多策略 6 号	23.82	14.34	1.66
23	资舟观复	5.27	3.19	1.65
24	大朴多维度 15 号	20.40	12.45	1.64
25	晓峰 1 号睿远	29.71	18.31	1.62
26	思瑞 2 号	15.13	9.48	1.60
27	远望角容远 1 号	26.43	16.62	1.59
28	盛信 1 期（2016）	30.89	19.49	1.59

编号	基金名称	年化超额收益率（%）	年化超额收益率标准差（%）	年化夏普比率
29	汉和资本-私募学院菁英 7 号	29.27	18.60	1.57
30	磐耀 3 期	30.74	19.79	1.55
31	中润一期	32.87	21.23	1.55
32	中欧瑞博诺亚	23.07	15.02	1.54
33	东方港湾马拉松 1 号	29.42	19.20	1.53
34	易同精选 3 期	21.07	13.84	1.52
35	彤源同创 1 期 A	29.34	19.46	1.51
36	远望角投资 1 期	26.27	17.55	1.50
37	达理 1 号	49.54	33.12	1.50
38	盛泉恒元量化进取多策略 1 号	23.51	15.73	1.49
39	建泓绝对收益 1 号	78.64	52.90	1.49
40	国润一期	32.15	21.94	1.47
41	同望 1 期 1 号	28.50	19.47	1.46
42	远澜红松	18.63	12.73	1.46
43	涌鑫 2 号	22.26	15.25	1.46
指标平均值		**25.25**	**14.22**	**2.00**

在分析了年化夏普比率表现最好（前 5%）的股票型私募基金数据后，我们再来分析夏普比率排名在后 5% 的基金表现。表 2-5 列出了 2017~2021 年按照年化夏普比率排名在后 5% 的股票型私募基金。我们发现，夏普比率排名在后 5% 的 43 只基金风险（年化超额收益率标准差）的平均值为 21.44%。其中，年化超额收益率最高的基金为"金蕴 30 期"，其年化超额收益率为 0.83%，但仍低于以万得全 A 指数的夏普比率（0.38）和这 43 只基金的年化超额收益率标准差的平均值（21.44%）计算得到的年化超额收益率 8.15%（21.44%×0.38）。据表 2-5 可知，这 43 只基金的年化超额收益率的平均值为-4.97%，年化超额收益率标准差的平均值为 21.44%，年化夏普比率的平均值为-0.23。正如前面提到的，影响这些基金业绩的主要因素是它们的超额收益率，表 2-5 中的数据也支持这一观点，这些基金的年化夏普比率大幅落后于大盘指数的夏普比率（0.38）。年化超额收益率越小的基金，它们的年化夏普比率也偏小。例如，夏普比率最小的"映雪霜雪 2 期"基金，它的风险在表 2-5 中并不是最大的，为 21.54%，但是其过低的年化超额收

益率（-22.02%）使其成为了"吊车尾"的角色，夏普比率排名在倒数第一。在表 2-5 中，基金的年化夏普比率大都为负数，它们的特点是在承担较大风险的同时取得的收益率水平普遍较低，因而夏普比率也很低。

表 2-5　　　　　年化夏普比率排名在后 5% 的股票型基金：2017~2021 年

编号	基金名称	年化超额收益率（%）	年化超额收益率标准差（%）	年化夏普比率
1	金蕴 30 期	0.83	30.18	0.03
2	银帆 6 期	0.37	13.87	0.03
3	冰剑 1 号	0.27	13.52	0.02
4	慧安财富 3 期	0.33	21.90	0.02
5	乐桥 1 期	0.48	32.88	0.01
6	君茂跨市场 1 号	0.23	23.78	0.01
7	美联融通 1 期	0.19	25.94	0.01
8	尚雅 3 期	0.14	24.75	0.01
9	九旭 2 号	-0.28	18.60	-0.01
10	工银量化信诚精选	-0.05	2.88	-0.02
11	投资精英之云程泰（B）	-0.65	27.26	-0.02
12	海西晟乾 7 号	-1.01	33.28	-0.03
13	和聚鼎宝 1 期	-0.67	20.46	-0.03
14	慧安财富 5 期	-1.03	16.17	-0.06
15	朴石 8 期	-1.43	16.26	-0.09
16	宁聚量化精选 2 号	-1.73	16.70	-0.10
17	泽泉景渤财富	-2.71	25.50	-0.11
18	乐正资本乐享	-2.27	18.90	-0.12
19	塔晶狮王	-3.11	25.89	-0.12
20	泽泉涨停板 1 号	-3.06	23.58	-0.13
21	和聚 12 期汇智 B 期	-1.89	14.03	-0.13
22	承源 9 号	-4.18	27.99	-0.15
23	泽泉信德	-4.18	26.50	-0.16
24	新里程藏宝图京都 1 号	-4.80	26.85	-0.18
25	瑞晟昌-双轮策略 1 号	-5.68	26.82	-0.21

编号	基金名称	年化超额收益率（%）	年化超额收益率标准差（%）	年化夏普比率
26	融通 3 号	-7.05	32.65	-0.22
27	恒天稳宜灵活配置 2 期	-3.48	14.10	-0.25
28	厚品资产复利 1 号	-2.43	9.17	-0.26
29	塔晶老虎 1 期	-8.78	32.29	-0.27
30	睿信	-5.26	18.40	-0.29
31	工银量化恒盛精选	-1.84	6.37	-0.29
32	万思艾瑞斯 2 号	-4.38	14.96	-0.29
33	汇富进取 3 号	-6.04	19.62	-0.31
34	淘利多策略量化套利	-1.42	4.60	-0.31
35	新价值 4 号	-7.53	23.73	-0.32
36	向量 ETF 创新 1 期	-10.79	29.26	-0.37
37	融珲 6 号	-14.64	32.72	-0.45
38	新价值 5 号	-12.64	24.60	-0.51
39	正弘旗胜	-14.83	22.46	-0.66
40	万思艾瑞斯 1 号	-13.60	16.42	-0.83
41	映雪霜雪 1 期	-21.76	25.30	-0.86
42	新价值 16 号	-19.51	19.44	-1.00
43	映雪霜雪 2 期	-22.02	21.54	-1.02
指标平均值		**-4.97**	**21.44**	**-0.23**

　　通过上述分析可知，在五年样本（2017～2021 年）中，夏普比率表现最好（排名前 5%）的私募基金可以在与大盘指数相同的风险水平下获得更高的超额收益，而夏普比率表现最差（排名后 5%）的私募基金的超额收益往往很低。同时，夏普比率表现最好（前 5%）的私募基金和夏普比率表现最差（后 5%）的私募基金的风险相差 7%，而两组基金的年化超额收益率均值却相差 30%。另外，与夏普比率表现最差（后 5%）的私募基金相比，最优秀（前 5%）的私募基金不仅能够获得更高的超额收益，而且能将风险控制在较低的水平。我们采用三年样本（2019～2021 年）进行分析，所得结论与采用五年样本（2017～2021 年）的结论一致，不再赘述。

（二）索丁诺比率

索丁诺比率是另一个经典的风险调整后收益指标，它与夏普比率的区别在于，夏普比率衡量的是投资组合的总风险，计算风险指标时采用的是超额收益率标准差；而索丁诺比率在考虑投资组合的风险时将其分为上行风险和下行风险，认为投资组合的正回报符合投资人的需求，因此只需衡量下行风险，计算风险指标时采用的是超额收益率的下行标准差。索丁诺比率和夏普比率一致，比率越高，表明基金净值回调的幅度越小，盈利更加稳健。对于私募基金的投资者而言，索丁诺比率比夏普比率更为重要。因为一般情况下，投资者在购买私募基金时，合同中都会对"清盘线"作出规定，市场上大多数私募基金的"清盘线"设置在净值下降到 0.7 元或 0.8 元处，这意味着投资者和基金经理们会更关注下行风险。其计算公式如下：

$$Sortino_M = \frac{MAEX}{D\sigma_{ex}} \tag{2.3}$$

$$Sortino_A = Sortino_M \times \sqrt{12} \tag{2.4}$$

其中，$Sortino_M$ 为月度索丁诺比率，$Sortino_A$ 为年化索丁诺比率，$MAEX$ 为超额收益率的月平均值，$D\sigma_{ex}$ 为月度超额收益率的下行风险标准差（downside standard deviation）。基金的月度超额收益率为基金的月度收益率减去市场月度无风险收益率，市场无风险收益率采用整存整取的一年期基准定期存款利率。

我们对过去三年（2019~2021 年）和过去五年（2017~2021 年）股票型私募基金与万得全 A 指数、股票型公募基金的年化索丁诺比率作了比较，结果如图 2-20 所示。可以看到，近三年股票型私募基金的年化索丁诺比率为 3.52，股票型公募基金的年化索丁诺比率为 3.82，而万得全 A 指数的年化索丁诺比率仅为 3.08，股票型公募基金的年化索丁诺比率最高。从近五年索丁诺比率的比较来看，股票型私募基金的年化索丁诺比率为 2.26，股票型公募基金的年化索丁诺比率为 1.80，万得全 A 指数的年化索丁诺比率为 0.74，股票型私募基金的风险调整后收

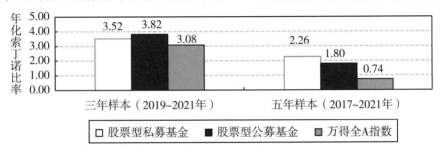

图 2-20　近三年（2019~2021 年）和近五年（2017~2021 年）股票型私募基金、公募基金和万得全 A 指数的年化索丁诺比率

益大幅超越了万得全 A 指数和股票型公募基金。由此可知，在相同的下行风险水平下，公募基金在短期能取得较高的风险调整后收益，而私募基金则在中长期更具优势。

图 2-21 为 2017~2021 年股票型私募基金年化索丁诺比率分组分布的直方图。我们将 2017~2021 年股票型私募基金按年化索丁诺比率的大小划分为 10 个区间。在这 864 只私募基金中，年化索丁诺比率的最大值为 254.37，最小值为-1.41。我们认为导致股票型私募基金年化索丁诺比率分化严重的原因不是其净值的波动幅度（总风险），而是其净值向下波动的幅度（下行风险）。从图 2-21 可以看出，股票型私募基金年化索丁诺比率大致服从正态分布，主要集中在［0，1）、［1，2）和［2，3）这三个区间内，合计占比达到 82%。另外，万得全 A 指数的年化索丁诺比率（0.74）位于区间［0，1），由此可知，至少有七成以上的股票型私募基金的年化索丁诺比率超过了万得全 A 指数的年化索丁诺比率。

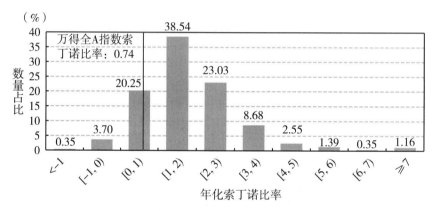

图 2-21　股票型私募基金年化索丁诺比率分布：2017~2021 年

图 2-22 为 2017~2021 年股票型私募基金的年化索丁诺比率由高到低的排列图，[1] 图中横线代表万得全 A 指数的索丁诺比率（0.74），具体含义为，在承担单位下行风险（由负收益的标准差计算）时，股指可以获得 0.74% 的超额收益。据图 2-22 可知，股票型私募基金年化索丁诺比率高于万得全 A 指数的私募基金为 719 只，占比为 83%，与之前夏普比率的比较结果相同（84%），表明这 719 只基金在承担相同年化下行风险的同时，可以获得高于万得全 A 指数的年化超额收益。另有 35 只基金近五年的索丁诺比率小于零，占比为 4%。我们还可以观察到，有少数私募基金的索丁诺比率异常高，使得私募基金的索丁诺比率之间差异加大。可见，股票型私募基金索丁诺比率的分布呈明显的两极分化现象。

———————————

① 为了图 2-22 的整体展示效果，隐藏了三只年化索丁诺比率较高的私募基金，这三只基金的名称及其年化索丁诺比率分别为展弘稳进 1 号（254.37）、十字星 1 期（72.78）和靖奇光合长谷（33.37）。

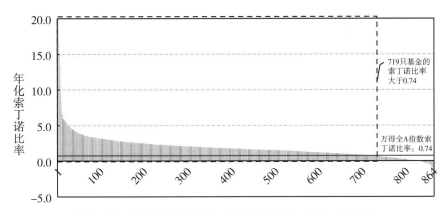

图 2-22　股票型私募基金年化索丁诺比率：2017~2021 年

图 2-23 展示了 2017~2021 年的股票型私募基金年化索丁诺比率的散点分布情况，横轴代表私募基金年化超额收益下行标准差（风险），纵轴代表私募基金的年化超额收益率（超额收益），索丁诺比率即为从原点到每一只基金对应的由年化超额收益和下行风险所确定的点的斜率。为了展示得更加清晰，我们在制图时去掉一个异常值①。近五年股票型私募基金年化索丁诺比率分布在斜率为 -1.41 和 254.37 这两条射线所夹的扇形区间内。除了极少数点十分特殊之外（如下行风险大于 50%），大多数基金年化索丁诺比率的散点分布较为集中。

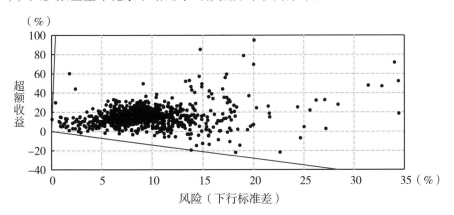

图 2-23　股票型私募基金年化索丁诺比率散点图：2017~2021 年

图 2-24（a）展示了年化索丁诺比率排名前 10 名的基金名称和对应的年化索丁诺比率。索丁诺比率综合了基金的年化超额收益率和年化下行标准差来对基金的业绩进行考量，也就是说，这两个因素共同影响着年化索丁诺比率。即年化索丁诺

---

① 该异常值为"富承价值 1 号"，其年化超额收益下行标准差为 52.04%，年化超额收益率为 40.62%。由于只有该基金的年化超额收益下行标准差大于 35%，故而我们为了图形的整体展示效果将其隐藏。

比率高的基金，其年化下行标准差不一定小，而每只基金年化索丁诺比率较高的原因也不尽相同。如图 2-24（a）所示，有一些基金是靠着出色的风险控制能力将下行标准差控制在较小范围从而获得了优异的索丁诺比率的，如"展弘稳进 1 号"和"十字星 1 期"的下行标准差均在 0.5% 以内；而其他一些基金则靠较高的年化超额收益率获得了出色的年化索丁诺比率，如"靖奇光合长谷"和"靖奇金牛思锐"基金，它们皆取得了超过 43% 的年化超额收益率，凭借着高超的盈利能力而榜上有名。

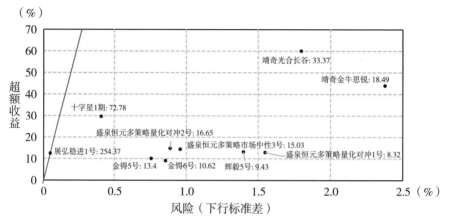

图 2-24（a）　股票型私募基金年化索丁诺比率散点图（前 10 名）：2017~2021 年

　　图 2-24（b）展示了年化索丁诺比率排名在后 10 名的股票型私募基金名称和对应的年化索丁诺比率。我们发现，这 10 只基金的年化超额收益均为负值。对于年化收益率为负的基金而言，年化超额收益率和年化索丁诺比率基本呈同向变化趋势。年化超额收益率越小的基金，其年化索丁诺比率也越小。其中"新价值 16 号"基金的索丁诺比率（−1.41）最小，其年化超额收益率为 −19.51%，说明这些

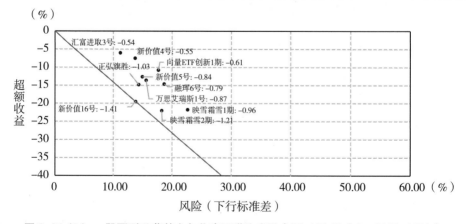

图 2-24（b）　股票型私募基金年化索丁诺比率散点图（后 10 名）：2017~2021 年

年化索丁诺比率为负的基金提升业绩的关键就是提升年化超额收益率。我们不能仅仅通过年化索丁诺比率去判断一只基金的年化超额收益率如何，以及它的下行风险水平如何，年化索丁诺比率差并不代表它的年化超额收益率低，同样也不能代表它的下行风险水平很高。

我们将近五年（2017~2021年）按照年化索丁诺比率排列在前5%和后5%的股票型私募基金单独挑出，分别与万得全A指数进行比较分析，进一步观察较优秀及较差的股票型私募基金与指数在年化超额收益率和下行风险的综合作用下，年化索丁诺业绩表现的显著差异，并在表2-6和表2-7中列示。表2-6展示了2017~2021年按照年化索丁诺比率排名在前5%的私募基金。如果用万得全A指数作为比较基准的话，取其近五年的年化索丁诺比率（0.74），假设指数的下行风险（年化下行标准差）为4.10%，可以得到它的年化超额收益率为3.03%（4.10%×0.74）。前5%基金的年化下行标准差均值为4.10%，年化超额收益率均值为24.18%，远远高于以万得全A指数的索丁诺比率（0.74）和这前5%基金的平均年化下行标准差（4.10%）计算而得的年化超额收益率（3.03%）。

表2-6　　　　年化索丁诺比率排名在前5%的股票型私募基金：2017~2021年

编号	基金名称	年化超额收益率（%）	年化超额收益率下行标准差（%）	年化索丁诺比率
1	展弘稳进1号	12.46	0.05	254.37
2	十字星1期	29.68	0.41	72.78
3	靖奇光合长谷	60.02	1.80	33.37
4	靖奇金牛思锐	43.95	2.38	18.49
5	盛泉恒元多策略量化对冲2号	14.83	0.89	16.65
6	盛泉恒元多策略市场中性3号	14.42	0.96	15.03
7	金锝5号	10.14	0.76	13.40
8	金锝6号	9.10	0.86	10.62
9	辉毅5号	13.19	1.40	9.43
10	盛泉恒元多策略量化对冲1号	12.90	1.55	8.32
11	金锝量化	10.09	1.45	6.98
12	旭鑫价值成长2期	14.14	2.16	6.55
13	辉毅3号	7.72	1.27	6.10
14	申毅多策略量化套利3号	7.10	1.20	5.94
15	资舟观复	5.27	0.89	5.90

编号	基金名称	年化超额收益率（%）	年化超额收益率下行标准差（%）	年化索丁诺比率
16	信弘龙腾稳健 1 号	7.50	1.27	5.89
17	弘茗套利稳健管理型 2 号	85.13	14.75	5.77
18	大朴多维度 24 号	23.45	4.13	5.68
19	因诺天跃	20.05	3.54	5.66
20	盈阳 22 号	31.31	5.64	5.55
21	达理 1 号	49.54	9.15	5.41
22	思瑞 2 号	15.13	2.83	5.34
23	中润一期	32.87	6.21	5.29
24	红宝石安心进取 H-1003	14.32	2.83	5.06
25	康曼德 003 号	27.45	5.47	5.02
26	国润一期	32.15	6.43	5.00
27	旭鑫价值成长 1 期	12.42	2.51	4.94
28	泛涵康元 1 号	4.78	0.99	4.82
29	进化论复合策略 1 号	30.78	6.44	4.78
30	理臻鸿运精选 1 号	31.19	6.55	4.77
31	正圆 1 号	94.73	20.06	4.72
32	博普跨市场 1 号	5.12	1.10	4.64
33	远澜红枫 1 号	27.28	5.94	4.59
34	彤源同创 1 期 A	29.34	6.43	4.57
35	磐耀 3 期	30.74	6.78	4.53
36	名禹沐风 1 期	21.15	4.69	4.51
37	支点先锋 1 号	26.20	5.87	4.46
38	同望 1 期 1 号	28.50	6.47	4.41
39	涌鑫 3 号	25.69	5.92	4.34
40	辉毅 4 号	9.87	2.33	4.23
41	大朴多维度 15 号	20.40	4.86	4.20
42	金塔行业精选 1 号	22.05	5.30	4.16
43	天朗稳健增长 1 号	15.65	3.76	4.16
指标平均值		**24.18**	**4.10**	**14.43**

此外，我们也可以通过表 2-6 的数据验证之前的观点，即不同的基金获得较高年化索丁诺比率的原因各不相同。例如，"展弘稳进 1 号"基金的年化超额收益率（12.46%）并不高，但其年化超额收益率下行标准差仅为 0.05%，所以它凭借着高超的下行风险管理能力获得了最高的年化索丁诺比率，并且在之前年化夏普比率的比较中，该基金的年化夏普比率（4.75）位居样本范围内第二名，说明这只基金的基金经理确实拥有非常出色的风险（全风险和下行风险）把控能力。还有另外一些基金则是凭借着可观的超额收益表现得以榜上有名，其中包括"正圆 1 号"和"弘茗套利稳健管理型 2 号"等，它们的年化超额收益率分别为 94.73% 和 85.13%，它们的年化下行标准差相对较高，分别为 20.06% 和 14.75%。

在分析了年化索丁诺比率排名在前 5%（43 只）的股票型私募基金的情况之后，我们再来看排名在后 5% 的基金的具体数据。表 2-7 列出了 2017~2021 年按照年化索丁诺比率排名在后 5% 的股票型私募基金。从中我们发现，后 5% 基金年化超额收益率下行标准差的平均值为 12.95%，如果用万得全 A 指数作为比较基准的话，取其近五年的索丁诺比率（0.74），假设指数的下行风险（年化下行标准差）与后 5% 基金的平均年化下行标准差（12.95%）一致，那么它的年化超额收益率为 9.58%（12.95%×0.74）。在年化索丁诺比率排名在后 5% 的基金中，年化超额收益率最大的基金为"银帆 6 期"基金，其超额收益率为 0.37%，仍然低于万得全 A 指数的年化超额收益率（9.58%）。

表 2-7　　　年化索丁诺比率排名在后 5% 的股票型私募基金：2017~2021 年

编号	基金名称	年化超额收益率（%）	年化超额收益率下行标准差（%）	年化索丁诺比率
1	银帆 6 期	0.37	7.09	254.79
2	金蕴 30 期	0.83	17.77	72.78
3	冰剑 1 号	0.27	8.40	33.37
4	慧安财富 3 期	0.33	10.94	18.49
5	乐桥 1 期	0.48	16.73	16.65
6	美联融通 1 期	0.19	11.56	15.03
7	君茂跨市场 1 号	0.23	16.63	0.05
8	尚雅 3 期	0.14	14.88	0.05
9	工银量化信诚精选	−0.05	2.67	0.03
10	九旭 2 号	−0.28	10.75	0.03
11	投资精英之云程泰（B）	−0.65	15.73	0.03

编号	基金名称	年化超额收益率（%）	年化超额收益率下行标准差（%）	年化索丁诺比率
12	海西晟乾 7 号	−1.01	17.41	0.02
13	和聚鼎宝 1 期	−0.67	9.48	0.01
14	慧安财富 5 期	−1.03	8.52	0.01
15	朴石 8 期	−1.43	10.50	−0.02
16	宁聚量化精选 2 号	−1.73	11.87	−0.03
17	泽泉景渤财富	−2.71	13.85	−0.04
18	乐正资本乐享	−2.27	11.19	−0.06
19	和聚 12 期汇智 B 期	−1.89	8.55	−0.07
20	泽泉涨停板 1 号	−3.06	13.63	−0.12
21	塔晶狮王	−3.11	13.48	−0.14
22	承源 9 号	−4.18	15.55	−0.15
23	融通 3 号	−7.05	24.66	−0.20
24	泽泉信德	−4.18	14.58	−0.20
25	新里程藏宝图京都 1 号	−4.80	15.54	−0.22
26	工银量化恒盛精选	−1.84	5.35	−0.22
27	厚品资产复利 1 号	−2.43	6.77	−0.23
28	万思艾瑞斯 2 号	−4.38	10.25	−0.27
29	恒天稳宜灵活配置 2 期	−3.48	8.11	−0.29
30	睿信	−5.26	11.67	−0.29
31	瑞晟昌-双轮策略 1 号	−5.68	12.31	−0.31
32	淘利多策略量化套利	−1.42	2.93	−0.34
33	塔晶老虎 1 期	−8.78	16.51	−0.36
34	汇富进取 3 号	−6.04	11.23	−0.43
35	新价值 4 号	−7.53	13.75	−0.43
36	向量 ETF 创新 1 期	−10.79	17.65	−0.45
37	融珲 6 号	−14.64	18.64	−0.46
38	新价值 5 号	−12.64	14.97	−0.49
39	万思艾瑞斯 1 号	−13.60	15.61	−0.53

编号	基金名称	年化超额收益率（%）	年化超额收益率下行标准差（%）	年化索丁诺比率
40	映雪霜雪 1 期	−21.76	22.63	−0.54
41	正弘旗胜	−14.83	14.36	−0.55
42	映雪霜雪 2 期	−22.02	18.22	−0.61
43	新价值 16 号	−19.51	13.85	−0.79
	指标平均值	**−4.97**	**12.95**	**−0.35**

通过上述分析可知，在五年样本（2017～2021 年）中，当考虑的风险因素变为下行风险时，索丁诺比率表现最优秀（前 5%）的股票型私募基金，可以在与大盘指数相同的下行风险水平下获得更高的超额收益，而索丁诺比率表现最差（后5%）的私募基金的超额收益往往远逊于大盘指数。同时，索丁诺比率表现最优秀（前 5%）的股票型私募基金的超额收益均值要比表现最差（后 5%）的私募基金的超额收益均值高出 29%，而最优秀（前 5%）的股票型私募基金下行风险均值却比最差（后 5%）的股票型私募基金的下行风险均值低了 9 个百分点，这说明相较于索丁诺比率表现最差（后 5%）的股票型私募基金，最优秀（前 5%）的股票型私募基金不但可以获得更高的超额收益，还可以将下行风险控制在较低水平。我们采用三年样本（2019～2021 年）进行分析，所得结论与采用五年样本（2017～2021 年）分析所得结论一致，不再赘述。

（三）收益—最大回撤比率

回撤是指在某一段时期内基金净值从高点开始回落到低点的幅度。最大回撤率是指在选定周期内的任一历史时点往后推，基金净值走到最低点时的收益率回撤幅度的最大值，用来衡量一段时期内基金净值的最大损失，是下行风险的最大值。因此，对于私募基金而言，最大回撤率是一个重要的风险指标。由于我们对私募基金的研究是基于月度单位的，因此采用离散型公式。[1] 离散型最大回撤率的定义为，如果 $X(t)$ 是一个在 $[t_1, t_2, \cdots, t_n]$ 上资产价格的月度时间序列，那么在 t_n 时刻该资产的最大回撤率 $DR(t_n)$ 的公式为：

$$DR(t_n) = \max_{s>t;s,t \in t_1,t_2,\cdots,t_n} \left(\frac{X(s)-X(t)}{X(t)}, 0 \right) \tag{2.5}$$

---

[1] 本研究以基金月度净值数据为基础，故而最大回撤的结果仅代表以月度为频率来考察的情况，如果用更细分的频率来分析（月度、日度），结果可能存在微小的差异。

最大回撤率可以很好地揭示基金在历史上表现不好的时期净值回撤的最大幅度。通过计算最大回撤率，投资者可以了解基金过去一段时期内净值的最大跌幅，因此这一指标在近些年越来越受到私募基金投资者和基金经理们的重视。但仅仅考虑最大回撤率是不够的，当基金的收益率很低时，即使最大回撤率非常小，也难以被评价为优秀的基金。这一问题可以通过计算私募基金的收益率与最大回撤率的比率来解决。公式如下：

$$CR/DR_Y = \frac{Cumulative\ Return}{DR_Y} \qquad (2.6)$$

其中，DR_Y 表示每年资产价格的最大回撤率；CR 表示资产的累计收益率。收益—最大回撤比率包含对下行风险的衡量。在投资时，投资者往往担心资产出现大幅缩水，无法控制最大损失。收益—最大回撤比率指标越高，说明基金在承受较大下行风险的同时，可以获得较高的回报。以下我们所汇报的均为累计收益—最大回撤比率的分析结果。

图 2-25 展示了近三年（2019~2021 年）和近五年（2017~2021 年）私募基金与万得全 A 指数的收益—最大回撤比率的比较结果。如图 2-25 所示，近三年私募基金的收益—最大回撤比率为 13.08，如果私募基金平均最大回撤为 10% 的话，私募基金的累计年化收益为 130.8%，近三年万得全 A 指数的收益—最大回撤比率仅为 10.66。从近三年收益—最大回撤比率的比较来看，私募基金在很大程度上超越了万得全 A 指数，说明相较于大盘指数，短期内私募基金在承受较大下行风险的同时，可以获得更高的回报。从近五年收益—最大回撤比率的比较结果来看，私募基金的收益—最大回撤比率（8.56）是万得全 A 指数的收益—最大回撤比率（1.22）的 7 倍，可见从中长期来看，私募基金的表现也强于指数。综上所述，在控制单位最大下行风险获利的能力上，无论是过去三年（2019~2021 年）还是过去五年（2017~2021 年），股票型私募基金的整体表现都远远强于指数。

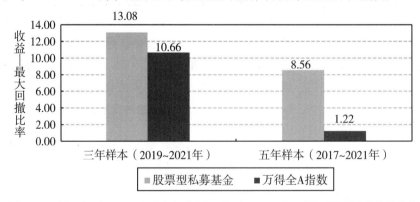

图 2-25　近三年（2019~2021 年）和近五年（2017~2021 年）股票型私募基金与
万得全 A 指数的收益—最大回撤比率

我们继续对股票型私募基金和大盘指数的收益—最大回撤比率进行更深入的分析。图2-26为2017~2021年股票型私募基金收益—最大回撤比率分组分布的直方图。我们将这些基金的收益—最大回撤比率均分为10组展示。可以看出，与同样关注下行风险的年化索丁诺比率的分布相比，私募基金的收益—最大回撤比率的分布并未呈现标准的正态分布，并且有较大比例的私募基金收益—最大回撤比率分布子区间［3，6.5）。统计得到股票型私募基金收益—最大回撤比率的最大值为580.02，最小值为-1.00，中位数为4.77，平均数为8.56。不难看出，股票型私募基金收益—最大回撤比率的两极差异比较显著。我们还发现，虽然有半数（432只）样本基金的收益—最大回撤比率小于该比率的中位数（4.77），但由于部分基金的收益—最大回撤比率异常高（见表2-8），使得股票型私募基金整体的收益—最大回撤比率的均值为8.56。我们将私募基金收益—最大回撤比率的中位数（4.77）和万得全A指数的收益—最大回撤比率（1.22）进行对比可得，至少有50%的私募基金跑赢了万得全A指数。因此，从单位最大回撤风险的收益能力上看，股票型私募基金在整体上超越了大盘指数。

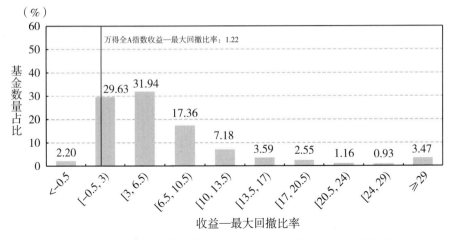

图2-26　股票型私募基金收益—最大回撤比率分布：2017~2021年

图2-27为2017~2021年股票型私募基金的收益—最大回撤比率从高到低的排列图，水平线代表万得全A指数的收益—最大回撤比率（1.22）。[①] 据图2-27可知，有736只（85%）股票型私募基金的收益—最大回撤比率超过万得全A指数（1.22），该比率略高于之前夏普比率（83%）以及索丁诺比率（84%）的对比结果。从收益—最大回撤比率来看，股票型私募基金的整体表现优于大盘指数的表现。我们还观察到，股票型私募基金的收益—最大回撤比率主要集中分布于区间

---

① 为了图2-27的整体展示效果，我们隐藏了11只收益—最大回撤比率大于40的私募基金。

［-0.5，10.5），但由于有少部分私募基金的收益—最大回撤比率异常高，导致私募基金的收益—最大回撤比率的两极差异显著。

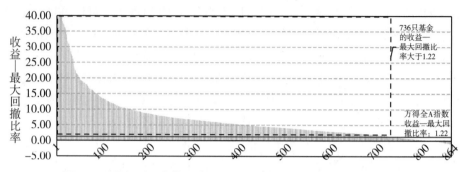

图 2-27　股票型私募基金收益—最大回撤比率分布：2017～2021 年

图 2-28 展示了 2017～2021 年股票型私募基金收益—最大回撤比率的散点分布情况，横坐标代表基金的最大回撤率，纵坐标代表私募基金的累计收益率。① 每只基金的收益—最大回撤比率即从原点到坐标点的斜率，斜率越大，代表该基金的收益—最大回撤比率越大，最大斜率为 580.02，最小斜率为-1.00。不难看出，私募基金的收益—最大回撤比率的横向分布相对分散，说明私募基金间的最大回撤率差异很大。

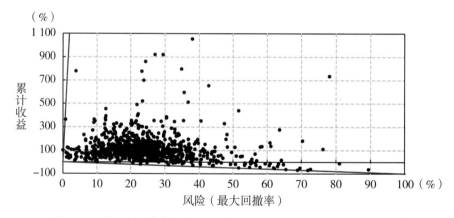

图 2-28　股票型私募基金收益—最大回撤比率散点图：2017～2021 年

图 2-29（a）展示了五年样本（2017～2021 年）中收益—最大回撤比率排名在前 10 名的私募基金，纵轴代表基金的收益率，横轴代表基金的最大回撤率，图中标注了基金名称和对应的收益—最大回撤比率的数值。② 其中，"展弘稳进 1 号"

①　为了图 2-28 的整体展示效果，我们隐藏了 6 只累计收益率大于 1 100% 的私募基金。
②　由于图 2-29（a）中的基金数值差异极大，导致有 4 只基金挤在一处难以分辨，故而我们将这 4 只基金根据"收益—最大回撤比率"的大小依次放在了一个标签中。

的最大回撤值趋近于零，导致收益—最大回撤比率太大，不能给出具体数值，所以在图中只标注了基金名称。与之前对年化索丁诺比率分析的情况类似，我们发现前10只基金获得优异的收益—最大回撤比率的原因各不相同。例如，"十字星1期"基金凭借着小于1%的最大回撤率（0.78%）获得了较高的收益—最大回撤比率（463.79），然而它的年化收益率（35.82%）相对其他9只基金而言并不是最高的。相比之下，"弘茗套利稳健管理型2号"和"正圆1号"基金则凭借着超过4 200%的累计收益率，获得了高于110的收益—最大回撤比率，说明使其榜上有名的主要原因是其出色的盈利能力。

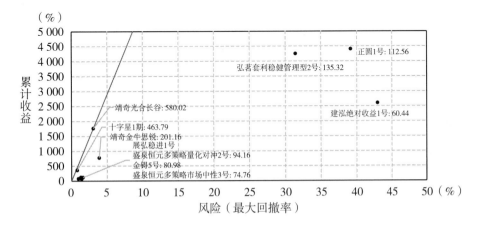

图 2-29 (a)　股票型私募基金收益—最大回撤比率的散点图（前 10 名）：2017~2021 年

图 2-29（b）展示了 2017~2021 年收益—最大回撤比率排名在后 10 名的股票型私募基金的分布情况，图中纵轴代表基金的收益率，横轴代表基金的最大回撤率，图中标注了基金名称和对应的收益—最大回撤比率的数值。这些基金的收益—

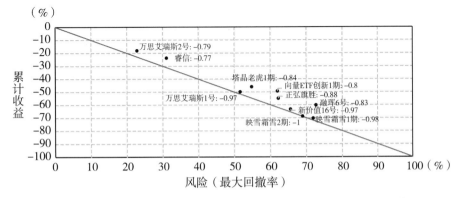

图 2-29 (b)　股票型私募基金收益—最大回撤比率的散点图（后 10 名）：2017~2021 年

最大回撤比率的分布并不集中，位于后 10 名的原因也并不一样。例如，"映雪霜雪 1 期"基金的收益—最大回撤比率为 -0.98，最大回撤风险达到 71.91%，累计收益率（-70.31%）也较低，那么决定其收益—最大回撤比率的最重要的原因是什么呢？回顾之前我们在索丁诺比率分析时的讨论，当收益为负的时候，风险越大的基金，其收益—最大回撤比率反而越大。所以，决定"映雪霜雪 1 期"基金的收益—最大回撤比率如此不好的重要因素是它的收益率，这与最大回撤率常常又是相关的，因为当基金净值跌去 70.31% 以上之后，要把收益率再做回来是非常困难的。因此，我们发现往往那些收益率差且最大回撤率高的基金，所对应的收益—最大回撤比率也越差。

为了让读者更清晰地了解收益—最大回撤比率表现优秀的基金和表现不好的基金与大盘指数的差异，我们将近五年（2017～2021 年）按照收益—最大回撤比率排列在前 5% 和后 5% 的基金单独挑出，并列出相应数据，如表 2-8 和表 2-9 所示。当考虑的风险因素变为最大回撤率时，在相同的最大回撤率水平下，表现优秀的私募基金与万得全 A 指数相比孰好孰坏？为了回答这一问题，我们在表 2-8 中展示了 2017～2021 年股票型私募基金收益—最大回撤比率排名在前 5%（43 只）的基金及相关指标。可以看到，这些基金累计收益率的平均值为 664.32%，最大回撤率的平均值为 13.38%，收益—最大回撤比率的平均值为 68.01。如果用万得全 A 指数作为比较基准的话，我们知道其近五年收益—最大回撤比率为 1.22，在 13.38% 的下行风险水平下，它的年化收益率应为 16.32%（13.38%×1.22）。可见，这 43 只基金累计收益率的平均值（664.32%）远高于万得全 A 指数的假设收益水平（16.32%）。在这些基金中，虽然"资舟观复"基金的累计收益率（39.78%）最小，但仍远高于指数的假设收益水平（16.32%）。综合来看，近五年收益—最大回撤比率表现最好的（前 5%）股票型私募基金，在与大盘指数相同的风险水平下，整体上的收益表现超越了同期大盘指数的表现。

表 2-8　　　　收益—最大回撤比率排名在前 5% 的股票型基金：2017～2021 年

编号	基金名称	累计收益率（%）	最大回撤率（%）	收益—最大回撤比率
1	展弘稳进 1 号	99.88	0.00	—
2	靖奇光合长谷	1 760.93	3.04	580.02
3	十字星 1 期	362.22	0.78	463.79
4	靖奇金牛思锐	777.68	3.87	201.16
5	弘茗套利稳健管理型 2 号	4 249.70	31.41	135.32
6	正圆 1 号	4 406.23	39.14	112.56

续表

编号	基金名称	累计收益率（%）	最大回撤率（%）	收益—最大回撤比率
7	盛泉恒元多策略量化对冲 2 号	123.54	1.31	94.16
8	金锊 5 号	77.98	0.96	80.98
9	盛泉恒元多策略市场中性 3 号	119.02	1.59	74.76
10	建泓绝对收益 1 号	2 596.64	42.96	60.44
11	金锊 6 号	69.06	1.41	49.08
12	辉毅 5 号	105.48	2.50	42.28
13	理臻鸿运精选 1 号	363.81	9.18	39.65
14	万方稳进 1 号	1 325.80	34.81	38.09
15	辉毅 3 号	57.73	1.52	38.08
16	大朴多维度 24 号	232.10	6.18	37.53
17	磐耀 3 期	348.57	9.39	37.13
18	盈阳 22 号	336.62	9.08	37.06
19	大禾投资-掘金 5 号	1 118.39	30.65	36.49
20	资舟观复	39.78	1.10	36.10
21	鸿道创新改革	453.58	12.66	35.82
22	达理 1 号	859.74	24.34	35.32
23	大禾投资-掘金 1 号	920.25	27.06	34.00
24	涌津涌鑫 6 号	776.03	23.24	33.39
25	盛泉恒元多策略量化对冲 1 号	103.16	3.26	31.68
26	信弘龙腾稳健 1 号	56.06	1.77	31.62
27	复胜正能量 1 期	919.70	29.49	31.19
28	远澜红枫 1 号	270.25	8.72	30.99
29	中润一期	392.19	12.68	30.92
30	国润一期	372.33	12.52	29.74
31	涌津涌赢 1 号	699.51	23.82	29.37
32	名禹沐风 1 期	191.49	6.69	28.62
33	进化论复合策略 1 号	358.22	12.59	28.46
34	建泓时代绝对收益 2 号	1 053.22	37.95	27.75
35	因诺天跃	182.06	6.69	27.20

续表

编号	基金名称	累计收益率（％）	最大回撤率（％）	收益—最大回撤比率
36	旭鑫价值成长 2 期	111.07	4.13	26.90
37	东方港湾马拉松 1 号	322.04	12.29	26.21
38	思瑞 2 号	123.65	4.73	26.12
39	金塔行业精选 1 号	203.56	8.34	24.42
40	申毅多策略量化套利 3 号	52.98	2.24	23.65
41	康曼德 003 号	286.33	12.38	23.13
42	冠丰 3 号消费优选	796.42	34.84	22.86
43	璟恒五期	490.85	21.84	22.48
	指标平均值	**664.32**	**13.38**	**68.01**

注："展弘稳进 1 号"的最大回撤值趋近于零，收益—最大回撤比率太大，故而这里不做具体的数值展示。

由于收益—最大回撤比率是一个综合了绝对收益率和最大回撤率考量的指标，不同基金的这两个参数对收益—最大回撤比率的形成所贡献的程度也不一样。在这些基金中，一部分基金的收益率很高而其最大回撤率很小，使得收益—最大回撤比率表现很好，如"资舟观复"基金的收益率最低，为 39.78%，但它的最大回撤率仅为 1.10%；另一部分基金则是由于收益率较高而最大回撤率相对较低使其收益—最大回撤比率榜上有名，如"弘茗套利稳健管理型 2 号"基金累计收益率高达 4 249.70%，最大回撤率为 31.40%，较高的收益—最大回撤比率得益于它超强的盈利能力。

在相同的风险水平下（最大回撤率相同的情况下），收益—最大回撤比率表现较差的私募基金与万得全 A 指数相比是否也存在一些差距呢？若有，这一差距会是多大？为了回答这些问题，我们选择 2017~2021 年按照收益—最大回撤比率排名在后 5%（43 只）的基金，与万得全 A 指数的收益进行比较分析。表 2-9 列出了 2017~2021 年按照收益—最大回撤比率排名在后 5% 的私募基金。据表 2-9 可知，这些基金累计收益率的平均值为 -26.14%，最大回撤率的平均值为 50.98%，收益—最大回撤比率的平均值为 -0.48。如果用万得全 A 指数作为比较基准的话，我们知道大盘指数近五年收益—最大回撤比率为 1.22，在 50.98% 的下行风险水平下，大盘指数的收益率应为 62.19%（50.98%×1.22）。从表 2-9 中数据可以看出，在这些基金中，没有一只基金的收益率大于零，而这些基金的平均收益率为 -26.14%，更是远远低于指数的假设收益水平（62.19%）。另外，股票型私募基金的收益—最大回撤比率的平均值为 -0.48，同样小于指数的收益—最大回撤比率（1.22）。可见，在相同的下行风险水平（最大回撤）下，收益—最大回撤比率表现较差（后 5%）的股票型私募基金在整体上的表现远不如大盘指数。

表 2-9　　　　收益—最大回撤比率排名在后 5%的股票型基金：2017~2021 年

编号	基金名称	累计收益率（%）	最大回撤率（%）	收益—最大回撤比率
1	君茂跨市场 1 号	-5.77	46.59	-0.12
2	富承高息 1 号	-11.35	81.06	-0.14
3	抱朴精选成长 1 号	-8.06	56.58	-0.14
4	私享-价值 3 期	-8.29	53.47	-0.15
5	和聚鼎宝 1 期	-5.64	35.49	-0.16
6	尚雅 3 期	-6.71	40.34	-0.17
7	金蕴 30 期	-10.27	60.93	-0.17
8	工银量化恒盛精选	-2.69	15.61	-0.17
9	朴石 8 期	-5.98	33.14	-0.18
10	美联融通 1 期	-6.84	35.25	-0.19
11	投资精英之云程泰（B）	-13.04	59.44	-0.22
12	泓澄尊享 C 期	-15.11	63.38	-0.24
13	私募工场兴富进取 1 期	-13.48	55.17	-0.24
14	宁聚量化精选 2 号	-7.94	32.45	-0.24
15	和聚 12 期汇智 B 期	-6.57	24.78	-0.26
16	乐桥 1 期	-14.42	53.62	-0.27
17	乐正资本乐享	-11.86	43.03	-0.28
18	厚品资产复利 1 号	-6.54	20.67	-0.32
19	海西晟乾 7 号	-21.21	64.81	-0.33
20	泽泉涨停板 1 号	-19.31	50.76	-0.38
21	恒天稳宜灵活配置 2 期	-13.75	35.09	-0.39
22	泽泉景渤财富	-19.51	49.29	-0.40
23	蕴泽 3 号	-29.04	60.64	-0.48
24	泽泉信德	-26.17	53.40	-0.49
25	新里程藏宝图京都 1 号	-29.07	56.77	-0.51
26	塔晶狮王	-21.27	40.36	-0.53

续表

编号	基金名称	累计收益率 （%）	最大回撤率 （%）	收益—最大 回撤比率
27	新价值 4 号	−35.51	63.10	−0.56
28	承源 9 号	−27.42	44.24	−0.62
29	富承价值 1 号	−63.17	89.44	−0.71
30	瑞晟昌-双轮策略 1 号	−31.39	44.00	−0.71
31	汇富进取 3 号	−27.48	38.13	−0.72
32	新价值 5 号	−50.70	69.61	−0.73
33	融通 3 号	−43.80	57.95	−0.76
34	睿信	−23.80	31.08	−0.77
35	万思艾瑞斯 2 号	−18.13	22.87	−0.79
36	向量 ETF 创新 1 期	−49.29	61.92	−0.80
37	融珲 6 号	−60.22	72.69	−0.83
38	塔晶老虎 1 期	−45.99	54.85	−0.84
39	正弘旗胜	−54.98	62.15	−0.88
40	万思艾瑞斯 1 号	−49.92	51.66	−0.97
41	新价值 16 号	−63.33	65.51	−0.97
42	映雪霜雪 1 期	−70.31	71.91	−0.98
43	映雪霜雪 2 期	−68.79	68.92	−1.00
	指标平均值	**−26.14**	**50.98**	**−0.48**

　　通过上述分析可知，在五年样本（2017～2021 年）中，当考虑的风险因素变为下行风险时，收益—最大回撤比率表现最优秀（前 5%）的股票型私募基金可以在与大盘指数相同的下行风险水平下获得更高的收益，而表现最差（后5%）的私募基金在与大盘指数相同的下行风险水平下只能获得很低的收益。同时，收益—最大回撤比率表现最优秀（前 5%）的股票型私募基金的累计收益均值要比表现最差（后 5%）的私募基金的累计收益均值高出 690%，而最优秀（前 5%）的股票型私募基金下行风险均值却比最差（后 5%）的股票型私募基金的下行风险均值低了 37 个百分点，这说明与表现最差（后 5%）的股票型私募基金相比，收益—最大回撤比率表现最优秀（前 5%）的股票型私募基金不仅可以获得更高的收益，而且能将最大回撤控制在较低的水平。我们采用三年样本（2019～2021 年）进行分析，所得结论与使用五年样本（2017～2021 年）的结论一致，不再赘述。

三、四个收益指标的相关性分析

在对股票型私募基金和大盘指数的业绩按照各种收益指标进行了充分的对比分析之后，我们需要思考这样的问题：在评价私募基金的业绩时，哪一个收益指标更为恰当？本部分将通过分析收益率、夏普比率和索丁诺比率、收益—最大回撤比率之间的关系，选出一个既能普遍代表各指标的分析效果（相关系数较高），又符合股票型私募基金管理风格的指标，作为私募基金业绩的度量。我们对2008~2021年中每五年的股票型私募基金四个收益指标的相关性进行分析，要求每只基金在各样本区间内都有完整的历史净值数据。

表2-10展示了2008~2021年中每五年股票型私募基金的四个收益指标间的相关性系数。研究结果显示，收益率与三个风险调整后收益指标（夏普比率、索丁诺比率、收益—最大回撤比率）的相关性存在一定差异，各时期指标间的相关系数也不稳定。例如，在2010~2014年这一周期内，收益率与夏普比率、索丁诺比率、收益—最大回撤比率的相关性分别为95%、90%、81%，这三个相关系数差异不大，但在2011~2015年这一周期内三个相关系数（90%、86%、72%）差异巨大；又如，在2014~2018年这一周期内，收益率与索丁诺比率的相关性为73%，而在2015~2019年这一周期内的相关性变为19%，相邻两段时期的相关性系数差异较大。总体来看，收益率和收益—最大回撤比率的相关性相对较小，收益率和索丁诺比率、夏普比率的相关性相对较高；多数周期内，收益率和夏普比率的相关性要普遍高于收益率和索丁诺比率的相关性。我们对三个风险调整后收益指标间的相关性进行分析，研究结果显示，夏普比率和收益—最大回撤比率的相关性最小，而索丁诺比率与收益—最大回撤比率的相关性相对较高。

表2-10　　　每五年中股票型基金的四个收益指标的相关性：2008~2021年　　　单位：%

年份	收益率与夏普比率	收益率与索丁诺比率	收益率与收益—最大回撤比率	夏普比率与索丁诺比率	夏普比率与收益—最大回撤比率	索丁诺比率与收益—最大回撤比率
2008~2012	90	89	74	98	81	88
2009~2013	96	92	74	96	83	90
2010~2014	95	90	81	96	88	94
2011~2015	90	86	72	96	87	92
2012~2016	86	82	72	90	80	94

年份	收益率与夏普比率	收益率与索丁诺比率	收益率与收益—最大回撤比率	夏普比率与索丁诺比率	夏普比率与收益—最大回撤比率	索丁诺比率与收益—最大回撤比率
2013~2017	86	77	66	86	77	93
2014~2018	86	73	55	88	77	91
2015~2019	87	19	3	23	3	96
2016~2020	82	64	44	88	73	92
2017~2021	66	13	33	48	67	98

整体而言，首先，虽然收益率与风险调整后收益指标间的相关性较高，但缺少对私募基金风险的衡量，而风险调整后收益指标考虑了对风险的度量，能够更好地反映出私募基金的真实业绩。因此，我们认为选择风险调整后收益指标作为评估基金业绩的指标较为合适。其次，在对风险调整后收益指标进行选取时，虽然不同时期内三者的相关性出现一定差异，但可以看到采用索丁诺比率和收益—最大回撤比率所得到的结论相差不大。同时，作为考虑下行风险的指标，收益—最大回撤比率更加直观、有区分度，也比考虑总风险的夏普比率更为谨慎，在实际应用中也更加符合私募基金投资者关注的"清盘线"的现实情况。因此，我们建议首选收益—最大回撤比率作为评价私募基金业绩的风险调整后收益指标。

四、小结

对于追求绝对收益的私募基金投资者来讲，如何判断私募基金业绩的高低呢？易于获取的大盘指数收益信息往往被用作与私募基金业绩比较的基准。那么，我国的私募基金行业能否战胜大盘指数呢？如果能够战胜大盘指数，那么私募基金是否也能超过公募基金的业绩？为了回答上述问题，我们从收益率和风险调整后收益两个角度，分别对股票型私募基金、万得全 A 指数、股票型公募基金进行深入分析。

首先，在进行收益率比较时，我们将股票型私募基金、股票型公募基金和万得全 A 指数的收益率分别进行年度和某段时期对比。结果显示，在 2008~2021 年的 14 年里，有 9 个年份股票型私募基金的收益超过万得全 A 指数的收益，具体为 2008 年、2010 年、2011 年、2013 年、2016~2018 年、2020 年和 2021 年。但股票型私募基金的收益与公募基金相比则互有高低。并且，在多数年份中，私募基金的波动率低于大盘指数和公募基金的波动率，说明私募基金具有更加优秀的风险掌控能力。在此期间，股票型私募基金和股票型公募基金的累计收益率分别为 222% 和 190%，万得全 A 指数的累计收益率仅为 53%，说明在不考虑风险因素的情况下，与大盘指数相比，长期投资私募基金将会获得更高的回报。

其次，从风险调整后收益的角度出发，在考虑风险因素的情况下，我们分别对过去三年（2019~2021 年）和过去五年（2017~2021 年）的股票型私募基金、股票型公募基金和万得全 A 指数的风险调整后收益进行比较，综合评估股票型私募基金的表现。研究结果显示，从夏普比率的分析结果来看，在相同的风险水平下，当样本是三年时，股票型私募基金的收益表现不如公募基金和大盘指数；当样本是五年时，股票型私募基金的收益表现略弱于公募基金，但优于大盘指数。从索丁诺比率的分析结果来看，在相同的下行风险水平下，当样本是三年时，股票型私募基金的收益表现不如公募基金，但优于大盘指数；当样本是五年时，股票型私募基金的收益表现好于公募基金和大盘指数。从收益—最大回撤比率的分析结果来看，不管是三年样本还是五年样本，在相同的下行风险水平下，股票型私募基金能够取得高于大盘指数的风险调整后收益。由此可见，相对来说，私募基金还是在长期才具有较强的盈利能力。

最后，我们对比分析基金的收益率、夏普比率、索丁诺比率以及收益—最大回撤比率间的关系。研究结果显示，收益—最大回撤比率与其他指标间的相关性都较高，能够普遍代表各指标的分析效果，符合股票型私募基金的管理风格，能够直观反映私募基金的业绩。因此，我们认为采用收益—最大回撤比率来评估私募基金的业绩较为恰当。

第三章

私募基金经理是否具有选股能力
与择时能力

基金经理可以通过两种方式为投资者获得超额收益——选股和择时。王海雄曾经是一位明星级的公募基金经理，在掌管公募基金时投资业绩出众。王海雄从2010年12月加入华夏基金管理公司，到2015年2月"奔私"，仅4年多的时间，从管理1只公募基金到同时管理4只公募基金，管理的基金规模也从20亿元达到280亿元，期间曾荣获金牛基金经理奖，显示出他具有获得超额收益的能力。但当他转战私募基金后却业绩平平，2015年单年旗下的7只私募基金有6只净值跌至提前清盘。例如，"百毅长青1号"在6个月的寿命中净值跌幅达13%，"百毅雄鹰1号A"在6个月的寿命中净值跌幅达33%。类似的基金经理还有很多。如果他们具有不同常人的研究能力，能够有效地寻找、辨别那些价值被低估的股票，或是精确地预判市场的走向，那么当他们转战私募基金后，为何他们所管理的私募基金的投资业绩却较为一般？为何他们的选股能力或择时能力在进入私募基金行业后却消失了？

截至2021年12月底，据我们从Wind数据库收集的数据显示，我国有超过13万只私募基金。随着私募基金品种的丰富、数量的增加，其业绩表现也就成为广大投资者关心的首要问题，如何评价私募基金产品的业绩表现、评估私募基金经理的投资能力显得愈发重要。尽管目前我国私募基金的类型和策略有很多种，但是最引人关注的私募基金仍是主动管理的股票型私募基金，因此选股能力和择时能力在评价私募基金的业绩表现时占据了绝对重要的地位。在众多私募基金产品中，部分基金很有可能只是因为运气而跑赢大盘，而不是由于基金经理真正具有能力。那么，中国有多少私募基金经理具有选股能力和择时能力呢？这些业绩优秀的基金经理的投资能力是来自他们自身的能力，还是来自运气？

本章从选股能力和择时能力两个方面，对我国主动管理的股票型私募基金进行研究，力图剖析基金的业绩与基金经理的选股能力和择时能力之间的关系。本章的研究，一方面可以为那些有意向投资于私募基金的机构投资者和高净值群体提供有价值的投资参考；另一方面也可以对进一步完善目前学术界对私募基金这一资本市场重要领域的研究作出贡献。

　　本章采用 Treynor-Mazuy 四因子模型，对我国非结构化的股票型私募基金，从 2014 年 1 月至 2021 年 12 月的月度收益数据进行了选股能力和择时能力两个方面的实证研究。我们的研究结果显示，在 2017~2021 年的五年样本期内，在 864 只具有五年完整数据的股票型私募基金样本中，有 459 只基金（占比 53%）的经理具有显著的选股能力，经自助法检验，我们发现这 459 只基金中，有 373 只基金（占 864 只基金的 43%）的基金经理是靠自身能力取得了优秀的业绩，其他基金经理所表现出来的选股能力是运气因素造成的。我们还发现，几乎没有基金经理具有显著的择时能力。总体来看，2017~2021 年，在我国股票型私募基金经理中，有近半数的基金经理表现出选股能力，几乎没有基金经理展示出择时能力。

　　本章内容主要分为三个部分：第一部分，利用 Treynor-Mazuy 模型考察哪些基金经理具有选股能力；第二部分，利用 Treynor-Mazuy 模型探讨哪些基金经理具有择时能力；第三、第四部分在上述两部分回归结果的基础上，对不同样本区间内的股票型基金的选股择时能力进行稳健性检验，运用自助法验证那些显示出显著选股或择时能力的基金经理，其业绩是来自他们的能力还是来自他们的运气。

一、回归模型及样本

　　在 Fama-French 三因子模型（1992）基础上，Carhart（1997）在模型中加入一年期收益的动量因子，构建出四因子模型。Carhart 四因子模型综合考虑了系统风险、账面市值比、市值规模和动量因素对投资组合业绩的影响，因其强大的解释力而得到国内外基金业界的广泛认可。例如，Cao、Simin 和 Wang（2013）等在分析相关问题时就使用了该模型。Carhart 四因子模型如下：

$$R_{i,t}-R_{f,t}=\alpha_i+\beta_{i,mkt}\times(R_{mkt,t}-R_{f,t})+\beta_{i,smb}\times SMB_t+\beta_{i,hml}\times HML_t+\beta_{i,mom}\times MOM_t+\varepsilon_{i,t}$$

$$(3.1)$$

其中，i 指第 i 只基金，$R_{i,t}-R_{f,t}$ 为 t 月基金 i 的超额收益率；$R_{mkt,t}-R_{f,t}$ 为 t 月大盘指数（万得全 A 指数）的超额收益率；$R_{f,t}$ 为 t 月无风险收益率；SMB_t 为规模因子，代表小盘股与大盘股之间的溢价，为 t 月小公司的收益率与大公司的收益率之差；HML_t 为价值因子，代表价值股与成长股之间的溢价，为 t 月价值股（高账面市值比公司）与成长股（低账面市值比公司）收益率之差；MOM_t 为动量因子，代表过去一年内收益率最高的股票与最低的股票之间的溢价，为过去一年（$t-1$ 个月到 $t-11$ 个月）收益率最高的 30% 的股票与过去一年（$t-1$ 个月到 $t-11$ 个月）收益率最低的 30% 的股票在 t 月的收益率之差。我们用 A 股所有上市公司的数据自行计算规模因子、价值因子和动量因子。α_i 代表基金经理 i 因具有选股能力而给投资者带来的超额收益，它可以表示为：

$$\alpha_i \approx (\bar{R}_{i,t} - \bar{R}_{f,t}) - \hat{\beta}_{i,mkt} \times (\bar{R}_{mkt,t} - \bar{R}_{f,t}) - \hat{\beta}_{i,smb} \times \overline{SMB}_t - \hat{\beta}_{i,hml} \times \overline{HML}_t - \hat{\beta}_{i,mom} \times \overline{MOM}_t$$

$$(3.2)$$

其中，当 α_i 显著大于零时，说明基金经理 i 为投资者带来了统计上显著的超额收益，表明该基金经理具有正确的选股能力；当 α_i 显著小于零时，说明基金经理 i 为投资者带来的是负的超额收益，表明该基金经理具有错误的选股能力；当 α_i 接近于零时，表明基金经理 i 没有明显的选股能力。

择时能力也可以给投资者带来超额收益。择时能力是指基金经理根据对市场的预测，主动改变基金对大盘指数的风险暴露以谋求更高收益的能力。如果基金经理预测未来市场会上涨，那么他会提前加大对高风险资产的投资比例；相反，如果他预测未来市场会下降，则会降低对高风险资产投资的比例。一些文献也对此问题进行了研究，如 Chen 和 Liang（2007）、Chen（2007）等。Treynor 和 Mazuy（1996）提出在传统的单因子 CAPM 模型中引入一个平方项，用来检验基金经理的择时能力。我们将 Treynor-Mazuy 模型里的平方项加入 Carhart 四因子模型中，构建出一个基于四因子模型的 Treynor-Mazuy 模型：

$$R_{i,t} - R_{f,t} = \alpha_i + \beta_{i,mkt} \times (R_{mkt,t} - R_{f,t}) + \gamma_i \times (R_{mkt,t} - R_{f,t})^2 + \beta_{i,smb} \times SMB_t + \beta_{i,hml} \times HML_t$$
$$+ \beta_{i,mom} \times MOM_t + \varepsilon_{i,t}$$

$$(3.3)$$

其中，γ_i 代表基金经理 i 的择时能力，其他变量和式（3.1）中的定义一样。如果 γ_i 显著大于 0，说明基金经理 i 具有择时能力，具备择时能力的基金经理应当能随着市场的上涨（下跌）而提升（降低）其投资组合的系统风险。

我们使用基于 Carhart 四因子模型的 Treynor-Mazuy 四因子模型来评估基金经理的选股能力和择时能力。我们将全区间（2015～2021 年）划分为三个样本区间，分别为过去三年（2019～2021 年）、过去五年（2017～2021 年）和过去七年（2015～2021 年），并以万得全 A 指数作为基金业绩的比较对象。为避免因基金运行时间不一致对研究结果造成的影响，基金的历史业绩要足够长，故而我们要求每只基金在各样本区间（三年、五年、七年）内都要有完整的复权净值数据。[①]

我们定义 Wind 数据中私募基金二级分类中的普通股票型、股票多空型、相对价值型和事件驱动型私募基金为股票型私募基金，研究对象没有包括债券型、宏观对冲型、混合型、QDII 型、货币市场型等非主要投资于国内股票市场的私募基金。

---

① 在后续的研究中，我们可能会根据具体情况对样本进行修改。

由于分级基金在基金净值的统计上存在不统一的现象，我们在样本中排除了分级基金。如第二章所述，Wind 数据在收集私募基金净值的时候，如果某个月它没有获取到某只基金的净值数据，则它会自动填充其上一个月的净值数据，因此会存在基金净值重复出现的情况。图 3-1 展示了 2003~2021 年股票型私募基金的净值重复率。不难看出，2003~2021 年，基金净值重复率小于 10% 的基金占比为 60%，其他区间内股票型私募基金占比都很小。基金净值重复率过高通常是由数据收集问题所致，若将此类基金纳入样本会使分析结果不准确。因此，我们在样本中删除了在分析期间内净值重复率大于 10% 的基金。[①]

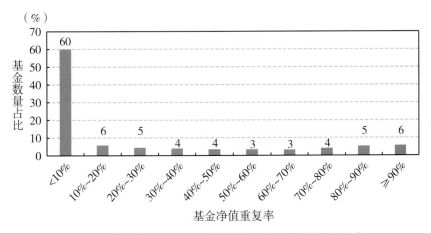

图 3-1　股票型私募基金净值重复率的分布：2003~2021 年

　　由于估计模型需要较长的时间序列数据，我们要求每只基金在分析的样本期间内都有完整的复权净值数据。我们主要使用基金近五年（2017~2021 年）的月度数据进行分析，在后面的分析中也会对比三年数据和七年数据的结果。表 3-1 展现了近三年、近五年和近七年股票型私募基金的样本分布。从表 3-1 可见，近三年（2019~2021 年）、近五年（2017~2021 年）和近七年（2015~2021 年）股票型私募基金的样本数分别为 1 869 只、864 只和 266 只。到目前为止，私募基金行业中基金经理的轮换不是很频繁，因此我们将一只基金与这只基金的基金经理同等对待，不考虑基金经理的更迭问题。我们用普通最小二乘法（OLS）估计基金经理的选股能力，模型中的选股能力 α 以月为单位。为方便解释其经济含义，后面汇报的 α 都为年化 α。

---

　　① 我们在 2022 年 2 月 5 日下载数据时，有极小部分基金净值未更新完全，因此在本步骤被删除，没有进入本书研究样本。

表 3-1   不同分析区间内涵盖的样本数量   单位：只

基金策略	过去三年 （2019~2021 年）	过去五年 （2017~2021 年）	过去七年 （2015~2021 年）
普通股票型基金	1 754	790	246
股票多空型基金	52	36	11
相对价值型基金	60	35	8
事件驱动型基金	3	3	1
总计	1 869	864	266

注：股票型私募基金是指 Wind 数据私募基金二级分类中普通股票型、股票多空型、相对价值型和事件驱动型私募基金的总称。

二、选股能力分析

表 3-2 展示了过去五年（2017~2021 年）股票型私募基金选股能力 α 显著性的估计结果。图 3-2 给出了 864 只股票型基金 α 的 t 值（显著性）由大到小的排列。由于我们主要关心基金经理是否具有正确的选股能力，因此我们使用单边的假设检验，检验 α 是否为正且显著大于 0。据表 3-2 可知，在 5% 的显著性水平下，有 459 只基金的 α 呈正显著性，其 t 值大于 1.64，说明这 459 只基金（占比为 53%）的基金经理表现出了显著的选股能力。有 399 只基金（占比为 46%）α 的 t 值是不显著的。同时我们还看到，有 6 只基金（占比为 1%）的 α 为负显著，其 t 值小于 -1.64，说明这 6 只基金的基金经理具有明显错误的选股能力。总体来看，在过去五年内，约有五成（53%）股票型私募基金的基金经理具备选股能力。

表 3-2   股票型私募基金选股能力 α 显著性的估计结果：2017~2021 年

显著性	样本数量（只）	数量占比（%）
正显著	459	53
不显著	399	46
负显著	6	1
总计	864	100

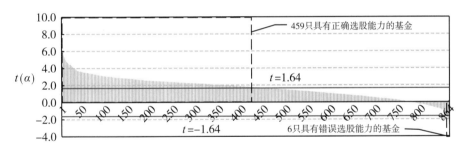

图 3-2　股票型私募基金选股能力 α 的 t 值（显著性）排列：2017~2021 年

注：正确选股能力代表 $t(\alpha) > 1.64$；错误选股能力代表 $t(\alpha) < -1.64$；未表现出选股能力代表 $-1.64 \leq t(\alpha) \leq 1.64$。基金具有选股能力是指基金表现出正确的选股能力，基金不具有选股能力代表基金表现出错误的或未表现出选股能力。

在分析选股能力时，我们除了需要关注选股能力 α 的显著性，还需要观察 α 的估计值。我们采用 Treynor-Mazuy 模型对拥有五年历史业绩的 864 只股票型私募基金的选股能力进行讨论。图 3-3 和表 3-3 展现的是 Treynor-Mazuy 四因子模型的

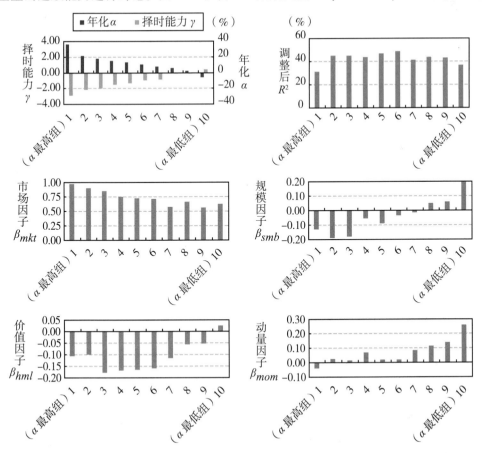

图 3-3　Treynor-Mazuy 模型的回归结果（按选股能力年化 α 分组）：2017~2021 年

回归结果。我们按照选股能力 α 把基金等分为 10 组。第 1 组为 α 最高的组，第 10 组为 α 最低的组。表 3-3 汇报的是每组基金的选股能力（年化 α）、择时能力（γ）、市场因子（β_{mkt}）、规模因子（β_{smb}）、价值因子（β_{hml}）、动量因子（β_{mom}），以及反映模型拟合好坏的调整后 R^2 的平均值，按照每组基金选股能力（年化 α）由大到小排列。

表 3-3　　　　　Treynor-Mazuy 四因子模型的回归结果
（按选股能力年化 α 分组）：2017~2021 年

组别	年化 α（%）	γ	β_{mkt}	β_{smb}	β_{hml}	β_{mom}	调整后 R^2（%）
1（α 最高组）	36.59	-2.92	0.97	-0.13	-0.11	-0.04	32
2	21.71	-2.19	0.90	-0.19	-0.10	0.02	45
3	18.04	-1.98	0.85	-0.18	-0.18	0.01	45
4	15.25	-1.55	0.75	-0.06	-0.17	0.07	44
5	13.09	-1.36	0.73	-0.09	-0.17	0.02	47
6	10.76	-0.99	0.71	-0.04	-0.16	0.02	49
7	8.27	-0.84	0.57	-0.01	-0.12	0.09	42
8	5.60	-0.11	0.66	0.05	-0.06	0.11	44
9	2.02	-0.15	0.56	0.06	-0.05	0.14	43
10（α 最低组）	-5.78	0.42	0.63	0.19	0.02	0.26	37

注：此表汇报每组基金所对应的 α、γ、β_{mkt}、β_{smb}、β_{hml}、β_{mom}，以及调整后 R^2 的平均值。

从图 3-3 和表 3-3 可以看出，Treynor-Mazuy 四因子模型的年化 α 的变化范围为 -6%~37%，其中最后一组基金的平均选股能力为负数。还可以看出，无论年化 α 是高还是低，β_{mkt} 都在 0.73 上下浮动。各组基金的规模因子对应的敏感系数 β_{smb} 的变化范围为 -0.19~0.19，并且随着每组基金经理选股能力的降低，规模因子的风险暴露（β_{smb}）从第 1 组到第 10 组有一定增大的趋势，这说明基金经理所持小盘股或大盘股股票的仓位与其选股能力大致成反比例关系，那些具有较高年化 α 的基金往往重仓大盘股，而那些不具有选股能力的、年化 α 较低的基金往往重仓小盘股。各组基金的价值因子对应的敏感系数 β_{hml} 的变化范围为 -0.18~0.02，不同组别的基金对价值因子 β_{hml} 的风险暴露与选股能力并没有明显规律，这说明各基金经理所持价值股和成长股的仓位与选股能力并无明显关系。各组基金的动量因子对应的敏感系数 β_{mom} 的变化范围为 -0.04~0.26，不同组别的基金对动量因子 β_{mom} 的风险暴露与选股能力间没有明显规律，但是有三组基金的动量因子 β_{mom} 大于 0.1，我们认为这些基金经理存在追涨杀跌的证据。最后，可以看到不同组别的基金用四因子模型的拟合优度在 43% 上下浮动，说明 Treynor-Mazuy 四因子模型可以解释私募基金超额收益率方差的 43%。

下面我们具体分析在过去五年中呈正显著选股能力的 459 只基金。表 3-4 展示了过去五年（2017~2021 年）在 Treynor-Mazuy 四因子模型中 α 为正显著的 459 只股票型私募基金的检验结果。同时，我们也给出了这些基金在过去三年（2019~2021 年）的年化 α 及显著性检验结果。这些基金的近五年年化 α 为 3%~110%，其中有 234 只基金在过去三年和过去五年中都表现出显著的选股能力，占 864 只基金的 27%。在附录二中，我们给出过去五年（2017~2021 年）每只基金的选股能力、择时能力的估计值及对四个风险因子的风险暴露程度，供读者参考。

表 3-4　　在过去五年具有选股能力的股票型私募基金：2017~2021 年

编号	基金名称	过去五年 （2017~2021 年）		过去三年 （2019~2021 年）		过去三年、 五年都具有 选股能力
		α（%）	t（α）	α（%）	t（α）	
1	卓晔 1 号	109.91	3.32	152.41	2.85	√
2	正圆 1 号	77.15	2.59	68.65	1.76	√
3	万方稳进 1 号	74.08	2.22	96.54	1.75	√
4	建泓绝对收益 1 号	70.90	2.61	144.57	3.52	√
5	建泓时代绝对收益 2 号	61.89	2.48	112.50	2.78	√
6	复胜正能量 1 期	60.59	3.33	71.37	3.01	√
7	大禾投资-掘金 5 号	58.00	2.82	38.89	1.51	
8	靖奇光合长谷	56.51	6.80	51.66	4.55	√
9	涌津涌鑫 6 号	55.34	3.12	52.04	1.85	√
10	涌津涌赢 1 号	55.14	3.34	62.05	2.32	√
11	弘茗套利稳健管理型 2 号	54.64	2.67	88.69	2.74	√
12	大禾投资-掘金 1 号	51.43	2.78	33.41	1.63	
13	涌贝资产阳光稳健	49.11	2.35	71.74	2.03	√
14	顺然 3 号	46.72	2.39	91.28	2.97	√
15	睿源进取 1 号	44.67	1.68	72.97	1.54	
16	冠丰 3 号消费优选	44.33	1.78	58.45	1.37	
17	靖奇金牛思锐	43.26	5.22	57.62	5.04	√
18	璟恒五期	42.13	3.56	24.55	1.51	
19	君行 5 号	41.04	3.00	36.95	2.65	√

编号	基金名称	过去五年 (2017~2021 年)		过去三年 (2019~2021 年)		过去三年、 五年都具有 选股能力
		α (%)	t (α)	α (%)	t (α)	
20	新里程超越梦想	40.74	2.08	54.78	1.80	√
21	雨山寻牛 1 号	40.35	1.94	1.54	0.07	
22	新智达成长 1 号	39.30	2.52	48.12	1.83	√
23	优波	38.06	2.05	−4.81	−0.20	
24	金舆中国互联网	37.82	2.28	43.27	1.59	
25	景林创新成长	36.69	4.62	27.92	2.53	√
26	长金 4 号	36.65	2.69	43.03	2.14	√
27	新里程藏宝图私享家 1 号	35.89	1.76	45.03	1.42	
28	弘茗套利稳健管理型 6 号	34.97	3.65	−1.29	−0.20	
29	岁寒知松柏 1 号	34.82	3.63	49.96	3.36	√
30	卓铸卓越 1 号	34.66	3.89	39.99	3.01	√
31	悟源农产品 2 号	34.22	2.15	33.23	1.44	
32	乐正资本三川	33.16	1.96	25.49	1.12	
33	晓峰 1 号睿远	32.77	6.12	32.67	4.36	√
34	东方港湾马拉松 1 号	32.19	4.19	24.52	2.23	√
35	鼎萨价值成长	31.05	3.03	29.37	2.19	√
36	希瓦小牛 FOF	30.76	2.95	10.14	0.89	
37	达理 1 号	30.50	2.33	43.04	2.05	√
38	进化论复合策略 1 号	30.01	3.94	26.29	2.69	√
39	林园	30.01	2.46	45.05	2.47	√
40	远澜红枫 1 号	29.81	2.44	45.10	2.21	
41	汉和资本-私募学院菁英 7 号	29.70	4.24	21.46	2.32	√
42	榕树文明复兴 3 期	29.68	4.00	29.47	2.60	√
43	利得汉景 1 期	29.23	3.26	22.24	1.88	√
44	高毅邻山 1 号	28.78	3.57	16.36	1.83	√
45	挚盟资本-私募学院菁英 189 号	28.01	2.38	17.72	1.09	
46	勤远动态平衡 1 号	27.96	2.78	23.65	1.35	

续表

编号	基金名称	过去五年 （2017~2021 年）		过去三年 （2019~2021 年）		过去三年、五年都具有选股能力
		α（%）	t（α）	α（%）	t（α）	
47	壁虎成长 3 号	27.78	2.73	13.42	0.99	
48	盈阳 22 号	27.74	2.05	6.39	0.92	
49	新思哲成长	27.72	3.46	30.01	2.28	√
50	高毅利伟精选唯实	27.24	4.50	24.49	2.94	√
51	康曼德 003 号	27.17	2.95	35.59	2.35	√
52	远望角投资 1 期	27.02	3.52	26.21	2.16	√
53	鸿道创新改革	27.01	2.45	20.54	1.11	
54	神农老院子基金	26.87	1.91	20.68	0.93	
55	理臻鸿运精选 1 号	26.81	3.90	24.83	2.49	√
56	盈定 2 号	26.76	1.68	36.88	1.34	
57	长牛分析 1 号	26.68	2.68	21.04	1.29	
58	石锋重剑一号	26.63	2.30	30.15	1.60	
59	远望角容远 1 号	26.56	3.69	26.85	2.38	√
60	十字星 1 期	26.06	8.77	22.68	4.98	√
61	石锋笃行一号	25.95	2.76	25.84	1.66	√
62	景林丰收 2 号	25.79	4.04	24.44	2.89	√
63	东方先进制造优选	25.55	3.17	27.80	2.51	√
64	睿璞投资-睿洪 1 号	25.50	3.26	17.89	1.87	√
65	上海优波投资-长江	25.22	1.71	-7.17	-0.44	
66	磐耀 3 期	25.19	2.62	10.31	0.98	
67	果实长期成长 1 号	25.13	3.82	23.25	2.84	√
68	盛信 1 期 （2016）	24.97	3.70	23.70	2.18	√
69	远澜红松	24.89	4.06	21.66	3.10	√
70	东方港湾 3 号	24.78	2.44	22.23	1.60	
71	睿泉成长 1 号	24.57	3.46	8.25	0.84	
72	盛泉恒元量化进取多策略 1 号	24.54	4.44	25.60	4.01	√
73	守正	24.53	3.28	32.21	2.89	√

续表

编号	基金名称	过去五年 （2017~2021 年）		过去三年 （2019~2021 年）		过去三年、 五年都具有 选股能力
		α（%）	t（α）	α（%）	t（α）	
74	上海远澜硕桦 1 号	24.47	2.11	29.58	2.33	√
75	睿璞投资-睿华 1 号	24.39	3.14	16.68	1.75	√
76	大朴多维度 24 号	24.33	5.52	31.72	5.09	√
77	溪牛长期回报	24.19	2.41	15.33	1.00	
78	神农长空集母	24.14	1.79	23.74	1.12	
79	汉和资本 1 期	23.99	3.28	17.72	1.69	√
80	红筹平衡选择	23.97	2.77	23.55	1.63	
81	汉和天信	23.90	3.51	17.10	1.85	√
82	高毅庆瑞 6 号	23.90	3.14	20.28	1.74	√
83	东方马拉松致远	23.82	2.90	23.17	2.29	√
84	彤源 5 号	23.68	3.19	19.01	1.60	
85	彤源同创 1 期 A	23.65	3.46	22.47	2.09	√
86	红筹 1 号	23.63	2.59	19.44	1.32	
87	同犇智慧 1 号	23.59	2.12	17.51	0.95	
88	石锋厚积一号	23.56	2.53	22.96	1.49	
89	91 金融东方港湾价值 1 号	23.48	2.23	22.41	1.42	
90	景林稳健	23.27	3.56	18.67	2.01	√
91	新思哲 1 期	23.24	2.91	21.75	1.75	√
92	昭图 5 期	23.21	2.58	22.81	1.54	
93	鹰傲绝对价值	23.21	2.21	28.78	1.69	√
94	金汇荣盛 3 号	23.13	1.71	38.36	1.72	√
95	神农优选价值	23.07	1.96	31.99	1.57	
96	百航进取 2 号	22.96	2.75	33.44	2.78	√
97	东方消费服务优选	22.92	2.80	20.55	1.89	√
98	东兴港湾 1 号	22.79	2.37	22.58	1.86	√
99	同望 1 期 1 号	22.75	3.34	23.30	2.22	√
100	远望角容远 1 号 A 期	22.59	3.34	24.80	2.44	√

续表

编号	基金名称	过去五年 （2017~2021 年）		过去三年 （2019~2021 年）		过去三年、 五年都具有 选股能力
		α（%）	$t（\alpha）$	α（%）	$t（\alpha）$	
101	无量 1 期	22.55	2.56	13.53	0.97	
102	坤德永盛 1 期	22.43	3.15	19.42	1.75	√
103	彤源 7 号（A）	22.27	3.20	17.93	1.75	√
104	林园 2 期	22.25	1.65	32.39	1.64	√
105	少数派 19 号	22.24	2.90	19.85	1.73	√
106	中润一期	22.21	2.64	13.00	1.08	
107	望岳投资小象 1 号	22.19	2.20	36.45	2.28	√
108	少数派 8 号	22.15	3.00	22.80	2.06	√
109	景林丰收	22.10	3.58	17.01	2.17	√
110	浦慧系列 1 号	22.06	3.57	16.96	2.16	√
111	少数派 29 号	22.06	2.84	18.71	1.64	
112	元达信资本-安易持兴国 2 号	22.03	2.49	21.36	1.50	
113	同犇尊享 1 号	22.03	2.04	19.27	1.08	
114	睿璞投资-睿洪 2 号	22.02	2.82	15.41	1.63	
115	证大量化价值	22.01	2.63	19.90	1.54	
116	平石 T5 对冲基金	21.99	3.50	18.05	2.07	√
117	少数派大浪淘金 18 号	21.87	2.87	19.74	1.81	√
118	恒泰辰丰港湾 1 期	21.70	2.28	22.03	1.68	√
119	泰和长兴 1 期	21.58	3.11	17.33	1.60	
120	融通资本汉景港湾 1 号	21.55	2.56	20.13	1.84	√
121	九霄投资稳健成长 2 号	21.48	2.51	10.43	0.84	
122	同犇尊享 2 号	21.42	1.87	14.17	0.78	
123	清和泉成长 2 期	21.32	2.52	18.95	1.37	
124	少数派求是 1 号	21.26	2.77	20.02	1.67	√
125	盛泉恒元定增套利多策略 6 号	21.17	4.98	31.69	5.35	√
126	民森 K 号	21.09	3.03	25.34	2.21	√
127	阳光宝 3 号	21.07	4.19	18.73	2.54	√

编号	基金名称	过去五年 （2017~2021 年）		过去三年 （2019~2021 年）		过去三年、 五年都具有 选股能力
		α（%）	t（α）	α（%）	t（α）	
128	五色土 3 期	21.05	1.73	31.40	1.53	
129	榕树陈氏	21.01	2.55	19.60	1.48	
130	恒天泰旸 1 期	20.94	2.91	15.06	1.30	
131	远澜火松	20.92	1.87	34.31	2.54	√
132	少数派 5 号	20.88	3.21	20.11	2.22	√
133	中欧瑞博诺亚	20.83	4.85	29.51	5.14	√
134	少数派 7 号	20.57	2.65	18.11	1.59	
135	民森 H 号	20.56	2.83	26.56	2.27	√
136	进化论稳进 2 号	20.56	2.46	19.23	1.72	√
137	恒丰一号	20.56	1.72	19.89	1.19	
138	万利富达德盛 1 期	20.55	2.22	28.22	2.06	√
139	大朴多维度 15 号	20.46	4.77	27.28	4.87	√
140	少数派 17 号	20.44	2.68	17.05	1.56	
141	神农医药 A	20.41	2.49	22.02	1.74	√
142	朱雀 13 期	20.32	2.93	23.79	2.21	√
143	新方程清和泉	20.26	2.36	19.51	1.36	
144	东方行业优选	20.25	2.64	18.77	1.84	√
145	鸿道国企改革	20.10	1.91	22.29	1.24	
146	宽远沪港深精选	20.07	3.50	14.78	1.75	√
147	沣沛优选	20.07	2.91	14.19	1.54	
148	清和泉金牛山 1 期	20.06	2.27	17.81	1.22	
149	易同精选 3 期	20.04	4.10	23.97	3.21	√
150	观富源 3 期	20.02	3.29	22.02	2.21	√
151	宽远价值成长 2 期	19.95	3.66	14.58	1.86	√
152	资瑞兴 1 号	19.88	2.99	14.58	1.53	
153	泓澄投资	19.83	3.79	20.36	2.70	√
154	星石 1 期	19.77	2.47	28.57	2.22	√

续表

编号	基金名称	过去五年 (2017~2021年)		过去三年 (2019~2021年)		过去三年、五年都具有选股能力
		α（%）	t（α）	α（%）	t（α）	
155	久铭3号	19.70	2.11	11.23	0.74	
156	果实资本仁心回报1号	19.69	2.80	25.97	3.11	√
157	同犇9期	19.68	2.05	18.82	1.16	
158	鸿道2期	19.67	2.20	23.47	1.52	
159	神农价值精选1号	19.54	1.71	18.88	0.98	
160	景林稳健2号	19.46	3.04	17.53	2.26	√
161	淞银财富-清和泉优选1期	19.46	2.35	17.69	1.28	
162	华夏未来泽时进取1号	19.41	3.37	25.29	2.68	√
163	鸿道创新改革尊享1号	19.35	1.74	12.15	0.65	
164	神农春江	19.23	2.00	17.60	1.08	
165	乐晟精选	19.21	3.12	17.13	1.97	√
166	同犇1期	19.20	1.87	14.56	0.84	
167	长江汉景港湾1号	19.18	2.26	12.76	1.11	
168	少数派12号	19.16	2.48	17.14	1.61	
169	敦和八卦田积极3号	19.16	2.39	23.27	2.04	√
170	趣时事件驱动1号	19.15	2.51	17.40	1.31	
171	少数派9号	19.06	2.54	18.02	1.76	√
172	相聚芒格1期	19.04	3.10	14.21	1.59	
173	银叶阶跃	18.99	2.31	24.66	2.08	√
174	尚雅9期	18.96	1.91	16.96	1.28	
175	进化论FOF1号	18.90	3.00	14.86	1.96	√
176	常春藤春竹	18.88	2.92	23.02	2.31	√
177	璟恒1期	18.88	2.51	9.44	0.87	
178	国润一期	18.87	2.19	12.62	1.05	
179	中欧瑞博诺亚1期	18.83	4.38	27.47	4.79	√
180	仁布财富1期	18.82	3.17	23.53	2.56	√
181	高信百诺1期	18.81	2.90	10.11	1.17	

编号	基金名称	过去五年 (2017~2021 年)		过去三年 (2019~2021 年)		过去三年、五年都具有选股能力
		α（%）	t（α）	α（%）	t（α）	
182	中环港沪深对冲	18.78	2.24	27.54	2.29	√
183	尚雅 13 期	18.66	2.01	16.63	1.26	
184	弘尚企业融资驱动策略	18.61	2.77	26.83	2.94	√
185	青骊长兴	18.59	1.89	28.26	1.91	√
186	通和富享 1 期	18.53	1.69	1.50	0.09	
187	神农太极	18.53	1.65	11.64	0.60	
188	私募工场秃鹫 1 期	18.46	1.93	7.99	0.63	
189	宽远价值成长 2 期诺亚专享 1 号	18.42	3.27	14.65	1.88	√
190	拾贝 1 号	18.42	2.79	13.27	1.40	
191	华杉永旭	18.41	2.13	22.23	1.86	√
192	涌鑫 2 号	18.38	2.90	15.05	1.92	√
193	沣杨锦绣	18.35	4.80	21.07	4.43	√
194	望正 1 号	18.35	1.66	9.44	0.55	
195	民森 A 号	18.34	2.30	24.82	1.86	√
196	玖鹏价值精选 1 号	18.33	2.39	16.00	1.49	
197	康曼德 106 号	18.26	2.81	23.41	2.31	√
198	同犇 6 期	18.24	1.67	12.02	0.66	
199	同犇财通 5 期	18.21	1.87	14.04	0.86	
200	明河优质企业	18.08	2.69	12.03	1.14	
201	承泽资产趋势 1 号	17.94	1.96	17.84	1.10	
202	趣时事件驱动 1 号 A 期	17.93	2.39	16.40	1.25	
203	远澜雪松	17.90	3.16	12.45	2.45	√
204	智诚 5 期	17.89	1.94	29.71	2.13	√
205	丰岭远航母基金	17.82	2.51	11.80	1.17	
206	观富源 2 期	17.76	3.42	19.90	2.39	√
207	重阳 1 期	17.71	2.89	17.28	2.03	√
208	明达 3 期	17.69	2.36	21.31	1.79	√

编号	基金名称	过去五年（2017~2021 年）		过去三年（2019~2021 年）		过去三年、五年都具有选股能力
		α（%）	t（α）	α（%）	t（α）	
209	榕树文明复兴 2 期	17.68	2.55	10.53	1.00	
210	智诚 16 期	17.47	1.87	31.11	2.11	√
211	明河成长 2 号	17.46	2.51	12.01	1.06	
212	久铭稳利 2 号	17.46	1.80	15.00	1.00	
213	阳光宝 1 号	17.31	3.04	12.25	1.62	
214	东方港湾创业成长	17.30	2.05	13.31	1.12	
215	少数派 10 号	17.19	2.51	17.36	1.77	√
216	汇泽至远 1 期	17.17	2.19	17.50	1.37	
217	智诚 15 期	17.09	1.69	32.10	1.92	√
218	康曼德 101 号	17.08	2.40	17.88	1.65	√
219	宽远价值成长 3 期	17.03	3.08	13.72	1.79	√
220	中欧瑞博 1 期	16.97	2.90	25.44	2.78	√
221	下游消费板块 H1104	16.97	1.93	22.70	1.58	
222	乐道成长优选 2 号 A 期	16.93	3.51	12.68	1.95	√
223	东方港湾价值投资 2 号	16.91	1.74	14.78	1.07	
224	康曼德 101A	16.90	2.09	19.49	1.79	√
225	宝源胜知 1 号	16.89	1.65	14.52	0.86	
226	致君日月星	16.88	2.24	16.40	1.44	
227	神农 1 期	16.87	2.05	17.76	1.45	
228	华夏养老金玉良辰	16.81	2.77	13.31	1.60	
229	智诚 11 期	16.81	1.80	32.23	2.15	√
230	中环港沪深对冲 2 号	16.72	1.98	23.26	1.85	√
231	久铭 2 号	16.67	1.87	10.09	0.68	
232	东方医疗平衡 1 期	16.66	1.97	18.21	1.59	
233	理成风景 1 号（2015）	16.62	1.97	12.09	0.83	
234	少数派 101 号	16.57	2.28	11.27	1.13	
235	聚沣 1 期	16.56	2.64	20.31	1.90	√

续表

编号	基金名称	过去五年 （2017~2021 年）		过去三年 （2019~2021 年）		过去三年、 五年都具有 选股能力
		α（%）	t（α）	α（%）	t（α）	
236	盈阳 15 号	16.56	2.19	27.74	2.46	√
237	明达	16.51	2.41	15.04	1.52	
238	源沣进取 1 号	16.46	1.75	10.31	1.29	
239	新活力精选	16.45	2.42	31.54	3.12	√
240	清和泉金牛山 4 期	16.43	2.00	13.87	1.03	
241	金辇圆盛积极成长 2 号	16.36	1.73	−6.26	−0.60	
242	红宝石安心进取 H-1001	16.32	1.91	23.07	1.70	√
243	少数派新三板尊享 2 号	16.29	2.23	15.90	1.50	
244	鲤鱼门家族	16.27	2.81	20.86	2.40	√
245	观富价值 1 号	16.26	2.89	16.17	1.82	√
246	利檀 3 期	16.23	2.72	9.53	1.31	
247	康曼德 107 号	16.20	1.80	13.37	1.05	
248	金百镕 1 期	16.16	1.98	18.24	1.37	
249	金广资产-鑫 1 号	16.14	1.90	7.60	0.60	
250	涌鑫 3 号	16.05	2.05	22.94	1.86	√
251	金蕴 99 期（谷寒长线回报）	15.91	2.73	6.88	0.98	
252	宽远优势成长 2 号	15.90	3.21	10.95	1.46	
253	紫晶 1 号	15.90	3.02	18.07	1.98	√
254	观富策略 1 号	15.89	2.66	17.27	1.79	√
255	趣时事件驱动 1 号 B 期	15.87	2.17	10.53	0.84	
256	广金成长 3 期	15.81	2.34	9.63	0.88	
257	金蕴 90 期（相生）	15.78	1.81	19.45	1.40	
258	久铭稳健 1 号	15.71	1.71	15.40	1.02	
259	沣杨旺德福	15.65	2.96	18.24	2.08	√
260	六禾光辉岁月 1 期	15.65	2.46	17.27	1.93	√
261	明河 2016	15.59	2.50	11.10	1.12	
262	长见策略 1 号	15.58	3.38	11.92	2.01	√

续表

编号	基金名称	过去五年 （2017~2021 年）		过去三年 （2019~2021 年）		过去三年、 五年都具有 选股能力
		α（%）	t（α）	α（%）	t（α）	
263	宽远优势成长 3 号	15.54	3.48	11.85	1.74	√
264	兴聚财富 8 号	15.53	2.68	4.88	0.73	
265	易同精选 2 期 1 号	15.51	3.44	19.65	3.01	√
266	投资精英（星石 B）	15.50	3.35	20.02	3.10	√
267	因诺天跃	15.44	3.00	18.94	2.13	√
268	果实资本精英汇 3 号	15.42	3.39	16.84	2.80	√
269	相聚顺为 3 期	15.36	2.35	15.13	1.52	
270	盈定 8 号	15.33	1.99	10.14	0.97	
271	泓澄投资睿享 3 号	15.31	2.93	15.82	2.03	√
272	彤源 6 号	15.30	2.38	14.99	1.43	
273	金百镕 6 期	15.28	1.84	15.33	1.15	
274	新方程清和泉 1 期	15.20	1.75	13.28	0.91	
275	准锦复利 1 号	15.18	2.53	17.39	1.75	√
276	辉毅 5 号	15.11	4.56	9.38	3.72	√
277	渤源沣杨价值成长	15.08	2.67	17.92	1.95	√
278	盈定 6 号	15.04	1.83	20.25	1.56	
279	久富 2 期	15.01	2.21	13.16	1.23	
280	晨燕 2 号	14.95	1.98	14.11	1.09	
281	兴聚尊享 A 期	14.94	2.60	18.29	1.96	√
282	昆仑 36 号	14.94	2.02	16.21	1.42	
283	久富 7 期	14.91	2.25	13.89	1.28	
284	易同成长	14.86	2.30	18.10	1.68	√
285	弘尚资产灵活配置	14.83	1.89	14.10	1.29	
286	米牛沪港深精选	14.80	3.10	21.27	3.88	√
287	宽远价值成长 5 期 1 号	14.79	3.00	9.80	1.31	
288	道谊稳健	14.79	2.02	23.51	2.05	√
289	明曜金星 3 期	14.76	1.77	17.23	1.24	

编号	基金名称	过去五年 （2017~2021 年）		过去三年 （2019~2021 年）		过去三年、 五年都具有 选股能力
		α（%）	t（α）	α（%）	t（α）	
290	源乐晟锐进 58 期	14.71	2.23	21.13	2.17	√
291	彬元价值 1 号	14.69	2.57	17.64	1.79	√
292	黑森 9 号	14.66	2.43	16.37	1.70	√
293	执耳医药	14.60	1.91	6.77	0.64	
294	乐瑞中国股票 1 号	14.56	1.98	16.98	1.91	√
295	雀跃进取 1 号	14.49	2.30	22.27	2.18	√
296	趣时分红增长 1 号 A 期	14.45	2.00	12.04	0.97	
297	致君基石投资 1 号	14.36	2.22	13.27	1.37	
298	名禹沐风 1 期	14.33	2.57	17.63	1.90	√
299	千合紫荆 1 号	14.30	1.66	6.70	0.53	
300	易同精选	14.24	2.25	16.09	1.52	
301	高信百诺价值成长	14.19	1.82	6.97	0.60	
302	盈定 9 号	14.19	1.79	11.14	1.15	
303	红奶酪	14.15	2.19	5.46	0.64	
304	神农医药 A-阿司匹林	14.09	1.93	16.59	1.50	
305	思瑞 2 号	14.08	2.87	10.80	1.50	
306	通和进取 2 号	14.08	1.68	5.86	0.41	
307	朱雀 20 期	14.06	2.55	14.21	1.78	√
308	景领核心领先 1 号	13.97	2.54	6.15	0.80	
309	易同精选 3 期 1 号	13.94	2.85	16.60	2.20	√
310	智德 1 期	13.87	2.44	10.26	1.25	
311	龙全 2 号	13.85	2.06	9.72	0.92	
312	翼虎成长 7 期	13.84	1.81	23.19	1.91	√
313	凤翔长盈	13.82	2.57	3.59	0.49	
314	七曜领峰	13.80	2.76	9.81	1.37	
315	泓澄锐进 52 期	13.76	2.72	15.67	2.13	√
316	德丰华 1 期	13.75	2.79	5.95	0.91	

续表

编号	基金名称	过去五年（2017~2021 年）		过去三年（2019~2021 年）		过去三年、五年都具有选股能力
		α（%）	t（α）	α（%）	t（α）	
317	翼虎成长 6 期	13.71	1.70	24.79	1.93	√
318	汇升稳进 1 号	13.70	2.27	21.98	2.55	√
319	久富全球配置	13.67	2.06	13.81	1.36	
320	宽远价值成长	13.61	3.07	11.24	1.59	
321	华夏金色长城养老投资	13.61	2.32	14.28	1.53	
322	深积复利成长 1 期	13.55	2.87	12.80	1.75	√
323	投资精英（朱雀 B）	13.54	2.47	14.37	1.84	√
324	私募工场肥尾价值一号	13.54	2.05	4.93	0.49	
325	金塔行业精选 1 号	13.52	2.01	1.19	0.12	
326	七曜中信领奕	13.50	2.51	5.41	0.75	
327	鑫安泽雨 1 期	13.47	2.12	21.80	2.19	√
328	彼立弗复利 1 期	13.40	2.80	13.26	1.78	√
329	睿远景泰复利回报第 7 期	13.40	2.15	9.60	1.05	
330	翼虎成长 1 期（翼虎）	13.38	1.83	24.38	2.19	√
331	致君日月星 1 号	13.36	1.67	9.44	0.89	
332	投资精英之域秀长河价值 2 号	13.35	3.59	16.50	3.05	√
333	衍航 6 号	13.35	2.07	15.50	1.43	
334	康曼德 002 号	13.34	1.68	15.71	1.14	
335	常春藤目标	13.33	2.27	18.86	1.99	√
336	乐道成长优选 5 号	13.30	2.27	5.61	0.67	
337	复和金色海洋	13.25	2.08	12.65	1.39	
338	华夏养老新动力 1 号	13.19	2.55	13.19	1.54	
339	雅柏宝量化 5 号	13.12	2.25	9.80	1.78	√
340	泊通新价值 1 号	13.11	2.33	12.33	1.37	
341	稳中求进 1 号	13.10	2.36	19.06	1.95	√
342	源沣长征	13.06	1.65	5.58	0.66	
343	榜样多策略对冲	13.04	2.26	14.60	1.58	

编号	基金名称	过去五年 （2017~2021 年）		过去三年 （2019~2021 年）		过去三年、 五年都具有 选股能力
		α（%）	t（α）	α（%）	t（α）	
344	浦来德天天开心对冲 1 号	13.00	2.51	8.96	1.26	
345	泊通泊岸 1 号	12.95	2.31	12.58	1.38	
346	沣杨目标缓冲	12.94	2.71	9.15	1.31	
347	润晖稳健增值	12.93	3.37	12.17	2.31	√
348	丰岭稳健成长 1 期	12.93	2.05	7.68	0.88	
349	展弘稳进 1 号	12.87	9.36	8.26	7.90	√
350	果实资本精英汇 4A 号	12.85	2.71	14.32	2.20	√
351	中欧瑞博.4 期	12.84	3.20	20.42	3.98	√
352	易鑫安资管-鑫安 7 期	12.84	2.04	22.35	2.30	√
353	锐进 41 期	12.78	2.85	9.78	1.55	
354	景领健康中国 1 号	12.75	2.30	4.26	0.53	
355	米答资产管理 1 号	12.74	2.18	6.45	0.74	
356	睿郡众享 2 号	12.74	1.96	21.32	1.86	√
357	百泉进取 1 号	12.72	2.19	8.24	0.87	
358	淡水泉 2008	12.61	2.56	14.09	1.77	√
359	易同成长 1 号	12.57	1.94	15.77	1.46	
360	兴识乾坤 1 号	12.56	2.62	7.40	1.10	
361	明达 6 期	12.56	2.29	8.66	1.14	
362	久富 1 期	12.54	1.80	10.22	0.91	
363	进化-金钱豹	12.51	2.61	15.51	2.14	√
364	鑫安 6 期	12.34	1.97	22.35	2.35	√
365	七曜中信证券领奕 1 号	12.25	2.20	4.08	0.57	
366	天朗稳健增长 1 号	12.23	2.44	16.74	1.92	√
367	清泉（华宝）	12.18	2.84	11.97	1.86	√
368	弘尚资产中国机遇策略配置 1 号	12.16	2.27	15.47	1.85	√
369	榕树文明复兴 6 期	12.11	1.71	6.98	0.65	
370	华夏未来领时对冲 1 号尊享 A 期	12.08	2.51	16.94	2.09	√

编号	基金名称	过去五年 （2017~2021年）		过去三年 （2019~2021年）		过去三年、 五年都具有 选股能力
		α（%）	t（α）	α（%）	t（α）	
371	悟空对冲量化11期	12.07	2.50	11.69	1.58	
372	双隆稳盈1号	12.03	2.26	12.45	1.93	√
373	卓越理财1号	12.02	3.42	10.46	1.99	√
374	大朴目标	11.93	3.06	13.87	2.44	√
375	五岳归来量化贝塔	11.84	3.44	6.90	1.25	
376	准锦驱动力1号	11.80	2.10	11.77	1.32	
377	观富价值1号-1	11.78	2.14	11.85	1.34	
378	睿郡众享1号	11.76	2.87	14.69	2.14	√
379	大朴多维度22号	11.76	2.33	17.52	2.09	√
380	大朴策略1号	11.57	3.03	15.65	2.56	√
381	景泰复利回报银信宝1期	11.57	1.87	5.61	0.63	
382	兴聚财富3号	11.51	2.24	5.03	0.72	
383	国联安-弘尚资产成长精选1号	11.47	2.18	14.04	1.89	√
384	西藏隆源对冲1号	11.39	3.05	10.17	1.79	√
385	长江稳健	11.28	2.27	3.05	0.41	
386	昭图2期	11.28	1.73	12.26	1.21	
387	淡水泉精选1期	11.21	2.24	17.15	2.19	√
388	盛泉恒元多策略市场中性3号	11.06	4.64	12.56	3.40	√
389	艾方博云全天候1号	10.92	3.30	13.33	2.57	√
390	七曜尊享A期	10.87	2.40	6.47	1.20	
391	睿郡尊享A期	10.86	2.50	16.08	2.35	√
392	易同精选1号	10.84	1.82	12.63	1.29	
393	悟空对冲量化3期	10.83	2.24	9.21	1.27	
394	毅木动态精选2号	10.82	3.01	9.17	1.77	√
395	辉毅4号	10.79	4.34	10.98	4.51	√
396	朱雀20期之慧选11号	10.70	2.31	11.97	1.77	√
397	淡水泉专项3期	10.64	2.08	16.80	2.10	√

续表

编号	基金名称	过去五年（2017~2021 年）		过去三年（2019~2021 年）		过去三年、五年都具有选股能力
		α（%）	t（α）	α（%）	t（α）	
398	投资精英（淡水泉 B）	10.55	2.30	14.22	1.92	√
399	七曜领诚	10.46	2.09	2.75	0.40	
400	淡水泉专项 5 期	10.40	2.17	14.25	1.86	√
401	锐进 47 期	10.39	1.99	2.71	0.38	
402	思晔全天候 1 号	10.30	1.91	13.05	1.72	√
403	七曜领峰 1 号	10.21	1.90	5.57	0.76	
404	久期量和指数 1 号	10.11	2.83	7.32	1.36	
405	诚盛 2 期	10.11	2.80	11.65	2.07	√
406	九鞅禾禧 1 号	10.07	2.31	9.07	1.51	
407	睿郡众享 3 号	10.00	1.93	7.56	0.82	
408	博普指数增强 3 号	9.92	1.89	8.98	0.99	
409	宁聚量化稳增 1 号	9.90	1.68	8.29	0.99	
410	锐进 16 期中欧瑞博	9.82	1.85	14.62	1.73	√
411	涵元天璇	9.79	1.71	16.32	1.97	√
412	锦成盛优选	9.70	2.24	10.25	1.57	
413	侏罗纪超龙优选	9.62	1.85	15.84	2.07	√
414	巨杉泛翼达双策略 3 号	9.60	1.87	10.03	1.44	
415	超龙 5 号	9.50	1.83	15.68	2.05	√
416	盛泉恒元多策略量化对冲 2 号	9.46	4.49	11.12	3.37	√
417	长河优势 3 号	9.45	1.71	17.39	2.11	√
418	辉毅 3 号	9.39	5.01	5.95	2.34	√
419	中国龙进取	9.39	2.34	0.62	0.13	
420	弘酬永泰	9.29	2.62	7.54	1.43	
421	重阳对冲 2 号	9.19	2.08	4.53	0.66	
422	康曼德 001 号	9.14	2.10	8.31	1.47	
423	大朴进取 1 期	9.10	2.77	11.74	2.27	√
424	红宝石安心进取 H-1003	9.06	2.47	10.63	1.66	√
425	重阳目标尊享 A 期	9.05	2.45	7.08	1.34	

续表

编号	基金名称	过去五年 （2017~2021 年）		过去三年 （2019~2021 年）		过去三年、 五年都具有 选股能力
		α（%）	t（α）	α（%）	t（α）	
426	红宝石 E-1306 多元凯利	9.03	2.12	8.21	1.21	
427	笃道 1 期	9.01	2.23	6.64	1.09	
428	世诚-诚博	8.95	2.37	4.35	0.83	
429	锦成盛优选股票策略 1 号	8.82	2.04	9.57	1.47	
430	重阳 3 期	8.75	2.16	4.24	0.76	
431	中国龙平衡资本市场尊享系列	8.71	2.32	5.59	1.04	
432	毅木资产海阔天空 1 号	8.57	2.37	6.97	1.31	
433	悟空同创量化 1 期	8.54	1.77	7.73	1.11	
434	平凡悟鑫	8.39	2.59	7.63	1.77	√
435	盛泉恒元多策略量化对冲 1 号	8.37	3.69	8.95	2.49	√
436	艾方锐进多空 1 号	8.27	3.66	9.50	2.86	√
437	世诚扬子 2 号	8.19	2.14	2.85	0.55	
438	因诺启航 1 号	8.12	1.83	11.28	1.46	
439	沣杨尊享 A 期	8.04	2.82	6.35	1.67	√
440	诚盛 1 期	8.02	2.52	8.82	1.83	√
441	昆仑 26 号	7.89	2.04	10.76	1.89	√
442	申毅多策略量化套利 3 号	7.68	4.24	9.85	3.14	√
443	宁聚量化精选	7.65	1.78	6.27	1.17	
444	陆宝点金精选	7.63	1.72	5.70	0.77	
445	锦成盛宏观策略 1 号	7.48	2.33	7.61	1.68	√
446	新方程巨杉	7.44	1.76	7.84	1.19	
447	信弘龙腾稳健 1 号	7.37	4.45	9.89	3.55	√
448	金锝 5 号	7.23	5.39	6.08	3.05	√
449	金锝 6 号	7.03	5.18	5.91	3.27	√
450	投资精英之重阳（B）	6.89	2.03	6.00	1.16	
451	TOP30 对冲母基金 1 号	6.86	2.15	7.40	1.65	√
452	金锝量化	6.75	3.55	7.54	3.01	√
453	中国龙平衡对冲增强	6.67	2.12	3.45	0.80	

续表

编号	基金名称	过去五年 （2017~2021 年）		过去三年 （2019~2021 年）		过去三年、 五年都具有 选股能力
		α（%）	t（α）	α（%）	t（α）	
454	兴聚 1 期	6.41	1.72	3.28	0.56	
455	中国龙价值	6.03	1.92	2.96	0.71	
456	汇升共盈尊享	5.84	2.41	10.51	3.40	√
457	朱雀 20 期之慧选 10 号	5.75	1.69	4.33	1.84	√
458	资舟观复	4.75	3.00	2.12	0.87	
459	博普跨市场 1 号	3.29	2.24	1.76	0.81	

注：表中"√"代表在过去三年和过去五年都具有选股能力的股票型私募基金。

我们选取"靖奇光合长谷"基金作为研究对象，分析其基金经理在近五年中的选股能力（见表 3-5 和图 3-4）。该基金是一只量化多头策略产品，由基金经理唐靖人负责管理工作。其基金管理人上海靖奇投资管理有限公司成立于 2015 年，是一家从事量化投资的私募基金管理公司，管理规模为 10~20 亿元，其核心团队由来自美、英、中三国的投行、高频量化基金、券商与期货公司的核心人才组成。"靖奇光合长谷"基金经理唐靖人毕业于英国伦敦大学学院（UCL）经济系，曾任中国国限金融股份有限公司（CICC）投行部分析师、南华期货海外事业部经理，多年从事证券、期货私募产品化业务。具体来看，该基金近五年涨幅为 1758%，万得全 A 指数同期上涨 37%，这只基金的业绩远远超过了大盘指数，五年（2017~2021 年）年化 α 高达 57%，收益表现突出。在这五年中，该基金始终保持稳中有升的良好态势。2017年第二季度，股市出现了巨幅下跌，下半年虽有所反弹，全年万得全 A 指数仅上涨 5%，但该基金却获得了 126% 的收益，超过大盘指数 121 个百分点。2018 年，市场出现大幅下跌，跌幅高达 28%，该基金却能获得正收益。2019 年，该基金超过万得全 A 指数 46 个百分点。此外，该基金分别在 2020 年和 2021 年再创佳绩，涨幅分别为 116% 和 110%，皆远高于同期指数的上涨幅度。综上所述，2017~2021 年，"靖奇光合长谷"基金通过对个股选择的整体把控，在近五年获得了杰出的业绩，并充分体现了该基金经理的选股能力，同时也为客户及股东创造了核心价值。

表 3-5　　　　"靖奇光合长谷"基金净值年度涨幅与阶段涨幅　　　单位：%

名称	2017 年度	2018 年度	2019 年度	2020 年度	2021 年度	近五年（2017~2021 年）
靖奇光合长谷	126.43	1.47	78.66	115.85	109.69	1757.75
万得全 A 指数	4.93	−28.25	33.02	25.62	9.17	37.33

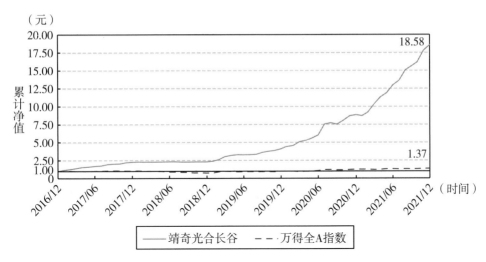

图 3-4　"靖奇光合长谷"基金的累计净值：2017~2021 年

下面我们再选取"高毅利伟精选唯实"基金作为研究对象，分析其基金经理在近五年中的选股能力（见表 3-6 和图 3-5）。"高毅利伟精选唯实"基金成立于2016 年 5 月 11 日，由基金经理卓利伟负责管理工作。卓利伟曾任上海景林资产管理有限公司合伙人，任职期间参与管理的私募基金产品取得优秀的投资业绩。基金管理人为上海高毅资产管理合伙企业（有限合伙）（以下简称"高毅资产"），是一家国内投研实力较强、管理规模较大、激励制度领先的平台型私募基金管理公司，高毅资产大部分投资经理都曾任职于业界优秀的公募或私募基金管理公司，投资经验丰富，也拥有出色的风险控制能力，高毅资产追求"高质量的创新+可持续的价值"的基本面投资模式，重点投资方向为消费服务与消费互联网、制造业升级、医疗健康、软件与云计算、低估值资产类。截至 2021 年 12 月 31 日，该基金近五年（2017~2021 年）涨幅为 182%，同期万得全 A 指数上涨 37%，该基金显著跑赢市场。据附录一可知，该基金近五年最大回撤为 19%，同期万得全 A 指数的最大回撤为 31%，该基金近五年的最大回撤优于同期指数，展现了卓利伟优秀的风险控制能力。该基金中长期业绩表现优异，近五年的年化夏普比率（1.24）显著高于同期万得全 A 指数（0.38），在控制风险的同时获得了较高的收益。总体来看，基金经理卓利伟坚持基本面投资，通过挖掘已进行深入研究且具备明确发展空间的高成长股，在近五年获得了杰出的业绩，其投资管理水平十分优异，选股能力很强。

表 3-6　　　"高毅利伟精选唯实"基金净值年度涨幅与阶段涨幅　　　单位：%

名称	2017 年度	2018 年度	2019 年度	2020 年度	2021 年度	近五年（2017~2021 年）
高毅利伟精选唯实	64.78	-13.87	40.90	46.44	-3.62	182.23
万得全 A 指数	4.93	-28.25	33.02	25.62	9.17	37.33

图 3-5 "高毅利伟精选唯实"基金的累计净值：2017~2021 年

三、择时能力分析

对于具有五年历史业绩的股票型私募基金，表 3-7 展示了基金经理们择时能力的估计结果。图 3-6 展示了采用 Treynor-Mazuy 模型估计出来的 864 只股票型私募基金择时能力 γ 的 t 值。由于我们主要关心基金经理是否具有正确的择时能力，因此我们使用单边假设检验。在 5% 的显著性水平下，有 28 只基金（占比 3%）的 γ 为正显著，其 t 值大于 1.64，说明这 28 只基金的基金经理表现出了显著的择时能力。有 599 只基金（占比 70%）的基金经理没有显著的择时能力。我们还看到，有 237 只基金（占比 27%）的 γ 为负显著，其 t 值小于 -1.64，说明这 237 只基金的基金经理具有明显错误的择时能力。总体来看，在过去五年（2017~2021 年）内，绝大部分（97%）股票型私募基金的基金经理不具备择时能力。

表 3-7 股票型私募基金择时能力 γ 显著性的估计结果：2017~2021 年

显著性	样本数量（只）	数量占比（%）
正显著	28	3
不显著	599	70
负显著	237	27
总计	864	100

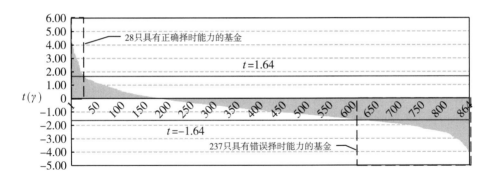

图 3-6 股票型私募基金择时能力的 t 值（显著性）排列：2017~2021 年

注：正确择时能力代表 $t(\gamma) > 1.64$；错误择时能力代表 $t(\gamma) < -1.64$；未表现出择时能力代表 $-1.64 \leqslant t(\gamma) \leqslant 1.64$。基金具有择时能力是指基金表现出正确的择时能力，基金不具有择时能力代表基金表现出错误的或未表现出择时能力。

我们主要关心具有正确择时能力的基金，换言之就是择时能力 γ 呈现正显著性的基金。在单边 T 检验中，如果基金 i 的择时能力指标 γ 所对应的 t 值大于 1.64，则代表该基金具有显著正确的择时能力。表 3-8 给出了在过去五年（2017~2021 年）Treynor-Mazuy 模型中 γ 为正显著（具有择时能力）的 28 只基金的检验结果，同时也给出了这些基金在过去三年（2019~2021 年）的择时能力及显著性检验结果。可以发现，有 16 只基金在过去三年和过去五年都表现出了显著的择时能力，占 864 只基金的 2%。

表 3-8 在过去五年具有择时能力的股票型私募基金：2017~2021 年

编号	基金名称	过去五年（2017~2021 年）		过去三年（2019~2021 年）		过去三年、五年都具有择时能力
		γ	$t(\gamma)$	γ	$t(\gamma)$	
1	泛涵康元 1 号	1.20	5.17	1.40	5.05	√
2	中睿合银弈势 1 号	5.06	4.28	6.55	3.62	√
3	炳富 2 号	2.73	4.15	2.99	3.58	√
4	炳富 1 号（华宝）	2.60	4.07	2.82	3.66	√
5	盛泉恒元多策略量化对冲 2 号	1.43	3.83	1.23	2.19	√
6	支点先锋 1 号	6.03	3.72	6.91	2.67	√
7	航长常春藤 7 号	2.81	3.38	2.31	1.66	√
8	航长常春藤 5 号	2.55	3.37	2.03	1.69	√
9	值搏率 1 号	3.83	3.33	3.07	1.75	√
10	盈定 7 号	3.04	3.22	5.03	3.70	√

编号	基金名称	过去五年 （2017~2021 年）		过去三年 （2019~2021 年）		过去三年、 五年都具有 择时能力
		γ	$t\,(\gamma)$	γ	$t\,(\gamma)$	
11	中睿合银策略精选系列 A 号	3.81	3.12	4.33	2.31	√
12	航长常春藤	3.44	3.03	3.15	1.67	√
13	盛泉恒元多策略量化对冲 1 号	1.18	2.95	0.73	1.19	
14	博孚利聚强 1 号	1.85	2.88	2.24	2.38	√
15	中睿合银策略精选 1 号	3.88	2.79	4.39	2.00	√
16	博普跨市场 1 号	0.72	2.79	0.93	2.52	√
17	金锝 5 号	0.60	2.55	0.48	1.41	
18	盈阳 19 号	3.60	2.48	2.58	1.10	
19	平凡悟量	1.24	2.31	1.67	2.25	√
20	金蕴 21 期（泓璞 1 号）	3.63	2.10	3.73	1.63	
21	金锝量化	0.68	2.01	0.47	1.10	
22	明曜新三板 1 期	2.84	1.92	3.41	1.34	
23	航长常春藤 3 号	2.37	1.92	0.96	0.46	
24	盈定 1 号	2.08	1.82	1.01	0.53	
25	瑞晟昌-双轮策略 1 号	3.75	1.82	4.57	1.34	
26	久阳润泉 5 号	3.17	1.82	3.43	1.22	
27	汇升稳进共盈 1 号	0.73	1.79	0.92	1.52	
28	合德丰泰	0.48	1.70	0.08	0.24	

注：表中"√"代表在过去三年和过去五年都具有择时能力的股票型私募基金。

在附录二中，我们列示出过去五年（2017~2021 年）中股票型私募基金经理选股能力、择时能力、β 值、年化收益、年化夏普比率和最大回撤率等相关计算结果，供读者朋友们查阅。

四、稳健性检验

在前面关于基金经理选股能力和择时能力的研究中，我们所用的样本为 2017~2021 年的五年样本。那么当分析的样本时间加长或缩短时，我们所得出的相关结论是否会发生变化？即当样本所选取的时间不同时，对于基金经理的选股能力和择时能力的结论是否有影响？如果有影响，这种影响是由于不同样本时间内基金之间的差异所带来的，还是由于相同基金所处市场环境的不同所带来的？为了回答上述问题，我们使用三年样本（2019~2021年）和七年样本（2015~2021年）来对基金经理的选股能力和择时能力进行稳健性检验，并将分析结果与之前的五年样本（2017~2021年）的结果进行对比，从而判断样本时间选取的不同是否会影响基金经理的选股能力和择时能力。在三年和七年的样本中，我们同样要求每只基金有完整的净值数据。各样本区间内包含的样本数量具体见表3-1。时间跨度较长的样本区间内的基金与时间跨度较短的样本区间内的基金是部分重合的。例如，三年样本中的基金数量为1 869只，五年样本中的基金数量为864只，七年样本中基金数量为266只，七年样本的266只基金都在三年和五年样本中，五年样本的864只基金也都在三年样本中。

图3-7展示了在2015~2021年间，不同时间长度的样本区间内具有选股能力的股票型私募基金的数量占比，仍以5%的显著性水平进行分析。在三年样本（2019~2021年）中，有26%的基金经理具有显著的选股能力；在五年样本（2017~2021年）中，该比例与上一区间相比有所上升，为53%；而在七年样本（2015~2021年）中，该比例下降至30%。可见，在不同的样本时期内，具有显著选股能力的基金经理的比例还是有所差异的。

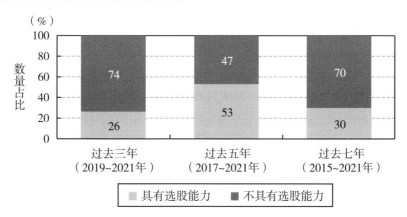

图3-7　样本区间内具有选股能力的股票型私募基金数量占比

表3-9展示了在不同样本区间中选股能力α显著性估计的更详细的结果，表中除给出不同样本区间具有正确选股能力的基金经理的比例外，还给出了选股能力分别为不显著、负显著的基金经理的比例，以及同期万得全A指数的累积涨幅。尽管三个样本区间的终点皆为2021年底，但每个样本区间的起始点不同，因此它们所对应的市场环境不同。在过去三年（2019~2021年），万得全A指数上涨幅度

为 82%；在过去五年（2017～2021 年），万得全 A 指数上涨了 37%；在过去七年（2015～2021 年），万得全 A 指数上涨了 66%。三个样本区间中，具有选股能力的基金经理数量占比依次为 26%、53% 和 30%。可以看出，股票市场在过去三年（2019～2021 年）和过去七年（2015～2021 年）涨幅最大，这是因为股票市场在 2015 年和 2018 年遭遇大跌，整体波动较为剧烈，大盘指数在这两个区间的起点均处于较低水平，直至 2016 年下半年起股市逐步回暖，故而过去五年（2017～2021 年）市场涨幅较小，另两个区间内指数涨幅较大。还可以看出，在三年、五年和七年样本中，具有选股能力的基金经理数量占比和股票市场涨幅呈反向变动的关系。当股票市场涨幅较大时，展现出选股能力的基金经理的比例相对较低；当股票市场涨幅较小时，展现出选股能力的基金经理的比例相对较高。

表 3-9　　　　　三年、五年、七年样本选股能力显著性的估计结果

样本区间	正显著（只）	不显著（只）	负显著（只）	基金数（只）	万得全 A 涨幅（%）
过去三年 （2019～2021 年）	494 （26%）	1 358 （73%）	17 （1%）	1 869	82
过去五年 （2017～2021 年）	459 （53%）	399 （46%）	6 （1%）	864	37
过去七年 （2015～2021 年）	80 （30%）	186 （70%）	— —	266	66

注：括号中的数字为相应的基金数量占比，显著性水平为 5%。

在三年、五年和七年样本中，具有显著选股能力的基金经理的比例除了受到不同样本所处市场环境的影响之外，还与所分析样本之间的差异有关。因为每年都有新成立和停止运营的基金，不同的分析样本中所包含的基金数量是不同的。我们在以下的分析中控制这种样本之间的差异，重新对比不同样本区间内具有显著选股能力的基金的比例。

表 3-10 展示的是七年样本（2015～2021 年）中的 266 只基金，在三年样本（2019～2021 年）和五年样本（2017～2021 年）中通过 Treynor-Mazuy 四因子模型估计出来的选股能力的表现。如果我们考察这 266 只基金的三年期业绩，那么有 57 只（占比 21%）基金的基金经理具有显著的选股能力，当考察期变为五年和七年后，分别有 102 只（占比 38%）和 80 只（占比 30%）基金的基金经理具有显著的选股能力。在这 266 只基金中，无论考察三年、五年还是七年的样本，每类样本中都有 62% 以上的基金没有选股能力。整体来看，有 20%～30% 的基金经理具有选股能力。

表 3-10　　　具有七年完整数据的股票型私募基金在过去三年、五年、七年
选股能力显著性的估计结果

样本区间	正显著（只）	不显著（只）	负显著（只）	基金数（只）	万得全 A 涨幅（%）
过去三年 （2019~2021 年）	57 （21%）	207 （78%）	2 （1%）	266	82
过去五年 （2017~2021 年）	102 （38%）	161 （61%）	3 （1%）	266	37
过去七年 （2015~2021 年）	80 （30%）	186 （70%）	—	266	66

注：括号中的数字为相应的基金数量占比，显著性水平为 5%。

我们同样分析了在三年样本和五年样本中都有数据的 864 只基金选股能力的差异，具体如表 3-11 所示。在三年样本中，有 248 只基金（占比 29%）的基金经理具有显著的选股能力。在五年样本中，具有选股能力的基金上升至 459 只（占比 53%）。同时我们发现，从近三年到近五年中，具有选股能力的基金数量有所上升。

表 3-11　　　具有五年完整数据的股票型私募基金在过去三年、五年
选股能力显著性的估计结果

时间区间	正显著（只）	不显著（只）	负显著（只）	基金数（只）	万得全 A 涨幅（%）
过去三年 （2019~2021 年）	248 （29%）	608 （70%）	8 （1%）	864	82
过去五年 （2017~2021 年）	459 （53%）	399 （46%）	6 （1%）	864	37

注：括号中的数字为相应的基金数量占比，显著性水平为 5%。

上述分析的结论同样和之前分别使用三年或五年全部样本的结论近似（见表 3-9）。可见，并不是由于基金个体之间的不同导致在三年、五年、七年样本期间内具有选股能力的基金经理比例的差异。因为我们在选取相同的基金时，这个差异在三年、五年、七年样本期间内也是同样存在的。故而我们认为是由于不同分析时间内我国股票市场环境的不同，导致使用最近三年、五年和七年样本的分析结果产生差异。

接下来，我们利用同样的方法来分析基金经理的择时能力。图 3-8 展示了在不同样本区间中具有显著择时能力的基金的比例，还是以 5% 的显著性水平进行讨

论。在三年样本（2019~2021 年）和五年样本（2017~2021 年）中，分别有 4% 和 3% 的基金经理具有显著的择时能力，而在七年样本（2015~2021 年）中，该比例上升至 13%。可见，在不同的样本区间内，具有显著择时能力的基金经理的比例都非常低。

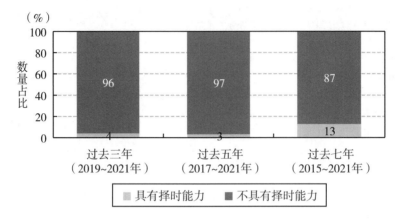

图 3-8 样本区间内具有择时能力的股票型私募基金的数量占比

表 3-12 展示了不同样本区间中择时能力 γ 显著性检验更详细的结果。我们发现，无论是在三年、五年还是七年样本中，都至少有 87% 以上的基金经理不具备择时能力。由此可见，对股票市场未来涨跌的判断是一件非常困难的事情，具有择时能力的基金经理实属凤毛麟角。

表 3-12　　　　　三年、五年、七年样本择时能力显著性的估计结果

样本区间	正显著（只）	不显著（只）	负显著（只）	基金数（只）	万得全 A 涨幅（%）
过去三年（2019~2021 年）	74（4%）	1 339（72%）	456（24%）	1 869	82
过去五年（2017~2021 年）	28（3%）	599（70%）	237（27%）	864	37
过去七年（2015~2021 年）	34（13%）	214（80%）	18（7%）	266	66

注：括号中的数字为相应的基金数量占比，显著性水平为 5%。

总体而言，我国有近半数的股票型基金经理具有选股能力，绝大部分基金经理不具有判断市场走向的择时能力。

五、自助法检验

之前的回归分析结果表明，部分基金经理具有显著的选股能力或择时能力，那么这些基金经理的能力会不会是由运气带来的呢？由于基金的收益率不是严格服从正态分布，因此回归分析的结果虽然表明某些基金经理具有显著的选股能力或择时能力，但这些结果可能是由于样本的原因，即运气的因素所带来的，而不是来自基金经理自身的投资能力。那么，在具有显著的选股能力或择时能力的基金经理中，哪些基金经理是因为运气而取得了良好的业绩，哪些基金经理又是真正拥有投资能力呢？

著名的统计学家 Efron 在 1979 年提出了一种对原始样本进行重复抽样，从而产生一系列新的样本的统计方法，即自助法（bootstrap）。自助法是对原始样本进行重复抽样以产生一系列"新"的样本的统计方法，图 3-9 展示了自助法的抽样原理。如图 3-9 所示，我们观察到的样本只有一个，如某只基金的历史收益数据，因此只能产生一个统计量（如基金经理的选股能力）。自助法的基本思想是对已有样本进行多次抽样，即把现有样本的观测值看成一个新的总体再进行有放回的随机抽样，这样在不需要增加额外的新样本的情况下，会获得多个统计量，即获得基金经理选股能力的多个估计值，通过对比这多个统计量所生成的统计分布和实际样本产生的统计量，就可以判断基金经理的能力是否来源于运气。在以下的检验中，我们对每只基金的样本进行 1 000 次抽样。我们也使用 5 000 次抽样来区分基金经理的能力和运气，因为这些结果与使用 1 000 次抽样的结果十分类似，结论不再赘述。

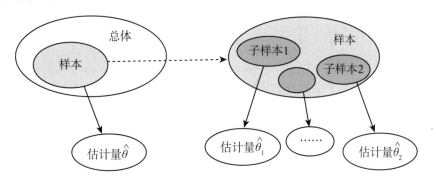

图 3-9　自助法抽样示意

我们以基金 i 的选股能力 α 进行自助法检验为例。通过 Treynor-Mazuy 四因子模型对基金 i 的月度净收益的时间序列进行普通最小二乘法（OLS）回归，估计模

型的 $\hat{\alpha}$、风险系数（$\hat{\beta}_{mkt}$、$\hat{\beta}_{smb}$、$\hat{\beta}_{hml}$、$\hat{\beta}_{mom}$）、残差序列，具体模型见式（3.3）。我们通过自助法过程对获得的残差序列进行 1 000 次抽样，根据每次抽样后的残差和之前估计出来的风险系数（$\hat{\beta}_{mkt}$、$\hat{\beta}_{smb}$、$\hat{\beta}_{hml}$、$\hat{\beta}_{mom}$）构造出 1 000 组不具备选股能力（$\hat{\alpha}=0$）的基金的超额收益率，获得 1 000 个没有选股能力的基金的样本，每一个新生成的基金样本与基金 i 有同样的风险暴露。然后，我们对这 1 000 个样本再次进行 Treynor-Mazuy 四因子模型的回归，就获得了 1 000 个选股能力 α 的估计值。由于这 1 000 个 α 是出自我们构造的没有选股能力的基金的收益率，在 5% 的显著性水平下，如果这 1 000 个 α 中有多于 5% 比例的（该比例为自助法的 P 值）α 大于通过 Treynor-Mazuy 四因子模型回归所得到的基金 i 的 $\hat{\alpha}$（真实的 α），则表明基金 i 的选股能力 α 并不是来自基金经理自身的能力，而是来自运气因素和统计误差；反之，如果这 1 000 个 α 中只有少于 5% 的 α 大于基金 i 的 $\hat{\alpha}$，则表明基金 i 的选股能力 α 并不是来自运气因素，而是来自基金经理的真实能力。Kosowski、Timmermann、White 和 Wermers（2006），Fama 和 French（2010），Cao、Simin 和 Wang（2013），Cao、Chen、Liang 和 Lo（2013）等利用该方法研究了美国基金经理所取得的业绩是来自他（她）们的能力还是运气。

在之前的分析中我们得到，在五年样本（2017~2021 年）的 864 只样本基金中，有 459 只基金表现出正确的选股能力，我们进一步对这 459 只基金的选股能力进行自助法检验。图 3-10 展示了部分基金经理（10 位）通过自助法估计出来的 1 000 个选股能力 α 的分布和实际 α 的对比。图 3-10 中的曲线为通过自助法获得的选股能力 α 的结果，垂直线为运用 Treynor-Mazuy 模型估计出来的实际选股能力 α 的结果。例如，对于"正圆 1 号"基金而言，通过自助法估计出的 1 000 个选股能力 α 的统计值中，有 16 个大于通过 Treynor-Mazuy 模型估计出来的实际 α（$\hat{\alpha}=77.15\%$），即自助法的 P 值为 0.016（P=1.6%），从统计检验的角度讲，我们有 95% 的信心确信该基金经理的选股能力来自其自身的投资能力。

表 3-13 展示了通过 Treynor-Mazuy 四因子模型估计出来的具有显著选股能力的 459 只股票型私募基金的自助法结果。在这 459 只基金中，有 373 只基金自助法的 P 值小于 0.05，例如"卓畔 1 号"、"正圆 1 号"和"万方稳进 1 号"基金等，这些基金在表中已用 * 标出；有 86 只基金自助法的 P 值大于 0.05，如"睿源进取 1 号"、"雨山寻牛 1 号"和"金舆中国互联网"基金等。值得注意的是，表现出选股能力但未通过自助法检验的基金基本上有比较小的 $t(\alpha)$。从统计学假设检验的角度讲，我们有 95% 的把握得出以下结论：这 373 只基金（占 864 只基金的 43%）的基金经理的选股能力来自其自身能力，而另外 86 只基金的基金经理的选股能力来自运气和统计误差。

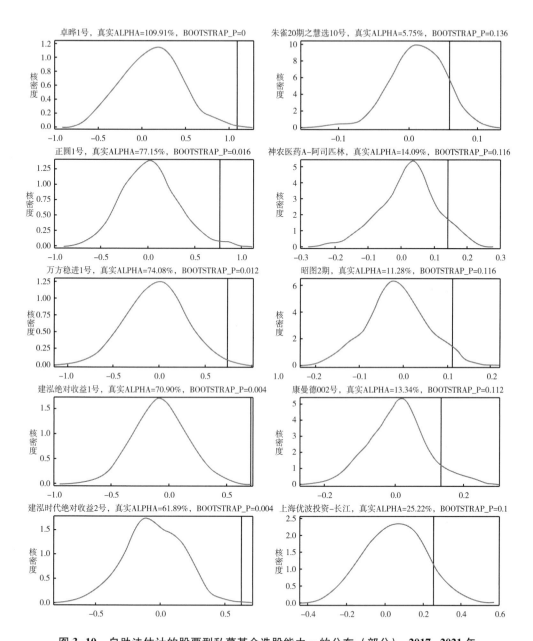

图 3-10 自助法估计的股票型私募基金选股能力 α 的分布（部分）：2017~2021 年

注：曲线表示通过自助法获得的选股能力 α 的分布，垂直线表示运用 Carhart 四因子模型估计出来的实际选股能力 α。

表 3-13　　具有选股能力的股票型私募基金的自助法检验结果：2017~2021 年

编号	基金名称	年化 α(%)	$t(\alpha)$	自助法 P 值	编号	基金名称	年化 α(%)	$t(\alpha)$	自助法 P 值
1	卓晔 1 号	109.91	3.32	0.000*	32	乐正资本三川	33.16	1.96	0.052
2	正圆 1 号	77.15	2.59	0.016*	33	晓峰 1 号睿远	32.77	6.12	0.000*
3	万方稳进 1 号	74.08	2.22	0.012*	34	东方港湾马拉松 1 号	32.19	4.19	0.000*
4	建泓绝对收益 1 号	70.90	2.61	0.004*	35	鼎萨价值成长	31.05	3.03	0.000*
5	建泓时代绝对收益 2 号	61.89	2.48	0.004*	36	希瓦小牛 FOF	30.76	2.95	0.000*
6	复胜正能量 1 期	60.59	3.33	0.004*	37	达理 1 号	30.50	2.33	0.012*
7	大禾投资-掘金 5 号	58.00	2.82	0.000*	38	进化论复合策略 1 号	30.01	3.94	0.000*
8	靖奇光合长谷	56.51	6.80	0.000*	39	林园	30.01	2.46	0.004*
9	涌津涌鑫 6 号	55.34	3.12	0.008*	40	远澜红枫 1 号	29.81	2.44	0.004*
10	涌津涌赢 1 号	55.14	3.34	0.008*	41	汉和资本-私募学院菁英 7 号	29.70	4.24	0.000*
11	弘茗套利稳健管理型 2 号	54.64	2.67	0.012*	42	榕树文明复兴 3 期	29.68	4.00	0.000*
12	大禾投资-掘金 1 号	51.43	2.78	0.000*	43	利得汉景 1 期	29.23	3.26	0.004*
13	涌贝资产阳光稳健	49.11	2.35	0.008*	44	高毅邻山 1 号	28.78	3.57	0.004*
14	顺然 3 号	46.72	2.39	0.008*	45	挚盟资本-私募学院菁英 189 号	28.01	2.38	0.036*
15	睿源进取 1 号	44.67	1.68	0.072	46	勤远动态平衡 1 号	27.96	2.78	0.016*
16	冠丰 3 号消费优选	44.33	1.78	0.048*	47	壁虎成长 3 号	27.78	2.73	0.004*
17	靖奇金牛思锐	43.26	5.22	0.000*	48	盈阳 22 号	27.74	2.05	0.036*
18	璟恒五期	42.13	3.56	0.000*	49	新思哲成长	27.72	3.46	0.000*
19	君行 5 号	41.04	3.00	0.008*	50	高毅利伟精选唯实	27.24	4.50	0.000*
20	新里程超越梦想	40.74	2.08	0.032*	51	康曼德 003 号	27.17	2.95	0.000*
21	雨山寻牛 1 号	40.35	1.94	0.060	52	远望角投资 1 期	27.02	3.52	0.000*
22	新智达成长 1 号	39.30	2.52	0.012*	53	鸿道创新改革	27.01	2.45	0.004*
23	优波	38.06	2.05	0.040*	54	神农老院子基金	26.87	1.91	0.056
24	金舆中国互联网	37.82	2.28	0.052	55	理臻鸿运精选 1 号	26.81	3.90	0.000*
25	景林创新成长	36.69	4.62	0.000*	56	盈定 2 号	26.76	1.68	0.068
26	长金 4 号	36.65	2.69	0.008*	57	长牛分析 1 号	26.68	2.68	0.000*
27	新里程藏宝图私享家 1 号	35.89	1.76	0.064	58	石锋重剑一号	26.63	2.30	0.028*
28	弘茗套利稳健管理型 6 号	34.97	3.65	0.000*	59	远望角容远 1 号	26.56	3.69	0.000*
29	岁寒知松柏 1 号	34.82	3.63	0.004*	60	十字星 1 期	26.06	8.77	0.000*
30	卓铸卓越 1 号	34.66	3.89	0.000*					
31	悟源农产品 2 号	34.22	2.15	0.000*					

续表

编号	基金名称	年化α(%)	t(α)	自助法P值	编号	基金名称	年化α(%)	t(α)	自助法P值
61	石锋笃行一号	25.95	2.76	0.000*	94	金汇荣盛3号	23.13	1.71	0.056
62	景林丰收2号	25.79	4.04	0.000*	95	神农优选价值	23.07	1.96	0.044*
63	东方先进制造优选	25.55	3.17	0.000*	96	百航进取2号	22.96	2.75	0.000*
64	睿璞投资-睿洪1号	25.50	3.26	0.000*	97	东方消费服务优选	22.92	2.80	0.000*
65	上海优波投资-长江	25.22	1.71	0.100	98	东兴港湾1号	22.79	2.37	0.008*
66	磐耀3期	25.19	2.62	0.008*	99	同望1期1号	22.75	3.34	0.000*
67	果实长期成长1号	25.13	3.82	0.000*	100	远望角容远1号A期	22.59	3.34	0.000*
68	盛信1期（2016）	24.97	3.70	0.000*	101	无量1期	22.55	2.56	0.008*
69	远澜红松	24.89	4.06	0.000*	102	坤德永盛1期	22.43	3.15	0.000*
70	东方港湾3号	24.78	2.44	0.012*	103	彤源7号（A）	22.27	3.20	0.004*
71	睿泉成长1号	24.57	3.46	0.000*	104	林园2期	22.25	1.65	0.100
72	盛泉恒元量化进取多策略1号	24.54	4.44	0.000*	105	少数派19号	22.24	2.90	0.004*
					106	中润一期	22.21	2.64	0.008*
73	守正	24.53	3.28	0.000*	107	望岳投资小象1号	22.19	2.20	0.024*
74	上海远澜硕桦1号	24.47	2.11	0.032*	108	少数派8号	22.15	3.00	0.004*
75	睿璞投资-睿华1号	24.39	3.14	0.000*	109	景林丰收	22.10	3.58	0.000*
76	大朴多维度24号	24.33	5.52	0.000*	110	浦慧系列1号	22.06	3.57	0.000*
77	溪牛长期回报	24.19	2.41	0.008*	111	少数派29号	22.06	2.84	0.000*
78	神农长空集母	24.14	1.79	0.064	112	元达信资本-安易持兴国2号	22.03	2.49	0.008*
79	汉和资本1期	23.99	3.28	0.004*					
80	红筹平衡选择	23.97	2.77	0.004*	113	同犇尊享1号	22.03	2.04	0.032*
81	汉和天信	23.90	3.51	0.000*	114	睿璞投资-睿洪2号	22.02	2.82	0.004*
82	高毅庆瑞6号	23.90	3.14	0.004*	115	证大量化价值	22.01	2.63	0.016*
83	东方马拉松致远	23.82	2.90	0.000*	116	平石T5对冲基金	21.99	3.50	0.000*
84	彤源5号	23.68	3.19	0.004*	117	少数派大浪淘金18号	21.87	2.87	0.000*
85	彤源同创1期A	23.65	3.46	0.000*	118	恒泰辰丰港湾1期	21.70	2.28	0.040*
86	红筹1号	23.63	2.59	0.004*	119	泰和长兴1期	21.58	3.11	0.000*
87	同犇智慧1号	23.59	2.12	0.032*	120	融通资本汉景港湾1号	21.55	2.56	0.012*
88	石锋厚积一号	23.56	2.53	0.008*	121	九霄投资稳健成长2号	21.48	2.51	0.004*
89	91金融东方港湾价值1号	23.48	2.23	0.008*	122	同犇尊享2号	21.42	1.87	0.064
90	景林稳健	23.27	3.56	0.000*	123	清和泉成长2期	21.32	2.52	0.020*
91	新思哲1期	23.24	2.91	0.000*	124	少数派求是1号	21.26	2.77	0.004*
92	昭图5期	23.21	2.58	0.000*	125	盛泉恒元定增套利多策略6号	21.17	4.98	0.000*
93	鹰傲绝对价值	23.21	2.21	0.024*					

编号	基金名称	年化 α(%)	t(α)	自助法 P 值	编号	基金名称	年化 α(%)	t(α)	自助法 P 值
126	民森 K 号	21.09	3.03	0.000*	160	景林稳健 2 号	19.46	3.04	0.000*
127	阳光宝 3 号	21.07	4.19	0.000*	161	淞银财富-清和泉优选 1 期	19.46	2.35	0.024*
128	五色土 3 期	21.05	1.73	0.088					
129	榕树陈氏	21.01	2.55	0.004*	162	华夏未来泽时进取 1 号	19.41	3.37	0.000*
130	恒天泰旸 1 期	20.94	2.91	0.000*	163	鸿道创新改革尊享 1 号	19.35	1.74	0.060
131	远澜火松	20.92	1.87	0.056	164	神农春江	19.23	2.00	0.052
132	少数派 5 号	20.88	3.21	0.004*	165	乐晟精选	19.21	3.12	0.000*
133	中欧瑞博诺亚	20.83	4.85	0.000*	166	同犇 1 期	19.20	1.87	0.044*
134	少数派 7 号	20.57	2.65	0.004*	167	长江汉景港湾 1 号	19.18	2.26	0.028*
135	民森 H 号	20.56	2.83	0.008*	168	少数派 12 号	19.16	2.48	0.016*
136	进化论稳进 2 号	20.56	2.46	0.008*	169	敦和八卦田积极 3 号	19.16	2.39	0.008*
137	恒丰一号	20.56	1.72	0.076	170	趣时事件驱动 1 号	19.15	2.51	0.008*
138	万利富达德盛 1 期	20.55	2.22	0.012*	171	少数派 9 号	19.04	2.54	0.000*
139	大朴多维度 15 号	20.46	4.77	0.000*	172	相聚芒格 1 期	19.04	3.10	0.000*
140	少数派 17 号	20.44	2.68	0.012*	173	银叶阶跃	18.99	2.31	0.012*
141	神农医药 A	20.41	2.49	0.024*	174	尚雅 9 期	18.96	1.91	0.064
142	朱雀 13 期	20.32	2.93	0.000*	175	进化论 FOF1 号	18.90	3.00	0.004*
143	新方程清和泉	20.26	2.36	0.012*	176	常春藤春竹	18.88	2.92	0.000*
144	东方行业优选	20.25	2.64	0.016*	177	璟恒 1 期	18.88	2.51	0.008*
145	鸿道国企改革	20.10	1.91	0.068	178	国润一号	18.87	2.19	0.024*
146	宽远沪港深精选	20.07	3.50	0.000*	179	中欧瑞博诺亚 1 期	18.83	4.38	0.000*
147	沣沛优选	20.07	2.91	0.004*	180	仁布财富 1 期	18.82	3.17	0.000*
148	清和泉金牛山 1 期	20.06	2.27	0.020*	181	高信百诺 1 期	18.81	2.90	0.000*
149	易同精选 3 期	20.04	4.10	0.000*	182	中环港沪深对冲	18.78	2.24	0.048*
150	观富源 3 期	20.02	3.29	0.004*	183	尚雅 13 期	18.66	2.01	0.064
151	宽远价值成长 2 期	19.95	3.66	0.000*	184	弘尚企业融资驱动策略	18.61	2.77	0.004*
152	资瑞兴 1 号	19.88	2.99	0.004*	185	青骊长兴	18.59	1.89	0.056
153	泓澄投资	19.83	3.79	0.000*	186	通和富享 1 期	18.53	1.69	0.076
154	星石 1 期	19.77	2.47	0.008*	187	神农太极	18.53	1.65	0.064
155	久铭 3 号	19.70	2.11	0.040*	188	私募工场秃鹫 1 期	18.46	1.93	0.068
156	果实资本仁心回报 1 号	19.69	2.80	0.000*	189	宽远价值成长 2 期诺亚专享 1 号	18.42	3.27	0.000*
157	同犇 9 期	19.68	2.05	0.024*					
158	鸿道 2 期	19.67	2.20	0.012*	190	拾贝 1 号	18.42	2.79	0.004*
159	神农价值精选 1 号	19.54	1.71	0.084	191	华杉永旭	18.41	2.13	0.032*

编号	基金名称	年化 α(%)	$t(\alpha)$	自助法 P 值	编号	基金名称	年化 α(%)	$t(\alpha)$	自助法 P 值
192	涌鑫 2 号	18.38	2.90	0.000*	226	致君日月星	16.88	2.24	0.012*
193	沣杨锦绣	18.35	4.80	0.000*	227	神农 1 期	16.87	2.05	0.056
194	望正 1 号	18.35	1.66	0.088	228	华夏养老金玉良辰	16.81	2.77	0.000*
195	民森 A 号	18.34	2.30	0.016*	229	智诚 11 期	16.81	1.80	0.076
196	玖鹏价值精选 1 号	18.33	2.39	0.008*	230	中环港沪深对冲 2 号	16.72	1.98	0.060
197	康曼德 106 号	18.26	2.81	0.004*	231	久铭 2 号	16.67	1.87	0.040*
198	同犇 6 期	18.24	1.67	0.068	232	东方医疗平衡 1 期	16.66	1.97	0.048*
199	同犇财通 5 期	18.21	1.87	0.024*	233	理成风景 1 号 (2015)	16.62	1.97	0.036*
200	明河优质企业	18.08	2.69	0.008*	234	少数派 101 号	16.57	2.28	0.016*
201	承泽资产趋势 1 号	17.94	1.96	0.040*	235	聚沣 1 期	16.56	2.64	0.004*
202	趣时事件驱动 1 号 A 期	17.93	2.39	0.004*	236	盈阳 15 号	16.56	2.19	0.024*
203	远澜雪松	17.90	3.16	0.000*	237	明达	16.51	2.41	0.016*
204	智诚 5 期	17.89	1.94	0.032*	238	源沣进取 1 号	16.46	1.75	0.076
205	丰岭远航母基金	17.82	2.51	0.012*	239	新活力精选	16.45	2.42	0.008*
206	观富源 2 期	17.76	3.42	0.000*	240	清和泉金牛山 4 期	16.43	2.00	0.040*
207	重阳 1 期	17.71	2.89	0.004*	241	金荦圆盛积极成长 2 号	16.36	1.73	0.100
208	明达 3 期	17.69	2.36	0.016*	242	红宝石安心进取 H-1001	16.32	1.91	0.036*
209	榕树文明复兴 2 期	17.68	2.55	0.020*	243	少数派新三板尊享 2 号	16.29	2.23	0.028*
210	智诚 16 期	17.47	1.87	0.032*	244	鲤鱼门家族	16.27	2.81	0.012*
211	明河成长 2 号	17.46	2.51	0.004*	245	观富价值 1 号	16.26	2.89	0.000*
212	久铭稳利 2 号	17.46	1.80	0.088	246	利檀 3 期	16.23	2.72	0.012*
213	阳光宝 1 号	17.31	3.04	0.000*	247	康曼德 107 号	16.20	1.80	0.084
214	东方港湾创业成长	17.30	2.05	0.028*	248	金百镕 1 期	16.16	1.98	0.052
215	少数派 10 号	17.19	2.51	0.008*	249	金广资产-鑫 1 号	16.14	1.90	0.064
216	汇泽至远 1 期	17.17	2.19	0.008*	250	涌鑫 3 号	16.05	2.05	0.048*
217	智诚 15 期	17.09	1.69	0.072	251	金蕴 99 期 (谷寒长线回报)	15.91	2.73	0.008*
218	康曼德 101 号	17.08	2.40	0.032*	252	宽远优势成长 2 号	15.90	3.21	0.000*
219	宽远价值成长 3 期	17.03	3.08	0.000*	253	紫晶 1 号	15.90	3.02	0.000*
220	中欧瑞博 1 期	16.97	2.90	0.008*	254	观富策略 1 号	15.89	2.66	0.008*
221	下游消费板块 H1104	16.97	1.93	0.044*	255	趣时事件驱动 1 号 B 期	15.87	2.17	0.008*
222	乐道成长优选 2 号 A 期	16.93	3.51	0.004*	256	广金成长 3 号	15.81	2.34	0.024*
223	东方港湾价值投资 2 号	16.91	1.74	0.060	257	金蕴 90 期 (相生)	15.78	1.81	0.060
224	康曼德 101A	16.90	2.09	0.044*	258	久铭稳健 1 号	15.71	1.71	0.084
225	宝源胜知 1 号	16.89	1.65	0.084					

续表

编号	基金名称	年化 α（%）	$t(\alpha)$	自助法 P 值	编号	基金名称	年化 α（%）	$t(\alpha)$	自助法 P 值
259	沣杨旺德福	15.65	2.96	0.004*	293	执耳医药	14.60	1.91	0.080
260	六禾光辉岁月 1 期	15.65	2.46	0.004*	294	乐瑞中国股票 1 号	14.56	1.98	0.048*
261	明河 2016	15.59	2.50	0.016*	295	雀跃进取 1 号	14.49	2.30	0.036*
262	长见策略 1 号	15.58	3.38	0.000*	296	趣时分红增长 1 号 A 期	14.45	2.00	0.016*
263	宽远优势成长 3 号	15.54	3.48	0.000*	297	致君基石投资 1 号	14.36	2.22	0.040*
264	兴聚财富 8 号	15.53	2.68	0.004*	298	名禹沐风 1 期	14.33	2.57	0.008*
265	易同精选 2 期 1 号	15.51	3.44	0.000*	299	千合紫荆 1 号	14.30	1.66	0.084
266	投资精英（星石 B）	15.50	3.35	0.000*	300	易同精选	14.24	2.25	0.004*
267	因诺天跃	15.44	3.00	0.000*	301	高信百诺价值成长	14.19	1.82	0.064
268	果实资本精英汇 3 号	15.42	3.39	0.000*	302	盈定 9 号	14.19	1.79	0.060
269	相聚顺为 3 期	15.36	2.35	0.008*	303	红奶酪	14.15	2.19	0.032*
270	盈定 8 号	15.33	1.99	0.016*	304	神农医药 A-阿司匹林	14.09	1.93	0.116
271	泓澄投资睿享 3 号	15.31	2.93	0.004*	305	思瑞 2 号	14.08	2.87	0.000*
272	彤源 6 号	15.30	2.38	0.004*	306	通和进取 2 号	14.08	1.68	0.084
273	金百镕 6 期	15.28	1.84	0.068	307	朱雀 20 期	14.06	2.55	0.020*
274	新方程清和泉 1 期	15.20	1.75	0.068	308	景领核心领先 1 号	13.97	2.54	0.012*
275	准锦复利 1 号	15.18	2.53	0.016*	309	易同精选 3 期 1 号	13.94	2.85	0.004*
276	辉毅 5 号	15.11	4.56	0.000*	310	智德 1 期	13.87	2.44	0.016*
277	渤源沣杨价值成长	15.08	2.67	0.012*	311	龙全 2 号	13.85	2.06	0.032*
278	盈定 6 号	15.04	1.83	0.052	312	翼虎成长 7 期	13.84	1.81	0.056
279	久富 2 期	15.01	2.21	0.032*	313	凤翔长盈	13.82	2.57	0.020*
280	晨燕 2 号	14.95	1.98	0.040*	314	七曜领峰	13.80	2.76	0.004*
281	兴聚尊享 A 期	14.94	2.60	0.004*	315	泓澄锐进 52 期	13.76	2.72	0.016*
282	昆仑 36 号	14.94	2.02	0.052	316	德丰华 1 期	13.75	2.79	0.012*
283	久富 7 期	14.91	2.25	0.016*	317	翼虎成长 6 期	13.71	1.70	0.072
284	易同成长	14.86	2.30	0.036*	318	汇升稳进 1 号	13.70	2.27	0.032*
285	弘尚资产灵活配置	14.83	1.89	0.072	319	久富全球配置	13.67	2.06	0.020*
286	米牛沪港深精选	14.80	3.10	0.000*	320	宽远价值成长	13.61	3.07	0.000*
287	宽远价值成长 5 期 1 号	14.79	3.00	0.004*	321	华夏金色长城养老投资	13.61	2.32	0.020*
288	道谊稳健	14.79	2.02	0.032*	322	深积复利成长 1 号	13.55	2.87	0.008*
289	明曜金星 3 期	14.76	1.77	0.076	323	投资精英（朱雀 B）	13.54	2.47	0.008*
290	源乐晟锐进 58 期	14.71	2.23	0.028*	324	私募工场肥尾价值一号	13.54	2.05	0.040*
291	彬元价值 1 号	14.69	2.57	0.008*	325	金塔行业精选 1 号	13.52	2.01	0.032*
292	黑森 9 号	14.66	2.43	0.012*	326	七曜中信领奕	13.50	2.51	0.020*

编号	基金名称	年化 α(%)	t(α)	自助法P值	编号	基金名称	年化 α(%)	t(α)	自助法P值
327	鑫安泽雨1期	13.47	2.12	0.032*	362	久富1期	12.54	1.80	0.036*
328	彼立弗复利1期	13.40	2.80	0.004*	363	进化-金钱豹	12.51	2.61	0.000*
329	睿远景泰复利回报第7期	13.40	2.15	0.028*	364	鑫安6期	12.34	1.97	0.036*
330	翼虎成长1期（翼虎）	13.38	1.83	0.060	365	七曜中信证券领奕1号	12.25	2.20	0.040*
331	致君日月星1号	13.36	1.67	0.072	366	天朗稳健增长1号	12.23	2.44	0.008*
332	投资精英之域秀长河价值2号	13.35	3.59	0.000*	367	清泉（华宝）	12.18	2.84	0.004*
333	衍航6号	13.35	2.07	0.028*	368	弘尚资产中国机遇策略配置1号	12.16	2.27	0.052
334	康曼德002号	13.34	1.68	0.112	369	榕树文明复兴6期	12.11	1.71	0.072
335	常春藤目标	13.33	2.27	0.024*	370	华夏未来领时对冲1号尊享A期	12.08	2.51	0.020*
336	乐道成长优选5号	13.30	2.27	0.024*	371	悟空对冲量化11期	12.07	2.50	0.000*
337	复和金色海洋	13.25	2.08	0.016*	372	双隆稳盈1号	12.03	2.26	0.036*
338	华夏养老新动力1号	13.19	2.55	0.012*	373	卓越理财1号	12.02	3.42	0.000*
339	雅柏宝量化5号	13.12	2.25	0.028*	374	大朴目标	11.93	3.06	0.000*
340	泊通新价值1号	13.11	2.33	0.008*	375	五岳归来量化贝塔	11.84	3.44	0.004*
341	稳中求进1号	13.06	2.36	0.012*	376	准锦驱动力1号	11.80	2.10	0.020*
342	源沣长征	13.06	1.65	0.072	377	观富价值1号-1	11.78	2.14	0.020*
343	榜样多策略对冲	13.04	2.26	0.012*	378	睿郡众享1号	11.76	2.87	0.008*
344	浦来德天天开心对冲1号	13.00	2.51	0.004*	379	大朴多维度22号	11.76	2.33	0.024*
345	泊通泊岸1号	12.95	2.31	0.016*	380	大朴策略1号	11.57	3.03	0.004*
346	沣杨目标缓冲	12.94	2.71	0.008*	381	景泰复利回报银信宝1期	11.57	1.87	0.092
347	润晖稳健增值	12.93	3.37	0.004*	382	兴聚财富3号	11.51	2.24	0.016*
348	丰岭稳健成长1期	12.93	2.05	0.052	383	国联安-弘尚资产成长精选1号	11.47	2.18	0.036*
349	展弘稳进1号	12.87	9.36	0.000*	384	西藏隆源对冲1号	11.39	3.05	0.000*
350	果实资本精英汇4A号	12.85	2.71	0.004*	385	长江稳健	11.28	2.27	0.036*
351	中欧瑞博4期	12.84	3.20	0.000*	386	昭图2期	11.28	1.73	0.116
352	易鑫安资管-鑫安7期	12.84	2.04	0.056	387	淡水泉精选1期	11.21	2.24	0.024*
353	锐进41期	12.78	2.85	0.004*	388	盛泉恒元多策略市场中性3号	11.06	4.64	0.000*
354	景领健康中国1号	12.75	2.30	0.008*	389	艾方博云全天候1号	10.92	3.30	0.000*
355	米答资产管理1号	12.74	2.18	0.012*	390	七曜尊享A期	10.87	2.40	0.024*
356	睿郡众享2号	12.74	1.96	0.032*	391	睿郡尊享A期	10.86	2.50	0.012*
357	百泉进取1号	12.72	2.19	0.032*	392	易同精选1号	10.84	1.82	0.060
358	淡水泉2008	12.61	2.56	0.016*					
359	易同成长1号	12.57	1.94	0.068					
360	兴识乾坤1号	12.56	2.62	0.008*					
361	明达6期	12.56	2.29	0.024*					

编号	基金名称	年化 α(%)	t(α)	自助法 P 值	编号	基金名称	年化 α(%)	t(α)	自助法 P 值
393	悟空对冲量化 3 期	10.83	2.24	0.008*	427	笃道 1 期	9.01	2.23	0.016*
394	毅木动态精选 2 号	10.82	3.01	0.000*	428	世诚-诚博	8.95	2.37	0.008*
395	辉毅 4 号	10.79	4.34	0.000*	429	锦成盛优选股票策略 1 号	8.82	2.04	0.032*
396	朱雀 20 期之慧选 11 号	10.70	2.31	0.016*	430	重阳 3 期	8.75	2.16	0.036*
397	淡水泉专项 3 期	10.64	2.08	0.032*	431	中国龙平衡资本市场尊享系列	8.71	2.32	0.044*
398	投资精英（淡水泉 B）	10.55	2.30	0.036*					
399	七曜领诚	10.46	2.09	0.044*	432	毅木资产海阔天空 1 号	8.57	2.37	0.008*
400	淡水泉专项 5 期	10.40	2.17	0.048*	433	悟空同创量化 1 期	8.54	1.77	0.064
401	锐进 47 期	10.39	1.99	0.024*	434	平凡悟鑫	8.39	2.59	0.000*
402	思晔全天候 1 号	10.30	1.91	0.016*	435	盛泉恒元多策略量化对冲 1 号	8.37	3.69	0.000*
403	七曜领峰 1 号	10.21	1.90	0.096					
404	久期量和指数 1 号	10.11	2.83	0.012*	436	艾方锐进多空 1 号	8.27	3.66	0.000*
405	诚盛 2 期	10.11	2.80	0.004*	437	世诚扬子 2 号	8.19	2.14	0.052
406	九鞅禾禧 1 号	10.07	2.31	0.012*	438	因诺启航 1 号	8.12	1.83	0.048*
407	睿郡众享 3 号	10.00	1.93	0.044*	439	沣杨尊享 A 期	8.04	2.82	0.004*
408	博普指数增强 3 号	9.92	1.89	0.100	440	诚盛 1 期	8.02	2.52	0.016*
409	宁聚量化稳增 1 号	9.90	1.68	0.100	441	昆仑 26 号	7.89	2.04	0.056
410	锐进 16 期中欧瑞博	9.82	1.85	0.068	442	申毅多策略量化套利 3 号	7.68	4.24	0.000*
411	涵元天璇	9.79	1.71	0.064	443	宁聚量化精选	7.65	1.78	0.052
412	锦成盛优选	9.70	2.24	0.016*	444	陆宝点金精选	7.63	1.72	0.076
413	侏罗纪超龙优选	9.62	1.85	0.064	445	锦成盛宏观策略 1 号	7.48	2.33	0.016*
414	巨杉泛翼达双策略 3 号	9.60	1.87	0.048*	446	新方程巨杉	7.44	1.76	0.056
415	超龙 5 号	9.50	1.83	0.060	447	信弘龙腾稳健 1 号	7.37	4.45	0.000*
416	盛泉恒元多策略量化对冲 2 号	9.46	4.49	0.000*	448	金锝 5 号	7.23	5.39	0.000*
					449	金锝 6 号	7.03	5.18	0.000*
417	长河优势 3 号	9.45	1.71	0.064	450	投资精英之重阳（B）	6.89	2.03	0.052
418	辉毅 3 号	9.39	5.01	0.000*	451	TOP30 对冲母基金 1 号	6.86	2.15	0.040*
419	中国龙进取	9.39	2.34	0.016*	452	金锝量化	6.75	3.55	0.000*
420	弘酬永泰	9.29	2.62	0.008*	453	中国龙平衡对冲增强	6.67	2.12	0.044*
421	重阳对冲 2 号	9.19	2.08	0.036*	454	兴聚 1 期	6.41	1.72	0.068
422	康曼德 001 号	9.14	2.10	0.016*	455	中国龙价值	6.03	1.92	0.072
423	大朴进取 1 期	9.10	2.77	0.012*	456	汇升共盈尊享	5.84	2.41	0.024*
424	红宝石安心进取 H-1003	9.06	2.47	0.020*	457	朱雀 20 期之慧选 10 号	5.75	1.69	0.136
425	重阳目标尊享 A 期	9.05	2.45	0.016*	458	资舟观复	4.75	3.00	0.000*
426	红宝石 E-1306 多元凯利	9.03	2.12	0.056	459	博普跨市场 1 号	3.29	2.24	0.028*

注：*表示自助法的 P 值小于 5%，即基金经理的选股能力不是源于运气和统计误差。

同样，我们也对基金经理的择时能力进行了自助法检验，仍采用5%的显著性水平。我们要回答的问题是：在那些择时能力 γ 具有正显著性的基金中，哪些基金经理是因为运气好而显示出择时能力？哪些基金经理是真正具有择时能力，而不是依靠运气？根据之前 Treynor-Mazuy 模型的估计结果，有28只（占864只基金的3%）基金的基金经理具有显著的择时能力，我们对这些基金的择时能力进行自助法检验。

图3-11展示了部分基金经理（10位）通过自助法估计出来的择时能力 γ 的分布和实际 γ 的对比，曲线为通过自助法获得的择时能力 γ 的结果，垂直线为运用

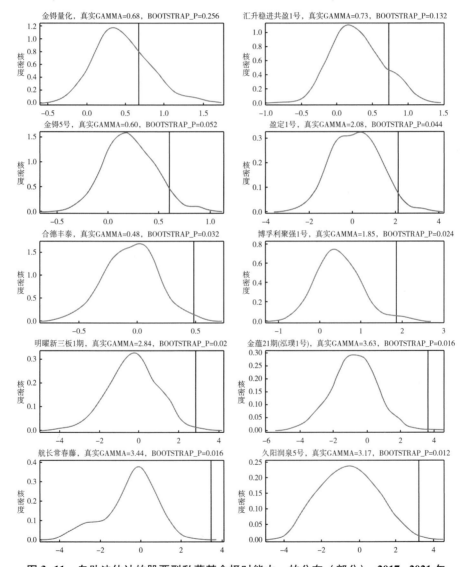

图3-11 自助法估计的股票型私募基金择时能力 γ 的分布（部分）：2017~2021 年

注：曲线代表通过自助法获得的择时能力 γ 的分布，垂直线表示运用改进后 Treynor-Mazuy 模型估计出来的实际择时能力 γ。

Treynor-Mazuy 模型估计出来的实际择时能力 γ 的结果。例如，"盈定 1 号"基金，其通过 Treynor-Mazuy 四因子模型估计出来的择时能力 γ 为 2.08，通过自助法估计出来的 1 000 个择时能力 γ 的统计值中，有 44 个大于 2.08，即自助法的 P 值为 0.044（P＝4.4%），从统计检验的角度讲，我们有 95% 的信心确信该基金经理的择时能力并不是由于运气的原因所带来的，而是来自基金经理自身的投资才能。

同样，我们也对基金经理的择时能力进行自助法检验，仍选取 5% 的显著性水平。我们要回答的问题是：在那些择时能力 γ 具有正显著性的基金中，哪些基金经理是因为运气好而显示出择时能力？哪些基金经理是真正具有择时能力，而不是依靠运气？根据之前 Treynor-Mazuy 模型的估计结果，在 864 只基金中，有 28 只（占比 3%）基金的基金经理具有显著的择时能力。表 3-14 展示了通过 Treynor-Mazuy 四因子模型估计出来的 28 只具有正确择时能力的股票型私募基金的自助法检验结果。据表 3-14 可知，有 25 只基金的自助法 P 值小于 5%，占五年样本总数（864 只）的 3%，这些基金在表中已用 * 标出，说明这 25 位基金经理的择时能力源于自身的投资才能。从统计学假设检验的角度而言，我们有 95% 的把握得出以下结论：这 25 位（占 864 只基金的 3%）基金经理的优秀业绩来自他们真实的投资能力，由于数量极少，在此我们不再展开分析。因此，我国最近五年（2017～2021 年）中绝大部分股票型私募基金经理不具备择时能力。

表 3-14　　　　具有择时能力的股票型私募基金的自助法检验结果：2017～2021 年

编号	基金名称	γ	$t(\gamma)$	自助法 P 值	编号	基金名称	γ	$t(\gamma)$	自助法 P 值
1	泛涵康元 1 号	1.20	5.17	0.000*	15	中睿合银策略精选 1 号	3.88	2.79	0.000*
2	中睿合银弈势 1 号	5.06	4.28	0.000*	16	博普跨市场 1 号	0.72	2.79	0.000*
3	炳富 2 号	2.73	4.15	0.000*	17	金铎 5 号	0.60	2.55	0.052
4	炳富 1 号（华宝）	2.60	4.07	0.000*	18	盈阳 19 号	3.60	2.48	0.004*
5	盛泉恒元多策略量化对冲 2 号	1.43	3.83	0.000*	19	平凡悟量	1.24	2.31	0.008*
6	支点先锋 1 号	6.03	3.72	0.000*	20	金蕴 21 期（泓璞 1 号）	3.63	2.10	0.016*
7	航长常春藤 7 号	2.81	3.38	0.000*	21	金铎量化	0.68	2.01	0.256
8	航长常春藤 5 号	2.55	3.37	0.000*	22	明曜新三板 1 期	2.84	1.92	0.020*
9	值博率 1 号	3.83	3.33	0.000*	23	航长常春藤 3 号	2.37	1.92	0.000*
10	盈定 7 号	3.04	3.22	0.000*	24	盈定 1 号	2.08	1.82	0.044*
11	中睿合银策略精选系列 A 号	3.81	3.12	0.000*	25	瑞晟昌-双轮策略 1 号	3.75	1.82	0.000*
12	航长常春藤	3.44	3.03	0.016*	26	久阳润泉 5 号	3.17	1.82	0.012*
13	盛泉恒元多策略量化对冲 1 号	1.18	2.95	0.012*	27	汇升稳进共盈 1 号	0.73	1.79	0.132
14	博孚利聚强 1 号	1.85	2.88	0.024*	28	合德丰泰	0.48	1.70	0.032*

注：* 表示自助法的 P 值小于 5%，即基金经理的择时能力不是源于运气和统计误差。

综上所述，通过自助法检验后我们得到，在过去五年（2017～2021 年）中，我国股票型私募基金市场中，有近四成（43%）的基金经理具备选股能力，几乎没有基金经理具备择时能力。

六、小结

私募基金的投资者往往面临着如何在众多基金中选择较好的基金或基金经理的难题。优秀的基金经理是如何持续创造超额收益的？本章从三个方面研究私募基金经理如何获得超额收益。首先，我们分析基金经理的选股能力和择时能力；其次，我们分析了所用样本的时间范围是否会影响选股能力和择时能力的分析结论；最后，我们进一步研究那些有能力的基金经理的业绩是源于他们自身的能力还是偶然的运气。

我们着重对五年样本（2017～2021 年）中股票型私募基金经理的投资能力进行讨论。研究结果显示，在 864 只样本基金中，只有 459 只基金（占比 53%）表现出正确的选股能力，有 28 只基金（占比 3%）表现出正确的择时能力。经自助法检验后发现，有 373 只基金（占比 43%）的选股能力源于基金经理自身的投资能力，有 25 只基金（占比 3%）的择时能力源于基金经理自身的投资能力，而非运气。可见，在 2017～2021 年的股票型私募基金中，有 53% 的股票型私募基金经理具有选股能力，仅有 3% 的股票型私募基金经理具有择时能力。我们采用同样的方法对三年样本（2019～2021 年）和七年样本（2015～2021 年）进行检验后得到类似的结论，不再赘述。

私募基金业绩的持续性

长期获得高额的收益是投资者始终追求的目标，在投资时，投资者也会希望投资的基金可以持续创造较好的业绩。随着我国高净值人群和机构投资者的日益壮大，越来越多的投资者开始选择私募证券投资基金作为管理资金的方式之一。每年年底，由财经媒体、第三方财富管理公司等机构评选出的各类私募基金奖项也因此备受关注。可以看到，"中国私募金牛奖""中国私募基金风云榜""私募基金英华奖"等评选榜单都已持续了数年，这些评选多以定量评估为主、定性评估为辅，常见的考察指标包括基金的收益率、风险调整后收益等，上榜的基金和基金公司往往能够吸引更多投资者的目光。那么，私募基金的历史业绩能否作为判断其未来业绩的标准呢？只有当基金的业绩能够持续时，私募基金的历史排名才具有参考价值。

私募基金以追求绝对收益为目标，相比公募基金，在投资策略、仓位控制上更为灵活，但在产品结构上，通常会设置预警线和平仓线，因此私募基金经理在投资时有着更多操作空间的同时，也面临着更高的风险控制压力。除管理费外，私募基金通常会计提业绩分成，这也促使私募基金经理追求更高额的业绩报酬。此外，私募基金的业绩披露要求较低，投资者在选择私募基金时没有太多可供参考的信息，而基金的历史业绩，特别是基金的历史收益率，是一个非常直观并且相对容易获得的信息。但是，私募基金的历史业绩除了对基金过往的表现给出一个评价之外，能否作为投资者选择基金的依据？对这一问题的解答，有利于投资者正确评价市场上的私募基金。

基金业绩的持续性这一话题不仅仅是业界在研究基金时所关注的问题，学术界围绕基金的业绩能否持续也进行了广泛的研究。Malkiel（1995）、Brown 和 Getzmann（1995）、Carhart（1997）、Agarwal 和 Naik（2000），以及 Cao、Farnsworth 和 Hong Zhang（2020）等对基金业绩的持续性进行了研究。许多研究发现，过往业绩较好的基金一般不具有持续性，而过往业绩较差的基金未来的业绩仍旧较差的现象则更为普遍。这些研究虽然不能帮助投资者发掘出未来可以带来良好收益的基金，但在一定程度上可以避开那些未来收益可能较差的基金。在我国，也有很多学者围绕私募基金业绩的持续性展开研究。赵骄和闫光华（2011）发现，在市场单边下跌的行情下，私募基金的收益表现出较强的持续性，强者恒强，弱者则很难翻身；在单边上涨行情中，私募基金收益的持续特征不明显；而在震荡行情下，私募基金收益呈现出一定的持续性。赵羲和刘文宇（2018）以股票多头策略的私募基金为研究对象，发现基金的收益指标持续性均较弱，风险指标（如波动率）的整体持续性较强，而风险调整后收益指标（如信息比率、夏普比率）的持续性要强于收益指标，弱于风险指标。

在本章中，我们采用不同的检验方法，研究股票型私募基金业绩排名的稳定性，希望能够给投资者在参考基金过往业绩时提供标准和依据。与前述章节一致，本章股票型私募基金具体包括 Wind 数据私募基金二级分类中的普通股票型、股票多空型、相对价值型和事件驱动型基金。我们将研究期间划分为排序期（formation period）和检验期（holding period），通过对比基金业绩在排序期和检验期的变化情况来判定其业绩是否具有持续性，这是一种每年都会进行的滚动检验。其中，排序期分别选择一年和三年，检验期为一年（排序期之后的一年）。具体来说，当排序期为一年（或三年）时，我们检验过去一年（或三年）基金业绩的排名和次年排名的相关性。选取的基金样本需要在排序期和检验期都有完整的复权净值数据。

我们分别通过四种方法来验证股票型私募基金业绩是否具有持续性。第一部分，采用绩效二分法对股票型私募基金收益率的持续性进行检验；第二部分，利用 Spearman 相关性检验对股票型私募基金收益率排名的相关性作出分析；第三部分，将股票型私募基金的收益率按高低分为 4 组，通过描述统计的方法对股票型私募基金收益率的持续性进行检验；第四部分，我们以考虑风险调整后收益的指标，即夏普比率作为业绩衡量指标，再次以描述统计检验的方式进行基金业绩持续性的检验。

一、收益率持续性的绩效二分法检验

美国著名学者，来自纽约大学和耶鲁大学的 Brown 和 Goetzmann（1995）提出了检验基金业绩持续性的绩效二分法，其原理是通过考察基金业绩在排序期和检验期的排名变动情况来检验基金整体业绩的持续性。本部分将绩效二分法应用到我国的基金市场，分析股票型私募基金收益率的排名能否持续。根据绩效二分法，我们在排序期和检验期将样本基金按照收益率从高到低排序，排名前 50% 的基金定义为赢组（Winner），排名后 50% 的基金定义为输组（Loser）。若基金在排序期和检验期均位于赢组，记为赢赢组（WW）。以此类推，根据基金在排序期和检验期的排名表现，可以把基金分成赢赢组（WW）、赢输组（WL）、输赢组（LW）和输输组（LL）4 个组，具体的分组方式如表 4-1 所示。

表 4-1 绩效二分法检验中的基金分组

排序期	检验期	
	赢组（Winner）	输组（Loser）
赢组（Winner）	WW	WL
输组（Loser）	LW	LL

在完成基金的分组后，我们使用交叉积比率指标（cross-product ratio，CPR）检验基金收益率的持续性。具体来说，若基金业绩存在持续性，那么基金的排序应当是相对稳定的。排序期属于赢组的基金，在检验期继续留在赢组的概率将大于转入输组的概率；同理，原本为输组的基金，在未来继续留在输组的概率应大于该基金变为赢组的概率。所以，如果基金业绩存在持续性，样本中 4 组结果的占比就是不均匀的；反之，若基金收益率不存在持续性，则检验期输组和赢组的业绩排序在未来是随机的。那么，排序期位于输组与赢组的基金在次年位于输组和赢组的概率是均等的，即在检验期内，上述四种情况在全部样本基金中的比例均应为 25%。由此，我们可以通过 CPR 这一综合了 4 个分组基金占比的指标，来检验基金业绩的持续性。CPR 指标的计算公式如下：

$$\widetilde{CPR} = \frac{N_{WW} \times N_{LL}}{N_{WL} \times N_{LW}} \tag{4.1}$$

其中，N_{WW}、N_{LL}、N_{WL}、N_{LW} 分别代表属于每组基金的样本数量。当基金的业绩不存在持续性时，CPR 的值应该为 1，即 $\ln(\widetilde{CPR}) = 0$。我们利用假设检验的方法来判断基金业绩是否具有持续性。假设检验的原假设为：基金业绩不具有持续性，即 $\ln(\widetilde{CPR}) = 0$。我们通过构造 Z 统计量来检验 $\ln(\widetilde{CPR})$ 是否等于 0。当观测值相互独立时，Z 统计量服从标准正态分布，即：

$$\tilde{Z} = \frac{\ln(\widetilde{CPR})}{\sigma_{\ln(\widetilde{CPR})}} \rightarrow Norm(0,1) \tag{4.2}$$

其中，$\sigma_{\ln(\widetilde{CPR})}$ 为 $\ln(\widetilde{CPR})$ 的标准差，当 $\ln(\widetilde{CPR})$ 服从正态分布时，标准差为：

$$\sigma_{\ln(\widetilde{CPR})} = \sqrt{1/N_{WW} + 1/N_{WL} + 1/N_{LW} + 1/N_{LL}} \tag{4.3}$$

如果 Z 统计量显著大于 0，则对应的 CPR 指标显著大于 1，表明基金的收益率具有持续性；反之，如果 Z 统计量显著小于 0，则对应的 CPR 指标显著小于 1，表明基金的收益排名在检验期出现了反转；若 Z 统计量和 0 相差不大，那么对应的

CPR 指标接近于 1，此时可以推断，检验期中 4 组基金数量大致相等，也就是说，这段时期基金收益率排名是随机的，和排序期的排名没有显著的联系，业绩不具有持续性。通过上述方法，我们能够对私募基金的业绩持续性作出判断。

图 4-1 和表 4-2 展示了排序期为一年、检验期也为一年的绩效二分法检验结果。在这里，我们关心的问题是：过去一年收益率排名在前 50% 的基金，下一年能否继续获得较高的收益，能否继续排在前 50%？过去一年收益率排名在后 50% 的基金，下一年的收益率是否仍旧较低，依然排在后 50%？如果这两个问题的答案是肯定的，那么我们认为基金在过去一年的业绩对于投资者来说具有参考价值；如果答案是否定的，则意味着私募基金的收益率没有持续性。由于我们重点关注基金在排序期和检验期能否维持同样水平的业绩，因此下面赢赢组（WW）和输输组（LL）的结果是主要的讨论对象。如果一只基金在检验期的业绩没有规律，那么它属于 4 个组别的任意一组的概率为 25%。

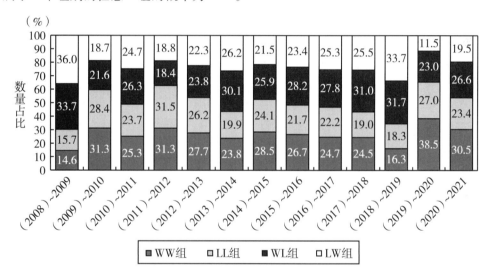

图 4-1　股票型私募基金业绩持续性的绩效二分法检验各组比例

（排序期为一年）：2008~2021 年

注：横坐标括号内的年份表示排序期，括号外的年份表示检验期。

表 4-2　　　　　　　　股票型私募基金业绩持续性的绩效二分法检验

（排序期为一年）：2008~2021 年

（排序期）~检验期	*CPR*	Z 统计量	P 值	WW 组比例（%）	LL 组比例（%）	WL 组比例（%）	LW 组比例（%）
（2008）~2009	0.19	−3.60	0.000	14.6	15.7	33.7	36.0
（2009）~2010	2.19*	2.55	0.011	31.3	28.4	21.6	18.7

（排序期）~检验期	CPR	Z 统计量	P 值	WW 组比例（%）	LL 组比例（%）	WL 组比例（%）	LW 组比例（%）
（2010）~2011	0.92	-0.35	0.729	25.3	23.7	26.3	24.7
（2011）~2012	2.85*	5.98	<0.001	31.3	31.5	18.4	18.8
（2012）~2013	1.37*	2.20	0.028	27.7	26.2	23.8	22.3
（2013）~2014	0.60	-3.62	0.000	23.8	19.9	30.1	26.2
（2014）~2015	1.23	1.60	0.110	28.5	24.1	25.9	21.5
（2015）~2016	0.88	-1.16	0.245	26.7	21.7	28.2	23.4
（2016）~2017	0.77	-3.67	0.000	24.7	22.2	27.8	25.3
（2017）~2018	0.59	-7.77	<0.001	24.5	19.0	31.0	25.5
（2018）~2019	0.28	-19.28	<0.001	16.3	18.3	31.7	33.7
（2019）~2020	3.95*	16.03	<0.001	38.5	27.0	23.0	11.5
（2020）~2021	1.38*	4.26	<0.001	30.5	23.4	26.6	19.5

注：*表示在排序期和检验期，基金的业绩在 5%的显著性水平上具有持续性。

图 4-1 显示了每组检验中属于赢赢组（WW）、赢输组（WL）、输赢组（LW）和输输组（LL）4 组基金的比例分布。在 13 组结果中，有 WW 组基金占比明显低于 25%的时期，如（2018）~2019 年期间只有 16.3%的基金属于 WW 组；也有基金占比明显高于 25%的时期，如（2019）~2020 年期间有 38.5%的基金属于 WW 组；同时，部分时期各组基金占比与 25%区别不大。整体来看，基金在检验期的组别分布较为随机。为了检验这些比例是否显著高于或低于随机分布下对应的概率 25%，我们对不同时间区间内私募基金所属组别分布的显著性进行了检验。

表 4-2 展示了私募基金在排序期和检验期的组别分布，以及 CPR 等统计指标的具体信息。在 5%的显著性水平下，在 13 次检验中有 5 组结果的 CPR 值是显著大于 1 的。表明在大多数样本期中，私募基金的业绩并没有表现出明显的持续性。此外，我们还注意到，（2018）~2019 年期间 Z 检验 P 值小于 0.05，CPR 指标为 0.28，显著小于 1。这一结果表明私募基金的收益率在 2018~2019 年间出现了反转，在 2018 年处于赢组的基金只有 16.3%能够在 2019 年继续属于赢组，且 2018 年处于输组的基金有 18.3%在 2019 年继续属于输组。2018 年，在中美贸易摩擦、金融"去杠杆"的大背景下，我国股票市场自开年起震荡下跌，上证综指全年累计跌幅达 24.6%，创近十年来年度最大跌幅。进入 2019 年，股票市场开始回暖，电子、食品饮料、家用电器等行业板块的涨幅超过 50%，以此类股票为重仓股的基金业绩能够在 2019 年实现扭转。类似地，在（2008）~2009 年、（2013）~2014 年、（2016）~

2017 年、2017~（2018）年，私募基金业绩同样表现出反转。

在 2019~（2020）年期间，2019 年收益率属于赢组的私募基金中，38.5%的基金在 2020 年收益率依旧排名前 50%。2019 年，股票市场结构性行情明显，消费、科技板块涨幅靠前，核心蓝筹股受到投资者欢迎，周期板块整体较弱。2020 年，大量白酒股、啤酒股涨幅接近翻倍，消费、医药、科技板块也大幅上涨。在新冠肺炎疫情席卷全球之时，我国 A 股成为全球资产的避风港，大量境外资金涌入，集中投资于数量有限的核心资产、龙头企业。在一定程度上，这些基金拉升了这类股票价格的进一步上涨。在这样的市场行情下，以食品饮料、消费、医药、科技股为核心投资标的的基金能够在 2019~2020 年延续其优秀的业绩表现。在最新一个样本期（2020）~2021 年，CPR 指标为 1.38，显著大于 1，在 2020 年排名前 50%基金中的 30.5%继续在 2021 年排名前 50%，这段时间基金业绩持续性较强。但是，综合多个样本期的检验结果，我们判断，当排序期为一年、检验期为一年时，股票型私募基金收益排名随机性强，基金的收益率并没有很强的持续性。

由于以一年为排序期时间相对较短，且基金一年的业绩波动性相对较高，我们又以三年作为排序期、一年作为检验期，考察股票型私募基金在前三年的总收益率排名是否与下一年的收益率排名显著相关，结果展示在图 4-2 和表 4-3 中。结合图 4-2 和表 4-3，我们发现在 11 个样本期中，有 4 个样本期的检验结果不显著，有 2 个样本期的 CPR 指标显著小于 1，有 5 个样本期的 CPR 指标显著大于 1，能够看出大多数样本期内私募基金的业绩并不能在下一年持续下去。

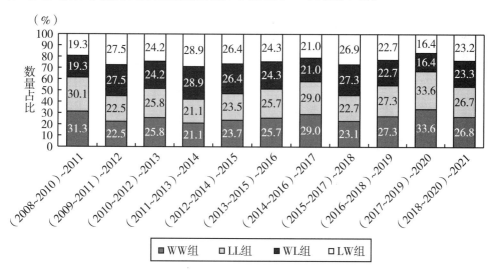

图 4-2 股票型私募基金业绩持续性的绩效二分法检验各组比例
（排序期为三年）：2008~2021 年

注：横坐标括号内的年份表示排序期，括号外的年份表示检验期。

表 4-3　股票型私募基金业绩持续性的绩效二分法检验（排序期为三年）：2008~2021 年

（排序期）~检验期	CPR	Z 统计量	P 值	WW 组比例（%）	LL 组比例（%）	WL 组比例（%）	LW 组比例（%）
（2008~2010）~2011	2.54*	2.07	0.039	31.3	30.1	19.3	19.3
（2009~2011）~2012	0.67	−1.19	0.234	22.5	22.5	27.5	27.5
（2010~2012）~2013	1.14	0.52	0.606	25.8	25.8	24.2	24.2
（2011~2013）~2014	0.53	−3.33	0.001	21.1	21.1	28.9	28.9
（2012~2014）~2015	0.80	−1.30	0.193	23.7	23.5	26.4	26.4
（2013~2015）~2016	1.11	0.61	0.542	25.7	25.7	24.3	24.3
（2014~2016）~2017	1.90*	3.94	<0.001	29.0	29.0	21.0	21.0
（2015~2017）~2018	0.71	−2.44	0.015	23.1	22.7	27.3	26.9
（2016~2018）~2019	1.44*	3.79	0.000	27.3	27.3	22.7	22.7
（2017~2019）~2020	4.17*	12.15	<0.001	33.6	33.6	16.4	16.4
（2018~2020）~2021	1.32*	2.50	0.013	26.8	26.7	23.3	23.2

注：＊表示在排序期和检验期，基金的业绩在 5% 的显著性水平上具有持续性。

在最新一个样本期（2018~2020）~2021 年，CPR 指标为 1.32，显著大于 1，属于 WW 组和 LL 组的基金占比分别为 26.8% 和 26.7%，说明 2018~2020 年收益排名前 50% 的基金中有 26.8% 的基金能够继续在 2021 年继续排名前 50%，略高于 25%。类似地，（2008~2010）~2011 年、（2014~2016）~2017 年、（2016~2018）~2019 年和（2017~2019）~2020 检验结果的 CPR 指标显著大于 1，在此期间私募基金的收益率具有持续性。此外，（2011~2013）~2014 年期间，P 值小于 0.05，但 CPR 指标为 0.53，小于 1，意味着这段时间内私募基金的收益率出现了反转，WL 组和 LW 组的基金占比均为 28.9%，即 2011~2013 年收益率属于赢组的基金，在 2014 年有 28.9% 被列入了输组。在（2015~2017）~2018 年，私募基金的业绩同样出现反转。基于上述分析，当排序期为三年、检验期为一年时，大多数时间段内，股票型私募基金的业绩仍没有明显的持续性。

根据对绩效二分法的检验结果分析，我们发现，无论是选择一年还是三年作为排序期，股票型私募基金在下一年的业绩并不具有显著的持续性。换言之，在过去一年或过去三年里收益率排名靠前的基金，在下一年里的收益率排名并不一定靠前，投资者根据过往的业绩排名选择基金，无法保证在未来获得同水平的收益。

二、收益率持续性的 Spearman 相关性检验

接下来，我们采用 Spearman 相关系数检验继续对股票型私募基金排序期和检

验期的业绩持续性进行检验。Spearman 相关系数检验是最早用于检验基金业绩表现持续性的方法之一，在检验中，Spearman 相关系数对原始变量的分布不做要求，是衡量两个变量的相互关联性的非参数指标，它利用单调方程评价两个统计变量的相关性。当样本的分布不服从正态分布、总体分布类型未知或为有序数据时，使用 Spearman 相关系数较为有效。Spearman 相关系数的绝对值越大，说明两个变量间的相关性越强。当两个变量完全相关时，Spearman 相关系数的数值则为 1 或 −1。Spearman 相关系数的取值为 −1~1。

Spearman 相关性检验包括以下四步。

第一步：定义排序期为一年或三年，计算排序期内样本基金的收益率排名。

第二步：定义检验期为排序期的下一年，追踪检验期内样本基金的收益率排名。

第三步：计算基金在排序期的排名与检验期的排名之间的 Spearman 相关系数。以排序期和检验期都为一年为例，Spearman 相关性检验统计量为：

$$\rho_t = 1 - \frac{6 \sum_{i=1}^{n_t} d_{i,t}^2}{n_t(n_t^2 - 1)} \tag{4.4}$$

其中，$d_{i,t} = r_{i,t-1} - r_{i,t}$，$r_{i,t-1}$ 和 $r_{i,t}$ 分别为基金 i 在第 $t-1$ 年和第 t 年的收益率排序，n_t 为第 t 年中基金的数量。如果 Spearman 相关系数显著大于 0，表明基金的排名具有持续性；反之，表明基金的排名出现反转；如果相关系数接近于 0，则表明基金收益率的排名在排序期和检验期并没有显著的相关性。

第四步：逐年滚动检验基金排序期与检验期收益率排名的 Spearman 相关系数。

在这里，投资者最关心的问题是，如果投资于过去收益率较高的基金，是否会在未来获得较高的收益？因此，我们检验股票型私募基金收益率在排序期的排名和检验期的排名是否相关。如果相关性显著，则表明排序期排名较高的基金在检验期同样会获得较高的排名。这样，投资者只要投资过去收益率较高的基金，在未来就会同样获得较高的收益。

当排序期和检验期都为一年时，2008~2021 年股票型私募基金业绩持续性的 Spearman 相关系数检验结果如表 4−4 所示。结果显示，在 5% 的显著性水平上，13 次检验中，只有 4 个样本期中的 Spearman 相关系数为正且显著，所以就整体而言，私募基金的收益率没有持续性。这 4 个私募基金业绩具有持续性的样本期分别为（2009）~2010 年、（2011）~2012 年、（2019）~2020 年和（2020）~2021 年。2011 年，沪深 300 指数下挫 19%，不少机构投资者和个人投资者在惨淡的行情下损失惨重。到 2012 年，我国股票市场一路震荡，一年来上涨和下跌行情此起彼伏。相比较而言，2012 年，地产、金融板块表现抢眼，而家用电器、医药生物等消费板块则相对低迷。检验结果显示，2011 年收益率较高的私募基金在 2012 年收益率也仍然较高，这是因为 2010 年股指期货和融资融券推出后，采用对冲策略的私募基金能够通过对冲工具减小股票市场的波动，以持续性地获得正收益；2011 年收益率偏低的私募基金在 2012 年业绩仍然不佳，原因则在于 A 股市场在 2011 年表现疲软，且在 2012 年也存在阴跌行情，如果没能把握好股票买卖的时机则会造成净值接连下跌。在最新一个样本期（2020）~2021 年，T 检验 P 值小于 0.05，Spearman 相关系数为 14.3%。

表 4-4　　　　股票型私募基金业绩持续性的 Spearman 相关性检验

（排序期为一年）：2008~2021 年

（排序期）~检验期	Spearman 相关系数	T 检验 P 值
（2008）~2009	−0.496	<0.001
（2009）~2010	0.236*	0.002
（2010）~2011	−0.075	0.197
（2011）~2012	0.331*	<0.001
（2012）~2013	0.030	0.401
（2013）~2014	−0.095	0.006
（2014）~2015	−0.018	0.577
（2015）~2016	−0.008	0.756
（2016）~2017	0.005	0.758
（2017）~2018	−0.078	<0.001
（2018）~2019	−0.286	<0.001
（2019）~2020	0.373*	<0.001
（2020）~2021	0.143*	<0.001

注：*表示在排序期和检验期，基金的业绩在 5% 的显著性水平上具有持续性。

同时，我们也发现一些样本期内基金的业绩出现了反转现象，即 Spearman 相关系数为负显著，如（2008）~2009 年、（2013）~2014 年、（2017）~2018 年和（2018）~2019 年。这表明，在这三个时间段内排序期排名较高（或较低）的基金在下一年的检验期排名反而较低（或较高）。2018~2019 年，股票市场从熊市转为牛市，持有电子、食品饮料等涨幅较大行业板块股票的私募基金业绩能够实现大幅扭转，在 2019 年获得高额收益。除此之外，还有 5 个样本期的检验结果不显著。结合多个样本期检验结果，我们可以得出结论：以一年为排序期、一年为检验期时，大多数情况下我国股票型私募基金的收益率不具有持续性。

接下来，我们将排序期延长为三年、检验期仍为一年，考察股票型私募基金在前三年的总收益率排名是否与下一年的收益率排名显著相关，结果如表 4-5 所示。我们发现，在 11 次检验中，有 6 次检验显示，基金前三年的收益与下一年的收益没有显著的正相关关系，即基金业绩不具有持续性。同时，（2011~2013）~2014 年和（2015~2017）~2018 年期间，Spearman 相关系数显著小于 1，说明在 2011~2013 年和 2015~2017 年收益排名靠前的基金到了下一年收益反而排名靠后。在 5% 的显著性水平上，有 5 次检验的 Spearman 相关系数是正显著的，样本期为（2008~2010）~2011 年、（2014~2016）~2017 年、（2016~2018）~2019 年、（2017~2019）~2020 年和（2018~2020）~2021 年，相关系数分别为 24.7%、12.3%、8.7%、33.6% 和 12.7%。整体来看，在大多数样本期，基金排序期和检验期的收益率并不是显著正相关的，由此我们认为，以三年为排序期，股票型私募基金的业绩不具有持续性。这一结论与绩效二分法检验的结果保持一致。

表 4-5　　　　　股票型私募基金业绩持续性的 Spearman 相关性检验

（排序期为三年）：2008~2021 年

（排序期）~检验期	Spearman 相关系数	T 检验 P 值
（2008~2010）~2011	0.247*	0.024
（2009~2011）~2012	−0.152	0.076
（2010~2012）~2013	0.063	0.329
（2011~2013）~2014	−0.121	0.009
（2012~2014）~2015	−0.016	0.697
（2013~2015）~2016	−0.002	0.962
（2014~2016）~2017	0.123*	0.002
（2015~2017）~2018	−0.089	0.011
（2016~2018）~2019	0.087*	0.000
（2017~2019）~2020	0.336*	<0.001
（2018~2020）~2021	0.127*	<0.001

注：*表示在排序期和检验期，基金的业绩在 5% 的显著性水平上具有持续性。

上述检验显示，无论排序期是一年还是三年，都无法表明股票型私募基金的收益率在下一年具有确定的持续性。虽然在个别年份中基金的业绩表现出持续的特征，但持续性的相关系数都较低。这意味着私募基金过去的收益不能帮助我们预测其在下一年的业绩。投资者如果投资于过去一年或三年内收益排名较高的基金，并不能保证在下一年里会继续获得较高的收益。

三、收益率持续性的描述统计检验

至此，我们分别采用了绩效二分法和 Spearman 相关系数两种方法对股票型私募基金收益率的持续性进行了检验，接下来，我们将采用更加直观的描述统计的方法，分别从收益率和夏普比率两个方面分析私募基金的业绩可否持续。

与前面一样，我们选取一年和三年作为排序期，检验期设置为一年。首先，在排序期根据收益率进行排序，从高至低将基金分为 4 组，将第 1 组定义为收益率最高的组（收益率排名在前 25%），以此类推，将第 4 组定义为收益率最低的组（收益率排名在后 25%）。然后，我们观察每组基金在检验期的分组情况。如果基金的收益率具有持续性，那么在排序期属于第 1 组的基金，在检验期应该也有很高比例的基金属于第 1 组；反之，如果基金的收益率不具有持续性，则无论基金在排序期中处于什么组别，在检验期中的排名应该是随机分布的，也就是说，排序期处于第 1 组的基金，检验期处于各组的比例应为 25%。由于本章讨论的重点是私募基金的收益率是否具有持续性，这里我们主要关注基金在排序期和检验期所属组别的延续情况。

2008~2021 年期间，通过计算，我们得出 13 个在排序期收益率属于第 1 组的基金在检验期也属于第 1 组的比例，再计算这 13 个比例的平均值，可以获得 2008~2021 年收益率在排序期和检验期均属于第 1 组比例的均值。图 4-3 为一年排序期

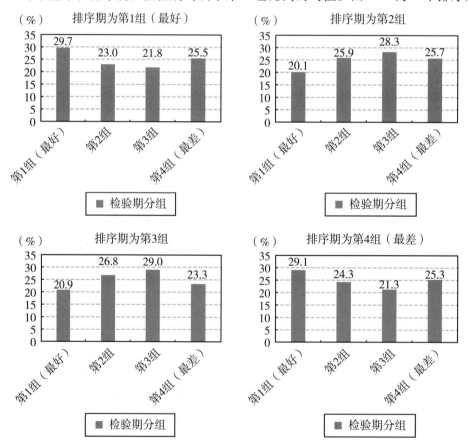

图 4-3 股票型私募基金业绩在检验期组别变化的分布（排序期为一年）：2008~2021 年

内属于第 1 组、第 2 组、第 3 组和第 4 组的基金在下一年检验期所属各组的比例。
从中可见，排序期属于收益率最高的第 1 组的基金在检验期有 29.7% 的基金仍属于
第 1 组，高于随机分布下对应的 25%；排序期属于收益率最低的第 4 组的基金在检
验期有 25.3% 的基金仍属于第 4 组，接近 25%。接下来，我们采用 T 检验，进一
步检查这两个比例是否在统计上显著区别于 25%。

　　表 4-6 展示了排序期为一年、检验期为一年时，股票型私募基金收益率在检
验期组别变化的 T 检验结果。结果显示，在 5% 的显著性水平上，只有排序期处于
第 3 组的基金，在检验期仍处于第 3 组的占比结果通过了 T 检验，P 值为 0.039。
而我们特别关注的排序期和检验期都处于收益率最高的第 1 组或是收益率最低的第
4 组的基金占比，其 T 检验的 P 值分别为 0.185 和 0.892，均大于 0.05，未能通过
显著性检验。这说明，尽管在排序期属于最好的第 1 组的基金有 29.7% 在检验期仍
然属于第 1 组，但这一概率与随机分布下对应的概率（25%）没有显著区别。也就
是说，无论基金在排序期属于什么组别，其在检验期组别的分布都是随机的。通过
分析我们认为，过去一年私募基金在排序期的组别分布与其在检验期的组别分布并
没有直接的联系，私募基金在检验期中基本上随机分布于 4 个组别，即股票型私募
基金的收益率不具有持续性。

表 4-6　　　　股票型私募基金业绩在检验期组别变化的 T 检验

（排序期为一年）：2008~2021 年

排序期组别	检验期组别	平均百分比（%）	t 值	T 检验 P 值
1 （最好基金组）	1	29.7	1.41	0.185
	2	23.0	−1.00	0.336
	3	21.8	−1.44	0.175
	4	25.5	0.16	0.878
2	1	20.1	−4.23	0.001
	2	25.9	0.65	0.527
	3	28.3	2.24	0.045
	4	25.7	0.35	0.732
3	1	20.9	−2.36	0.036
	2	26.8	1.30	0.219
	3	29.0*	2.31	0.039
	4	23.4	−0.93	0.372
4 （最差基金组）	1	29.1	1.45	0.172
	2	24.3	−0.37	0.718
	3	21.3	−2.13	0.054
	4	25.3	0.14	0.892

注：* 表示在排序期和检验期，基金的业绩在 5% 的显著性水平上具有持续性。

通过上述检验，我们发现收益率排名在前 25% 与后 25% 的基金业绩不具有持续性，那么，当这两个比例缩小至 5% 时，这个结论是否仍旧成立？表 4-7 展示了 2008~2021 年在排序期属于前 5% 的基金在检验期仍排名前 5% 的基金数量及占比统计，平均有 10% 的基金的收益率能够在排序期和检验期都排名前 5%。换言之，在过去一年收益率最高的基金，在下一年有 90% 的概率不再是最优秀的基金。具体来看，只有（2020）~2021 年检验期和排序期都排名前 5% 的基金占比高于 20%，其他时间段内只有很少比例的私募基金能够在检验期持续表现优异。在最新一个样本期（2020）~2021 年中，排序期中 146 只排名前 5% 的基金，在检验期有 38 只仍然排名前 5%，占比 26.0%。综合多个样本期的检验结果来看，2008~2021 年每年最优秀的私募基金在检验期的收益和排名变动都很大，对投资者而言没有参考价值。

表 4-7　　　　　收益率前 5% 的股票型私募基金在检验期仍属于

前 5% 的数量占比（排序期为一年）：2008~2021 年

排序期	检验期	排序期中前 5% 的基金数量（只）	检验期中仍处于前 5% 的基金数量（只）	检验期中仍处于前 5% 的基金占比（%）
2008	2009	3	0	0.0
2009	2010	7	0	0.0
2010	2011	13	1	7.7
2011	2012	25	2	8.0
2012	2013	35	2	5.7
2013	2014	37	6	16.2
2014	2015	41	7	17.1
2015	2016	61	9	14.8
2016	2017	167	18	10.8
2017	2018	196	11	5.6
2018	2019	250	16	6.4
2019	2020	84	13	15.5
2020	2021	146	38	26.0
平均值		—	—	**10.3**

在附录三中，我们具体汇报了 2018~2021 年，排序期为一年时，收益率在排

序期排名前 30 位的基金在检验期的排名,并用★标记出检验期中仍排名前 30 位的基金。此外,在附录四中我们展示了当排序期为一年时,在排序期和检验期分别排名前 30 位的基金名单及收益率,同样用★标注出排序期和检验期都排名前 30 位的基金,以便读者参考。

接下来,我们对收益率排名后 5% 的基金在下一年的业绩排名进行了检验,结果展示在表 4-8 中。我们发现,和收益率排名前 5% 的基金相比,每年收益率保持排名后 5% 的基金的比例有所提高,平均为 15.7% 左右,但整体占比仍不高。其中,6 个样本期内检验期仍属于后 5% 的基金占比小于 10%,同时,有 5 个样本期基金仍排在后 5% 的基金占比超过了 20%,相对较高。在最新一个样本期 (2020) ~2021 年,有 20% 在排序期排名后 5% 的基金在检验期依旧排名在后 5%。整体来看,当检验范围缩小至 5% 后,收益率排名垫底的基金收益依旧不具有持续性。

表 4-8　　　　　　　　　收益率后 5% 的股票型私募基金在检验期仍属于

后 5% 的数量占比 (排序期为一年):2008~2021 年

排序期	检验期	排序期中后 5% 的基金数量 (只)	检验期中仍处于后 5% 的基金数量 (只)	检验期中仍处于后 5% 的基金占比 (%)
2008	2009	3	1	33.3
2009	2010	7	0	0.0
2010	2011	13	0	0.0
2011	2012	25	6	24.0
2012	2013	35	2	5.7
2013	2014	36	2	5.6
2014	2015	41	0	0.0
2015	2016	61	5	8.2
2016	2017	165	36	21.8
2017	2018	196	44	22.4
2018	2019	250	49	19.6
2019	2020	84	37	44.0
2020	2021	146	29	19.9
平均值		—	—	**15.7**

我们将排序期延长至三年，继续检验股票型私募基金业绩的持续性。通过滚动计算，能够得出 11 个在排序期属于第 1 组的基金在检验期也属于第 1 组的比例，再计算这 11 个比例的平均值，可以获得 2008~2021 年排序期和检验期内基金收益率都属于第 1 组比例的均值。图 4-4 展示了 2008~2021 年，在三年的排序期中属于第 1 组、第 2 组、第 3 组和第 4 组的基金在下一年所属各组的比例。其中，排序期属于收益率最高的第 1 组的基金中，有 31.3% 的基金在检验期仍然属于第 1 组，高于随机分布下对应的 25%；排序期属于收益最差的第 4 组的基金中，有 26.1% 的基金在检验期中仍然属于第 4 组，略高于随机分布下对应的 25%。

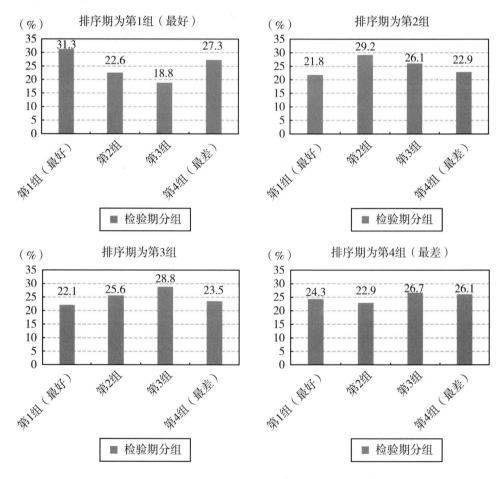

图 4-4　股票型私募基金业绩在检验期组别变化的分布
（排序期为三年）：2008~2021 年

为了检验基金分布的占比是否在统计意义上显著不等于 25%，我们同样对 2008~2021 年期间私募基金收益率在检验期组别的变化情况进行了 T 检验，结果在

表 4-9 中给出。结果显示，排序期收益率属于第 1 组的基金在检验期有 31.3% 的基金继续留在第 1 组，T 检验 P 值为 0.034，小于 0.05，显著大于随机分布下对应的 25%，说明过去三年收益率排在前 25% 的基金中有 31% 的基金在未来一年仍然排名靠前；同时，排序期和检验期都属于第 2 组、第 3 组和第 4 组的基金占比的 T 检验 P 值均大于 0.05，在 95% 的置信条件下，这几个比例并不显著区别于 25%。因此，我们可以得出结论：排序期为三年时，收益率排名靠前的私募基金在下一年有较大概率延续其排名水平，投资者在购买基金时，能够以此为依据去选择特定的基金。

表 4-9　　　　股票型私募基金业绩在检验期组别变化的 T 检验
（排序期为三年）：2008~2021 年

排序期组别	检验期组别	平均百分比（%）	t 值	T 检验 P 值
1 （最优基金组）	1	31.3*	2.45	0.034
	2	22.6	−1.37	0.202
	3	18.8	−5.31	0.000
	4	27.3	1.04	0.323
2	1	21.8	−1.29	0.227
	2	29.2	1.83	0.098
	3	26.1	0.40	0.694
	4	22.9	−1.03	0.329
3	1	22.1	−2.03	0.070
	2	25.6	0.20	0.845
	3	28.8	2.19	0.053
	4	23.5	−0.84	0.419
4 （最差基金组）	1	24.3	−0.31	0.765
	2	22.9	−0.83	0.429
	3	26.7	0.65	0.533
	4	26.1	0.45	0.663

注：*表示在排序期和检验期，基金的业绩在 5% 的显著性水平上具有持续性。

表 4-10 展示了在排序期收益率非常靠前的属于前 5% 的基金在检验期仍排名前 5% 的基金数量及占比统计。11 个样本期的检验结果显示，平均有 13.0% 的基金

在排序期和检验期的夏普比率均排名前 5%，占比不高，且在（2009~2011）~2012年、（2010~2012）~2013 年和（2015~2017）~2018 年，没有一只过去三年排名靠前的基金在下一年延续了其优秀的业绩。其他的样本期中，检验期仍排名前5% 的基金占比的随机性也较强。在最新一个样本期（2018~2020）~2021 年，有21.2% 的基金在检验期仍排名前 5%。因此，大多数收益排名非常靠前的基金在检验期很难继续维持其之前的收益水平，收益率排名非常靠前基金的业绩不具有持续性。

表 4-10　　　　　　　　收益率前 5% 的股票型私募基金在检验期仍属于
前 5% 的数量占比（排序期为三年）：2008~2021 年

排序期	检验期	排序期中前 5% 的基金数量（只）	检验期中仍处于前 5% 的基金数量（只）	检验期中仍处于前 5% 的基金占比（%）
2008~2010	2011	3	1	33.3
2009~2011	2012	5	0	0.0
2010~2012	2013	9	0	0.0
2011~2013	2014	19	4	21.1
2012~2014	2015	24	6	25.0
2013~2015	2016	21	2	9.5
2014~2016	2017	24	1	4.2
2015~2017	2018	31	0	0.0
2016~2018	2019	82	9	11.0
2017~2019	2020	34	6	17.6
2018~2020	2021	66	14	21.2
平均值		—	—	**13.0**

　　收益排名领先的基金业绩没有持续性，那么，收益垫底的基金业绩是否能够持续呢？从表 4-11 可以看出，平均有 11.8% 的基金在排序期和检验期都排在后 5%。具体来看，仅有 2 个样本期中的基金占比超过了 20%，分别为（2008~2010）~2011 年和（2017~2019）~2020 年；同时，有 2 个样本期内没有一只基金在检验期继续处于末位。总体而言，在 2008~2021 年期间，基金业绩持续排名最差（后5%）的基金中，能够在检验期延续其业绩的基金占比仍旧较低，因此收益率排名处于末位的股票型私募基金的业绩同样不具有持续性。

表 4-11　　　　　　收益率后 5% 的股票型私募基金在检验期仍属于
后 5% 的数量占比（排序期为三年）：2008~2021 年

排序期	检验期	排序期中后 5% 的基金数量（只）	检验期中仍处于后 5% 的基金数量（只）	检验期中仍处于后 5% 的基金占比（%）
2008~2010	2011	3	1	33.3
2009~2011	2012	5	0	0.0
2010~2012	2013	9	0	0.0
2011~2013	2014	19	1	5.3
2012~2014	2015	24	1	4.2
2013~2015	2016	21	1	4.8
2014~2016	2017	24	1	4.2
2015~2017	2018	31	5	16.1
2016~2018	2019	82	13	15.9
2017~2019	2020	34	12	35.3
2018~2020	2021	66	7	10.6
平均值		—	—	**11.8**

四、夏普比率持续性的描述统计检验

由于收益率是反映基金历史业绩最为直观的指标，在前文中，我们分别采用了绩效二分法、Spearman 相关性检验以及描述统计检验的方法，对股票型私募基金的收益率是否具有持续性进行了检验。但是，投资者在进行基金投资时，除了关注基金能够赚取的收益，投资基金所承担的风险也十分重要。接下来，我们选取基金的夏普比率这一反映基金风险调整后收益的指标作为衡量基金业绩持续性的指标，采用描述统计检验的方法对其是否具有持续性进行检验。

对于夏普比率持续性的描述统计检验，我们同样选取一年和三年作为排序期、一年为检验期。当排序期为一年时，可以计算得出 13 个在排序期夏普比率属于第 1 组的基金在检验期也属于第 1 组的比例，再计算这 13 个比例的平均值，可以获得 2008~2021 年排序期和检验期夏普比率均属于第 1 组比例的均值。表 4-12 展示了排序期夏普比率属于第 1 组、第 2 组、第 3 组和第 4 组的基金在检验期所属各组的比例，以及 T 检验 P 值。在这里，我们重点关注的是基金在检验期是否能够延续其在排序期的组别。结果显示，排序期夏普比率属于第 1 组的基金在检验期有 30% 的基金继续留在第 1 组，显著大于随机分布下对应的 25%，且 T 检验 P 值为 0.016，表明过去一年夏普比率排名前 25% 的基金在未来一年有 30% 的概率依旧排名靠前。同时，排序期夏普比率属于第 4 组的基金在检验期有 31% 的基金继续留在了第 4 组，该比例显著大于 25%，其 T 检验 P 值为 0.004，说明过去一年夏普比率排在后 25% 的基金在未来一年有 31% 的概率仍然排名靠后。因此，我们可以得出结论：过去一年夏普比率较高或较低的基金，在未来一年也有很大概率延续其过往优秀或不佳的业绩，投资者在筛选基金时可以参考基金在过去一年的夏普比率。

表 4-12 　　　　　股票型私募基金夏普比率在检验期组别变化的 T 检验
（排序期为一年）：2008~2021 年

排序期组别	检验期组别	平均百分比（%）	t 值	T 检验 P 值
1 （最优基金组）	1	30.1*	2.80	0.016
	2	28.3	2.42	0.033
	3	21.5	−1.66	0.122
	4	20.1	−2.40	0.035
2	1	25.3	0.20	0.842
	2	25.0	0.02	0.984
	3	26.2	0.69	0.503
	4	23.5	−0.69	0.506
3	1	25.0	0.00	0.998
	2	24.1	−0.70	0.500
	3	25.9	0.70	0.499
	4	25.0	−0.02	0.986
4 （最差基金组）	1	20.9	−1.66	0.122
	2	22.7	−1.76	0.103
	3	25.4	0.21	0.837
	4	31.0*	3.55	0.004

注：*表示在排序期和检验期，基金的业绩在 5% 的显著性水平上具有持续性。

接下来，我们分别选出 2008~2021 年期间排序期夏普比率位于前 5% 和后 5% 的基金与它们在检验期的排名进行对比，进一步分析夏普比率排名非常靠前与靠后的基金的业绩能否持续。表 4-13 展示了排序期为一年时，夏普比率排名前 5% 的基金在下一年仍然排名前5%的基金数量和占比，平均有11%的基金能够在检验期继续排到前5%的位置。其中，在（2008）~2009年、（2009）~2010年和（2012）~2013年期间，没有一只基金的夏普比率能够在检验期继续保留在前5%的位置。其他10个样本期内，只有1个样本期的基金占比超过了20%。最新一个样本期（2020）~2021年，有20.5%的基金在检验期继续排名靠前。总体而言，当检验范围缩小至前5%时，夏普比率排名领先的私募基金不一定能在下一年持续稳定地获得高夏普比率。附录五具体展示了以一年为排序期时，2018~2021年夏普比率排名前30位的私募基金在检验期的排名，并用★标记出在检验期夏普比率仍排名前30位的基金，供读者参阅。

表4-13　　　　　　　　夏普比率前5%的股票型私募基金在检验期仍属于
　　　　　　　　　　前5%的数量占比（排序期为一年）：2008~2021年

排序期	检验期	排序期中前5%的基金数量（只）	检验期中仍处于前5%的基金数量（只）	检验期中仍处于前5%的基金占比（％）
2008	2009	3	0	0.0
2009	2010	7	0	0.0
2010	2011	13	1	7.7
2011	2012	25	4	16.0
2012	2013	35	0	0.0
2013	2014	37	4	10.8
2014	2015	42	5	11.9
2015	2016	64	9	14.1
2016	2017	168	23	13.7
2017	2018	197	21	10.7
2018	2019	252	49	19.4
2019	2020	84	15	17.9
2020	2021	146	30	20.5
平均值		—	—	**11.0**

　　类似地，我们对排序期夏普比率排名在后5%的私募基金是否在检验期还排名后5%进行了检验，结果如表4-14所示。从中可以看出，13次检验中，平均有16.4%的基金在排序期和检验期都排名后5%，这一比例并不高。不同的样本期内，夏普比率持续处于后5%的占比各不相同，有3个样本期的基金占比超过

了 20%。最新一个样本期（2020）~2021 年，有 25.3%的基金的夏普比率继续在检验期排名垫底，占比偏高。综合多个样本期的检验结果，我们认为，当以 25%为区间对私募基金的夏普比率进行划分时，夏普比率属于最低的第 4 组的基金展现出了业绩的持续性，但是，当对基金划分区间的范围缩小至后 5%时，这一持续性并不明显。

表 4-14　　　　　　　夏普比率后 5%的股票型私募基金在检验期仍属于
后 5%的数量占比（排序期为一年）：2008~2021 年

排序期	检验期	排序期中后 5%的基金数量（只）	检验期中仍处于后 5%的基金数量（只）	检验期中仍处于后 5%的基金占比（％）
2008	2009	3	0	0.0
2009	2010	7	1	14.3
2010	2011	13	0	0.0
2011	2012	25	5	20.0
2012	2013	35	9	25.7
2013	2014	37	4	10.8
2014	2015	39	3	7.7
2015	2016	62	7	11.3
2016	2017	168	27	16.1
2017	2018	197	32	16.2
2018	2019	252	38	15.1
2019	2020	84	43	51.2
2020	2021	146	37	25.3
平均值		—	—	16.4

在接下来的分析中，我们将排序期延长至三年、检验期仍为一年，继续对股票型私募基金夏普比率的持续性进行检验。表 4-15 展示了排序期为三年时基金在检验期属于第 1 组、第 2 组、第 3 组和第 4 组的情况及 T 检验结果。在这里，我们同样重点关注基金排序期组别在检验期的延续情况。可以发现，排序期属于夏普比率最高的第 1 组的基金，在检验期有 33.1%的比率仍然属于第 1 组，T 检验 P 值为 0.001，在 5%的显著性水平上显著高于随机分布下的 25%，表明过去三年夏普比率属于第 1 组的基金在未来一年有 33.1%的基金仍能够进入排名最高的第 1 组；观察排序期和检验期夏普比率都属于第 4 组的基金，平均有 29.0%的基金在检验期还

属于第 4 组，但其 T 检验 P 值为 0.169，大于 5%，未能通过显著性检验，表明过去三年夏普比率较低的基金未来一年的夏普比率不一定仍然偏低。

表 4-15　　　　股票型私募基金夏普比率在检验期组别变化的 T 检验

（排序期为三年）：2008~2021 年

排序期组别	检验期组别	平均百分比（%）	t 值	T 检验 P 值
1 （最优基金组）	1	33.1*	4.59	0.001
	2	26.4	0.81	0.437
	3	20.0	-2.81	0.019
	4	20.5	-2.18	0.054
2	1	25.7	0.32	0.758
	2	27.3	1.39	0.195
	3	26.4	0.57	0.583
	4	20.6	-2.14	0.058
3	1	19.1	-4.31	0.002
	2	23.9	-0.68	0.512
	3	27.2	1.21	0.255
	4	29.8	2.17	0.055
4 （最差基金组）	1	21.6	-1.62	0.136
	2	22.7	-1.24	0.242
	3	26.7	1.01	0.335
	4	29.0	1.48	0.169

注：*表示在排序期和检验期，基金的业绩在 5% 的显著性水平上具有持续性。

当排序期为三年时，夏普比率排名前 25% 的基金业绩具有一定的持续性，那么，夏普比率排名前 5% 的基金的业绩是否也能够持续呢？从表 4-16 可以看出，11 个样本期中，平均只有 14.0% 的基金能够在检验期继续排到前 5% 的位置。其中，6 个样本期内检验期仍处于前 5% 的基金占比都不超过 20%，随机性较强。最新一个样本期（2018~2020）~2021 年，有 30.3% 的基金延续了其排序期优秀的业绩表现，占比相对较高，说明这段时期夏普比率排名在前 5% 的基金业绩持续性较强。但是，综合来看，前三年夏普比率排名非常靠前的基金仅有很少一部分能够在检验期仍然排在前 5%，据此，我们认为夏普比率排名最前列的股票型私募基金的业绩不具有持续性。

表 4-16　　　　　　　　夏普比率前 5% 的股票型私募基金在检验期仍属于

前 5% 的数量占比（排序期为三年）：2008~2021 年

排序期	检验期	排序期中前 5% 的基金数量（只）	检验期中仍处于前 5% 的基金数量（只）	检验期中仍处于前 5% 的基金占比（%）
2008~2010	2011	3	0	0.0
2009~2011	2012	5	0	0.0
2010~2012	2013	9	0	0.0
2011~2013	2014	19	2	10.5
2012~2014	2015	24	6	25.0
2013~2015	2016	21	4	19.0
2014~2016	2017	24	1	4.2
2015~2017	2018	31	7	22.6
2016~2018	2019	82	18	22.0
2017~2019	2020	34	7	20.6
2018~2020	2021	66	20	30.3
平均值		—	—	**14.0**

　　表 4-17 展示了排序期为三年时，夏普比率排名后 5% 的基金在下一年仍然排名后 5% 的基金数量和占比。从中可见，在 2008~2021 年期间，当排序期为三年时，平均有 23% 的基金的夏普比率在检验期和排序期均处于后 5%，与排名前 5% 的基金相比有较大幅度的提高。但是，可以观察到，检验期中仍处于后 5% 的基金占比的随机性较强，最高占比达到 66.7%，最低仅为 8.3%。因此，我们认为，相较夏普比率排名前 5% 的基金，夏普比率排名后 5% 的基金的业绩持续性有所提升，但也具有很大的随机性。

表 4-17　　　　　　　　夏普比率后 5% 的股票型私募基金在检验期仍属于

后 5% 的数量占比（排序期为三年）：2008~2021 年

排序期	检验期	排序期中后 5% 的基金数量（只）	检验期中仍处于后 5% 的基金数量（只）	检验期中仍处于后 5% 的基金占比（%）
2008~2010	2011	3	2	66.7
2009~2011	2012	5	1	20.0

排序期	检验期	排序期中后 5% 的基金数量（只）	检验期中仍处于后 5% 的基金数量（只）	检验期中仍处于后 5% 的基金占比（%）
2010~2012	2013	9	2	22.2
2011~2013	2014	19	2	10.5
2012~2014	2015	24	2	8.3
2013~2015	2016	21	6	28.6
2014~2016	2017	24	3	12.5
2015~2017	2018	31	3	9.7
2016~2018	2019	82	23	28.0
2017~2019	2020	34	12	35.3
2018~2020	2021	66	9	13.6
平均值		—	—	**23.2**

五、小结

每年年底，财经媒体、第三方财富管理公司等机构会定期发布私募基金的业绩排名，而不少投资者也会以此为参照进行投资，寄希望于过去业绩较好的基金在未来继续获得良好的业绩。本章从这个现象出发，围绕私募基金的过往业绩对投资者而言是否具有参考价值这一话题进行了讨论。在检验过程中，我们以一年（或三年）作为排序期，以排序期之后的一年作为检验期，分别采用绩效二分法检验、Spearman 相关性检验、基金收益率的描述统计检验法和基金夏普比率的描述统计检验法四种方法，研究私募基金过往业绩与未来业绩的关系。

在绩效二分法检验和 Spearman 相关性检验中，我们以基金的收益率作为业绩持续性的参考指标，观察基金收益率在排序期和检验期的关系。这两种方法所得出的结论基本一致：无论排序期是一年还是三年，在 2008~2021 年期间股票型私募基金的业绩只在部分年间表现出一定的持续性，且在部分年间出现了反转的现象。在采用基金收益率的描述统计检验时，我们发现过去三年收益率排名在前 25% 的私募基金在下一年有较大概率延续其排名水平，对投资者而言具有参考意义。

在基金夏普比率的描述统计检验中，我们加入了对基金风险的考量，选取风险调整后的收益指标——夏普比率，作为衡量基金业绩的指标。结果显示，当排序期为一年时，过去一年夏普比率排名靠前（属于夏普比率排名在前 25% 的第 1 组）或靠后（属于夏普比率排名在最后 25% 的第 4 组）的基金在未来一年有较大概率仍然排名靠前或靠后；当排序期为三年时，过去三年夏普比率排名靠前的基金在未来一年有较大概率仍然排名靠前。由此看来，私募基金过去一段时间的夏普比率对投资者而言具有重要的参考价值，投资者在选取基金时，可以以此为依据选取或规避特定的私募基金。

第五章

道口私募基金指数

近年来，我国私募基金行业迅速发展，但国内目前还缺少一种相对比较完善的私募基金指数以反映私募基金整体的业绩。私募基金的净值披露要求和公募基金不一样，在市场上我们能获得的私募基金的信息相对有限。2016 年 2 月出台的《私募投资基金信息披露管理办法》要求，私募基金管理公司在每季度结束之日起 10 个工作日以内，向投资者披露基金净值等信息。单只基金管理规模达到 5 000 万元以上的，则要求基金管理公司在每月结束之日起 5 个工作日以内向投资者披露基金净值信息。这意味着投资者可以获得私募基金公司披露的净值信息，但是私募基金经理的投资策略和持仓信息，投资者和政府监管机构无从知晓。这个问题在美国等金融市场发达的国家也同样存在。

因此，为了了解各类投资策略的私募基金的整体收益及风险情况，我们有必要建立、编制出不同策略的、具有代表性的私募基金指数，这对投资者、私募基金管理者以及政府监管机构等不同人群有着非常重大的意义。投资者可以根据不同策略的私募基金指数来安排自己的资产组合；私募基金管理者可以把相应的私募基金指数作为自己管理的私募基金的业绩比较基准；政府监管机构可以根据私募基金的收益和风险状况，来评估私募基金行业未来整体的发展情况，并对可能出现的问题提前采取相应的监管措施。

道口私募基金系列指数，旨在反映中国私募证券投资基金的整体发展状况，以私募基金投资策略为区分，包括普通股票型私募基金指数、股票多空型私募基金指数、相对价值型私募基金指数、事件驱动型私募基金指数、债券型私募基金指数和CTA 型私募基金指数，分别反映投资于股票、债券和期货等资产的私募基金的整体收益和风险情况。我们希望通过建立这一系列指数，为投资者、私募基金管理者和政府监管机构提供有效信息和决策借鉴。

一、道口私募基金指数编制方法

（一）样本空间

入选道口私募证券投资基金系列指数的基金需要同时满足以下三个条件。

第一，私募基金成立时间超过 6 个月。这是为了剔除那些因处于建仓期而不能反映真实的收益和风险情况的私募基金。

第二，非分级基金（也称非结构化基金）。这是因为分级私募基金在汇报基金净值的时候可能存在口径不统一的现象（如只汇报母基金或子基金的情况）。

第三，非 FOF、TOT、MOM 等组合基金。这是为了避免基金净值被重复纳入指数中，因为组合基金是投资于私募基金的基金，其净值反映的是其他私募基金的情况。

（二）指数类别

编制时我们以基金策略为分类依据，来建立相应的私募基金指数。分类依据为 Wind 数据中私募证券投资基金策略分类。相应地，我们选取普通股票型基金构建普通股票型私募基金指数；选取股票多空型基金构建股票多空型私募基金指数；选取相对价值型基金构建相对价值型私募基金指数；选取事件驱动型基金构建事件驱动型私募基金指数；选取债券型基金构建债券型私募基金指数；选取商品型基金和宏观对冲型基金中的以商品期货为主要标的的私募基金构建 CTA 型私募基金指数。

（三）样本选入

我们定义基金的成立日为 Wind 数据中基金存在第 1 个净值的时间，该成立日 6 个月之后的第 1 个月末点开始将基金纳入指数中。也就是说，在私募基金成立后的第 7 个月，才能被纳入道口私募证券投资基金系列指数中。时隔 6 个月的原因是考虑到私募基金成立时需要一定时间的建仓期。

（四）样本退出

在基金产品或基金公司有特殊事件发生时，我们需要对样本基金作必要的调整，这些事件包括但不限于以下几种。

基金清盘：当样本基金发生清盘时，则在其清盘日之后将其从相应的指数中剔除。

基金暂停公布净值：若样本基金因故暂停公布净值，则在其暂停公布净值期间将该基金从相应指数中剔除，当其正常公布净值后，再纳入指数。

合同的变更：当样本基金合同发生变更时，将该基金从相应的指数中剔除，并将变更后的基金视为一只新发行的基金，当满足相应条件时，再纳入相应的指数。

基金公司发生重大违规违法事件：对存在违规违法事件的基金公司所管理的私募基金，我们给予一定的考察期。在考察期内，相应基金从指数中剔除。当相关部门调查并处分之后，如果基金公司在一定时间内正常运营，则相应基金重新纳入指数。

（五）道口私募指数计算准则

1. 指数的基点与基日

道口私募证券投资基金系列指数以"点"为单位，精确到小数点后 3 位。

道口私募证券投资基金系列指数的基点统一设为 1 000 点，基日如表 5-1 所示。

表 5-1　　　　　　　　不同策略类型的私募基金指数的基日

指数分类	基日
普通股票型	2005-12-31
相对价值型	2010-12-31
股票多空型	2008-12-31
事件驱动型	2011-12-31
债券型	2010-12-31
CTA 型	2012-12-31

2. 指数计算公式

道口私募证券投资基金系列指数的计算方法为等权平均法，具体计算方法如下：

$$AVGRET_t = \frac{1}{N_t} \sum_{i=1}^{N_t} \left(\frac{ADJNAV_{i,\,t}}{ADJNAV_{i,\,t-1}} - 1 \right) \tag{5.1}$$

$$INDEX_t = (1 + AVGRET_t) \times INDEX_{t-1} \tag{5.2}$$

其中，$INDEX_t$ 代表第 t 个月的私募基金指数；$AVGRET_t$ 代表第 t 个月私募基金的平均收益率；$ADJNAV_{i,t}$ 代表私募基金 i 在第 t 个月的复权净值；N_t 代表第 t 个月私募基金的样本数量。我们使用等权平均法，是因为在 Wind 数据中没有私募基金的资产管理规模信息。

3. 所选基金净值

道口私募证券投资基金系列指数所采用的基金净值的数据为复权净值。基金复权净值是在考虑了基金的分红或拆分等因素对基金的影响后，对基金的单位净值进行了复权计算。复权净值将基金的分红加回单位净值，并作为再投资进行复利计算。同时，基金的复权净值为剔除相关管理费用后的净值。

4. 指数修正

我们每 3 个月会通过公开信息重新计算私募证券投资基金系列指数，来修正由于 Wind 数据修正历史数据而带来的累计净值信息的变化。若基金修改过历史净值信息，修正后的指数点位将重新发布。若指数大幅变动，我们会通过公告进行披露并予以特别的说明。[①]

二、道口私募基金指数覆盖的基金数量

普通股票型私募基金是将资产主要投资于股票的基金，通过低买高卖获取差额收益，其业绩与大盘走势密切相关。债券型私募基金是将资金主要投资于债券的基金，收益相对稳定，风险也相对较小，也被称为固定收益型基金。相对价值型私募基金利用关联证券间的价差获利，即买入价值被低估的股票、卖空价值被高估的股票，获取价格收敛所带来的收益。股票多空型私募基金在持有股票的同时会卖空股票对冲风险，这意味着通过做空业绩未达预期和表现较差的股票或股指期货，基金可以同时在熊市和牛市都获得不错的收益。CTA 型私募基金是通过商品交易顾问（CTA）进行期货或者期权投资交易的一种基金。事件驱动型私募基金主要通过分析上市公司的重大事项（如并购重组、增资扩股、回购股票）等影响公司估值的因素来进行投资。

表 5-2 展示了不同私募基金指数中所包括的基金数目占同策略私募基金总数的比例。据表 5-2 可知，各私募基金指数中所包含的基金数量占市场中同类基金的比例都在 58% 以上。其中，相对价值型私募基金的比例最高（79%），其次为股票多空型私募基金（76%）和 CTA 型私募基金（64%）。需要说明的是，若基金处于成立不足 6 个月的建仓期内，则不被纳入指数。此外，由于绝大部分的 CTA 型私募基金缺乏清晰的策略描述，因此本书只选择明确 CTA 型策略的并且是以商品

---

① 具体信息见道口私募指数网站：http://index.pbcsf.tsinghua.edu.cn/indexweb/web/index.html。

期货为主要标的的基金纳入指数中。

表 5-2 私募基金指数样本的分布情况

指数分类	指数中包含的基金数量（只）	有净值的基金总数（只）	数量占比（%）
普通股票型	44 077	73 249	60
债券型	3 104	5 081	61
相对价值型	1 322	1 663	79
股票多空型	2 010	2 660	76
CTA 型	2 141	3 352	64
事件驱动型	214	366	58

下面我们对不同策略私募基金指数的样本情况作具体分析。图 5-1 展示的是普通股票型私募基金指数所覆盖的样本数量。表 5-3 展示的是普通股票型私募基金指数中每年年底包含的样本数量情况。从图 5-1 和表 5-3 中可以看出，每年都会有新的普通股票型基金进入指数，同样也会有基金从指数中退出。普通股票型私募基金指数中的基金数量从 2008 年开始超过 100 只，自此一直保持平稳上升态势，并自 2015 年起增幅扩大，每年新进入或退出指数的基金数量陡然增加，每年均有上千只基金进入或退出指数。2018 年从指数中退出的基金数量激增至 4 794 只，这可能与 2018 年市场较为低迷有关。2020 年 1 月指数覆盖的基金数出现断崖式下跌，这是因为，在 2020 年前 5 个月全球各类资产均遭遇较大震荡，私募基金的产品发行较为困难。2020 年下半年疫情得到较好控制，私募基金规模和数量增幅皆有所上升，2020 年和 2021 年从指数中退出的基金数趋于稳定。2021 年我国私募基金行业迎来爆发式增长，导致普通股票型私募基金整体数量也随之大幅增加，新进入指数的基金数量增加至 9 003 只。截至 2021 年 12 月底，基金数量在 16 667 只左右。

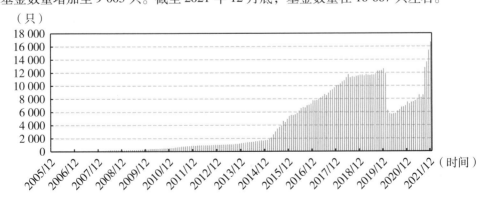

图 5-1 普通股票型私募基金指数中所包含的样本数量：2005～2021 年

表 5-3　　　　　　普通股票型私募基金指数中每年年底包含的

样本数量统计：2005~2021 年　　　　　　　单位：只

年份	新进入指数的基金数量	从指数中退出的基金数量	指数中的基金数量
2005	2	1	6
2006	13	1	18
2007	91	23	86
2008	212	86	212
2009	178	54	336
2010	278	63	551
2011	458	79	930
2012	282	175	1 037
2013	470	202	1 305
2014	971	483	1 793
2015	6 527	2 858	5 462
2016	5 346	2 785	8 023
2017	5 716	3 315	10 424
2018	6 678	4 794	12 308
2019	4 593	3 679	13 222
2020	3 252	4 629	11 845
2021	9 003	4 181	16 667

　　图 5-2 展示的是相对价值型私募基金指数覆盖的基金数量情况。可以发现，相对价值型私募基金指数所覆盖的基金数量在 2014 年 2 月突破 100 只，自此指数中包含的基金数量开始稳步抬升，直至 2017 年起开始平稳下降。截至 2021 年 12 月底，该指数中的基金数量为 404 只。

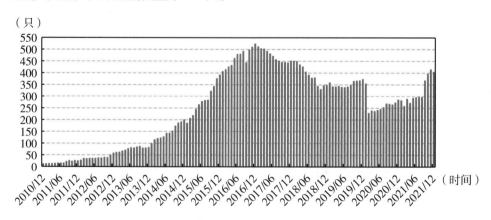

图 5-2　相对价值型私募基金指数中所包含的样本数量：2010~2021 年

表 5-4 展示了 2010~2021 年相对价值型私募基金指数中每年年底包含的样本数量情况。可以看出，自 2014 年起，进入相对价值型私募基金指数的基金数量开始增加，这也和当时股指期货交易活跃相关，2015 年和 2016 年每年都会有超过 250 只基金进入指数。2016 年底，相对价值型私募基金指数中包含的基金数量达到 533 只，创历史新高。截至 2021 年 12 月底，新进入该指数的基金共计 139 只，从指数中退出的私募基金数量为 111 只，指数中包含的基金数量为 404 只，相较 2020 年底同比上升 7%。

表 5-4　　　　　相对价值型私募基金指数中每年年底包含的
样本数量统计：2010~2021 年　　　　　单位：只

年份	新进入指数的基金数量	从指数中退出的基金数量	指数中的基金数量
2010	8	1	12
2011	14	0	26
2012	37	5	58
2013	52	27	83
2014	147	29	201
2015	259	66	394
2016	274	135	533
2017	81	144	470
2018	64	172	362
2019	121	102	381
2020	113	118	376
2021	139	111	404

图 5-3 展示了股票多空型私募基金指数所覆盖的基金数量情况。可以看出，股票多空型私募基金指数从 2009 年开始稳步发展，到 2014 年 3 月纳入基金突破 100 只，并从 2014 年起基金数量迅速增长，直至 2017 年 9 月达到最高点，覆盖基金 724 只，自此开始回落，目前覆盖基金 574 只。

表 5-5 展示了 2008~2021 年股票多空型私募基金指数中每年年底包含的样本数量情况。据表 5-5 可知，股票多空型私募基金指数在 2008 年底纳入 18 只基金；之后随着市场的快速发展，2015 年底基金数目突破 500 只；截至 2021 年 12 月底，该指数共包含 574 只基金。

（只）

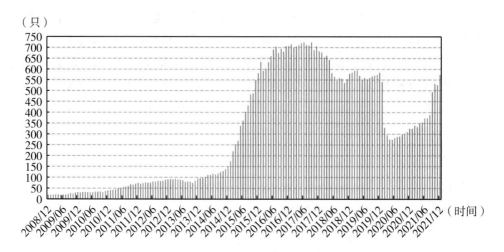

图 5-3　股票多空型私募基金指数中所包含的样本数量：2008~2021 年

表 5-5　　　　　股票多空型私募基金指数中每年年底包含的

样本数量统计：2008~2021 年　　　　单位：只

年份	新进入指数的基金数量	从指数中退出的基金数量	指数中的基金数量
2008	18	0	19
2009	14	2	31
2010	10	2	39
2011	37	1	75
2012	24	6	93
2013	45	41	97
2014	89	32	154
2015	523	90	587
2016	368	229	726
2017	186	184	728
2018	145	268	605
2019	191	192	604
2020	117	255	466
2021	242	134	574

　　图 5-4 展示了 2011~2021 年事件驱动型私募基金指数包含的基金数量的情况。从图 5-4 可知，事件驱动型私募基金指数包含的基金数量从 2012 年开始增长，

2013 年 11 月覆盖基金数量达到 65 只，自此开始回落，截至 2021 年 12 月底，基金覆盖数量稳定在 10 只左右。

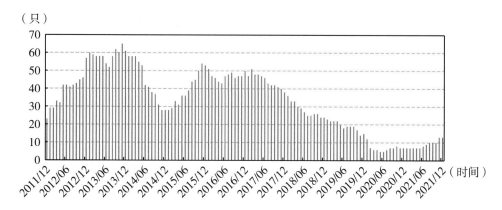

图 5-4　事件驱动型私募基金指数中所包含的样本数量：2011~2021 年

表 5-6 展示了 2011~2021 年事件驱动型私募基金指数中每年年底包含的样本数量情况。从表 5-6 可以看出，2011 年进入指数的事件驱动型私募基金数量为 19 只；2014 年从指数中退出的基金数量（51 只）最多；2015 年进入指数的基金数量（53 只）最多；2017~2021 年，进入指数和从指数中退出的基金数都较低；截至 2021 年底，指数中包含的样本数量为 13 只。

表 5-6	事件驱动型私募基金指数中每年年底包含的		
	样本数量统计：2011~2021 年		单位：只
年份	新进入指数的基金数量	从指数中退出的基金数量	指数中的基金数量
2011	19	2	23
2012	44	9	58
2013	29	26	61
2014	18	51	28
2015	53	27	54
2016	28	31	51
2017	7	18	40
2018	2	16	26
2019	1	9	18
2020	2	8	12
2021	2	1	13

图 5-5 展示了 2010~2021 年债券型私募基金指数覆盖的基金数量的情况。可以看出，债券型私募基金指数所覆盖的基金数量自 2011 年起开始发展，指数覆盖的基金数量一直稳中有升，截至 2021 年底，指数覆盖基金数量达 940 只。

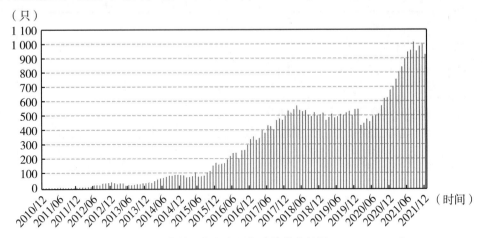

图 5-5　债券型私募基金指数中所包含的样本数量：2010~2021 年

表 5-7 展示了 2010~2021 年债券型私募基金指数中每年年底包含的样本数量情况。可以看出，2021 年，进入指数的基金数量和退出指数的基金数量均为近几年的最高值，分别为 955 只和 807 只，指数中的基金数量为 940 只。总体来看，该指数所覆盖的基金数量稳步增长。

表 5-7　　　　　债券型私募基金指数中每年年底包含的
样本数量统计：2010~2021 年　　　　　单位：只

年份	新进入指数的基金数量	从指数中退出的基金数量	指数中的基金数量
2010	8	3	8
2011	5	3	10
2012	53	14	49
2013	49	54	44
2014	97	39	102
2015	196	105	193
2016	332	155	370
2017	427	233	564
2018	265	254	575
2019	233	213	595
2020	478	281	792
2021	955	807	940

　　图 5-6 展示了 2012~2021 年 CTA 型私募基金指数覆盖的基金数量情况。表 5-8 展示了 2012~2021 年 CTA 型私募基金指数中每年年底包含的样本数量情况。从图 5-6 和表 5-8 可见，2012 年 CTA 型私募基金指数共包含 37 只基金，2015 年新进入指数的基金数量（416 只）最多，2016 年从指数中退出的基金数量最多（323 只）。自 2012 年 12 月起，指数包含的样本数量一直保持稳步增长，直至 2020 年 2 月，指数所覆盖的基金数量开始骤然下降，直至 2021 年 9 月开始回升。CTA 策略易受到交易政策、发行政策和市场波动等特征的影响，2020 年和 2021 年的发行数量较前期有所波动，但是长期而言，期货市场覆盖品种日趋丰富，私募 CTA 产品长期备案数量也维持攀升趋势。截至 2021 年底，CTA 型私募基金指数覆盖的基金数量达 544 只。

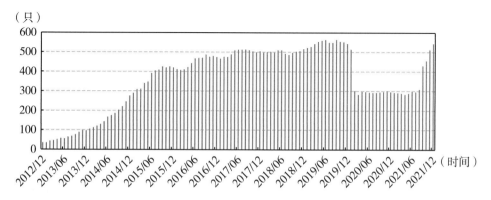

图 5-6　CTA 型私募基金指数中所包含的样本数量：2012~2021 年

表 5-8　　　　　　　　CTA 型私募基金指数中每年年底包含的

样本数量统计：2012~2021 年　　　　　　单位：只

年份	新进入指数的基金数量	从指数中退出的基金数量	指数中的基金数量
2012	19	1	37
2013	74	11	100
2014	241	60	281
2015	416	258	439
2016	376	323	492
2017	315	274	533
2018	213	210	536
2019	189	152	573
2020	77	204	446
2021	200	102	544

三、道口私募基金指数与市场指数的对比

下面，我们将对比不同私募基金指数与相应市场指数间的差异。首先，我们统一私募基金指数与相应市场指数的起始时间点，假定同时投资于私募基金指数和市场指数 1 000 元。然后，我们对比之后每个月两个投资组合的收益和风险情况。我们将普通股票型、相对价值型、股票多空型和事件驱动型私募基金指数分别与沪深 300 指数进行对比，将债券型私募基金指数与中债综合全价（总值）指数进行对比，将 CTA 型私募基金指数与申万商品期货指数进行对比。

图 5-7 展示了 2005~2021 年普通股票型私募基金指数与沪深 300 指数间的对比，表 5-9 为相应的描述统计分析。从图 5-7 和表 5-9 可见，2005 年 12 月至 2021 年 12 月，普通股票型私募基金指数从基点 1 000 点开始，实现累计收益率为 1 135%，年化收益率为 17%；沪深 300 指数同期累计收益率为 435%，年化收益率为 11%。普通股票型私募基金指数的收益率高于市场指数。同时，普通股票型私募基金指数的风险要低于市场指数，其年化波动率为 15%，而市场指数的年化波动率为 29%。因此，普通股票型私募基金指数的夏普比率（0.98）高于市场指数的夏普比率（0.43）。普通股票型私募基金指数的最大回撤（26%）远低于市场指数的最大回撤（71%）。从图 5-7 还可以看出，自 2010 年 6 月以来，尤其在 2015 年、2016 年和 2018 年大盘下行期间，普通股票型私募基金指数一直运行在市场指数之上，并在 2020 年逆势而上，可见该指数的抗跌性和稳健性之强。总体而言，普通股票型私募基金指数的收益高于市场指数，其对风险的控制明显优于市场指数。

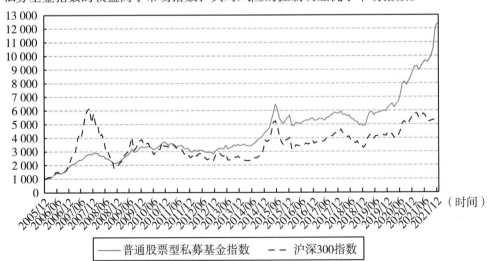

图 5-7　普通股票型私募基金指数的累计净值：2005~2021 年

表 5-9 普通股票型私募基金指数描述统计：2005~2021 年

统计指标	普通股票型私募基金	沪深 300 指数
累计收益率	1 135%	435%
年化收益率	17%	11%
年化波动率	15%	29%
年化夏普比率	0.98	0.43
最大回撤（样本期间）	26%	71%
年化收益率/最大回撤	0.65	0.16

　　图 5-8 展示了 2008~2021 年股票多空型私募基金指数和沪深 300 指数的对比，表 5-10 为相应的描述统计分析。从图 5-8 和表 5-10 可见，从 2008 年 12 月至 2021 年 12 月，股票多空型私募基金指数的累计收益率为 294%，年化收益率为 11%；沪深 300 指数同期累计收益率为 172%，年化收益率为 8%。股票多空型私募基金指数的收益高于市场指数。同时，股票多空型私募基金指数的风险要低于市场指数，其年化波动率为 11%，而市场指数的年化波动率为 25%，这是因为股票多空型基金在做多的同时也做空被高估的股票，因此相对于只做多的普通股票型基金风险要小一些。从图 5-8 还可以看出，在 2015 年、2016 年和 2018 年大盘下行期间，股票多空型私募基金指数仍运行在市场指数之上，业绩较为平稳。因此，股票多空型私募基金指数的夏普比率（0.81）要高于市场指数的夏普比率（0.35）。总体而言，股票多空型私募基金指数的收益高于市场指数，其对风险的控制明显优于市场指数。

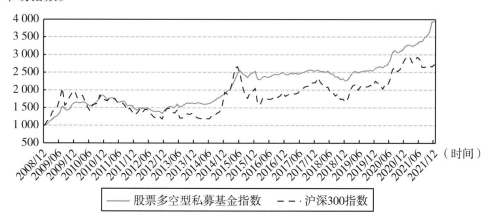

图 5-8 股票多空型私募基金指数的累计净值：2008~2021 年

表 5-10　　　　股票多空型私募基金指数描述统计：2008~2021 年

统计指标	股票多空型私募基金	沪深 300 指数
累计收益率	294%	172%
年化收益率	11%	8%
年化波动率	11%	25%
年化夏普比率	0.81	0.35
最大回撤（样本期间）	28%	43%
年化收益率/最大回撤	0.39	0.19

　　图 5-9 展示了 2010~2021 年相对价值型私募基金指数和沪深 300 指数的对比，表 5-11 为相应的描述统计分析。从图 5-9 和表 5-11 可见，从 2010 年 12 月至 2021 年 12 月，相对价值型私募基金指数的累计收益率为 130%，年化收益率为 8%；沪深 300 指数同期累计收益为 58%，年化收益率为 4%。相对价值型私募基金指数的收益指标皆高于市场指数。同时，相对价值型私募基金指数的风险要低于市场指数，其年化波动率为 6%，而市场指数的年化波动率为 22%。因此，相对价值型私募基金指数的夏普比率（0.88）也高于市场指数的夏普比率（0.20）。此外，相对价值型私募基金指数的最大回撤相对较低，为 11%，而市场指数的回撤为 41%。并且，我们看到，相对价值型私募基金指数的收益一直以来保持稳中有升的态势，整体波动较小，这是由于该策略私募基金多、空仓位都有，风险比其他投资策略的风险大为降低，收益也相对稳定。可见，相对价值型基金所承受的市场风险相对较低，特别是在 2015 年、2016 年和 2018 年股灾期间，相对价值型私募基金拥有较强的抗跌能力。

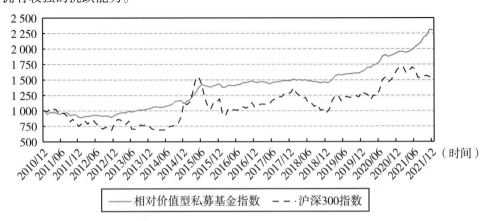

图 5-9　相对价值型私募基金指数的累计净值：2010~2021 年

表 5-11　　　　　　　相对价值型私募基金指数描述统计：2010~2021 年

统计指标	相对价值型私募基金	沪深 300 指数
累计收益率	130%	58%
年化收益率	8%	4%
年化波动率	6%	22%
年化夏普比率	0.88	0.20
最大回撤（样本期间）	11%	41%
年化收益率/最大回撤	0.70	0.10

　　图 5-10 展示了 2011~2021 年事件驱动型私募基金指数和沪深 300 指数的对比，表 5-12 为相应的描述统计分析。从图 5-10 和表 5-12 可见，从 2011 年 12 月至 2021 年 12 月，事件驱动型私募基金指数的累计收益率为 773%，年化收益率为 24%；沪深 300 指数同期累计收益率为 111%，年化收益率为 8%。事件驱动型私募基金指数的收益率高于市场指数。同时，事件驱动型私募基金指数的风险要低于市场指数，其年化波动率为 25%，而市场指数的年化波动率为 23%。因此，事件驱动型私募基金指数的夏普比率（0.89）也高于市场指数的夏普比率（0.35）。并且，事件驱动型私募基金指数的最大回撤为 22%，低于市场指数的最大回撤（41%），特别是在 2015 年和 2018 年股灾期间，事件驱动型私募基金的回撤远没有市场指数剧烈。因此，事件驱动型私募基金在后期体现出收益高、风险低的特点。我们还注意到，2020~2021 年该类基金收益增长很快，主要是因为 2020 年 2 月再融资新规发布后，定增项目的投资门槛降低，市价定增的审核效率很高，极大地激活了定增市场的活力，公募、私募等机构争相入场。

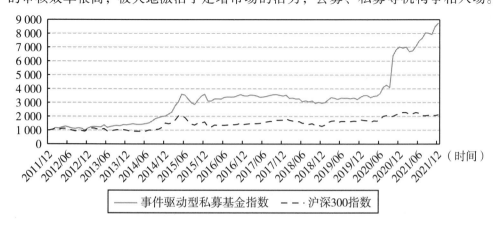

图 5-10　事件驱动型私募基金指数的累计净值：2011~2021 年

与此同时，2021 年投资难度提升，很多定增项目提供的折扣率也颇具吸引力，为策略提供了操作空间，定增市场热度不减。此外，经过 2019 年和 2020 年的结构性行情，白马股估值升至历史高点，本身存在均值回归的需求，因此中小市值标的 2021 年成功实现逆袭。而历史统计数据显示，50% 左右的定增项目来自 100 亿元市值以下的公司，可见 2021 年市场的风格较为契合定增市场的特点，导致定增市场持续升温。因此，2021 年定增市场的持续升温是助推事件驱动型私募基金业绩遥遥领先的重要因素。

表 5-12　　　　　　事件驱动型私募基金指数描述统计：2011~2021 年

统计指标	事件驱动型私募基金	沪深 300 指数
累计收益率	773%	111%
年化收益率	24%	8%
年化波动率	25%	23%
年化夏普比率	0.89	0.35
最大回撤（样本期间）	22%	41%
年化收益率/最大回撤	1.11	0.19

图 5-11 展示了 2010~2021 年债券型私募基金指数和中债综合全价（总值）指数的对比，表 5-13 为相应的描述统计分析。从图 5-11 和表 5-13 可见，从 2010 年 12 月至 2021 年 12 月，债券型私募基金指数的累计收益率为 111%，年化收益率为 7%；中债综合全价（总值）指数同期累计收益率为 13%，年化收益率为 1%。债券型私募基金指数的收益率高于市场指数。同时，债券型私募基金指数的风险略高于市场指数，其年化波动率为 3%，而市场指数的年化波动率为 2%。因此，债

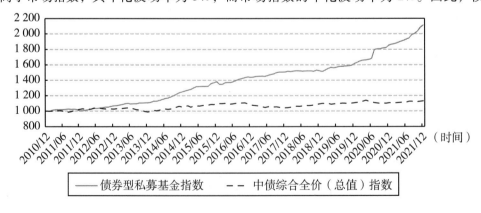

图 5-11　债券型私募基金指数的累计净值：2010~2021 年

券型私募基金指数的夏普比率（1.54）高于市场指数的夏普比率（-0.47）。并且，债券型私募基金指数的最大回撤为3%，低于市场指数的最大回撤（6%）。通过比较我们发现，在各指数的统计区间内，债券型私募基金指数的年化波动率最小，并且在历年的熊市中，债券型私募基金指数较其他指数都有更稳定的表现，回撤相对较低，充分体现出债券型基金低风险、收益稳健的特点。

表 5-13   债券型私募基金指数描述统计：2010～2021 年

统计指标	债券型私募基金	中债综合全价指数
累计收益率	111%	13%
年化收益率	7%	1%
年化波动率	3%	2%
年化夏普比率	1.54	-0.47
最大回撤（样本期间）	3%	6%
年化收益率/最大回撤	2.80	0.19

图 5-12 展示了 2012～2021 年 CTA 型私募基金指数和 Wind 商品综合指数的对比，表 5-14 为相应的描述统计分析。由于 CTA 策略投资于期货市场，独立于股市，和市场上大多数基础资产的相关性比较低，因此我们选取 Wind 商品综合指数作为比较对象。从图 5-12 和表 5-14 可见，从 2012 年 12 月至 2021 年 12 月，CTA 型私募基金指数的累计收益率为 779%，年化收益率为 27%；同期，Wind 商品综合指数累计收益率为 1.11%，年化收益率为 0.12%。CTA 型私募基金指数的收益率高于市场指数。同时，CTA 型私募基金指数的风险低于市场指数，其年化波动率为 10%，而市场指数的年化波动率为 16%。因此，CTA 型私募基金指数的夏普比率高于市场指数，两者分别为 2.29 和 -0.04。并且，CTA 型私募基金指数的最大回撤为 6%，远低于市场指数的最大回撤（40%）。由于我国 CTA 型私募基金的发展并不成熟，使得 CTA 型私募基金的趋势跟踪策略运用也更为高效，而 CTA 型私募基金使用较多的是趋势交易策略，即使用大量的策略模型寻找当前的市场趋势，判断多空，尤其是在市场低迷、后市不确定时，优势非常大。因此，CTA 型私募基金指数的收益高于市场指数，最大回撤也更小，保持稳中有升的价格走势，特别是在 2015 年、2018 年股灾之时，Wind 商品综合指数的收益表现保持区间震荡，而 CTA 型私募基金指数却逆势上涨，获得大丰收。可见，CTA 型基金的收益和投资标的的涨跌无关，而是和投资标的的涨幅或者跌幅有关，即在波动率很大的行情中更容易获利。

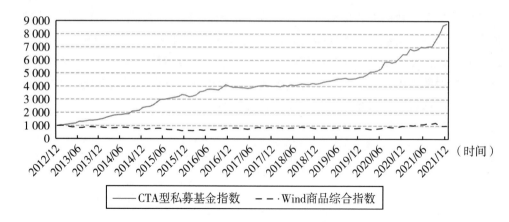

图 5-12　CTA 型私募基金指数的累计净值：2012~2021 年

表 5-14　　　　　　　CTA 型私募基金指数描述统计：2012~2021 年

统计指标	CTA 型私募基金	Wind 商品综合指数
累计收益率	779%	1.11%
年化收益率	27%	0.12%
年化波动率	10%	16%
年化夏普比率	2.29	-0.04
最大回撤（样本期间）	6%	40%
年化收益率/最大回撤	4.2	0.0

　　下面，我们对私募基金指数进行横向对比。出于统一起始日期的需要，我们选取 2012 年 12 月为指数的开始日期。图 5-13 展示了六类股票型私募基金指数的累计收益对比，表 5-15 为相应的描述统计。从图 5-13 和表 5-15 可见，从 2012 年 12 月至 2021 年 12 月，CTA 型私募基金指数的累计收益最高，为 779%；其次为四类股票型私募基金指数，累计收益由大到小依次为事件驱动型私募基金指数（669%）、普通股票型私募基金指数（306%）、股票多空型私募基金指数（175%）和相对价值型私募基金指数（148%），债券型私募基金指数的累计收益最小，累计收益为 98%。并且，这六类私募基金指数的累计收益皆超过同期大盘指数的累计收益。当我们比较六类私募基金指数和大盘指数的风险时发现，债券型私募基金指数的风险最低，年化波动率为 3%，最大回撤为 3%；其次为相对价值型、股票多空型和 CTA 型私募基金指数，三者的年化波动率相近，分别为 6%、9% 和 10%，最大回撤分别为 4%、12% 和 6%；普通股票型私募基金指数的年化波动率为 15%；事件驱动型私募基金指数和沪深 300 指数的风险相近，二者的年化波动率分别为

25%和22%，二者的最大回撤分别为21%和41%。整体来看，除债券型和事件驱动型私募基金指数外，其余四类私募基金指数的风险都低于同期市场指数。当我们对比夏普比率这一反映调整风险后收益指标时发现，CTA型私募基金指数的夏普比率（2.29）最高；其次为债券型私募基金指数，夏普比率为1.82。在股票型私募基金指数中，相对价值型私募基金指数的夏普比率表现较为突出，为1.45。

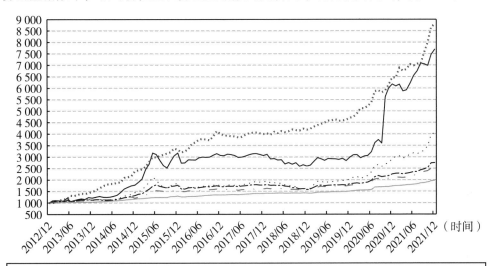

图5-13 股票型私募基金指数的累计净值对比：2012~2021年

表5-15　　　　　　　　　股票型私募基金指数描述统计：2012~2021年

指数类型	累计收益率（%）	年化收益率（%）	年化波动率（%）	夏普比率	最大回撤（%）	年化收益率/最大回撤
普通股票型	305.78	16.84	14.55	1.02	24.90	0.68
相对价值型	148.49	10.64	5.82	1.45	4.24	2.51
股票多空型	175.12	11.90	9.14	1.08	12.11	0.98
事件驱动型	668.53	25.43	25.38	0.93	20.76	1.23
沪深300指数	95.82	7.75	22.22	0.36	40.56	0.19
债券型	97.56	7.86	3.16	1.82	2.51	3.13
中债综合全价指数	9.99	1.06	2.20	-0.37	5.77	0.18
CTA型	778.90	27.32	10.09	2.29	6.49	4.21
Wind商品综合指数	1.11	0.12	15.63	-0.04	39.90	0.00

综上可见，CTA 型私募基金指数的收益及调整风险后收益指标的表现最好，并且除债券型和事件驱动型私募基金指数外，其余四类私募基金指数的风险都低于同期市场指数。在四类股票型私募基金指数中，虽然相对价值型私募基金指数的绝对收益不是最高，但其风险较低、调整风险后的收益较高。

四、小结

为使投资者了解我国私募基金行业的发展状况，以及不同策略私募基金的业绩和风险程度，我们根据私募基金的投资策略，将私募基金指数主要分为普通股票型私募基金指数、股票多空型私募基金指数、相对价值型私募基金指数、事件驱动型私募基金指数、债券型私募基金指数和 CTA 型私募基金指数。这些指数可以分别反映投资于股票、债券和期货等资产的私募基金的整体收益和风险情况。我们期待通过这一研究，能为投资者选择资产配置方案、私募基金管理者比较私募基金业绩、政府监管机构评估私募基金行业发展及监管潜在问题，提供些许帮助。

通过对比不同私募基金指数与相应市场指数间的差异，我们发现，上述六类私募基金指数的收益皆高于相应的市场指数，除事件驱动型私募基金指数的风险略高于其市场指数外，其余五类私募基金指数对风险的控制明显优于市场指数。我们将指数进行横向对比后发现，CTA 型私募基金指数的收益及调整风险后收益指标的表现最好，并且除债券型和事件驱动型私募基金指数外，其余四类私募基金指数的风险都低于同期市场指数。

第六章

中国私募基金的业绩归因分析

投资者对基金进行全面评价，需要关注基金业绩变动背后的原因以及基金业绩来源的构成。基金的业绩归因是指将基金的超额收益分解成不同的因素，并分析各个因素对超额收益的贡献。通过第五章私募基金指数的分析，我们发现不同策略的私募基金在收益和风险等方面差异显著。那么，造成这些差异的因素有哪些？在本章中，我们结合我国私募基金的发展特点，构建出八个私募基金风险因子，并使用这些风险因子对私募基金的业绩进行归因分析。一般来说，评估基金业绩的归因方法主要分为基于收益的时间序列回归法和基于持仓数据的横截面回归法。相比公募基金，对私募基金进行业绩归因更加困难，这主要有两方面原因：一方面，私募基金只对合格投资者开放募集，只对投资人有披露净值的义务，信息相对不透明，且不会披露基金的持仓信息，而公募基金是向不特定投资者公开发行，信息披露要求更高，除了在每个交易日公布净值外，还会定期披露基金持仓等详细信息；另一方面，尽管基于持仓数据进行的归因分析精准度较高，但是私募基金的持仓信息很难获得。因此，本章中私募基金的归因分析基于基金收益时间序列数据进行。

Fung 和 Hsieh（2004）使用私募基金七因子模型来解释美国私募基金的收益。根据不同的风格，这七个因子可以分成三个大类：第一类为反映股票市场风险的因子，这类因子主要覆盖股票市场的风险，他们选择市场指数的收益率、小盘股和大盘股收益率之差两个因子；第二类为反映债券市场风险的因子，这类因子主要覆盖债券市场的风险，他们使用十年期国债的收益变化以及国债与公司债利差的变化两个因子；第三类为趋势交易的因子，这类因子主要反映在债券、外汇和期货市场中趋势交易的风险，他们选择债券、外汇和商品回望期权的收益率三个因子。许多研究发现，该模型可以解释美国私募基金超额收益方差的80%。这七个因子具体为：

股票市场因子（the market risk factor）：股票市场指数的超额收益率；

规模因子（the size factor）：小盘股收益率与大盘股收益率之差；

债券市场因子（the bond market risk factor）：10 年期固定利率国债到期收益率的变化；

信用风险因子（the credit spread factor）：穆迪 Baa 级债券收益率与 10 年期固定利率国债到期收益率的差的变化；

债券趋势因子（the bond trend-following factor）：PTFS 回望跨式债券期权的收益率；

货币趋势因子（the currency trend-following factor）：PTFS 回望跨式货币期权的收益率；

商品趋势因子（the commodity trend-following factor）：PTFS 回望跨式商品期权的收益率。

本章参考 Fung 和 Hsieh（2004）的七因子模型，结合中国私募基金自身的特点，构建中国私募基金的风险因子，分析基金的风险暴露，帮助投资者了解各类策略私募基金的投资风险和收益情况。

一、风险因子的构建

我们基于我国私募基金的收益和风险特征构建了八个风险因子，这八个因子分别为：股票市场风险因子（MKT）、规模因子（SMB）、价值因子（HML）、动量因子（MOM）、债券因子（BOND10）、信用风险因子（CBMB10）、债券市场综合因子（BOND_RET）和商品市场风险因子（FUTURES）。各个因子的定义和计算方式如下。

1. 股票市场风险因子（MKT）

我们选择股票市场大盘指数的超额收益率来代表股票市场风险因子，所用的指数为学术界和业界经常使用的沪深 300 指数，无风险利率选取一年期的定期存款利率（整存整取）。

$$MKT_t = RET\_HS300_t - RF_t \qquad (6.1)$$

其中，RET_HS300_t 为第 t 个月沪深 300 指数的月度收益率；RF_t 为第 t 个月一年期定期存款利率的月利率（整存整取）。

2. 规模因子（SMB）

规模因子（SMB）反映的是小盘股和大盘股之间收益率的差异。我们参考 Fama-French 三因子模型中 SMB 因子的计算方法来计算规模因子。具体计算方法如图 6-1 所示，在每年 6 月末，根据 6 月底的 A 股流动市值（ME）把股票等分为两组：小盘组（Small Cap）和大盘组（Big Cap）。再根据上一年年报中的账面价值（book value）和上一年 12 月底 A 股流通市值计算出账面市值比（book value of equity to market value of equity，BE/ME），把股票分为 3 组：成长组（Growth）、平衡组（Neutral）和价值组（Value），其比例分别为 30%、40% 和 30%。两次分组的股票再进行交叉分组，这样一共可以构建出 6 组投资组合，如表 6-1 所示，这 6 组投资组合分别为：小盘价值组（Small Cap Value）、小盘平衡组（Small Cap Neutral）、小盘成长组（Small Cap Growth）、大盘价值组（Big Cap Value）、大盘平衡组（Big Cap Neutral）和大盘成长组（Big Cap Growth）。

图 6-1　SMB 因子股票分组方式示意

表 6-1　　　　　　　SMB 因子构建中的 6 组股票的资产组合分组示意

| 项目 | | 账面市值比（BE/ME） | | |
		成长组（30%）	平衡组（40%）	价值组（30%）
股票市值（ME）	小盘组（50%）	小盘成长组（Small Cap Growth）	小盘平衡组（Small Cap Neutral）	小盘价值组（Small Cap Value）
	大盘组（50%）	大盘成长组（Big Cap Growth）	大盘平衡组（Big Cap Neutral）	大盘价值组（Big Cap Value）

这种构建组合的方式在每年 6 月底都进行一次，所构建的 6 组投资组合持有到第二年的 6 月底。每个投资组合的收益率根据本组合包含的股票的 A 股流通市值进行加权计算，可以得到每个投资组合在每个月的收益率。如果一只股票不在上一年 6 月的数据中（如停牌的股票），那么这只股票就不包括在上一年 6 月构建的投资组合中。无论这只股票是否在未来，如在上一年 7 月，复牌交易。

SMB 因子为 3 组低市值的投资组合的平均收益率减去 3 组高市值的投资组合的平均收益率。这个因子在学术界被广泛应用，其中一个原因是这个因子对应的投资组合可以通过买入一些股票和做空一些股票构建出来。其计算公式为：

$$SMB_t = \frac{(Small\ Value_t + Small\ Neutral_t + Small\ Growth_t)}{3}$$
$$- \frac{(Big\ Value_t + Big\ Neutral_t + Big\ Growth_t)}{3} \tag{6.2}$$

其中，$Small\ Value_t$、$Small\ Neutral_t$、$Small\ Growth_t$、$Big\ Value_t$、$Big\ Neutral_t$ 和 $Big\ Growth_t$ 分别为不同的组合在第 t 个月的月收益率。Fama-French 三因子模型使

用上述方式计算 SMB 因子，是为了在计算小盘股相对于大盘股的超额收益时，有效控制股票的账面市值比（BE/ME）。

3. 价值因子（HML）

价值因子（HML）反映的是高账面市值比的股票和低账面市值比的股票之间的收益率之差。我们参考 Fama-French 三因子模型中 HML 因子的计算方式来计算价值因子。其计算方法和 SMB 因子的构建方式相同，同样构建出 6 个投资组合。

HML 因子为两组高账面市值比的投资组合的平均收益减去两组低账面市值比的投资组合的平均收益。其计算公式为：

$$HML_t = \frac{(Small\ Value_t + Big\ Value_t)}{2} - \frac{(Small\ Growth_t + Big\ Growth_t)}{2}$$

(6.3)

其中，$Small\ Value_t$、$Big\ Value_t$、$Small\ Growth_t$ 和 $Big\ Growth_t$ 分别为不同组合在第 t 个月的月收益率。Fama-French 三因子模型使用上述方式计算 HML 因子，是为了在计算高账面市值比的股票相对于低账面市值比的股票的超额收益时，有效控制股票的市值（SIZE）。

4. 动量因子（MOM）

动量因子（MOM）反映的是过去收益率较高的股票和收益率较低股票在未来收益率之差，计算方式如图 6-2 所示。具体而言，在每月末（如图 6-2 中 2015-01），根据当月底的 A 股流通市值（ME）把股票等分为两组：小盘组（Small Cap）和大盘组（Big Cap）。再根据过去 1~11 个月的累计收益率把股票分为 3 组：低价组（Down Group）、中价组（Median Group）和高价组（Up Group），其比例分别为 30%、40% 和 30%。两次分组的股票进行交叉分组，这样一共可以构建出 6 组投资组合，如表 6-2 所示，这 6 组投资组合分别为：小盘高价组（Small Cap Up）、小盘中价组（Small Cap Median）、小盘低价组（Small Cap Down）、大盘高价组（Big Cap Up）、大盘中价组（Big Cap Median）和大盘低价组（Big Cap Down）。

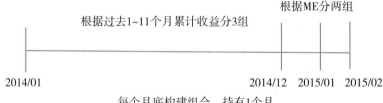

图 6-2　MOM 因子股票分组方式示意

这种构建组合的方式在每月底都进行一次，所构建的 6 组投资组合持有到下月底。每个投资组合的收益率根据股票的 A 股流通市值进行加权计算，从而得到每个投资组合在每个月的收益率。

表 6-2　　　　　　　　　　动量因子组股票的资产组合分组示意

项目		过去 1~11 个月的累计收益率		
		低价组（30%）	中价组（40%）	高价组（30%）
股票市值（ME）	小盘组（50%）	小盘低价组（Small Cap Down）	小盘中价组（Small Cap Median）	小盘高价组（Small Cap Up）
	大盘组（50%）	大盘低价组（Big Cap Down）	大盘中价组（Big Cap Median）	大盘高价组（Big Cap Up）

动量因子（MOM）为两组过去累计收益率较高的投资组合的平均收益率减去两组过去累计收益率较低的投资组合的平均收益率，其计算公式为：

$$MOM_t = \frac{(Small\ Up_t + Big\ Up_t)}{2} - \frac{(Small\ Down_t + Big\ Down_t)}{2} \tag{6.4}$$

其中，$Small\ Up_t$、$Big\ Up_t$、$Small\ Down_t$ 和 $Big\ Down_t$ 分别为不同组合在第 t 个月的月度收益率。

5. 债券因子（BOND10）

我们选择 10 年期固定利率国债到期收益率的月度的变化作为债券因子（BOND10），其计算方式为：

$$BOND10_t = \left(\frac{10\ 年期固定利率国债到期收益率_t}{10\ 年期固定利率国债到期收益率_{t-1}} \right) - 1 \tag{6.5}$$

其中，10 年期固定利率国债到期收益率$_t$ 为第 t 个月的 10 年期固定利率国债的到期收益率。

6. 信用风险因子（CBMB10）

我们选择 10 年期企业债（AA-级）到期收益率与 10 年期固定利率国债到期收益率差值的月度变化作为信用风险因子（CBMB10），其计算公式为：

$$CBMB10_t = \frac{(10\ 年期企业债到期收益率_t - 10\ 年期固定利率国债到期收益率_t)}{(10\ 年期企业债到期收益率_{t-1} - 10\ 年期固定利率国债到期收益率_{t-1})} - 1$$

$$\tag{6.6}$$

其中，10 年期企业债到期收益率$_t$ 为第 t 个月 10 年期企业债（AA-级）的到期收益率；10 年期固定利率国债到期收益率$_t$ 为第 t 个月 10 年期固定利率国债的到期收益率。

7. 债券市场综合因子（BOND_RET）

在 Fung 和 Hsieh（2004）的七因子中，并没有一个因子可以综合反映债券市场的情况。根据我国私募基金市场的发展情况，我们在私募基金风险因子中加入了债券市场综合因子。我们使用中债综合全价（总值）指数的月度收益率作为债券市场综合因子。中债综合全价（总值）指数的成份包含除资产支持证券、美元债券、可转债外，在境内债券市场公开发行的债券主要包括国债、政策性银行债券、商业银行债券、中期票据、短期融资券、企业债、公司债等。该指数是一个反映境内人民币债券市场价格走势情况的宽基指数，是债券指数应用最广泛指数之一。债券市场综合因子的计算公式为：

$$BOND\_RET_t = \frac{BOND\_INDEX_t}{BOND\_INDEX_{t-1}} - 1 \tag{6.7}$$

其中，$BOND\_INDEX_t$ 为第 t 个月的中债综合全价（总值）指数的数值。

8. 商品市场风险因子（FUTURES）

我们选取申万商品期货指数的月收益率作为商品市场风险因子。申万商品期货指数覆盖在大连商品期货交易所、郑州商品期货交易所和上海商品期货交易所上市交易的 16 个品种的商品期货。商品市场风险因子的计算公式为：

$$FUTURES_t = \frac{Futures\_Index_t}{Futures\_Index_{t-1}} - 1 \tag{6.8}$$

其中，$Futures\_Index_t$ 为第 t 个月申万商品期货指数的数值。

二、风险因子的描述统计

我们的因子数据从 2000 年 1 月开始，但是由于不同因子在构建中所需的指数数据的起始日期不同，因此，每个因子的样本数也不相同。具体而言，MKT 因子从 2002 年开始，这是因为计算该因子所需的沪深 300 指数数据始于 2002 年；SMB、HML 和 MOM 因子从 2000 年开始；BOND10 因子和 BOND_RET 因子从 2002 年开始；CMBM10 因子从 2008 年开始；FUTURES 因子从 2005 年开始。

表 6-3 展示了八个私募基金风险因子的描述统计结果。从表 6-3 可见，八个因子中有七个因子的均值大于 0，分别是股票市场风险因子（MKT）、规模因子

（SMB）、价值因子（HML）、债券因子（BOND10）、信用风险因子（CBMB10）、债券综合因子（BOND_RET）和商品市场风险因子（FUTURES），说明这些因子能够带来正收益。而动量因子（MOM）的均值小于0，表明如果我们按照在美国市场有效的趋势投资方法进行趋势投资，无法获得盈利。此外，我们还发现，市场风险因子（MKT）的标准差相对较高，为7.99%，体现出我国股票市场具有较高的波动性，而债券市场综合因子（BOND_RET）的标准差相对较低，为0.66%，体现出债券市场风险较低的特征。

表6-3　　　　　　　　私募基金风险因子描述统计：2000~2021年

因子	样本数	均值（%）	最小值（%）	Q1（%）	中位数（%）	Q3（%）	最大值（%）	标准差（%）
MKT	239	0.71	−26.15	−4.53	0.75	4.89	27.70	7.99
SMB	264	0.91	−26.46	−1.87	0.77	3.39	25.74	5.11
HML	264	0.08	−10.67	−1.12	0.17	1.23	10.93	2.50
MOM	264	−0.03	−14.65	−2.30	−0.02	2.19	13.40	3.64
BOND10	239	0.08	−17.24	−3.30	−0.36	2.75	18.34	5.42
CBMB10	167	0.56	−10.84	−2.00	0.21	2.20	20.23	4.85
BOND_RET	239	0.08	−1.67	−0.34	0.12	0.47	2.67	0.66
FUTURES	264	0.53	−34.82	−3.13	0.39	4.00	24.01	5.84

接下来，我们对各个风险因子逐一进行分析。图6-3展示的是股票市场风险因子（MKT）的月度收益率和累计净值，该因子收益数据从2002年开始。从图6-3可见，MKT因子的累计净值从2002年的1元开始，增长到2021年12月的2.56元，累计超额收益率为156%，年化收益率为4.8%。

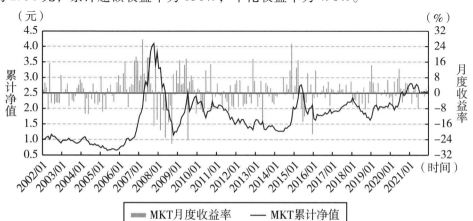

图6-3　MKT因子的月度收益率和累计净值

此外，MKT 因子的月度收益率整体起伏较大，在-26%~28%的区间内波动。2020 年初，虽然受新冠肺炎疫情影响 A 股市场有所下跌，但在后续央行多轮宽松货币政策的刺激下，股市反弹明显，并迎来上涨行情，这使得衡量股票市场风险的 MKT 因子累计净值在 2020 年大幅上涨。2021 年，MKT 因子在 3 月和 7 月出现较大回撤，分别下跌 5.5%和 8%，这一年，以沪深 300 为代表的大盘股业绩表现不佳，MKT 因子的累计净值波动下跌。

图 6-4 展示了规模因子（SMB）的月度收益率和累计净值，2000 年至 2021 年底，SMB 因子的累计净值为 7.97，年化收益率为 9.9%，表明长期来看投资小盘股能够带来更高的回报。此外我们发现，SMB 因子的累计净值在 2016 年 12 月达到最高点，自此开始波动下降，2017 年跌幅尤为显著。SMB 因子代表小盘股收益率与大盘股收益率之差，如果差值为正，说明小盘股的收益要高于大盘股的收益；反之，说明大盘股的收益高于小盘股的收益。2017 年，以蓝筹股为代表的"漂亮50"股票表现瞩目，沪深 300 指数上涨 21.78%，而中小板指数和创业板指数则分别上涨 16.73%和下跌 10.67%，小盘股的业绩明显不及大盘股。2017~2018 年，24 个月中，仅有 8 个月的 SMB 因子收益为正，其他月份的 SMB 因子收益均为负，表明在这段时间，相较小盘股，大盘股有更好的业绩表现。但在 2018 年底，SMB 因子的累计净值出现了较为明显的拐点，在之后的 2019 年和 2020 年两年，A 股行情有所回升，便于炒作、利于赚"快钱"的小盘股深受重新入市的游资和散户欢迎。2019~2020 年，沪深 300 指数上涨 75.49%，而中小板指数和创业板指数则分别上涨 105.38%和 141.40%，小盘股的收益远远超过了大盘股的收益。类似地，2021 年，中证 500 指数上涨 15.58%，创业板指数上涨 12.02%，上证 50 指数和沪深 300 指数分别下跌 10.06%和 5.2%，大盘股业绩和中小盘股业绩形成鲜明对比。SMB 因子在 2021 年持续上涨。

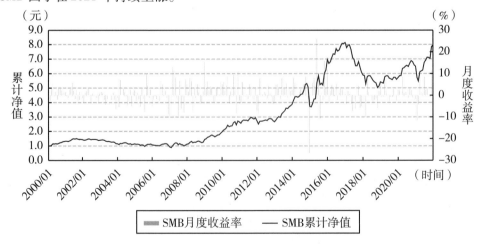

图 6-4 SMB 因子的月度收益率和累计净值

图 6-5 展示了价值因子（HML）的月度收益率和累计净值，该因子收益率数据从 2000 年开始。到 2021 年底，HML 因子的累计净值为 1.2，累计收益率为 20%，年化收益率为 0.8%。HML 因子代表价值股和成长股收益率之差，如果 HML 因子的收益率为正，说明价值股有更好的表现；反之，则代表成长股有更好的业绩。总体来看，在我国 A 股市场，价值效应不明显，价值股的收益没有明显超越成长股。

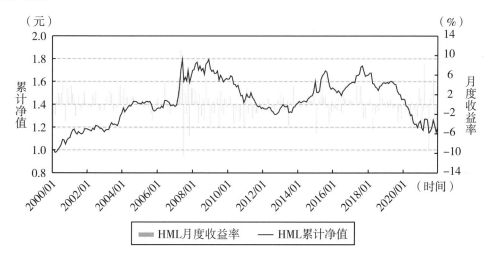

图 6-5 HML 因子的月度收益率和累计净值

此外我们发现，在熊市，如 2008 年的全球金融危机和 2018 年的股灾期间，HML 因子有着较高的收益率，HML 因子的累计净值达到高点，即在熊市价值股的业绩往往会超过成长股，蓝筹股是市场下行时"护盘"的更好选择。而在市场行情较好的时间段，如 2014 年和 2019~2021 年，HML 因子的收益率相对较低，HML 因子的累计净值达到低点，即在牛市股民们对成长股的估值会比较宽容，往往给予成长股极高的市盈率，成长股的业绩往往会超过价值股。

图 6-6 展示了动量因子（MOM）的月度收益率和累计净值，该因子从 2000 年开始。自 Jegadeesh 和 Titman（1993）提出动量效应以来，其在股票、债券等市场被广泛发现，为投资者挖掘超额收益提供了新的思路。从图 6-6 中 MOM 因子的走势可以看出，大多数情况下，如果我们按照在美国市场有效的动量因子的构造方法去构建中国市场的动量因子，那么我国 A 股市场的动量效应并不显著，MOM 因子的累计净值波动下跌，到 2021 年底，该因子的净值为 0.68，年化收益率为-1.7%，累计收益率为-32%。这说明持有过去一段时间内收益率高的股票，在下个月不能获得较高的收益率。我国股票市场行情转换较快、波动性高，受国家政策影响较大，且投资非理性程度较高，这可能是造成动量因子出现负收益的原因。

图 6-6 MOM 因子的月度收益率和累计净值

图 6-7 展示了债券因子（BOND10）的月度收益率和累计净值。从中可见，BOND10 因子的累计净值呈现波动的态势，2002 年至 2021 年底，债券因子年化收益率为-0.74%，累计净值为 0.86，累计收益率为-14%。2007 年，中国宏观经济增长过热，通货膨胀风险增大，货币政策收紧，央行 6 次加息，债市进入熊市，收益率曲线一路上涨。2008 年下半年，受全球金融危机影响，货币政策由紧转松，收益率高位回落，直到 2009 年，在国家 4 万亿的经济刺激下，债市收益率开始反弹上行。2011 年第四季度至 2012 年期间，宏观经济放缓，货币政策走向宽松，企业融资成本降低，债市收益率陡峭下行。2014~2015 年，国内经济基本面疲软，内需回落，为降低社会融资成本刺激经济增长，货币政策再次转为宽松，债市进入牛市，债券收益率曲线呈单边下行趋势。2017 年，在金融监管趋严和"去杠杆"等

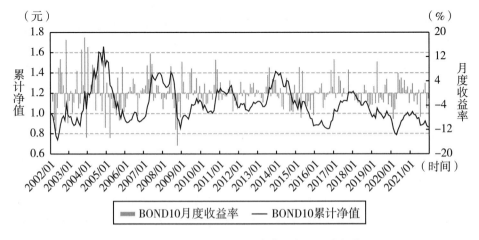

图 6-7 BOND10 因子的月度收益率和累计净值

因素的多重影响下，债券市场面临资金紧平衡，债指价格下降，债券收益率上涨。2018~2019 年，在国内经济下行压力增大、中美贸易摩擦持续等多种复杂因素的作用下，国债收益率曲线震荡下跌。2020 年，虽然经历了年初的新冠肺炎疫情，但在持续出台的经济刺激政策的推动下，股市行情向好，万得全 A 指数全年上涨24%，债市的资金被抽离，收益率陡峭上升。

图 6-8 展示了信用风险因子（CBMB10）的月度收益率和累计净值，因受 10年期企业债到期收益率数据的影响，该因子自 2008 年开始。截至 2021 年底，该因子累计净值达到 2.12，年化收益率为 5.5%，累计收益率为 112%。从图 6-8 可见，从 2008 年开始，CBMB10 因子的累计净值多数时间大于 1，累计收益基本为正。2015~2016 年期间，信用风险收益率呈振荡下行趋势，这与货币政策宽松和利率下行密切相关。2018~2019 年期间，信用债违约事件持续高发，CBMB10 收益率振荡上升，企业信用风险开始暴露，逐步上升。2020 年，一方面央行不断推出的货币政策给信用风险因子带来下行压力，另一方面股市的繁荣使债市的资金出现了萎缩，2020 年底又有"20 永煤 SP003"违约事件的出现，给信用市场利率带来了上行压力，因此信用风险因子全年涨跌相抵，累计净值与 2019 年底基本持平。2021年，高等级信用债表现相对较好，但中低评级信用债估值压力较大，信用风险因子小幅上涨。

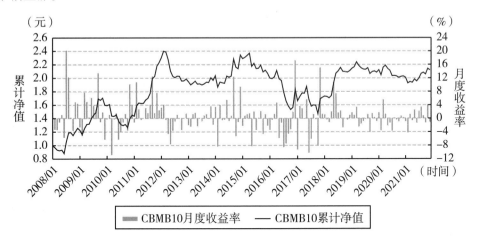

图 6-8　CBMB10 因子的月度收益率和累计净值

图 6-9 展示了债券市场综合因子（BOND_RET）的月度收益率和累计净值，从 2002 年至 2021 年底，债券市场综合因子年化收益率为 1%，累计净值为 1.22，累计收益率为 22%。据图 6-9 可知，自 2002 年起，BOND_RET 因子的累计收益率基本为正，且波动率较低，月度收益率在-1.7%~2.7%震荡。2017 年，债券市场面临资金紧平衡，债券收益率持续上行，债券价格指数大幅下跌，多数月份

中 BOND_RET 因子的收益率均为负数。2018 年至 2020 年第一季度，受经济下行压力和保持宽松的货币政策的影响，债券收益率整体呈现下行趋势，BOND_RET 因子的累计净值有所回升，27 个月中有 22 个月该因子的月度收益率为正。2020 年 4 月起，A 股触底反弹，从 2020 年 4 月 1 日至 2020 年 12 月 31 日万得全 A 指数涨幅高达 35%，资金从债市大量涌向股市，债券收益率上升，债券价格指数明显下跌。

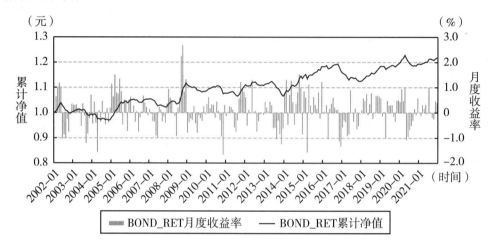

图 6-9　BOND_RET 因子的月度收益率和累计净值

图 6-10 展示了商品市场风险因子（FUTURES）的月度收益率和累计净值，该因子从 2005 年开始。从 2005 年至 2021 年底，商品市场风险因子累计净值为 2.13，年化收益率为 4.6%。我们发现，FUTURES 因子的收益率整体波动较大，自 2011 年开始，FUTURES 因子的累计净值开始持续波动下降，直至 2015 年底才有所好转。2016 年，在供给侧改革的大背景下，黑色系期货大涨，其他板块也相继出现涨停，商品期货市场交易量创历史新高。2017 年期货新品种恢复上市，商品市场呈波动上涨。2018 年，我国期货市场对外开放步伐进一步加快，交易额继前两年来首次回暖，但在业绩表现上，各商品板块全线收跌。进入 2019 年，商品期货市场的品种不断增加，整体上市步伐加快，各类品种有涨有跌，整体变化较小。2020 年，由于年初疫情打压全球经济，各国政府相继开始实施货币宽松政策，带来了 2020 年 3~8 月的贵金属价格暴涨，沪银期货从低点 2 857 元/千克一度涨至 6 877 元/千克，涨幅超 120%，沪金期货也涨超 37%。另外，铁矿石、焦炭、玉米、胶合板等期货都大涨超过 40%，整个期货市场超七成的交易品种均实现了上涨，商品市场风险因子累计净值也在 2020 年不断上涨。进入 2021 年，从年初开始，在国外需求的驱动下，大宗商品价格持续上涨，6 月后，受能源紧缺问题影响，动力煤、焦煤焦炭等上游原材料以及铝、PVC 等高能耗品种价格大幅上涨，

而到了 10 月，煤炭供应抬升，国际天然气出口量加大，能源紧缺问题大幅缓解，大宗商品的需求转弱，价格大幅下跌。

图 6-10　FUTURES 因子的月度收益率和累计净值

三、私募基金的风险因子归因分析

（一）样本选取

接下来，我们采用八个风险因子，分别对每只私募基金的业绩进行归因。私募基金样本的选取条件为截至 2021 年 12 月，有 24 个月及以上净值数据的基金。由于结构化基金的净值不能完全反映基金的收益情况，因此在样本中剔除了结构化基金。此外，我们还删除了基金净值重复率大于 10% 的基金，以提高样本数据的准确性。本章所用的私募基金数据来源于 Wind 数据库。图 6-11 展示了私募基金样本的选取流程和每个筛选步骤后剩余的基金数量。截至 2021 年底，从 Wind 数据库下载的有净值数据的私募基金数量为 104 268 只，在排除结构化基金和删除净值重复率大于 10% 的基金后，满足样本条件的基金有 14 332 只。

表 6-4 展示了不同策略私募基金数量的占比情况，样本基金囊括了普通股票型、相对价值型、股票多空型、债券型、事件驱动型、CTA 型和其他策略的私募基金。在 14 332 只基金中，普通股票策略的基金数量占比最高，为 75.1%，该策略基金选股主要基于对公司的深入研究；其次为股票多空型基金（5.8%）和债券型基金（4.5%），其他策略的基金数量相对较少。

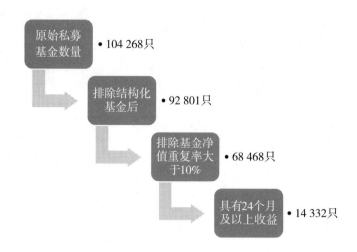

图 6-11 私募基金样本的选取步骤

表 6-4 　　　　　　　　　　　私募基金样本的基金策略分布情况

基金策略分类	基金数量（只）	数量占比（%）
普通股票型	10 760	75.1
相对价值型	558	3.9
股票多空型	828	5.8
债券型	645	4.5
事件驱动型	67	0.5
CTA 型	633	4.4
其他	833	5.8
总计	14 324	100.0

　　由于数据可得性的问题，不同因子的起始日期不同，此外，不同私募基金策略在我国开始出现、发展的时间也有所不一，表 6-5 展示了不同策略私募基金和不同风险因子净值的起始日期。我们发现，私募基金样本的起始日期最早为 2003 年，而在风险因子中，信用风险因子（CBMB10）和商品市场风险因子（FUTURES）的起始日期分别为 2008 年和 2005 年，晚于 2003 年。对于这种情况，我们将这两个因子从 2003 年到其起始日期之间的数据填充为 0，以避免损失私募基金的数据。

表 6-5　　　　　　　　　　私募基金和风险因子净值的起始日期

基金策略	起始日期	因子	起始日期
普通股票型	2003/08/29	MKT	2002/01/31
股票多空型	2007/06/29	SMB	2000/01/31
相对价值型	2004/12/31	HML	2000/01/31
事件驱动型	2008/03/31	MOM	2000/01/31
债券型	2008/04/30	BOND10	2002/01/31
CTA 型	2012/05/31	CBMB10	2008/01/31
—		BOND_RET	2002/01/31
—		FUTURES	2005/01/31

（二）私募基金风险归因模型

基于上述八个风险因子，我们构建八因子模型对每只私募基金进行回归分析。具体的模型为：

$$R_{i,t} = \alpha_i + \beta_{1,i} MKT_t + \beta_{2,i} SMB_t + \beta_{3,i} HML_t + \beta_{4,i} MOM_t + \beta_{5,i} BOND10_t$$
$$+ \beta_{6,i} CBMB10_t + \beta_{7,i} BOND\_RET_t + \beta_{8,i} FUTURES_t + \varepsilon_{i,t} \quad (6.9)$$

其中，$R_{i,t}$ 为第 t 月私募基金 i 的超额收益率，我们采用考虑私募基金分红再投资的复权净值来计算基金的收益率，一年期定期存款利率作为无风险利率；α_i 为基金经理基于自身能力给投资者带来的超额收益；MKT_t、SMB_t、HML_t、MOM_t、$BOND10_t$、$CBMB10_t$、$BOND\_RET_t$ 和 $FUTURES_t$ 分别为第 t 月股票市场风险因子、规模因子、价值因子、动量因子、债券因子、信用风险因子、债券市场综合因子和商品市场因子的风险溢价，回归后的估计值 $\beta_1 \sim \beta_8$ 反映了私募基金在各风险因子上的暴露程度。

（三）归因分析结果

表 6-6 展示了不同策略私募基金因子的回归结果。从中可见，事件驱动型私募基金的调整后 R^2 最高，平均为 39.2%；其次为普通股票型私募基金，调整后 R^2 为 38.4%。即这些因子可以解释私募基金超额收益率方差的 38%~40%，股票多空型和相对价值型私募基金的调整后 R^2 也在 30% 左右。而债券型和 CTA 型私募基金的平均调整后 R^2 相对较低，分别为 8.3% 和 11.3%，表明我们构造的八因子模型未能较好解释这两个策略基金的超额收益。对比不同策略基金的平均年化 α 可以发现，CTA 型私募基金年化 α 的平均值为 12%，在所有类型的私募基金中最高，

说明该策略基金的收益更多是来自基金经理的投资能力，而不是承担风险所带来的风险溢价，其他策略私募基金的平均年化 α 则都在 6% 以内。

同时，我们还发现，不同策略的基金在不同风险因子上的暴露也不相同，β 为正且数值越接近于 1 时，私募基金在该因子上的暴露程度越高。举例来看，普通股票策略的基金对大盘指数对应的 MKT 因子的风险暴露较大，均值为 0.56，说明该策略基金对股票市场大盘指数的风险暴露程度较高，符合股票型基金的特征，而 β_{BOND_RET} 的均值为 -1.57，这意味着普通股票型基金的收益与债券市场的收益呈负相关。事件驱动型私募基金在 MKT 因子和 SMB 因子上的暴露程度较高，当这两个因子上涨时，该策略的基金收益率也会随之上涨。相对价值策略型私募基金又可细分为市场中性策略型私募基金和套利策略型私募基金，其中，市场中性策略型私募基金在构建仓位时主要关注相关联证券之间的价差变化，同时持有空头头寸和多头头寸，因此该策略基金和股票市场收益的相关性较低。

表 6-6　　　　　　　　　　　　私募基金因子回归结果

投资策略	基金数量（只）	因子	均值	Q1	中位数	Q3	标准差
普通股票型	10 760	α	4.1%	-2.6%	4.2%	10.6%	16.9%
		β_{MKT}	0.56	0.31	0.57	0.79	0.41
		β_{SMB}	0.15	-0.04	0.13	0.32	0.44
		β_{HML}	-0.10	-0.36	-0.10	0.15	0.68
		β_{MOM}	0.12	-0.09	0.12	0.37	0.63
		β_{BOND10}	-0.25	-0.52	-0.22	0.03	0.66
		β_{CBMB10}	-0.07	-0.19	-0.07	0.06	0.37
		β_{BOND_RET}	-1.57	-3.15	-1.37	0.21	4.45
		$\beta_{FUTURES}$	0.01	-0.11	0.00	0.10	0.31
		调整后 R^2	38.4%	20.6%	40.7%	58.5%	25.2%
相对价值型	558	α	2.4%	-0.7%	2.0%	6.0%	9.3%
		β_{MKT}	0.13	-0.01	0.03	0.17	0.26
		β_{SMB}	0.15	0.05	0.14	0.26	0.18
		β_{HML}	0.02	-0.07	0.01	0.16	0.42
		β_{MOM}	0.11	-0.01	0.14	0.23	0.33
		β_{BOND10}	-0.08	-0.20	-0.03	0.07	0.38
		β_{CBMB10}	-0.02	-0.08	-0.01	0.02	0.23
		β_{BOND_RET}	-0.32	-1.23	-0.17	0.52	2.40
		$\beta_{FUTURES}$	-0.01	-0.08	-0.02	0.03	0.20
		调整后 R^2	30.5%	10.7%	30.3%	54.4%	24.4%

投资策略	基金数量（只）	因子	均值	Q1	中位数	Q3	标准差
股票多空型	828	α	1.9%	−3.3%	0.9%	7.5%	11.4%
		β_{MKT}	0.27	0.03	0.19	0.48	0.36
		β_{SMB}	0.13	0.03	0.13	0.25	0.30
		β_{HML}	0.08	−0.13	0.03	0.26	0.50
		β_{MOM}	0.07	−0.06	0.09	0.26	0.44
		β_{BOND10}	−0.13	−0.26	−0.12	0.03	0.47
		β_{CBMB10}	−0.03	−0.13	−0.03	0.06	0.25
		β_{BOND_RET}	−0.86	−2.04	−0.71	0.23	3.07
		$\beta_{FUTURES}$	−0.02	−0.11	−0.01	0.07	0.24
		调整后 R^2	27.2%	11.2%	26.1%	44.0%	21.9%
事件驱动型	67	α	5.2%	−5.5%	3.8%	13.3%	19.2%
		β_{MKT}	0.67	0.26	0.56	0.85	0.58
		β_{SMB}	0.36	0.13	0.32	0.69	0.69
		β_{HML}	−0.33	−0.57	−0.03	0.40	1.76
		β_{MOM}	0.03	−0.39	0.04	0.39	1.00
		β_{BOND10}	−0.14	−0.45	−0.14	0.04	0.79
		β_{CBMB10}	−0.02	−0.17	0.01	0.28	0.61
		β_{BOND_RET}	−0.18	−2.19	−0.11	0.73	4.18
		$\beta_{FUTURES}$	−0.09	−0.17	−0.02	0.10	0.49
		调整后 R^2	39.2%	13.4%	44.8%	61.6%	28.1%
债券型	645	α	5.4%	0.6%	4.1%	8.1%	21.3%
		β_{MKT}	0.06	−0.03	0.01	0.08	0.81
		β_{SMB}	0.05	−0.03	0.01	0.08	1.02
		β_{HML}	−0.01	−0.07	0.00	0.08	0.63
		β_{MOM}	0.05	−0.06	0.01	0.08	1.54
		β_{BOND10}	−0.05	−0.13	−0.02	0.04	0.64
		β_{CBMB10}	−0.04	−0.08	−0.02	0.02	0.71
		β_{BOND_RET}	−0.28	−0.67	0.01	0.55	6.79
		$\beta_{FUTURES}$	0.03	−0.04	0.00	0.04	0.84
		调整后 R^2	8.3%	−7.4%	4.3%	20.8%	21.9%

续表

投资策略	基金数量（只）	因子	均值	Q1	中位数	Q3	标准差
CTA 型	633	α	12.0%	0.2%	8.4%	19.5%	30.3%
		β_{MKT}	0.14	−0.05	0.05	0.29	0.40
		β_{SMB}	0.04	−0.13	−0.01	0.17	0.46
		β_{HML}	0.07	−0.23	−0.01	0.26	1.08
		β_{MOM}	−0.09	−0.30	−0.06	0.23	0.84
		β_{BOND10}	−0.14	−0.45	−0.11	0.15	0.98
		β_{CBMB10}	−0.02	−0.18	−0.02	0.13	0.51
		β_{BOND_RET}	−1.09	−3.29	−0.73	1.25	6.14
		$\beta_{FUTURES}$	0.05	−0.09	0.08	0.24	0.65
		调整后 R^2	11.3%	−3.0%	6.5%	22.4%	20.9%

表 6-7 展示了不同策略私募基金回归在各因子上的显著程度。在 10% 的显著性水平上，普通股票型、相对价值型和股票多空型基金的 α 呈正显著的比例都超过了 20%。而债券型基金中有 55% 的基金呈正显著，CTA 型基金中有 42% 的基金呈正显著，说明债券型和 CTA 型基金中具有投资能力的基金数量相对较多。此外，在四类股票型私募基金里，除了相对价值型私募基金以外，其他三种类型的私募基金在股票市场风险因子（MKT）上呈正显著的比例都比较高。具体来看，普通股票型私募基金中有 82% 的基金在 MKT 因子上呈正显著，股票多空型私募基金中有 64% 的基金在 MKT 因子上呈正显著，事件驱动型私募基金中有 75% 的基金在 MKT 因子上呈正显著，而相对价值型私募基金中有 39% 的基金在 MKT 因子上呈正显著。如前文所述，相对价值策略中的市场中性策略基金会在持有股票多头头寸的同时做空股指期货，以对冲股票市场的风险，因此与其他主要投资股票的基金相比，较少比例的基金在 MKT 因子上的风险暴露是显著的。

对于主要投资债券的债券型私募基金和主要投资期货的 CTA 型私募基金，我们发现债券型私募基金在债券类因子（BOND10、CBMB10、BOND_RET）上的正显著比例为 8% 左右，要低于其在 MKT 因子上的正显著比例，表明一定比例的债券型私募基金在策略上可能存在漂移，将资金投向了股票市场。CTA 型私募基金中，有 30% 的基金回归到 FUTURES 因子时是正显著的。

表 6-7　　　　　　私募基金归因分析结果显著性比例统计　　　　　单位：%

投资策略	样本数（只）	显著性	α	β_{MKT}	β_{SMB}	β_{HML}	β_{MOM}	β_{BOND10}	β_{CBMB10}	β_{BOND_RET}	$\beta_{FUTURES}$
普通股票型	10 760	正显著	28.7	82.2	36.6	9.8	26.9	5.5	5.8	4.2	11.9
		不显著	63.1	16.5	56.2	67.9	65.9	65.5	76.3	71.6	76.4
		负显著	8.3	1.3	7.2	22.2	7.3	29.1	17.9	24.2	11.7

投资策略	样本数（只）	显著性	α	β_{MKT}	β_{SMB}	β_{HML}	β_{MOM}	β_{BOND10}	β_{CBMB10}	β_{BOND_RET}	$\beta_{FUTURES}$
相对价值型	558	正显著	24.9	38.5	60.4	19.4	45.7	7.5	5.0	8.4	8.4
		不显著	69.7	52.3	35.1	73.3	45.5	68.3	80.1	76.9	67.6
		负显著	5.4	9.1	4.5	7.3	8.8	24.2	14.9	14.7	24.0
股票多空型	828	正显著	20.3	63.5	46.9	20.3	29.1	4.5	7.7	4.7	12.9
		不显著	66.5	30.6	47.2	69.2	60.9	78.7	78.6	82.9	68.5
		负显著	13.2	5.9	5.9	10.5	10.0	16.8	13.6	12.4	18.6
事件驱动型	67	正显著	16.4	74.6	50.7	11.9	17.9	6.0	19.4	4.5	4.5
		不显著	74.6	25.4	47.8	70.1	62.7	80.6	68.7	85.1	80.6
		负显著	9.0	0.0	1.5	17.9	19.4	13.4	11.9	10.4	14.9
债券型	645	正显著	55.0	26.4	16.4	11.2	13.0	7.4	5.4	11.3	9.9
		不显著	38.9	63.1	75.0	81.9	75.7	77.2	76.7	81.2	80.9
		负显著	6.0	10.5	8.5	7.0	11.3	15.3	17.8	7.4	9.1
CTA 型	633	正显著	41.7	29.5	17.5	13.1	10.7	8.7	7.4	8.7	29.5
		不显著	55.3	63.5	70.0	74.6	69.5	76.0	80.4	76.5	60.2
		负显著	3.0	7.0	12.5	12.3	19.7	15.3	12.2	14.9	10.3

注：显著性水平为 10%，$t=1.282$，表中数字为处于各个显著性水平基金的比例。

四、私募基金指数的风险因子归因分析

除了对每只私募基金进行因子回归分析之外，我们还以第五章所构建的私募基金指数为研究对象，对指数的收益率进行回归，分析不同策略基金指数在八个风险因子上的风险暴露。

（一）私募基金指数风险归因模型

基于八个风险因子，我们构建八因子模型对不同策略的私募基金指数进行回归分析。具体模型为：

$$INDE\,X_{Ri,t} = \alpha_i + \beta_{1,i}MKT_t + \beta_{2,i}SMB_t + \beta_{3,i}HML_t + \beta_{4,i}MOM_t + \beta_{5,i}BOND10_t$$
$$+ \beta_{6,i}CBMB10_t + \beta_{7,i}BOND\_RET_t + \beta_{8,i}FUTURES_t + \varepsilon_{i,t} \qquad (6.10)$$

其中，$INDEX\_R_{i,t}$ 为第 t 个月私募基金指数 i 的超额收益率，其他变量的含义与式

（6.9）相同。

（二）归因结果分析

对于不同策略的私募基金指数，我们得到的风险因子回归结果如表 6-8 所示。从模型的拟合程度来看，普通股票型和股票多空型私募基金指数回归后的调整后 R^2 较高，都在 60% 以上。调整后 R^2 最低的私募基金指数是 CTA 型基金，主要原因在于 CTA 策略的基金采用多空双向交易的方式灵活切换持仓，既可以做多也可以做空，使基金能够在市场上涨和下跌的环境下均赚取收益，且不同的 CTA 基金所采取的具体策略有所不同，FUTURES 因子作为纯多头的因子无法对许多 CTA 基金的收益进行很好的解释，其调整后 R^2 为 2.6%。从超额收益 α 来看，普通股票型、债券型和 CTA 型基金的 α 为正显著，说明这些策略的私募基金是凭借基金经理的投资能力获得超额收益的。

表 6-8   不同策略私募基金指数的风险因子回归结果

风险因子	不同策略及起始日期					
	普通股票型	相对价值型	股票多空型	事件驱动型	债券型	CTA 型
	2005/12	2010/12	2008/12	2011/12	2010/12	2012/12
α (t 值)	7.8% (3.63)	2.0% (0.58)	3.9% (1.60)	7.3% (1.27)	4.3% (3.04)	29.6% (4.92)
β_{MKT} (t 值)	0.46 (19.87)	0.19 (5.23)	0.40 (14.81)	0.57 (7.99)	0.04 (2.43)	0.08 (1.28)
β_{SMB} (t 值)	0.18 (5.87)	0.13 (2.59)	0.21 (6.21)	0.39 (4.68)	0.02 (1.22)	0.12 (1.47)
β_{HML} (t 值)	−0.21 (−3.15)	−0.18 (−1.68)	−0.08 (−0.98)	−0.28 (−1.31)	−0.04 (−1.06)	0.09 (0.49)
β_{MOM} (t 值)	0.17 (3.75)	0.10 (1.24)	0.12 (2.20)	0.05 (0.37)	−0.01 (−0.38)	−0.15 (−1.11)
β_{BOND10} (t 值)	−0.12 (−2.03)	0.12 (0.90)	−0.15 (−1.45)	0.24 (0.97)	0.02 (0.54)	0.05 (0.29)
β_{CBMB10} (t 值)	−0.08 (−1.96)	−0.02 (−0.29)	−0.07 (−1.56)	0.02 (0.14)	−0.01 (−0.37)	0.11 (0.94)
β_{BOND_RET} (t 值)	−0.55 (−1.23)	0.54 (0.59)	−0.95 (−1.48)	1.43 (0.91)	0.76 (2.41)	0.97 (0.72)
$\beta_{FUTURES}$ (t 值)	0.00 (−0.01)	−0.02 (−0.47)	0.00 (0.08)	0.03 (0.31)	0.02 (0.79)	−0.20 (−2.44)
调整后 R^2	68.7%	14.4%	63.5%	37.7%	7.5%	2.6%

我们还发现，不同策略的私募基金指数在不同风险因子上的暴露是不同的。在10%的显著性水平上，四类股票型私募基金指数都与股票市场风险呈显著正相关，其中相对价值型私募基金的策略特征造成了其对 MKT 因子的暴露程度要低于其他三类股票型基金指数。此外，在 SMB、HML 和 MOM 这三个衡量股票市场风险的因子中，事件驱动型基金指数在 SMB 因子上的暴露程度最高，表明该策略基金获得了来自投资小盘股的风险溢价；普通股票型和相对价值型私募基金指数对于 HML 因子的相关性为负显著，意味着这两类基金更偏向投资成长股；对于 MOM 因子，普通股票型和股票多空型私募基金指数与其相关性为正且显著，β 值分别为 0.17 和 0.12，可以发现这两种私募基金存在追涨杀跌的证据。此外，股票型私募基金指数对三个债券类风险因子和一个商品市场风险因子的暴露均不显著。对于债券型私募基金指数而言，可以发现其在 BOND_RET 因子上的风险暴露是显著的，且 β 值为 0.76，与债券市场综合业绩相关性高。同时，该策略基金与四个股票风险因子的相关性或不显著，或整体较低。

（三）稳健性检验

通过上述分析可以发现，一些因子在解释某些策略的私募基金收益时并不显著。例如，三个债券市场因子和一个商品市场因子回归到大多数股票型私募基金指数时不显著。因此，我们去掉了一些和某一只私募基金策略相关性不高的因子，对私募基金指数的回归分析进行稳健性检验。在普通股票型、相对价值型、股票多空型和事件驱动型私募基金指数的分析中，我们只保留了与股票市场相关的 MKT、SMB、HML 和 MOM 四个风险因子；在债券型基金指数的分析中，只保留了债券市场的 BOND10、CBMB10 和 BOND_RET 三个风险因子；在 CTA 型基金指数的分析中，只保留了商品市场风险因子 FUTURES。

表 6-9 展示了调整模型变量后不同策略的私募基金指数对不同因子的回归结果。其中，普通股票型、相对价值型、股票多空型和事件驱动型私募基金指数在去掉了三个债券市场因子和一个商品市场因子之后，模型的拟合程度几乎没有变化。债券型私募基金指数在去掉了四个股票市场因子和一个商品市场因子后，模型拟合程度和相关因子的显著性水平没有太大改变。CTA 型私募基金指数在只保留商品市场风险因子后，调整后 R^2 同样没有大幅改变，仅为 2% 左右，表明回归结果是稳健的。在前文中我们提到，CTA 型基金可以进行做多和做空的双向交易，策略包括趋势追踪、跨期套利、波动率套利等多种方式，且交易中包括商品、股指、利率等多种期货品种，仅通过单一做多的商品市场风险因子（FUTURES）对其风险暴露程度进行衡量并不准确，进而造成模型拟合程度低，FUTURES 因子的回归结果不显著。

表 6-9　　　　　不同策略私募基金指数的风险因子回归结果（稳健性检验）

风险因子	不同策略及起始日期					
	普通股票型	相对价值型	股票多空型	事件驱动型	债券型	CTA 型
	2005/12	2010/12	2008/12	2011/12	2010/12	2012/12
α （ t 值）	6.7% （3.29）	2.2% （0.68）	2.6% （1.11）	8.6% （1.58）	5.0% （3.64）	33.8% （6.06）
β_{MKT} （ t 值）	0.45 （21.16）	0.20 （5.91）	0.40 （16.60）	0.60 （9.08）		
β_{SMB} （ t 值）	0.18 （5.89）	0.13 （2.61）	0.22 （6.26）	0.39 （4.74）		
β_{HML} （ t 值）	−0.22 （−3.24）	−0.18 （−1.73）	−0.08 （−0.99）	−0.26 （−1.25）		
β_{MOM} （ t 值）	0.17 （3.62）	0.09 （1.23）	0.11 （2.10）	0.08 （0.59）		
β_{BOND10} （ t 值）					0.05 （1.14）	
β_{CBMB10} （ t 值）					−0.01 （−0.28）	
β_{BOND_RET} （ t 值）					0.80 （2.57）	
$\beta_{FUTURES}$ （ t 值）						−0.18 （−2.37）
调整后 R^2	68.3%	15.4%	63.7%	38.8%	4.5%	2.2%

综合来看，在本章中我们所构造的八个风险因子对普通股票型、股票多空型和事件驱动型私募基金指数的风险来源能够进行较好的解释。但是，对于相对价值型、债券型，特别是 CTA 型私募基金指数，模型的拟合程度相对较低，还需要进一步挖掘能够对这些策略进行有效解释的风险因子。

五、小结

为了分析各策略私募基金在不同风险上的暴露程度，我们基于美国市场的风险因子，结合我国私募基金的发展情况，构建出八个中国私募基金风险因子。其中，与股票市场风险相关的因子包括：股票市场风险因子（MKT）、规模因子（SMB）、价值因子（HML）和动量因子（MOM）；与债券市场风险相关的因子包括：债券因子（BOND10）、信用风险因子（CBMB10）和债券市场综合因子（BOND_RET）；与商品市场风险相关的因子包括商品市场风险因子（FUTURES）。

在分析过程中，我们分别以单只基金和私募基金指数为对象，对普通股票型、相对价值型、股票多空型、事件驱动型、债券型和 CTA 型私募基金进行了回归分析。研究结果显示，当对单只基金进行回归分析时，四类股票型基金的拟合程度较好，与 MKT 因子呈正相关的基金数量比例较高，体现了股票型基金的特征。而债券型私募基金和 CTA 型私募基金回归到模型时调整后 R^2 偏低，意味着我们构造的八个风险因子不能较好地解释这两个策略私募基金的收益构成。

当对私募基金指数进行回归时，普通股票型、股票多空型和事件驱动型私募基金指数的模型拟合程度较高，其中，普通股票型私募基金指数与 MKT、SMB 和 MOM 因子显著正相关，与 HML 因子显著负相关。债券型私募基金与 BOND_RET 因子显著正相关，与另外两个债券类因子的相关性不显著。CTA 型私募基金由于其策略的特殊性，回归结果的拟合程度不好。通过这些分析，我们可以在一定程度上了解不同策略私募基金的风险暴露程度，从而使投资者更加了解自己所投资的私募基金的收益来源。

附录一 股票型私募基金近五年业绩描述统计表（按年化收益率由高到低排序）：2017～2021 年

本表展示的是近五年股票型私募基金的收益和风险指标。其中，收益指标包括年化收益率，风险指标包括年化波动率、年化下行风险及五年内最大回撤率。在评估基金的收益与风险时，我们选取万得全 A 指数作为评估标准，并在表中第 0 行给出相关指标的结果。

编号	基金名称	年化收益率（%）	年化波动率（%）	年化下行风险（%）	最大回撤率（%）	夏普比率	索丁诺比率	收益—最大回撤比率
0	万得全 A 指数	6.55	16.08	8.25	30.56	0.38	0.74	1.22
1	正圆 1 号	114.17	65.26	20.06	39.14	1.45	4.72	112.56
2	弘苓奎利稳健管理型 2 号	112.66	45.79	14.75	31.41	1.86	5.77	135.32
3	建泓绝对收益 1 号	93.27	52.90	19.02	42.96	1.49	4.14	60.44
4	靖奇光合长谷	79.45	18.85	1.80	3.04	3.18	33.37	580.02
5	万方稳进 1 号	70.14	65.12	20.01	34.81	1.07	3.47	38.09
6	大禾投资-掘金 5 号	64.88	41.18	14.65	30.65	1.39	3.90	36.49
7	建泓时代绝对收益 2 号	63.07	49.95	17.33	37.95	1.19	3.43	27.75
8	大禾投资-掘金 1 号	59.13	36.87	13.31	27.06	1.41	3.91	34.00
9	复胜正能量 1 期	59.11	39.26	13.69	29.49	1.35	3.86	31.19
10	达理 1 号	57.19	33.12	9.15	24.34	1.50	5.41	35.32
11	冠丰 3 号消费优选	55.06	56.08	17.21	34.84	1.00	3.25	22.86
12	靖奇金牛思锐	54.41	16.24	2.38	3.87	2.71	18.49	201.16
13	涌津涌鑫 6 号	54.35	38.37	14.90	23.24	1.29	3.31	33.39
14	卓畔 1 号	52.86	82.40	34.02	78.15	0.87	2.10	9.40

续表

编号	基金名称	年化收益率（%）	年化波动率（%）	年化下行风险（%）	最大回撤率（%）	夏普比率	索丁诺比率	收益—最大回撤比率
15	涌津涌赢 1 号	51.55	35.28	13.83	23.82	1.32	3.36	29.37
16	顺然 3 号	49.80	38.38	14.89	42.82	1.20	3.10	15.28
17	鼎萨价值成长	47.43	32.42	13.91	35.61	1.32	3.08	16.75
18	新智达成长 1 号	44.04	31.61	14.19	23.44	1.27	2.84	22.18
19	涌贝资产阳光稳健	43.64	43.80	16.94	36.74	1.00	2.59	13.92
20	璟恒五期	42.66	28.48	10.47	21.84	1.35	3.66	22.48
21	鸿道创新改革	40.81	25.99	9.41	12.66	1.40	3.86	35.82
22	北京福睿德 9 号	40.07	46.35	15.63	51.64	0.90	2.68	8.50
23	石锋重剑一号	38.49	28.33	10.42	22.19	1.24	3.38	18.46
24	君行 5 号	37.76	27.74	12.00	22.00	1.25	2.88	18.00
25	中润一期	37.54	21.23	6.21	12.68	1.55	5.29	30.92
26	林园 2 期	37.13	30.57	17.09	30.52	1.15	2.06	12.61
27	林园 3 期	36.64	30.98	17.35	30.49	1.13	2.02	12.34
28	国润一期	36.41	21.94	6.43	12.52	1.47	5.00	29.74
29	理臻鸿运精选 1 号	35.92	18.45	6.55	9.18	1.69	4.77	39.65
30	十字星 1 期	35.82	6.06	0.41	0.78	4.90	72.78	463.79
31	进化论复合策略 1 号	35.59	17.41	6.44	12.59	1.77	4.78	28.46
32	优波	35.35	38.25	15.56	26.82	0.94	2.30	13.21
33	青骊长兴	35.35	24.84	8.10	35.40	1.29	3.95	10.01

续表

编号	基金名称	年化收益率（%）	年化波动率（%）	年化下行风险（%）	最大回撤率（%）	夏普比率	索丁诺比率	收益—最大回撤比率
34	盛信 1 期（2016）	35.27	19.49	7.44	20.22	1.59	4.15	17.45
35	长金 4 号	35.19	31.35	15.98	40.52	1.08	2.12	8.67
36	石锋笃行一号	35.10	22.85	8.87	21.61	1.37	3.54	16.20
37	磐耀 3 期	35.01	19.79	6.78	9.39	1.55	4.53	37.13
38	林园	34.93	27.70	17.52	28.94	1.18	1.87	12.00
39	睿源进取 1 号	34.82	51.23	15.86	32.78	0.76	2.44	10.54
40	盈阳 22 号	34.28	27.00	5.64	9.08	1.16	5.55	37.06
41	壁虎成长 3 号	34.24	23.67	11.25	21.33	1.31	2.76	15.75
42	晓峰 1 号睿远	33.95	18.31	8.54	15.87	1.62	3.48	20.87
43	雨山寻牛 1 号	33.83	43.73	19.54	47.47	0.84	1.88	6.94
44	无量 1 期	33.68	25.23	9.34	20.06	1.22	3.29	16.30
45	长牛分析 1 号	33.60	22.24	8.72	20.55	1.36	3.46	15.85
46	东方港湾马拉松 1 号	33.37	19.20	8.78	12.29	1.53	3.35	26.21
47	汉和资本–私募学院菁英 7 号	33.32	18.60	7.83	15.00	1.57	3.74	21.41
48	彤源同创 1 期 A	33.26	19.46	6.43	17.24	1.51	4.57	18.58
49	利得汉景 1 期	32.98	22.21	9.68	22.16	1.34	3.07	14.25
50	悟源农产品 2 号	32.82	30.25	9.57	20.29	1.03	3.25	15.45
51	榕树文明复兴 3 期	32.30	20.62	8.61	29.39	1.40	3.35	10.39
52	岁寒知松柏 1 号	32.30	22.78	9.13	22.70	1.28	3.21	13.45

续表

编号	基金名称	年化收益率（%）	年化波动率（%）	年化下行风险（%）	最大回撤率（%）	夏普比率	索丁诺比率	收益—最大回撤比率
53	同望 1 期 1 号	32.17	19.47	6.47	16.84	1.46	4.41	18.01
54	石锋厚积一号	32.00	22.59	9.31	23.38	1.28	3.12	12.87
55	元达信资本－安易持兴国 2 号	31.66	22.20	9.00	15.22	1.29	3.19	19.42
56	趣时事件驱动 1 号	31.65	22.39	8.90	24.59	1.28	3.22	12.01
57	希瓦小牛 FOF	31.19	26.53	11.63	31.92	1.10	2.52	9.04
58	华杉永旭	31.08	20.34	8.89	22.25	1.37	3.13	12.90
59	康曼德 003 号	31.04	18.94	5.47	12.38	1.45	5.02	23.13
60	彤源 5 号	30.88	21.29	8.87	18.86	1.31	3.14	15.06
61	昭图 5 期	30.71	23.53	8.72	14.93	1.20	3.23	18.85
62	景林创新成长	30.62	23.78	12.85	32.88	1.19	2.20	8.52
63	浅湖稳健 5 号	30.31	66.37	32.76	63.63	0.71	1.43	4.33
64	远望角容远 1 号	30.12	16.62	6.84	12.70	1.59	3.87	21.50
65	鸿道创新改革尊享 1 号	30.09	25.05	10.35	15.10	1.12	2.71	18.05
66	远澜红枫 1 号	29.93	23.41	5.94	8.72	1.17	4.59	30.99
67	彤源 7 号（A）	29.83	19.99	8.30	18.55	1.34	3.23	14.50
68	远望角投资 1 期	29.73	17.55	7.05	12.75	1.50	3.73	20.98
69	高毅邻山 1 号	29.57	19.74	7.54	18.21	1.34	3.52	14.57
70	趣时事件驱动 1 号 A 期	29.34	22.06	9.10	25.38	1.21	2.94	10.32
71	鸿道国企改革	28.98	23.89	8.94	23.77	1.12	3.01	10.81

续表

编号	基金名称	年化收益率（%）	年化波动率（%）	年化下行风险（%）	最大回撤率（%）	夏普比率	索丁诺比率	收益—最大回撤比率
72	溪牛长期回报	28.95	27.79	13.74	29.90	1.01	2.04	8.58
73	弘茗套利稳健管理型 6 号	28.85	19.71	6.30	15.48	1.31	4.11	16.48
74	涌鑫 3 号	28.79	18.81	5.92	14.09	1.37	4.34	18.05
75	卓铸卓越 1 号	28.59	25.82	12.76	32.89	1.05	2.13	7.65
76	果实长期成长 1 号	28.56	20.33	9.36	19.53	1.27	2.77	12.86
77	睿璞投资－睿洪 1 号	28.42	20.02	8.50	13.47	1.28	3.02	18.50
78	支点先锋 1 号	28.41	23.66	5.87	15.51	1.11	4.46	16.07
79	神农太极	28.17	27.69	10.80	28.17	0.98	2.51	8.73
80	理成风景 1 号（2015）	28.17	24.18	8.66	24.80	1.09	3.03	9.91
81	勤远动态平衡 1 号	28.11	21.98	9.00	12.09	1.17	2.87	20.27
82	新思哲成长	28.09	21.10	9.64	23.63	1.22	2.66	10.36
83	鸿道 2 期	28.03	21.12	8.18	17.88	1.21	3.12	13.65
84	泽升优选成长 1 期	27.91	34.05	14.29	33.86	0.84	2.01	7.16
85	91 金融东方港湾价值 1 号	27.85	24.42	11.11	20.30	1.07	2.36	11.91
86	清和泉成长 2 期	27.82	22.01	10.42	20.56	1.16	2.46	11.73
87	掌盟资本－私募学院菁英 189 号	27.80	26.37	11.59	26.04	1.01	2.30	9.25
88	下游消费饭块 H1104	27.68	20.72	7.88	23.61	1.22	3.20	10.14
89	盈定 2 号	27.59	32.61	10.54	15.50	0.84	2.60	15.36
90	睿璞投资－睿华 1 号	27.58	19.80	8.49	14.79	1.26	2.94	16.09

续表

编号	基金名称	年化收益率（%）	年化波动率（%）	年化下行风险（%）	最大回撤率（%）	夏普比率	索丁诺比率	收益—最大回撤比率
91	睿泉成长1号	27.52	19.36	8.57	23.50	1.28	2.90	10.09
92	巴克夏月月利1号	27.40	44.06	17.63	48.24	0.72	1.80	4.88
93	美港基金	27.39	41.08	17.68	29.70	0.74	1.73	7.93
94	盛泉恒元定增套利多策略6号	27.23	14.34	6.27	12.19	1.66	3.80	19.15
95	金舆中国互联网	27.14	37.93	17.41	34.15	0.78	1.69	6.80
96	大朴多维度24号	27.13	12.12	4.13	6.18	1.94	5.68	37.53
97	资瑞兴1号	26.99	17.97	7.20	11.49	1.34	3.35	20.03
98	新方程清和泉	26.75	22.22	10.37	21.74	1.12	2.39	10.45
99	证大量化价值	26.65	22.83	8.13	33.80	1.08	3.04	6.68
100	望正1号	26.62	23.65	11.93	21.01	1.06	2.10	10.73
101	盛泉恒元量化进取多策略1号	26.58	15.73	7.40	18.94	1.49	3.18	11.88
102	同威海源价值1期	26.47	27.33	11.55	18.16	0.94	2.22	12.31
103	盈定9号	26.41	18.75	6.75	18.04	1.27	3.53	12.35
104	清和泉金牛山1期	26.39	22.12	10.57	18.51	1.11	2.32	12.03
105	上海远澜顾锌1号	26.31	22.09	11.78	33.34	1.11	2.08	6.64
106	乐晟精选	26.26	18.45	7.96	29.64	1.28	2.97	7.45
107	远澜火松	26.25	21.94	9.84	24.95	1.11	2.47	8.85
108	中欧瑞博诺亚	26.19	15.02	6.46	20.49	1.54	3.57	10.74
109	趣时事件驱动1号B期	26.13	21.67	9.24	24.88	1.11	2.61	8.81

续表

编号	基金名称	年化收益率（%）	年化波动率（%）	年化下行风险（%）	最大回撤率（%）	夏普比率	索丁诺比率	收益—最大回撤比率
110	红宝石安心进取 H-1001	26.09	20.65	8.35	26.66	1.16	2.87	8.20
111	朱雀 13 期	26.07	20.71	9.71	21.28	1.16	2.47	10.27
112	红筹 1 号	25.96	21.97	9.37	21.05	1.10	2.57	10.31
113	景林丰收 2 号	25.78	20.61	10.73	26.82	1.15	2.21	8.01
114	百航进取 2 号	25.40	20.47	8.71	13.00	1.14	2.68	16.16
115	金泰圆盛积极成长 2 号	25.23	23.42	8.90	17.30	1.01	2.67	12.02
116	榕树陈氏	25.18	22.20	8.80	27.84	1.06	2.67	7.45
117	进化论稳进 2 号	25.18	19.62	8.49	15.84	1.17	2.71	13.09
118	涌鑫 2 号	25.15	15.25	6.49	9.73	1.46	3.43	21.28
119	淞银财富-清和泉优选 1 期	25.15	20.66	9.67	19.49	1.12	2.40	10.62
120	睿璞投资-睿洪 2 号	25.14	19.60	8.59	14.71	1.17	2.68	14.06
121	汉和天信	25.09	18.14	8.44	17.15	1.25	2.69	12.03
122	拾贝 1 号	25.07	17.88	7.29	12.52	1.26	3.10	16.46
123	望岳投资小象 1 号	24.96	26.24	11.96	25.25	0.92	2.03	8.11
124	金塔行业精选 1 号	24.87	15.66	5.30	8.34	1.41	4.16	24.42
125	久富 7 期	24.80	17.10	7.83	19.10	1.30	2.85	10.61
126	坤德承裕 1 期	24.66	19.98	10.12	22.23	1.14	2.24	9.04
127	九峰 FOF3 号	24.48	32.13	11.15	31.52	0.78	2.24	6.31
128	高毅庆澜端 6 号	24.29	19.75	8.05	23.54	1.13	2.77	8.35

续表

编号	基金名称	年化收益率（%）	年化波动率（%）	年化下行风险（%）	最大回撤率（%）	夏普比率	索丁诺比率	收益—最大回撤比率
129	新里程超越梦想	24.21	48.84	27.09	47.95	0.66	1.20	4.08
130	观富源 3 期	24.17	15.50	5.96	16.96	1.39	3.61	11.51
131	同薄智慧 1 号	24.13	25.29	12.05	36.81	0.93	1.94	5.29
132	易同优选	24.09	22.73	8.91	16.82	1.00	2.54	11.55
133	东兴港湾 1 号	23.95	21.92	10.84	19.74	1.03	2.08	9.76
134	五色土 3 期	23.93	37.56	18.06	39.57	0.71	1.49	4.86
135	易同精选 3 期	23.93	13.84	6.34	19.40	1.52	3.32	9.91
136	名禹冰风 1 期	23.86	15.07	4.69	6.69	1.40	4.51	28.62
137	彤源 6 号	23.86	17.39	6.17	14.03	1.24	3.49	13.65
138	正鑫 1 号	23.83	38.31	12.46	30.06	0.69	2.11	6.36
139	远望角容远 1 号 A 期	23.77	15.88	7.60	13.99	1.34	2.80	13.61
140	千合紫荆 1 号	23.72	18.24	9.18	19.62	1.18	2.35	9.68
141	进化论 FOF1 号	23.72	15.67	6.91	9.59	1.35	3.06	19.79
142	中欧瑞博诺亚 1 期	23.69	15.01	6.68	21.40	1.40	3.15	8.86
143	汇泽至远 1 期	23.69	19.43	8.79	19.86	1.12	2.47	9.54
144	秦和长兴 1 期	23.64	19.27	9.25	22.31	1.13	2.35	8.47
145	合旦 61 号	23.63	29.56	10.51	25.03	0.80	2.26	7.54
146	东方港湾 3 号	23.59	23.53	10.65	21.70	0.96	2.11	8.68
147	久富 2 期	23.55	18.83	7.78	25.35	1.14	2.77	7.41

续表

编号	基金名称	年化收益率（%）	年化波动率（%）	年化下行风险（%）	最大回撤率（%）	夏普比率	索丁诺比率	收益—最大回撤比率
148	恒天泰旸 1 期	23.37	17.67	8.96	16.68	1.20	2.37	11.14
149	大朴多维度 15 号	23.34	12.45	4.86	10.47	1.64	4.20	17.72
150	汉和资本 1 期	23.31	18.69	9.36	17.72	1.14	2.28	10.45
151	恒泰辰丰港湾 1 期	23.31	22.28	10.19	23.53	0.99	2.16	7.86
152	新思哲 1 期	23.30	20.54	9.23	23.86	1.05	2.35	7.75
153	相聚芒格 1 期	23.25	15.78	6.24	13.73	1.32	3.33	13.43
154	盈定 8 号	23.16	17.46	8.23	15.77	1.20	2.55	11.63
155	神农本源	23.11	28.89	10.09	25.31	0.80	2.29	7.22
156	上海优波投资－长江	23.07	30.47	12.79	25.99	0.78	1.85	7.02
157	高毅利伟精选唯实	23.06	16.74	7.95	19.39	1.24	2.62	9.40
158	因诺天跃	23.05	11.52	3.54	6.69	1.74	5.66	27.20
159	红筹平衡选择	22.98	22.19	13.44	21.07	0.98	1.63	8.61
160	五色土 1 期	22.97	50.50	26.24	70.37	0.63	1.22	2.58
161	准锦复利 1 号	22.89	16.67	7.45	24.91	1.24	2.77	7.24
162	紫晶 1 号	22.86	16.61	7.03	21.80	1.24	2.93	8.25
163	融通资本汉景港湾 1 号	22.85	20.40	8.40	20.77	1.04	2.53	8.66
164	金蕴 90 期（相生）	22.82	21.29	10.58	21.74	1.01	2.03	8.25
165	宽远沪港深精选	22.80	16.15	7.58	18.08	1.27	2.70	9.91
166	神农老院子基金	22.74	31.01	12.85	35.38	0.76	1.84	5.05

续表

编号	基金名称	年化收益率（%）	年化波动率（%）	年化下行风险（%）	最大回撤率（%）	夏普比率	索丁诺比率	收益－最大回撤比率
167	趣时分红增长 1 号 A 期	22.71	21.11	9.46	25.76	1.01	2.25	6.92
168	趋势投资 1 号	22.65	41.17	13.99	32.93	0.63	1.87	5.39
169	泓澄投资 1 号	22.58	17.97	9.07	22.45	1.15	2.27	7.87
170	鸿道 1 期	22.57	25.50	10.39	24.31	0.87	2.13	7.26
171	鸿道 3 期	22.52	21.87	8.96	22.60	0.97	2.37	7.79
172	百泉进取 1 号	22.50	17.40	6.06	9.33	1.17	3.36	18.85
173	致君日月星	22.44	18.61	7.95	18.98	1.11	2.59	9.23
174	盈阳 15 号	22.43	17.38	8.29	32.09	1.17	2.46	5.46
175	新活力精选	22.32	17.29	7.17	27.92	1.17	2.82	6.23
176	乐正资本三川	22.26	34.77	14.03	39.00	0.70	1.73	4.44
177	榕树文明复兴 2 期	22.21	21.24	9.30	26.95	0.98	2.25	6.41
178	东方先进制造优选	22.21	19.91	10.46	28.57	1.04	1.98	6.04
179	钜融大安 1 号	22.20	29.81	10.65	24.21	0.76	2.13	7.12
180	果实资本仁心回报 1 号	21.86	20.79	9.88	21.92	0.99	2.08	7.70
181	民晟红鹭 21 期	21.81	18.91	7.29	16.14	1.06	2.75	10.42
182	清和泉金牛山 4 期	21.77	20.50	10.39	16.24	0.99	1.96	10.32
183	东方马拉松致远	21.71	20.59	11.82	32.30	0.99	1.73	5.17
184	同樟尊享 1 号	21.70	24.41	11.92	34.67	0.87	1.78	4.82
185	万利富达德盛 1 期	21.67	21.16	12.80	26.07	0.97	1.60	6.39

续表

编号	基金名称	年化收益率（%）	年化波动率（%）	年化下行风险（%）	最大回撤率（%）	夏普比率	索丁诺比率	收益—最大回撤比率
186	金百镕 1 期	21.63	22.20	9.99	21.27	0.93	2.06	7.81
187	神农长空集母	21.62	29.99	11.91	27.24	0.75	1.88	6.10
188	久富 1 期	21.61	19.04	7.85	25.47	1.05	2.54	6.52
189	仙多山 1-A	21.57	96.26	34.42	60.84	0.54	1.52	2.72
190	昆仑 36 号	21.54	20.53	9.37	26.20	0.98	2.16	6.30
191	同禅 9 期	21.46	21.98	10.07	23.90	0.93	2.03	6.88
192	投资精英（朱雀 B）	21.45	18.55	8.66	22.63	1.06	2.28	7.26
193	银叶阶跃	21.45	19.67	9.87	22.16	1.02	2.03	7.41
194	惠正进取	21.45	30.31	13.07	24.34	0.73	1.70	6.75
195	神农初阳	21.40	28.65	9.77	26.75	0.75	2.20	6.12
196	鸿凯进取 5 号	21.38	21.17	8.63	24.16	0.95	2.34	6.76
197	宽远价值成长 2 期	21.34	15.60	7.68	18.56	1.23	2.50	8.78
198	朱雀 1 期（深国投）	21.32	20.42	10.16	25.24	0.98	1.97	6.45
199	龙全 2 号	21.30	20.74	9.35	29.11	0.96	2.14	5.59
200	美港喜马拉雅	21.23	31.67	12.35	27.10	0.71	1.81	5.97
201	远澜红松	21.17	12.73	5.04	8.10	1.46	3.70	19.89
202	敦和八卦田积极 3 号	21.12	21.70	9.76	16.87	0.93	2.06	9.53
203	黑森 9 号	21.10	13.89	4.77	11.25	1.35	3.92	14.26
204	玖鹏价值精选 1 号	21.08	21.29	10.38	39.74	0.94	1.92	4.03

续表

编号	基金名称	年化收益率（%）	年化波动率（%）	年化下行风险（%）	最大回撤率（%）	夏普比率	索丁诺比率	收益—最大回撤比率
205	平石 T5 对冲基金	21.05	14.54	5.95	11.79	1.29	3.16	13.56
206	久富全球配置	21.02	17.08	8.36	26.23	1.12	2.29	6.08
207	常春藤目标	21.01	15.86	6.86	10.56	1.19	2.76	15.11
208	璟恒 1 期	20.97	18.22	8.01	17.02	1.06	2.41	9.35
209	朱雀 20 期	20.89	18.34	8.97	21.79	1.05	2.15	7.26
210	中睿合银策略精选 1 号	20.83	22.14	5.59	23.67	0.89	3.54	6.66
211	华夏未来泽时进取 1 号	20.74	19.49	8.94	26.13	0.99	2.16	5.99
212	景林稳健	20.73	18.53	10.10	27.98	1.04	1.90	5.59
213	景林丰收	20.64	19.62	10.64	28.02	0.98	1.82	5.55
214	久阳润泉 2 号	20.61	36.65	14.09	38.61	0.64	1.66	4.02
215	浦慧系列 1 号	20.58	19.62	10.65	28.06	0.98	1.81	5.52
216	观富价值 1 号	20.57	15.63	7.43	18.37	1.19	2.50	8.43
217	常春藤春竹	20.53	18.63	9.23	21.98	1.02	2.06	7.02
218	准锦锅驱动力 1 号	20.52	15.66	6.73	22.28	1.18	2.75	6.93
219	源乐晟锐进 58 期	20.52	19.47	9.34	36.99	0.98	2.05	4.17
220	长江汉景港湾 1 号	20.52	20.48	9.48	25.47	0.94	2.04	6.05
221	洋杨锦绣	20.51	13.64	6.65	13.47	1.34	2.74	11.45
222	少数派 8 号	20.47	18.72	9.38	23.19	1.01	2.02	6.63
223	洋沛优选	20.27	16.30	7.34	14.70	1.13	2.50	10.31

续表

编号	基金名称	年化收益率（%）	年化波动率（%）	年化下行风险（%）	最大回撤率（%）	夏普比率	索丁诺比率	收益—最大回撤比率
224	金汇荣盛 3 号	20.24	29.84	15.76	33.03	0.72	1.36	4.58
225	彬元价值 1 号	20.22	16.06	5.92	16.88	1.14	3.09	8.95
226	源沣进取 2 号	20.21	28.79	12.69	41.73	0.72	1.64	3.62
227	枫池稳健	20.20	18.15	8.41	21.99	1.03	2.22	7.70
228	民森 K 号	20.20	19.83	8.20	19.60	0.95	2.30	6.86
229	鼎萨 1 期	20.15	33.56	17.71	34.08	0.67	1.27	4.41
230	鑫安泽雨 1 期	20.12	15.27	6.39	11.38	1.18	2.83	13.18
231	仙童 3 期	20.03	24.79	10.25	27.57	0.80	1.93	5.41
232	东方消费服务优选	20.01	21.79	12.56	31.23	0.88	1.53	4.77
233	百泉 1 号	19.94	19.46	6.05	11.82	0.95	3.07	12.54
234	仁布财富 1 期	19.92	14.11	6.11	13.93	1.26	2.91	10.63
235	洋杨旺德福	19.90	13.70	6.77	15.20	1.29	2.61	9.72
236	通和富享 1 期	19.89	26.42	11.42	29.65	0.76	1.76	4.98
237	同犇尊享 2 号	19.84	25.26	12.32	34.65	0.79	1.61	4.25
238	同犇 1 期	19.83	22.91	12.08	36.94	0.84	1.60	3.98
239	晨燕 2 号	19.82	16.82	7.34	13.43	1.07	2.46	10.94
240	源沣长征 2 号	19.81	20.01	8.09	27.59	0.93	2.29	5.32
241	易同领先	19.78	23.97	9.26	18.24	0.81	2.08	8.03
242	龙全进取 1 期	19.76	22.50	10.03	32.88	0.85	1.90	4.45

续表

编号	基金名称	年化收益率（%）	年化波动率（%）	年化下行风险（%）	最大回撤率（%）	夏普比率	索丁诺比率	收益—最大回撤比率
243	宽远价值成长 2 期亚诺专享 1 号	19.75	15.50	7.79	18.88	1.15	2.29	7.75
244	少数派 29 号	19.74	19.83	10.09	24.40	0.94	1.84	5.99
245	昭时 9 期	19.72	21.20	9.65	19.45	0.89	1.95	7.50
246	凤翔长盈	19.66	18.78	9.25	32.20	0.97	1.98	4.51
247	神农优选价值	19.62	28.12	12.53	28.02	0.72	1.62	5.17
248	阳光宝 3 号	19.57	16.35	8.97	26.41	1.09	1.99	5.47
249	景裕新能源汽车行业 1 号	19.52	25.06	9.61	26.36	0.77	2.02	5.46
250	六禾光辉岁月 1 期	19.50	18.58	9.48	24.04	0.98	1.91	5.98
251	少数派大浪淘金 18 号	19.47	19.00	9.38	22.73	0.96	1.94	6.31
252	易鑫安资管—鑫安 7 期	19.46	15.41	6.22	12.04	1.14	2.82	11.90
253	少数派 17 号	19.46	18.94	9.14	22.47	0.96	1.99	6.38
254	稳中求进 1 号	19.45	15.78	6.28	18.48	1.11	2.80	7.75
255	盈定 6 号	19.44	18.62	9.50	25.58	0.97	1.90	5.59
256	民晟金牛 4 号	19.44	16.68	6.81	10.81	1.06	2.60	13.23
257	民森 H 号	19.43	19.03	8.52	26.45	0.95	2.13	5.40
258	观富策略 1 号	19.39	15.45	7.01	20.62	1.13	2.50	6.92
259	陆宝恒信 1 号	19.38	23.69	5.93	9.48	0.79	3.14	15.03
260	盈定 1 号	19.38	17.03	6.45	18.22	1.04	2.75	7.82
261	少数派求是 1 号	19.25	19.37	10.14	23.69	0.93	1.78	5.96

续表

编号	基金名称	年化收益率（%）	年化波动率（%）	年化下行风险（%）	最大回撤率（%）	夏普比率	索丁诺比率	收益—最大回撤比率
262	源洋长征	19.24	18.02	7.23	24.55	0.98	2.45	5.75
263	宝源胜知 1 号	19.23	26.46	12.47	34.72	0.74	1.57	4.06
264	康曼德 107 号	19.20	20.47	10.29	21.56	0.89	1.77	6.52
265	从容医疗 1 期	19.15	22.59	10.99	21.18	0.82	1.69	6.62
266	弘尚资产中国机遇策略配置 1 号	19.11	16.07	7.18	16.02	1.08	2.42	8.72
267	少数派 7 号	19.10	19.50	10.01	24.80	0.92	1.80	5.63
268	衍航 6 号	19.08	13.79	4.90	13.70	1.23	3.47	10.18
269	神农 1 期	19.06	22.24	10.76	28.40	0.83	1.72	4.90
270	投资精英（星石 B）	19.06	20.13	10.35	27.33	0.90	1.74	5.09
271	久富 4 期	19.00	18.07	8.60	26.93	0.97	2.05	5.15
272	锐进 16 期中欧端博	18.96	16.86	6.55	22.06	1.03	2.64	6.27
273	新方程清和泉 1 期	18.93	21.61	10.65	23.49	0.84	1.71	5.87
274	宽远优势成长 2 号	18.84	13.83	6.37	14.62	1.21	2.64	9.37
275	鑫安 6 期	18.78	15.14	6.82	14.46	1.12	2.48	9.44
276	相聚顺为 3 期	18.74	16.76	7.81	21.74	1.02	2.20	6.26
277	智诚 11 期	18.73	22.58	9.77	27.56	0.81	1.87	4.93
278	康曼德 106 号	18.72	16.61	9.52	17.40	1.03	1.80	7.80
279	弘谷套利稳健管理型 1 号	18.67	45.80	18.33	61.13	0.55	1.37	2.21
280	金百镕 6 期	18.66	22.36	10.41	19.78	0.81	1.74	6.84

续表

编号	基金名称	年化收益率（%）	年化波动率（%）	年化下行风险（%）	最大回撤率（%）	夏普比率	索丁诺比率	收益—最大回撤比率
281	乐瑞中国股票 1 号	18.62	17.53	7.93	17.68	0.98	2.17	7.63
282	中欧瑞博 1 期	18.56	16.55	8.73	24.66	1.03	1.95	5.44
283	少数派 19 号	18.53	19.31	10.33	23.67	0.90	1.69	5.66
284	易同精选 3 期 1 号	18.45	13.99	6.72	21.07	1.18	2.45	6.32
285	中国龙精选	18.43	37.67	14.23	35.79	0.58	1.52	3.72
286	投资精英之域秀长河价值 2 号	18.42	14.73	7.22	24.19	1.13	2.30	5.49
287	恒昌格物 1 号	18.42	47.67	21.46	58.49	0.54	1.21	2.27
288	民森 A 号	18.37	20.36	10.21	23.27	0.86	1.71	5.69
289	深积复利成长 1 期	18.35	15.66	7.26	22.59	1.06	2.29	5.85
290	尚雅 8 期	18.32	21.27	10.13	20.46	0.83	1.74	6.44
291	利檀 3 期	18.26	15.39	8.20	24.02	1.08	2.02	5.46
292	景领核心领先 1 号	18.16	14.38	5.58	15.01	1.13	2.92	8.69
293	细水菩提	18.15	25.33	11.05	19.89	0.72	1.66	6.55
294	弘茗套利稳健管理型 4 号	18.14	45.11	24.38	58.01	0.55	1.03	2.24
295	星石 1 期	18.14	21.47	11.98	25.88	0.82	1.47	5.03
296	从容内需医疗 3 期	18.12	28.85	17.80	30.93	0.68	1.10	4.20
297	道谊红杨	18.12	19.11	8.33	19.11	0.89	2.04	6.80
298	睿郡众享 2 号	18.02	15.59	4.91	17.74	1.05	3.32	7.27
299	新程藏宝图私享家 1 号	18.01	48.90	28.39	48.37	0.57	0.98	2.66

续表

编号	基金名称	年化收益率(%)	年化波动率(%)	年化下行风险(%)	最大回撤率(%)	夏普比率	索丁诺比率	收益—最大回撤比率
300	思晖全天候 1 号	18.00	10.84	3.91	10.34	1.45	4.03	14.81
301	远澜雪松	18.00	12.67	4.01	8.70	1.26	3.98	12.45
302	同犇财通 5 期	17.98	22.49	11.44	34.43	0.78	1.54	3.73
303	宽远价值成长 5 期 1 号	17.95	13.81	6.21	14.31	1.16	2.58	8.96
304	清泉（华宝）	17.92	15.12	7.05	18.72	1.07	2.30	6.84
305	高信百诺 1 期	17.89	16.92	7.55	24.16	0.97	2.18	5.28
306	鲤鱼门家族	17.87	16.97	8.03	24.03	0.97	2.05	5.31
307	天朗稳健增长 1 号	17.86	11.21	3.76	6.93	1.40	4.16	18.40
308	景林稳健 2 号	17.85	19.49	10.57	28.35	0.87	1.60	4.49
309	明达 3 期	17.84	18.97	10.23	29.29	0.88	1.64	4.34
310	鼎萨价值精选 1 期	17.80	33.36	18.10	44.73	0.61	1.13	2.84
311	朴信 3 号	17.79	44.86	20.29	50.58	0.54	1.20	2.51
312	少数派 12 号	17.75	18.95	9.38	24.47	0.88	1.78	5.16
313	榕树文明复兴 6 期	17.74	21.80	9.41	29.52	0.79	1.83	4.28
314	东方行业优选	17.73	19.84	11.19	29.54	0.85	1.51	4.27
315	守正	17.61	17.41	9.13	25.26	0.94	1.79	4.95
316	承泽资产趋势 1 号	17.60	22.61	11.68	23.21	0.77	1.48	5.38
317	兴聚财富 8 号	17.59	14.28	6.05	11.83	1.11	2.61	10.55
318	悟空对冲量化 11 期	17.58	13.25	5.33	15.33	1.18	2.94	8.14

续表

编号	基金名称	年化收益率（%）	年化波动率（%）	年化下行风险（%）	最大回撤率（%）	夏普比率	索丁诺比率	收益—最大回撤比率
319	易同精选 2 期 1 号	17.56	20.10	9.11	26.59	0.83	1.84	5.91
320	东方港湾创业成长	17.56	13.02	6.76	21.06	1.20	2.31	4.68
321	尚雅 9 期	17.54	24.82	11.78	36.81	0.71	1.51	3.38
322	榜祥多策略对冲	17.54	16.28	7.78	17.52	0.99	2.06	7.10
323	锐进 35 期	17.51	21.28	10.22	28.11	0.80	1.66	4.41
324	神农尊享 B 期	17.51	21.08	10.21	28.10	0.80	1.66	4.41
325	思瑞 2 号	17.47	9.48	2.83	4.73	1.60	5.34	26.12
326	金田龙盛	17.46	23.07	9.79	16.82	0.75	1.76	7.35
327	盛泉恒元多策略量化对冲 2 号	17.46	5.16	0.89	1.31	2.88	16.65	94.16
328	翼虎成长 1 期（翼虎）	17.37	17.64	7.21	26.38	0.91	2.23	4.65
329	易同优选 1 号	17.36	20.33	8.67	17.69	0.81	1.91	6.94
330	明达	17.36	20.29	10.86	34.68	0.82	1.53	3.54
331	智诚 5 期	17.35	22.49	9.91	26.49	0.76	1.72	4.63
332	少数派 5 号	17.35	16.49	8.53	21.07	0.97	1.87	5.82
333	从容全天候增长母	17.24	18.20	9.12	19.41	0.89	1.77	6.26
334	诚盛 2 期	17.17	11.60	4.44	11.42	1.30	3.40	10.58
335	广金成长 3 期	17.14	17.78	8.77	21.34	0.90	1.82	5.65
336	中睿合银策略精选系列 A 号	17.10	20.49	6.22	23.71	0.80	2.62	5.07
337	私募工场肥尾价值一号	17.09	16.71	7.03	16.35	0.94	2.24	7.34

续表

编号	基金名称	年化收益率(%)	年化波动率(%)	年化下行风险(%)	最大回撤率(%)	夏普比率	索丁诺比率	收益—最大回撤比率
338	同辉 6 期	17.07	24.58	12.52	37.54	0.70	1.38	3.19
339	红宝石 E-1306 多元凯利	17.07	12.71	5.09	15.04	1.19	2.98	7.97
340	盛泉恒元多策略市场中性 3 号	16.98	5.26	0.96	1.59	2.74	15.03	74.76
341	慧博清和泉	16.93	20.86	10.27	19.06	0.78	1.59	6.22
342	宽远优势成长 3 号	16.92	12.84	6.31	14.23	1.17	2.38	8.32
343	景领健康中国 1 号	16.84	14.47	5.93	16.65	1.05	2.56	7.07
344	乐道成长优选 2 号 A 期	16.82	16.93	9.07	26.58	0.92	1.72	4.42
345	源洋进取 1 号	16.73	21.36	10.78	36.43	0.76	1.51	3.20
346	道谊稳健	16.71	17.46	6.99	17.81	0.89	2.21	6.54
347	少数派 9 号	16.68	18.66	9.56	22.60	0.84	1.65	5.15
348	睿郡众享 1 号	16.66	12.28	4.56	15.95	1.20	3.23	7.27
349	明河优质企业	16.64	16.57	8.74	18.53	0.93	1.76	6.25
350	中欧瑞博 4 期	16.58	14.18	7.11	21.64	1.05	2.10	5.33
351	七曜领峰	16.58	14.80	7.21	16.65	1.01	2.08	6.93
352	明曜启明 1 期	16.57	20.89	10.02	22.84	0.77	1.60	5.05
353	偏锋 3 期	16.55	16.85	6.78	16.17	0.91	2.25	7.11
354	观富源 2 期	16.51	14.30	7.16	13.15	1.04	2.08	8.72
355	金广资产一鑫 1 号	16.48	20.25	9.34	26.52	0.78	1.70	4.32
356	红宝石安心进取 H-1003	16.47	10.03	2.83	9.13	1.43	5.06	12.52

续表

编号	基金名称	年化收益率（%）	年化波动率（%）	年化下行风险（%）	最大回撤率（%）	夏普比率	索丁诺比率	收益—最大回撤比率
357	翼虎成长 7 期	16.42	18.47	7.43	25.24	0.83	2.07	4.51
358	乐道成长优选 5 号	16.32	18.82	9.91	26.63	0.82	1.56	4.24
359	果实资本精英汇 3 号	16.29	15.04	7.78	16.77	0.98	1.90	6.72
360	九霄投资稳健成长 2 号	16.28	20.87	11.51	30.48	0.76	1.38	3.69
361	西藏隆源对冲 1 号	16.27	14.48	6.45	15.60	1.01	2.28	7.21
362	华西神农繁荣	16.26	20.07	9.66	30.56	0.78	1.62	3.68
363	恒复趋势 1 号	16.25	24.27	13.11	41.16	0.68	1.26	2.73
364	兴聚财富 3 号	16.22	12.91	5.82	14.83	1.12	2.48	7.55
365	演绎美好旗舰	16.20	21.90	8.79	23.71	0.72	1.80	4.72
366	中睿合银乘势 1 号	16.20	19.77	6.06	16.75	0.78	2.54	6.68
367	明河成长 2 号	16.14	16.94	8.90	19.63	0.88	1.68	5.67
368	神农长空集 1 号	16.12	29.21	11.98	27.44	0.60	1.46	4.05
369	旭鑫价值成长 2 期	16.11	11.44	2.16	4.13	1.24	6.55	26.90
370	尚雅 7 期	16.11	21.78	10.97	23.11	0.73	1.44	4.81
371	聚沣 1 期	16.10	13.13	5.46	13.06	1.09	2.63	8.49
372	中域津和 5 期	16.09	20.27	8.15	27.13	0.76	1.90	4.08
373	智诚 15 期	16.09	23.62	11.07	27.23	0.68	1.46	4.07
374	致君日月星 1 号	16.08	20.30	10.59	24.84	0.76	1.46	4.46
375	天贝合共盈 1 号	16.07	94.68	31.42	76.32	0.50	1.52	1.45

续表

编号	基金名称	年化收益率（%）	年化波动率（%）	年化下行风险（%）	最大回撤率（%）	夏普比率	索丁诺比率	收益—最大回撤比率
376	锐进 41 期	16.03	13.74	6.14	15.49	1.05	2.34	7.12
377	兴豪尊亨 A 期	16.03	15.02	5.87	15.49	0.97	2.48	7.12
378	复和金色海洋	16.02	19.42	9.54	21.51	0.79	1.60	5.12
379	渤源洋杨价值成长	15.96	15.40	8.04	11.27	0.95	1.81	9.74
380	衍航 1 号	15.96	13.29	5.15	11.50	1.07	2.76	9.53
381	鹰傲绝对价值	15.96	25.74	14.49	38.74	0.65	1.15	2.83
382	通和进取 2 号	15.92	19.75	8.76	18.16	0.77	1.74	6.02
383	景熙 18 号	15.92	15.24	8.26	16.67	0.95	1.76	6.56
384	丰岭远航母基金	15.92	18.19	9.89	21.58	0.82	1.52	5.06
385	淡水泉专项 3 期	15.89	18.72	8.75	29.71	0.80	1.72	3.67
386	宽远价值成长 3 期	15.83	15.18	8.63	19.63	0.95	1.67	5.53
387	明达 2 期	15.81	25.64	13.20	31.57	0.64	1.25	3.43
388	久期量和指数 1 号	15.78	18.38	8.95	24.91	0.81	1.66	4.34
389	易同成长	15.71	16.67	7.73	24.84	0.87	1.88	4.33
390	小鳄 3 号	15.70	16.42	6.44	19.22	0.88	2.24	5.58
391	优波美元	15.70	27.69	13.89	33.08	0.61	1.21	3.24
392	金蕴 28 期（神农春生）	15.65	20.88	10.28	27.25	0.73	1.48	3.92
393	景熙 5 号	15.64	13.58	5.86	15.48	1.03	2.39	6.90
394	高信百诺价值成长	15.63	19.42	11.36	32.41	0.77	1.32	3.29

续表

编号	基金名称	年化收益率（%）	年化波动率（%）	年化下行风险（%）	最大回撤率（%）	夏普比率	索丁诺比率	收益—最大回撤比率
395	锐进 39 期民森多元策略	15.63	21.67	6.96	12.21	0.70	2.18	8.74
396	七曜中信领昇	15.59	15.64	7.79	17.85	0.91	1.83	5.96
397	少数派 101 号	15.59	18.58	9.58	23.94	0.79	1.54	4.44
398	盈定 7 号	15.58	14.60	5.42	13.95	0.96	2.59	7.62
399	泓澄投资睿享 3 号	15.55	17.42	9.49	23.67	0.83	1.53	4.48
400	大朴目标	15.54	11.98	6.10	9.51	1.15	2.25	11.14
401	昭图 2 期	15.50	18.85	8.77	14.69	0.78	1.68	7.19
402	辉毅 5 号	15.49	6.45	1.40	2.50	2.04	9.43	42.28
403	康曼德 101 号	15.47	17.42	11.10	20.11	0.83	1.31	5.24
404	小鳄 2 号	15.46	20.45	9.76	26.09	0.73	1.53	4.03
405	睿郡尊享 A 期	15.43	14.78	6.15	18.16	0.95	2.28	5.78
406	观富价值 1 号-1	15.42	15.39	7.77	19.66	0.92	1.81	5.33
407	润晖稳健增值	15.41	14.46	7.73	23.28	0.96	1.80	4.50
408	证大量化增长 2 号	15.39	19.91	8.77	31.09	0.74	1.68	3.36
409	恒复利享 1 号	15.38	25.24	11.74	41.30	0.63	1.35	2.53
410	悟空对冲量化 3 期	15.37	12.98	5.57	15.67	1.06	2.46	6.66
411	从容医疗精选	15.37	21.09	10.33	27.52	0.71	1.45	3.79
412	卓越理财 1 号	15.35	9.95	4.26	6.97	1.34	3.13	14.96
413	私募工场秃鹫 1 期	15.26	24.40	12.87	36.11	0.64	1.22	2.86

续表

编号	基金名称	年化收益率（%）	年化波动率（%）	年化下行风险（%）	最大回撤率（%）	夏普比率	索丁诺比率	收益—最大回撤比率
414	大朴策略 1 号	15.25	13.04	6.05	13.14	1.04	2.25	7.86
415	浦来德天天开心对冲 1 号	15.25	12.49	6.87	11.52	1.08	1.97	8.97
416	盛泉恒元多策略量化对冲 1 号	15.23	5.41	1.55	3.26	2.38	8.32	31.68
417	通和富享 1 期 2 号	15.22	26.24	11.95	32.40	0.61	1.34	3.18
418	盛世长安	15.21	22.43	9.46	33.83	0.67	1.60	3.04
419	明曜金星 3 期	15.19	20.35	9.57	26.59	0.72	1.54	3.87
420	东方港湾价值投资 2 号	15.18	22.53	11.63	30.31	0.67	1.31	3.39
421	久阳润泉 6 号	15.11	32.93	16.95	32.44	0.54	1.06	3.15
422	金蕴 12 期（泽升）	15.09	27.69	13.43	31.08	0.59	1.21	3.28
423	易同精选	15.08	16.43	7.66	24.16	0.85	1.82	4.22
424	笃道 1 期	15.08	12.08	4.40	9.31	1.10	3.03	10.94
425	因诺启航 1 号	15.05	9.75	3.35	6.93	1.34	3.89	14.66
426	泊通新价值 1 号	15.05	16.40	8.90	25.81	0.85	1.56	3.94
427	博通指数增强 3 号	15.03	20.37	9.40	31.83	0.71	1.55	3.19
428	阳光宝 1 号	14.98	15.98	8.99	26.24	0.86	1.54	3.85
429	盛世中欧	14.97	22.91	9.44	34.88	0.65	1.59	2.89
430	久阳润泉 5 号	14.92	28.46	12.90	29.38	0.57	1.26	3.42
431	盈阳 19 号	14.89	19.83	10.10	16.49	0.72	1.42	6.07
432	展弘稳进 1 号	14.86	2.62	0.05	0.00	4.75	254.37	—

续表

编号	基金名称	年化收益率（%）	年化波动率（%）	年化下行风险（%）	最大回撤率（%）	夏普比率	索丁诺比率	收益—最大回撤比率
433	红奶酪	14.85	16.30	7.68	22.27	0.84	1.78	4.48
434	洋杨目标缓冲	14.85	12.08	7.62	15.13	1.09	1.73	6.60
435	泊通泊岸 1 号	14.83	16.35	8.88	25.25	0.84	1.55	3.95
436	泓澄锐进 52 期	14.83	17.46	9.74	25.56	0.80	1.43	3.90
437	五岳归来量化贝塔	14.80	15.86	7.77	25.16	0.86	1.75	3.95
438	鼎锋成长 1 期 C 号	14.76	21.72	8.27	27.97	0.67	1.76	3.54
439	米资资产管理 1 号	14.70	15.06	8.20	18.30	0.89	1.64	5.38
440	宽远价值成长	14.68	13.03	6.49	16.42	1.01	2.02	5.99
441	汇升稳进 1 号	14.67	15.71	7.56	12.18	0.86	1.78	8.07
442	智诚 16 期	14.64	21.52	10.11	29.52	0.67	1.43	3.32
443	休罗纪超龙优选	14.64	16.03	6.69	25.55	0.84	2.01	3.83
444	山东信托-同威 3 期	14.60	26.44	14.87	33.30	0.59	1.05	2.93
445	明河 2016	14.59	15.56	8.43	18.48	0.86	1.59	5.28
446	超龙 5 号	14.55	16.04	6.70	25.58	0.84	2.00	3.80
447	尚雅 13 期	14.54	23.81	11.94	33.50	0.63	1.25	2.90
448	宁聚满天星	14.54	19.30	9.32	28.05	0.72	1.50	3.46
449	神农价值精选 1 号	14.53	26.85	11.29	41.67	0.58	1.37	2.33
450	民森 M 号	14.51	15.38	6.68	19.94	0.86	1.98	4.86
451	道谊泽时 3 号	14.41	15.47	8.84	20.92	0.85	1.50	4.88

续表

编号	基金名称	年化收益率（%）	年化波动率（%）	年化下行风险（%）	最大回撤率（%）	夏普比率	索丁诺比率	收益—最大回撤比率
452	重阳 1 期	14.41	18.93	8.96	19.66	0.73	1.54	4.59
453	德丰华 1 期	14.40	13.44	6.75	17.26	0.96	1.91	5.56
454	星石汇智财富	14.37	20.64	7.94	21.21	0.67	1.75	4.51
455	华西神农复兴	14.31	20.14	10.26	29.75	0.69	1.36	3.20
456	康曼德 101A	14.30	19.24	12.76	32.95	0.72	1.08	2.88
457	尚雅 14 期	14.25	27.34	13.67	29.49	0.57	1.13	3.21
458	旭鑫价值成长 1 期	14.19	11.21	2.51	4.91	1.11	4.94	19.16
459	锐进 26 期	14.17	20.35	8.81	22.30	0.67	1.56	4.21
460	陆宝点金精选	14.14	11.72	5.38	9.73	1.06	2.32	9.63
461	锐进 12 期	14.08	28.23	13.28	37.14	0.55	1.17	2.51
462	中环港沪深对冲	14.06	24.00	14.20	32.50	0.61	1.03	2.86
463	钜融 1 号	14.03	32.95	15.09	40.50	0.51	1.11	2.29
464	民晟红鹭 6 期	14.01	17.91	8.20	19.10	0.74	1.61	4.85
465	智德 1 期	14.01	15.87	8.97	21.35	0.81	1.44	4.34
466	长见策略 1 号	13.99	12.48	6.39	15.27	1.00	1.95	6.06
467	少数派 10 号	13.99	17.61	9.35	24.57	0.75	1.41	3.76
468	弘尚企业融资驱动策略	13.98	23.56	13.58	36.31	0.61	1.06	2.54
469	七曜中信证券领萃 1 号	13.93	15.88	8.11	19.93	0.81	1.58	4.62
470	汇信惠正 1 号	13.91	21.82	8.49	22.92	0.63	1.62	4.00

续表

编号	基金名称	年化收益率（%）	年化波动率（%）	年化下行风险（%）	最大回撤率（%）	夏普比率	索丁诺比率	收益—最大回撤比率
471	若愚量化满仓全 A	13.90	29.24	13.46	27.12	0.53	1.16	3.38
472	久铭 3 号	13.88	23.34	10.86	24.87	0.61	1.30	3.68
473	浅湖达尔文 2 号	13.83	35.31	14.13	44.60	0.48	1.20	2.04
474	幂因 1 号	13.83	22.22	10.36	33.56	0.62	1.34	2.71
475	雀跃岩辰量化投资 1 期	13.81	23.70	11.89	44.68	0.60	1.20	2.04
476	东方医疗平衡 1 期	13.79	21.85	12.80	33.00	0.63	1.08	2.75
477	恒复利贞	13.75	23.39	12.08	44.18	0.60	1.17	2.05
478	毅木动态精选 2 号	13.74	10.13	4.59	9.55	1.18	2.60	9.46
479	华夏未来领时对冲 1 号尊享 A 期	13.66	17.71	8.61	26.24	0.73	1.50	3.42
480	展博 2 期	13.63	19.40	6.75	15.18	0.67	1.93	5.89
481	枫池稳健 1 号	13.62	18.66	8.32	21.19	0.70	1.56	4.22
482	翼虎成长 6 期	13.62	18.26	7.20	25.99	0.71	1.79	3.44
483	华夏养老金玉良辰	13.62	19.16	10.80	33.36	0.69	1.22	2.68
484	尚雅 12 期	13.58	22.45	11.20	36.29	0.61	1.23	2.45
485	少数派新三板尊享 2 号	13.57	18.09	9.73	23.75	0.71	1.33	3.74
486	果实资本精英汇 4A 号	13.54	15.28	8.10	17.91	0.81	1.53	4.95
487	道谊泽时 2 号	13.53	19.58	8.96	20.51	0.67	1.46	4.32
488	展博新兴产业（A）	13.49	20.60	9.70	22.35	0.64	1.37	3.95
489	大朴多维度 22 号	13.48	14.17	6.48	12.78	0.86	1.88	6.90

续表

编号	基金名称	年化收益率（%）	年化波动率（%）	年化下行风险（%）	最大回撤率（%）	夏普比率	索丁诺比率	收益—最大回撤比率
490	名禹灵动	13.37	14.90	5.79	13.98	0.82	2.10	6.25
491	汇谷舒心 1 号	13.32	29.65	18.18	43.79	0.53	0.86	1.98
492	陆宝利恒	13.31	12.37	5.73	8.57	0.95	2.06	10.13
493	锦成盛优选	13.30	12.24	5.68	11.60	0.96	2.07	7.47
494	明达 6 期	13.23	16.11	8.59	31.29	0.76	1.43	2.75
495	易同成长 1 号	13.23	16.69	7.75	26.17	0.74	1.59	3.29
496	兆天尊享 A 期	13.17	27.16	11.73	37.22	0.52	1.21	2.30
497	悟空同创量化 1 期	13.13	12.96	5.58	20.13	0.90	2.10	4.24
498	诚盛 1 期	13.12	10.11	4.36	12.29	1.13	2.61	6.93
499	懿坤光辉岁月	13.08	22.12	10.99	25.27	0.60	1.20	3.36
500	神农春江	13.08	22.42	9.57	28.28	0.59	1.38	3.00
501	翼虎成长 3 期	13.04	17.98	7.75	29.49	0.69	1.59	2.87
502	国泰君安兴富进取 2 期	13.03	28.33	11.42	26.80	0.51	1.26	3.15
503	朱雀 20 期之慧选 11 号	13.01	13.97	8.03	21.83	0.84	1.46	3.86
504	炳富 2 号	13.00	11.24	4.23	10.75	1.01	2.69	7.84
505	彼立弗复利 1 期	13.00	12.62	7.28	13.55	0.92	1.59	6.22
506	银帆 3 期	12.99	20.96	7.61	18.50	0.61	1.68	4.55
507	盛世知己 1 期	12.98	21.08	8.83	34.33	0.61	1.46	2.45
508	中国龙进取	12.97	13.09	6.15	12.77	0.89	1.89	6.58

续表

编号	基金名称	年化收益率（%）	年化波动率（%）	年化下行风险（%）	最大回撤率（%）	夏普比率	索丁诺比率	收益—最大回撤比率
509	齐家科技先锋	12.96	38.31	16.13	49.60	0.46	1.08	1.69
510	天弓 2 号	12.87	28.85	17.61	41.51	0.52	0.85	2.00
511	米牛沪港深深精选	12.82	15.75	8.73	32.75	0.75	1.36	2.53
512	淡水泉 2008	12.74	19.69	10.57	29.42	0.63	1.18	2.79
513	明曜精选 1 期	12.66	19.99	9.97	23.96	0.62	1.24	3.40
514	新同方	12.64	14.57	8.15	26.49	0.79	1.41	3.07
515	兴识乾坤 1 号	12.60	14.16	7.50	21.86	0.81	1.52	3.70
516	数博增强 500	12.57	14.02	5.96	17.70	0.81	1.90	4.56
517	通和进取 1 号	12.48	20.79	10.56	18.75	0.60	1.18	4.27
518	华夏金色长城养老投资	12.48	17.63	9.49	27.29	0.67	1.25	2.93
519	淡水泉专项 5 期	12.48	18.91	9.42	27.94	0.64	1.28	2.86
520	艾方博云全天候 1 号	12.46	11.11	5.73	19.93	0.98	1.90	4.01
521	景熙 3 号	12.42	13.09	6.58	16.30	0.85	1.69	4.88
522	七曜尊享 A 期	12.41	13.61	6.77	17.45	0.82	1.65	4.55
523	锐进 47 期	12.41	14.45	7.13	16.46	0.78	1.58	4.83
524	珺容-金吾量子基金	12.34	13.46	6.11	8.87	0.82	1.81	8.90
525	TOP30 对冲母基金 1 号	12.31	8.96	3.30	9.49	1.18	3.20	8.30
526	睿郡众享 3 号	12.24	10.84	6.30	11.13	0.99	1.70	7.02
527	金镌 5 号	12.22	3.26	0.76	0.96	3.11	13.40	80.98

续表

编号	基金名称	年化收益率（%）	年化波动率（%）	年化下行风险（%）	最大回撤率（%）	夏普比率	索丁诺比率	收益—最大回撤比率
528	恒天稳盈灵活	12.21	15.45	7.15	16.41	0.73	1.57	4.75
529	淡水泉精选 1 期	12.19	18.75	9.17	29.85	0.63	1.28	2.61
530	长青藤 3 期	12.19	17.36	7.72	20.37	0.66	1.49	3.82
531	淡水泉精选 2 期	12.18	22.02	9.18	31.79	0.56	1.34	2.44
532	通和量化对冲 6 期	12.18	16.91	7.38	11.11	0.67	1.55	6.99
533	鼎萨 3 期	12.17	31.64	15.43	42.55	0.47	0.96	1.82
534	世诚-诚博	12.16	13.49	7.00	19.20	0.81	1.56	4.04
535	锦成盛优选股票策略 1 号	12.16	12.18	5.70	12.43	0.88	1.89	6.24
536	七曜领诚	12.15	14.66	7.75	18.59	0.76	1.43	4.17
537	投资精英（淡水泉 B）	12.15	18.70	9.71	28.67	0.63	1.21	2.70
538	金锝量化	12.12	4.58	1.45	4.06	2.21	6.98	19.01
539	朴石 1 期	12.09	21.01	10.10	26.42	0.58	1.20	2.91
540	易同增长	12.03	16.64	7.67	24.78	0.68	1.47	3.09
541	七曜领峰 1 号	12.01	15.24	7.83	18.99	0.72	1.41	4.02
542	景熙 1 号	12.00	17.63	7.42	17.44	0.64	1.53	4.37
543	小鳄 1 号	11.99	16.60	7.69	16.02	0.67	1.46	4.75
544	睿远景泰复利回报第 7 期	11.97	13.32	7.23	19.70	0.81	1.49	3.86
545	神农医药 A	11.95	21.17	13.31	30.39	0.57	0.91	2.50
546	盈阳仁医 1 号	11.95	19.16	9.74	24.29	0.61	1.19	3.12

续表

编号	基金名称	年化收益率（%）	年化波动率（%）	年化下行风险（%）	最大回撤率（%）	夏普比率	索丁诺比率	收益—最大回撤比率
547	宁聚量化精选	11.89	8.52	3.09	9.19	1.19	3.29	8.21
548	远策 1 期	11.87	17.01	8.58	22.15	0.66	1.30	3.40
549	航长常春藤 5 号	11.86	12.79	4.17	7.59	0.82	2.52	9.91
550	辉毅 4 号	11.84	4.95	2.33	5.63	1.99	4.23	13.33
551	重阳目标回报 1 期	11.82	12.82	5.23	13.71	0.82	2.01	5.46
552	重阳目标尊享 A 期	11.82	10.92	5.25	13.71	0.94	1.96	5.46
553	悟空对冲量化 6 期	11.80	12.64	5.80	16.45	0.83	1.81	4.54
554	盈定 5 号	11.76	19.82	9.07	16.22	0.58	1.27	4.59
555	华夏养老新动力 1 号	11.76	16.49	9.37	26.50	0.67	1.18	2.81
556	进化—金钱豹	11.71	10.50	4.90	9.29	0.97	2.08	7.97
557	国联安—弘资产成长精选 1 号	11.70	17.44	9.59	26.94	0.64	1.16	2.74
558	大朴进取 1 期	11.66	11.79	6.49	14.12	0.87	1.58	5.21
559	明曜新三板 1 期	11.63	16.78	5.35	9.62	0.64	2.02	7.62
560	锐进 25 期盈信端峰多空策略 1 号	11.62	24.47	13.56	37.86	0.51	0.91	1.94
561	超龙 6 号	11.62	15.85	6.91	26.31	0.68	1.56	2.78
562	中睿合银策略优选 1 号	11.60	13.83	4.11	6.47	0.75	2.53	11.31
563	鼎锋 2 期	11.59	20.55	9.14	29.70	0.56	1.26	2.46
564	双隆稳盈 1 号	11.58	10.42	5.10	8.66	0.96	1.97	8.43
565	宁聚量化稳增 1 号	11.57	11.18	4.80	10.25	0.90	2.10	7.11

续表

编号	基金名称	年化收益率（%）	年化波动率（%）	年化下行风险（%）	最大回撤率（%）	夏普比率	索丁诺比率	收益—最大回撤比率
566	重阳对冲 2 号	11.55	13.71	6.90	16.10	0.76	1.51	4.52
567	兴聚财富 7 号	11.55	12.24	5.91	16.06	0.83	1.73	4.53
568	中环港沪深对冲 2 号	11.49	24.27	14.89	34.42	0.51	0.83	2.10
569	博孚利聚强 1 号	11.48	7.56	2.71	10.78	1.28	3.58	6.69
570	鸣石满天星四号	11.47	14.50	6.63	17.99	0.72	1.57	4.01
571	弘酬永秦	11.45	15.73	8.23	26.21	0.67	1.29	2.75
572	从容全天候增长 1 期	11.42	22.32	12.45	29.99	0.53	0.95	2.39
573	汇信一众智组合 1 号	11.42	12.24	5.28	20.07	0.82	1.91	3.57
574	巨杉泛翼达双策略 3 号	11.41	12.57	6.77	21.86	0.81	1.50	3.28
575	锦成盛宏观策略 1 号	11.39	9.87	4.59	11.77	0.99	2.14	6.07
576	兴聚 1 期	11.38	11.62	5.81	12.64	0.86	1.72	5.65
577	世诚扬子 2 号	11.38	13.46	6.99	18.19	0.76	1.46	3.92
578	洋杨尊享 A 期	11.35	8.72	4.82	7.68	1.11	2.01	9.26
579	宁聚量化优选	11.34	9.21	3.83	7.19	1.05	2.53	9.89
580	博孚利聚强 2 号 FOF	11.30	8.21	3.01	6.50	1.17	3.18	10.89
581	金塔 1 号	11.29	18.49	7.82	16.85	0.59	1.39	4.20
582	航长常春藤 7 号	11.28	13.53	5.00	8.96	0.75	2.02	7.88
583	丰岭稳健成长 1 期	11.27	17.12	10.09	23.71	0.62	1.06	2.98
584	兴聚财富 2 号	11.27	12.33	5.77	15.70	0.81	1.73	4.49

续表

编号	基金名称	年化收益率（%）	年化波动率（%）	年化下行风险（%）	最大回撤率（%）	夏普比率	索丁诺比率	收益—最大回撤比率
585	理成转子 2 号	11.23	21.60	10.22	26.80	0.53	1.12	2.62
586	金蕴 56 期（恒复）	11.23	22.97	12.19	43.70	0.51	0.96	1.61
587	长江稳健	11.22	14.47	7.80	18.35	0.71	1.31	3.83
588	大钧盛世精选主题	11.19	32.23	14.29	26.76	0.43	0.96	2.61
589	证大金马量化 1 号	11.17	19.18	9.31	35.05	0.57	1.17	1.99
590	晟盟新消费 1 号	11.16	51.86	25.62	56.48	0.42	0.85	1.23
591	九鞅未禧 1 号	11.10	16.26	8.05	28.81	0.64	1.29	2.40
592	金镎 6 号	11.07	3.16	0.86	1.41	2.88	10.62	49.08
593	致君基石投资 1 号	11.05	18.06	11.22	31.07	0.59	0.95	2.22
594	重阳 3 期	10.92	12.55	6.00	13.46	0.77	1.61	5.04
595	朴石 6 期	10.92	20.82	10.37	31.31	0.53	1.06	2.17
596	合道-翼翔 1 期	10.91	15.66	5.90	13.45	0.64	1.70	5.04
597	昆仑 26 号	10.87	11.85	5.89	22.50	0.81	1.62	3.00
598	逸杉 2 期	10.83	22.11	13.53	24.36	0.51	0.83	2.76
599	北京福睿德 5 号	10.82	15.99	6.83	13.20	0.63	1.47	5.09
600	名禹稳健增长	10.82	14.01	5.67	13.01	0.70	1.72	5.16
601	雀跃进取 1 号	10.77	22.33	11.66	38.32	0.50	0.96	1.74
602	恒德先锋一号	10.77	24.58	13.89	22.88	0.48	0.85	2.92
603	兴聚财富 6 号	10.76	12.73	5.95	17.09	0.75	1.60	3.90

续表

编号	基金名称	年化收益率（%）	年化波动率（%）	年化下行风险（%）	最大回撤率（%）	夏普比率	索丁诺比率	收益—最大回撤比率
604	毅木资产海阔天空 1 号	10.72	10.09	5.12	11.16	0.91	1.80	5.95
605	易同精选 1 号	10.69	15.75	7.75	25.44	0.63	1.28	2.60
606	从容全天候增长 2 期	10.64	17.13	9.40	20.11	0.59	1.07	3.27
607	鼎锋 1 期	10.62	20.15	9.69	28.53	0.53	1.09	2.30
608	久铭 2 号	10.58	22.97	11.03	25.40	0.48	1.01	2.57
609	雅柏宝量化 5 号	10.56	19.27	9.91	21.80	0.54	1.05	4.82
610	展博精选 C 号	10.56	11.61	5.30	13.51	0.79	1.74	2.99
611	平安阖鼎神农春风	10.52	17.59	7.92	28.89	0.57	1.27	2.25
612	易同精选策远 2 号	10.51	16.71	8.04	25.97	0.59	1.23	2.49
613	从时投资旺财稳健 1 期	10.45	16.78	8.90	20.34	0.59	1.11	3.16
614	盈阳资产 38 号	10.40	14.51	6.05	13.27	0.65	1.56	4.82
615	金蕴 99 期（谷策长线回报）	10.33	13.07	7.53	15.25	0.70	1.22	4.16
616	巨杉银信宝 8 期	10.30	10.21	5.10	9.47	0.87	1.74	6.68
617	裕晋 5 期	10.19	18.04	9.32	27.11	0.54	1.05	2.30
618	康曼德 002 号	10.16	18.99	10.31	17.22	0.53	0.97	3.61
619	平凡悟鑫	10.15	6.23	2.10	3.76	1.35	3.99	16.52
620	开宝 1 期	10.14	16.98	8.07	23.37	0.56	1.19	2.66
621	御峰 2 号	10.14	26.66	13.59	24.21	0.44	0.85	2.56
622	玖鹏积极成长 1 号	10.12	20.19	10.47	32.36	0.50	0.97	1.91

续表

编号	基金名称	年化收益率（%）	年化波动率（%）	年化下行风险（%）	最大回撤率（%）	夏普比率	索丁诺比率	收益—最大回撤比率
623	航长鹰眼 1 号	10.11	12.19	5.86	13.55	0.73	1.52	4.57
624	涵元天权	10.10	17.13	8.25	20.86	0.56	1.16	2.96
625	岳瀚 1 号	10.04	20.23	10.23	26.53	0.50	0.99	2.31
626	航长常春藤 3 号	10.01	16.61	6.45	11.21	0.56	1.45	5.45
627	涵元天璇	10.00	13.56	6.21	10.62	0.66	1.44	5.75
628	智诚 19 期	9.98	20.73	10.36	25.93	0.49	0.98	2.35
629	昂坤资产配置型	9.95	13.70	6.50	16.54	0.65	1.37	3.67
630	睿信 5 期	9.93	22.82	12.38	21.62	0.46	0.85	2.80
631	从容全天候增长 3 期	9.84	15.91	8.98	18.79	0.58	1.02	3.19
632	若愚量化动态对冲 1 期	9.83	30.67	13.49	27.09	0.40	0.90	2.21
633	长河优势 3 号	9.80	16.11	8.45	35.21	0.57	1.08	1.69
634	弘尚资产灵活配置	9.74	22.86	13.78	36.50	0.46	0.76	1.62
635	晟盟微石 1 号	9.72	49.68	21.56	40.29	0.38	0.87	1.46
636	炳富 1 号（华宝）	9.69	10.61	4.15	12.89	0.78	2.01	4.56
637	景泰复利回报银信宝 1 期	9.62	12.83	7.24	20.46	0.66	1.18	2.85
638	紫鑫指数精选 FOI2 号	9.61	12.22	5.98	14.36	0.69	1.41	4.05
639	新方程巨杉	9.58	9.67	5.08	8.92	0.84	1.60	6.51
640	陆宝成全 1 期	9.56	15.22	6.97	23.01	0.58	1.26	2.52
641	昭时 5 期	9.55	18.82	8.82	33.94	0.50	1.06	1.70

续表

编号	基金名称	年化收益率（%）	年化波动率（%）	年化下行风险（%）	最大回撤率（%）	夏普比率	索丁诺比率	收益—最大回撤比率
642	辉毅 3 号	9.54	3.91	1.27	1.52	1.98	6.10	38.08
643	珺容 5 期	9.52	11.63	5.35	13.04	0.71	1.55	4.41
644	少数派新三板创新 1 号	9.48	17.63	8.52	26.17	0.52	1.07	2.19
645	上善若水疾风	9.44	34.06	17.07	46.46	0.38	0.76	1.23
646	艾方锐进多空 1 号	9.40	7.17	3.66	10.56	1.08	2.12	5.37
647	银帆 2 期	9.36	21.20	8.74	18.87	0.45	1.10	2.99
648	本地资本-花开富富贵	9.35	13.07	6.92	17.06	0.64	1.20	3.30
649	信弘龙腾稳健 1 号	9.31	3.82	1.27	1.77	1.96	5.89	31.62
650	正弘 2 号	9.29	36.32	17.26	42.41	0.37	0.78	1.32
651	久铭稳利 2 号	9.26	21.54	10.28	23.74	0.45	0.93	2.34
652	展博 1 期	9.23	19.75	10.16	21.69	0.47	0.91	2.56
653	易同增长 2 号	9.23	16.40	7.60	25.76	0.53	1.14	2.15
654	颢瀚稳健 1 期	9.17	11.07	4.98	9.07	0.71	1.59	6.08
655	汇升共盈尊享	9.10	29.41	15.47	37.40	0.39	0.74	6.18
656	德睿恒丰 1 号	9.10	5.93	2.86	8.82	1.25	2.59	1.46
657	谦石 1 期	9.01	19.28	12.78	37.04	0.47	0.71	1.46
658	展博精选 A 号	8.98	19.68	10.13	21.71	0.46	0.89	2.48
659	金蕴 105 期（融科信 1 号）	8.93	22.08	12.33	29.91	0.43	0.77	1.78
660	京福 2 号	8.91	27.69	12.00	45.65	0.39	0.89	1.17

续表

编号	基金名称	年化收益率（%）	年化波动率（%）	年化下行风险（%）	最大回撤率（%）	夏普比率	索丁诺比率	收益—最大回撤比率
661	申毅多策略量化套利 3 号	8.88	3.75	1.20	2.24	1.89	5.94	23.65
662	金舆宏观配置 1 号	8.83	15.16	7.95	23.15	0.53	1.02	2.27
663	久铭稳健 1 号	8.79	20.63	10.19	23.63	0.44	0.88	2.22
664	广金成长 6 期	8.77	23.09	11.12	31.43	0.41	0.85	1.66
665	鑫安 1 期	8.75	14.57	7.14	13.53	0.54	1.11	3.85
666	珺容灵活进取 1 期	8.74	25.36	11.11	29.10	0.39	0.89	1.79
667	明日璞远	8.68	29.26	16.46	50.96	0.38	0.67	1.01
668	开宝 2 期	8.62	16.45	8.59	26.62	0.49	0.94	1.92
669	博颐精选	8.58	25.12	13.95	41.32	0.39	0.71	1.23
670	执耳医药	8.57	21.64	12.90	29.93	0.42	0.71	1.70
671	承泽资产一元泉绝对收益 1 号	8.52	20.87	10.76	27.87	0.42	0.82	1.81
672	福睿德 6 号	8.46	29.48	16.86	52.71	0.37	0.65	0.95
673	康曼德甘主动管理型	8.42	17.63	11.62	20.50	0.46	0.70	2.43
674	汇泽领慧 FOF1 期	8.41	9.28	4.19	7.01	0.76	1.67	7.09
675	世诚扬子 5 号	8.33	13.27	7.69	17.98	0.56	0.96	2.74
676	承泽 2 号	8.32	18.95	10.64	24.85	0.44	0.78	1.98
677	鹤骑鹰奇异指数	8.31	11.50	6.03	7.32	0.62	1.19	6.70
678	少数派新三板尊享 1 号	8.24	18.01	9.44	26.20	0.45	0.85	1.85
679	若愚量化满仓中小盘	8.23	29.41	13.89	27.23	0.36	0.75	1.78

续表

编号	基金名称	年化收益率（%）	年化波动率（%）	年化下行风险（%）	最大回撤率（%）	夏普比率	索丁诺比率	收益—最大回撤比率
680	格雷成长 3 号	8.14	23.85	14.10	35.09	0.39	0.65	1.37
681	京福 1 号	8.09	28.86	12.49	52.21	0.35	0.82	0.91
682	航长常春藤	8.05	17.04	7.81	21.83	0.45	0.98	2.16
683	久铭 1 号	8.00	22.23	11.12	25.96	0.39	0.77	1.81
684	投资精英之重阳（B）	8.00	11.49	6.17	12.55	0.60	1.11	3.74
685	易同增长 1 号	7.94	17.03	8.26	25.83	0.44	0.92	1.80
686	九旭 5 号	7.93	19.72	9.46	22.71	0.41	0.85	2.04
687	私享—蓝筹 1 期	7.92	33.43	17.79	44.45	0.35	0.65	1.04
688	康曼德 001 号	7.92	13.07	7.89	14.29	0.54	0.89	3.24
689	若愚量化配置 1 期	7.90	27.60	13.58	27.97	0.35	0.72	1.65
690	展博 5 期	7.82	17.98	6.68	19.45	0.42	1.13	2.35
691	银帆 8 期	7.80	19.06	8.49	20.07	0.41	0.91	2.27
692	汇泽领慧 FOF1 期 A 号	7.77	9.47	4.40	7.19	0.68	1.47	6.31
693	颛瀚稳健 3 期	7.74	10.76	4.86	9.56	0.61	1.34	4.72
694	景泰复利回报 2 期	7.69	12.89	7.16	21.42	0.52	0.94	2.09
695	中域稳健涵和 1 期	7.64	18.11	9.30	29.76	0.41	0.81	1.50
696	佰丰一号	7.60	31.23	16.66	38.16	0.34	0.64	1.16
697	冰冷 2 期	7.60	24.14	13.80	34.94	0.36	0.63	1.27
698	展博专注 B 期	7.59	15.58	6.76	19.60	0.45	1.03	2.25

续表

编号	基金名称	年化收益率（%）	年化波动率（%）	年化下行风险（%）	最大回撤率（%）	夏普比率	索丁诺比率	收益—最大回撤比率
699	雷钧 2 号	7.57	23.58	12.13	27.93	0.36	0.70	1.58
700	弘酬开元	7.53	6.08	2.65	4.00	0.98	2.25	10.94
701	昭时新三板 A	7.51	21.72	9.65	33.14	0.37	0.83	1.32
702	中子星-星海 3 号	7.50	8.65	4.13	9.26	0.71	1.48	4.70
703	中证 500 指数增强 2 期	7.46	15.00	7.56	28.05	0.45	0.90	1.54
704	品正理翔 2 期	7.42	16.66	8.14	25.64	0.42	0.86	1.68
705	少数派新三板尊享 3 号	7.41	14.50	6.95	22.35	0.46	0.96	1.92
706	博道精选 5 期	7.35	11.99	6.73	15.69	0.53	0.94	2.71
707	本地资本紫东来 FOF	7.27	6.47	3.26	4.18	0.89	1.76	10.06
708	中国龙平衡资本市场尊享系列	7.26	9.17	4.73	11.20	0.65	1.26	3.75
709	森林湖稳健收益 1 号	7.20	20.69	11.01	25.87	0.37	0.69	1.61
710	重阳 8 期	7.20	11.29	5.96	13.96	0.54	1.02	2.98
711	涌盛 1 号	7.05	17.58	11.21	21.60	0.39	0.61	1.88
712	赤骥量化 1 号	6.95	11.49	5.07	10.86	0.51	1.16	3.68
713	资舟观复	6.93	3.19	0.89	1.10	1.65	5.90	36.10
714	宜信财富喆颢资本市场量化	6.89	4.83	1.61	5.47	1.10	3.30	7.24
715	鑫安 9 期	6.89	12.63	6.25	12.12	0.47	0.95	3.26
716	平石 2n 对冲基金	6.87	17.34	9.47	20.43	0.38	0.70	1.93
717	盛定 3 号	6.85	19.38	12.76	22.18	0.36	0.55	1.77

续表

编号	基金名称	年化收益率（%）	年化波动率（%）	年化下行风险（%）	最大回撤率（%）	夏普比率	索丁诺比率	收益—最大回撤比率
718	博普跨市场 1 号	6.77	3.06	1.10	2.26	1.67	4.64	17.15
719	银帆 5 期	6.76	12.18	6.06	11.26	0.47	0.95	3.44
720	凡宇证券 A 股 1 号	6.66	14.26	7.41	17.82	0.42	0.80	2.13
721	紫鑫盈素 1 号	6.64	11.62	6.51	14.56	0.48	0.86	2.60
722	慧安 1 号	6.60	14.60	6.85	16.13	0.41	0.87	2.33
723	尚雅 5 期	6.57	23.51	14.26	32.12	0.32	0.54	1.17
724	神农医药 A－阿司匹林	6.54	19.62	13.08	31.53	0.35	0.52	1.18
725	睿赢精选	6.49	9.64	5.32	11.38	0.55	0.99	3.25
726	尚诚	6.47	18.56	12.56	30.64	0.35	0.52	1.20
727	安进 13 期壹心 1 号	6.46	6.44	3.83	12.51	0.77	1.30	2.94
728	理时元开	6.45	23.02	12.03	36.31	0.32	0.61	1.01
729	泛涵康元 1 号	6.41	3.30	0.99	1.90	1.45	4.82	19.18
730	涌津涌赢 8 号	6.17	23.72	11.23	42.49	0.30	0.64	0.82
731	沃胜 5 期	6.07	13.62	7.66	12.72	0.39	0.69	2.69
732	投资精英之尚雅（B）	6.05	27.34	15.30	47.05	0.30	0.53	0.73
733	汇泽至慧 FOF1 期	5.99	9.01	4.60	7.65	0.52	1.03	4.41
734	中国龙平衡对冲增强	5.97	8.22	4.18	9.43	0.56	1.11	3.57
735	珺容量化精选 3 号	5.72	6.58	3.45	6.71	0.65	1.25	4.78
736	明河科技改变生活	5.68	15.38	8.98	23.36	0.34	0.58	1.36

续表

编号	基金名称	年化收益率（%）	年化波动率（%）	年化下行风险（%）	最大回撤率（%）	夏普比率	索丁诺比率	收益—最大回撤比率
737	汇利优选 2 号	5.62	20.29	10.54	37.37	0.30	0.57	0.84
738	乾元 TOT	5.53	3.21	1.45	1.84	1.23	2.71	16.78
739	中国龙价值	5.24	8.38	4.59	16.30	0.47	0.86	1.78
740	华宝兴业-锐锋量化 1 号	5.23	17.57	9.64	26.48	0.29	0.53	1.10
741	朱雀 20 期之慧选 10 号	5.17	9.29	6.46	21.87	0.43	0.62	1.31
742	永升致远 1 期	5.14	18.84	11.68	18.49	0.28	0.45	1.54
743	稳盈 20	5.06	23.47	10.05	29.04	0.25	0.59	0.96
744	汇泽至慧 FOF1 期 A 号	5.04	9.17	4.70	7.87	0.42	0.82	3.54
745	汇利优选	5.00	20.24	10.03	37.39	0.27	0.54	0.74
746	信复创值 2 号	4.82	26.57	13.74	33.87	0.25	0.48	0.78
747	银帆 7 期	4.67	12.74	6.41	25.84	0.30	0.60	0.99
748	汇利 3 期	4.60	21.50	11.19	39.29	0.24	0.47	0.64
749	汇泽至慧 FOF1 期 B 号	4.56	9.18	4.76	8.00	0.37	0.71	3.12
750	中巅增值 1 期	4.55	25.06	13.17	55.52	0.24	0.46	0.45
751	中国龙	4.53	13.26	7.36	21.00	0.29	0.52	1.18
752	投资精英之汇利	4.51	21.80	11.16	38.51	0.24	0.47	0.64
753	平凡悟量	4.51	6.37	3.80	17.55	0.49	0.82	1.41
754	慧安浙商家族 1 号	4.42	22.33	11.06	31.78	0.23	0.47	0.76
755	浅湖 6 号	4.41	34.23	16.34	55.52	0.24	0.51	0.43

续表

编号	基金名称	年化收益率（%）	年化波动率（%）	年化下行风险（%）	最大回撤率（%）	夏普比率	索丁诺比率	收益－最大回撤比率
756	铭深 1 号	4.37	13.68	6.28	23.28	0.27	0.59	1.03
757	投资精英（汇利 B）	4.36	21.85	11.17	38.42	0.23	0.46	0.62
758	合德丰泰	4.29	3.93	2.11	6.49	0.71	1.32	3.60
759	汇利优选 9 期	4.28	20.97	10.39	36.36	0.23	0.47	0.64
760	私募工场 19 期第 7 期（红角 1 号）	4.24	22.89	12.03	40.67	0.23	0.43	0.57
761	远澜乔松	4.23	8.98	4.49	13.97	0.34	0.68	1.65
762	谦璞多策略稳健 1 号	4.14	21.07	11.25	25.20	0.22	0.42	0.89
763	申毅量化	4.13	4.55	2.36	3.81	0.58	1.13	5.89
764	柘弓 1 期	4.00	23.09	14.66	33.24	0.22	0.35	0.65
765	汇升稳进共盈 1 号	4.00	5.19	2.80	8.60	0.49	0.91	2.52
766	博识众彩 TOF 投资	3.83	11.02	6.33	24.98	0.26	0.45	0.83
767	中国龙稳健	3.78	12.13	6.81	19.63	0.24	0.43	1.04
768	宾悦成长 1 号	3.74	21.43	11.17	27.04	0.21	0.39	0.75
769	睿信 3 期	3.49	17.96	10.17	27.69	0.20	0.35	0.68
770	富承成长 1 号	3.46	31.41	20.00	44.22	0.22	0.34	0.42
771	恒天紫鑫 2 号	3.41	8.44	4.11	10.00	0.26	0.54	1.82
772	值博 1 号	3.38	23.22	9.41	34.65	0.19	0.46	0.52
773	塔晶狮王 2 号	3.31	25.68	12.98	43.43	0.19	0.38	0.41
774	睿信 4 期	3.29	19.30	10.60	22.20	0.18	0.34	0.79

续表

编号	基金名称	年化收益率（%）	年化波动率（%）	年化下行风险（%）	最大回撤率（%）	夏普比率	索丁诺比率	收益—最大回撤比率
775	道睿择 1 期	3.23	11.39	6.44	21.42	0.20	0.36	0.80
776	智诚 8 期	3.20	22.79	11.82	29.01	0.18	0.35	0.59
777	积胜 1 期	3.08	21.69	9.25	22.94	0.17	0.40	0.71
778	天贝合共盈 2 号	3.02	56.77	21.60	64.22	0.26	0.69	0.25
779	金蕴 21 期（泓璞 1 号）	2.81	27.78	12.60	45.09	0.18	0.39	0.33
780	和聚 10 期	2.81	20.32	10.91	28.41	0.16	0.30	0.52
781	中国龙健 5	2.79	12.39	7.43	22.80	0.16	0.27	0.65
782	品质生活 2 期	2.76	19.74	10.05	25.28	0.16	0.31	0.58
783	普尔聚鑫	2.72	19.23	11.03	34.28	0.16	0.27	0.42
784	长阳似锦 1 期	2.65	17.69	8.68	33.99	0.15	0.30	0.41
785	东源 1 期	2.62	15.90	9.05	24.01	0.15	0.26	0.57
786	慧安财富 2 期	2.58	21.46	10.38	33.67	0.15	0.31	0.40
787	普尔 2 号	2.45	19.26	11.26	32.67	0.14	0.24	0.39
788	中国龙价值 2	2.41	9.50	5.56	16.14	0.14	0.24	0.78
789	云程泰资本（1 期）	2.35	27.91	15.36	56.96	0.17	0.30	0.22
790	民晟金牛 3 号	2.34	3.56	1.76	3.53	0.25	0.50	3.48
791	和聚 5 期	2.29	19.90	10.78	27.71	0.13	0.25	0.43
792	听畅深蓝价值 1 号	2.27	14.11	8.01	26.09	0.12	0.22	0.46
793	雪球 2 期	2.21	21.21	11.75	37.91	0.14	0.25	0.30

续表

编号	基金名称	年化收益率（%）	年化波动率（%）	年化下行风险（%）	最大回撤率（%）	夏普比率	索丁诺比率	收益—最大回撤比率
794	普尔麒麟	2.05	19.11	11.74	34.56	0.12	0.20	0.31
795	普尔 1 号	2.02	19.19	11.18	34.38	0.12	0.21	0.31
796	锐进 15 期中国龙稳健	2.01	10.89	6.75	20.96	0.10	0.16	0.50
797	睿信 2 期	1.97	17.75	10.97	29.58	0.11	0.18	0.35
798	和聚 6 期（2014）	1.79	20.57	11.51	26.93	0.11	0.20	0.34
799	尚雅 4 期	1.75	24.25	13.26	34.64	0.13	0.23	0.26
800	雁丰对冲尊享 L 期	1.57	6.24	3.62	9.66	0.04	0.07	0.84
801	稳进 10 期雁丰对冲尊享 B 期	1.57	6.25	3.62	9.65	0.04	0.07	0.84
802	和聚 1 期	1.54	20.27	10.99	27.77	0.10	0.18	0.29
803	武当 1 期	1.46	14.52	8.64	27.64	0.07	0.12	0.27
804	工银量化信诚精选	1.42	2.88	2.67	6.82	-0.02	-0.02	1.07
805	雷球 1 号	1.26	30.27	16.01	45.67	0.14	0.26	0.14
806	武当 6 期	1.22	13.22	8.62	24.67	0.04	0.07	0.25
807	银帆 6 期	0.96	13.87	7.09	16.86	0.03	0.05	0.29
808	和聚 7 期	0.95	19.67	10.96	28.18	0.07	0.12	0.17
809	冰剑 1 号	0.87	13.52	8.40	31.70	0.02	0.03	0.14
810	华美沪合	0.87	17.55	8.01	23.30	0.05	0.10	0.19
811	融临 55 号	0.41	40.44	19.93	55.08	0.16	0.33	0.04
812	尚雅 1 期（深国投）	0.36	23.66	15.30	35.56	0.07	0.11	0.05

续表

编号	基金名称	年化收益率（%）	年化波动率（%）	年化下行风险（%）	最大回撤率（%）	夏普比率	索丁诺比率	收益—最大回撤比率
813	谦璞多策略进取 1 号	0.11	24.05	11.94	31.86	0.06	0.11	0.02
814	和聚 7 期之和聚专享专享 1 期	0.06	22.30	10.91	28.23	0.04	0.09	0.01
815	淘利多策略量化套利	-0.03	4.60	2.93	10.09	-0.31	-0.49	-0.01
816	信复创值 5 号	-0.14	25.60	13.73	33.99	0.06	0.11	-0.02
817	慧安财富 3 期	-0.46	21.90	10.94	37.70	0.02	0.03	-0.06
818	九旭 2 号	-0.47	18.60	10.75	30.56	-0.01	-0.03	-0.08
819	承源 10 号	-0.52	32.57	17.63	55.61	0.09	0.18	-0.05
820	工银量化佰盛精选	-0.54	6.37	5.35	15.61	-0.29	-0.34	-0.17
821	慧安财富 5 期	-0.79	16.17	8.52	32.45	-0.06	-0.12	-0.12
822	尚雅 11 期	-1.10	27.67	15.60	45.20	0.04	0.07	-0.12
823	和聚鼎宝 1 期	-1.16	20.46	9.48	35.49	-0.03	-0.07	-0.16
824	君茂跨市场 1 号	-1.18	23.78	16.63	46.59	0.01	0.01	-0.12
825	朴石 8 期	-1.23	16.26	10.50	33.14	-0.09	-0.14	-0.18
826	厚品资产复利 1 号	-1.34	9.17	6.77	20.67	-0.26	-0.36	-0.32
827	和聚 12 期汇智 B 期	-1.35	14.03	8.55	24.78	-0.13	-0.22	-0.26
828	尚雅 3 期	-1.38	24.75	14.88	40.34	0.01	0.01	-0.17
829	美联融通 1 期	-1.41	25.94	11.56	35.25	0.01	0.02	-0.19
830	宁聚量化精选 2 号	-1.64	16.70	11.87	32.45	-0.10	-0.15	-0.24
831	抱朴精选成长 1 号	-1.67	42.25	19.69	56.58	0.12	0.26	-0.14

续表

编号	基金名称	年化收益率 (%)	年化波动率 (%)	年化下行风险 (%)	最大回撤率 (%)	夏普比率	索丁诺比率	收益-最大回撤比率
832	私享-价值 3 期	-1.72	32.34	18.43	53.47	0.06	0.11	-0.15
833	金蕴 30 期	-2.15	30.18	17.77	60.93	0.03	0.05	-0.17
834	富承高息 1 号	-2.38	73.63	34.46	81.06	0.25	0.53	-0.14
835	乐正资本乐享	-2.49	18.90	11.19	43.03	-0.12	-0.20	-0.28
836	投资精英之云程泰 (B)	-2.76	27.26	15.73	59.44	-0.02	-0.04	-0.22
837	私募工场兴富进取 1 期	-2.86	34.92	19.39	55.17	0.04	0.08	-0.24
838	恒天稳宜灵活配置 2 期	-2.92	14.10	8.11	35.09	-0.25	-0.43	-0.39
839	乐桥 1 期	-3.07	32.88	16.73	53.62	0.01	0.03	-0.27
840	泓澄尊享 C 期	-3.22	31.80	27.19	63.38	0.08	0.10	-0.24
841	万思艾瑞斯 2 号	-3.92	14.96	10.25	22.87	-0.29	-0.43	-0.79
842	泽泉涨停板 1 号	-4.20	23.58	13.63	50.76	-0.13	-0.22	-0.38
843	泽泉景勃财富	-4.25	25.50	13.85	49.29	-0.11	-0.20	-0.40
844	海西晟乾 7 号	-4.66	33.28	17.41	64.81	-0.03	-0.06	-0.33
845	塔晶狮王	-4.67	25.89	13.48	40.36	-0.12	-0.23	-0.53
846	睿信	-5.29	18.40	11.67	31.08	-0.29	-0.45	-0.77
847	泽泉信德	-5.89	26.50	14.58	53.40	-0.16	-0.29	-0.49
848	承源 9 号	-6.21	27.99	15.55	44.24	-0.15	-0.27	-0.62
849	汇富进取 3 号	-6.22	19.62	11.23	38.13	-0.31	-0.54	-0.72
850	蕴泽 3 号	-6.63	56.13	25.03	60.64	0.08	0.18	-0.48

续表

编号	基金名称	年化收益率（%）	年化波动率（%）	年化下行风险（%）	最大回撤率（%）	夏普比率	索丁诺比率	收益—最大回撤比率
851	新思程藏宝图京都 1 号	-6.64	26.85	15.54	56.77	-0.18	-0.31	-0.51
852	瑞晟昌-双轮策略 1 号	-7.26	26.82	12.31	44.00	-0.21	-0.46	-0.71
853	新价值 4 号	-8.40	23.73	13.75	63.10	-0.32	-0.55	-0.56
854	融通 3 号	-10.89	32.65	24.66	57.95	-0.22	-0.29	-0.76
855	塔晶老虎 1 期	-11.59	32.29	16.51	54.85	-0.27	-0.53	-0.84
856	向量 ETF 创新 1 期	-12.70	29.26	17.65	61.92	-0.37	-0.61	-0.80
857	万思艾瑞斯 1 号	-12.92	16.42	15.61	51.66	-0.83	-0.87	-0.97
858	新价值 5 号	-13.19	24.60	14.97	69.61	-0.51	-0.84	-0.73
859	正弘旗胜	-14.75	22.46	14.36	62.15	-0.66	-1.03	-0.88
860	融泽 6 号	-16.84	32.72	18.64	72.69	-0.45	-0.79	-0.83
861	富承价值 1 号	-18.11	141.71	52.04	89.44	0.29	0.78	-0.71
862	新价值 16 号	-18.18	19.44	13.85	65.51	-1.00	-1.41	-0.97
863	映雪霜雪 2 期	-20.77	21.54	18.22	68.92	-1.02	-1.21	-1.00
864	映雪霜雪 1 期	-21.56	25.30	22.63	71.91	-0.86	-0.96	-0.98
	指标平均值	15.63	20.42	9.60	24.72	0.79	2.26	8.56

附录二 股票型私募基金经理的选股能力和择时能力（按年化 α 排序）：2017～2021 年

本表展示的是基于 Carhart 四因子模型改进得到的 Treynor-Mazuy 四因子模型对过去五年股票型私募基金的月度收益率进行回归拟合所得结果，所用模型为：

$$R_{i,t} - R_{f,t} = \alpha_i + \beta_{i,mkt} \times (R_{mkt,t} - R_{f,t}) + \gamma_i \times (R_{mkt,t} - R_{f,t})^2 + \beta_{i,smb} \times SMB_t + \beta_{i,hml} \times HML_t + \beta_{i,mom} \times MOM_t + \varepsilon_{i,t}$$

其中，i 指的是第 i 只基金，$R_{i,t} - R_{f,t}$ 为 t 月基金 i 的超额收益率，$R_{i,t} - R_{f,t}$ 为 t 月基金 i 的超额收益率（万得全 A 指数）的超额收益率，$R_{f,t}$ 为 t 月无风险收益率。SMB_t 为规模因子，代表小盘股与大盘股之间的溢价，是第 t 月小公司的收益率与大公司的收益率之差；HML_t 为价值因子，代表价值股与成长股之间的股票月收益率之差。高账面市值比公司）与成长股（低账面市值比公司）收益率之差；MOM_t 为动量因子，代表过去一年收益率最高的股票月收益率与收益率最低的股票月收益率之差，是过去一年（$t-1$ 个月到 $t-11$ 个月）收益率最高的（前 30%）股票与收益率最低的（后 30%）股票月收益率之差。我们用人股所有上市公司的数据自行计算规模因子、价值因子和动量因子。α_i 代表基金经理的选股能力给投资者带来的超额收益，γ_i 代表基金经理的择时能力。本表还展示了每只基金对万得全 A 指数、规模因子、价值因子和动量因子这些股票型私募基金的风险暴露（β_{mkt}、β_{smb}、β_{hml}、β_{mom}）。其中 * 表示在 5% 的显著水平上，具有选股能力或择时能力的基金。另外，本表还展示了这些股票型私募基金的年化收益率、年化波动率、年化夏普比率及最大回撤率，供读者查阅。

编号	基金名称	年化α(%)	$t(\alpha)$	γ	$t(\gamma)$	β_{mkt}	β_{smb}	β_{hml}	β_{mom}	年化收益率(%)	年化波动率(%)	年化夏普比率	最大回撤率(%)	调整后R^2(%)
1	卓晔1号	109.91	3.32*	-18.69	-3.19	3.63	0.31	0.83	-1.15	52.86	82.40	0.87	78.15	43
2	富承价值1号	83.50	1.22	-22.13	-1.82	4.24	-1.16	1.00	-0.79	-18.11	141.71	0.29	89.44	17
3	正圆1号	77.15	2.59*	1.18	0.22	2.01	0.14	0.44	0.60	114.17	65.26	1.45	39.14	27
4	万方稳进1号	74.08	2.22*	-5.20	-0.88	0.84	-0.58	-1.33	-0.36	70.14	65.12	1.07	34.81	8
5	建泓绝对收益1号	70.90	2.61*	2.99	0.62	0.15	0.58	-0.27	-0.37	93.27	52.90	1.49	42.96	7
6	建泓时代绝对收益2号	61.89	2.48*	-1.07	-0.24	0.63	0.52	-0.15	-0.64	63.07	49.95	1.19	37.95	12
7	复胜正能量1期	60.59	3.33*	-6.42	-2.00	1.23	-0.60	-0.31	0.03	59.11	39.26	1.35	29.49	24

续表

编号	基金名称	年化α(%)	t(α)	γ	t(γ)	β_{mkt}	β_{smb}	β_{hml}	β_{mom}	年化收益率(%)	年化波动率(%)	年化夏普比率	最大回撤率(%)	调整后 R^2(%)
8	大禾投资‐掘金 5 号	58.00	2.82*	-2.63	-0.72	0.95	-0.11	-0.40	-0.26	64.88	41.18	1.39	30.65	12
9	靖奇光合长谷	56.51	6.80*	-0.73	-0.50	0.40	0.70	0.55	0.70	79.45	18.85	3.18	3.04	31
10	涌津涌鑫 6 号	55.34	3.12*	-5.15	-1.64	1.10	-0.69	0.14	0.25	54.35	38.37	1.29	23.24	25
11	涌津涌赢 1 号	55.14	3.34*	-5.23	-1.79	1.06	-0.57	0.38	0.09	51.55	35.28	1.32	23.82	23
12	弘茗套利稳健管理型 2 号	54.64	2.67*	5.01	1.38	0.20	1.18	1.06	2.84	112.66	45.79	1.86	31.41	30
13	大禾投资‐掘金 1 号	51.43	2.78*	-1.80	-0.55	0.80	-0.19	-0.39	-0.20	59.13	36.87	1.41	27.06	11
14	天贝合共盈 1 号	50.42	1.17	-2.17	-0.29	2.74	-0.45	-1.31	-2.75	16.07	94.68	0.50	76.32	27
15	涌贝资产阳光稳健	49.11	2.35*	-6.46	-1.74	0.86	0.74	-0.56	0.35	43.64	43.80	1.00	36.74	20
16	顺然 3 号	46.72	2.39*	-1.09	-0.32	0.62	0.32	0.17	-0.12	49.80	38.38	1.20	42.82	9
17	浅湖稳健 5 号	45.20	1.61	-1.98	-0.40	2.55	0.08	0.68	-0.73	30.31	66.37	0.71	63.63	37
18	睿源进取 1 号	44.67	1.68*	-2.22	-0.47	-0.20	0.12	-0.98	-0.56	34.82	51.23	0.76	32.78	5
19	冠丰 3 号消费优选	44.33	1.78*	-1.79	-0.41	1.62	1.40	1.40	1.68	55.06	56.08	1.00	34.84	31
20	靖奇金牛思锐	43.26	5.22*	1.33	0.91	-0.24	-0.13	-0.28	-0.35	54.41	16.24	2.71	3.87	8
21	璟恒五翔	42.13	3.56*	-3.70	-1.77	1.20	-0.47	-0.55	-0.55	42.66	28.48	1.35	21.84	39
22	君行 5 号	41.04	3.00*	-3.28	-1.36	0.66	-0.55	-0.35	-0.46	37.76	27.74	1.25	22.00	14
23	新里程超越梦想	40.74	2.08*	-7.07	-2.04	2.08	-0.82	0.93	0.36	24.21	48.84	0.66	47.95	44
24	雨山寻牛 1 号	40.35	1.94*	-5.03	-1.37	1.29	-0.38	-0.74	-0.27	33.83	43.73	0.84	47.47	21
25	新智达成长 1 号	39.30	2.52*	-2.01	-0.73	0.77	-0.13	-0.29	0.01	44.04	31.61	1.27	23.44	14

续表

编号	基金名称	年化 α(%)	t(α)	γ	t(γ)	β_mkt	β_smb	β_hml	β_mom	年化收益率(%)	年化波动率(%)	年化夏普比率	最大回撤率(%)	调整后 R²(%)
26	优波	38.06	2.05*	-3.50	-1.06	1.07	-0.14	0.38	0.31	35.35	38.25	0.94	26.82	17
27	金舆中国互联网	37.82	2.28*	-6.25	-2.13	1.42	-0.80	-0.64	-0.48	27.14	37.93	0.78	34.15	32
28	景林创新成长	36.69	4.62*	-6.09	-4.33	1.26	-0.55	-0.34	-0.23	30.62	23.78	1.19	32.88	61
29	长金 4 号	36.65	2.69*	-3.47	-1.44	1.25	-0.19	0.49	0.15	35.19	31.35	1.08	40.52	33
30	新里程藏宝图私享家 1 号	35.89	1.76*	-6.93	-1.92	1.99	-0.91	0.54	0.14	18.01	48.90	0.57	48.37	39
31	弘茗套利稳健管理型 1 号	35.78	1.49	-4.18	-0.98	0.04	-0.27	-0.16	-0.11	18.67	45.80	0.55	61.13	3
32	弘茗套利稳健管理型 6 号	34.97	3.65*	-2.24	-1.32	0.08	-0.65	-0.09	-0.51	28.85	19.71	1.31	15.48	17
33	岁寒知松柏 1 号	34.82	3.63*	-3.75	-2.21	1.01	-0.13	0.28	-0.07	32.30	22.78	1.28	22.70	38
34	卓铸卓越 1 号	34.66	3.89*	-3.88	-2.46	1.28	-0.78	0.41	-0.36	28.59	25.82	1.05	32.89	58
35	悟源农产品 2 号	34.22	2.15*	0.24	0.08	-0.21	-0.05	0.24	-0.16	32.82	30.25	1.03	20.29	3
36	乐正资本三川	33.16	1.96*	-4.80	-1.60	1.02	-0.30	0.08	-0.29	22.26	34.77	0.70	39.00	16
37	晓峰 1 号睿远	32.77	6.12*	-3.64	-3.84	0.99	-0.48	-0.13	0.00	33.95	18.31	1.62	15.87	70
38	富承高息 1 号	32.35	0.95	-8.23	-1.37	2.60	-0.69	0.39	-0.83	-2.38	73.63	0.25	81.06	25
39	东方港湾马拉松 1 号	32.19	4.19*	-3.57	-2.63	0.80	-0.33	-0.29	0.04	33.37	19.20	1.53	12.29	44
40	鼎萨价值成长	31.05	3.03*	0.59	0.33	1.57	-0.09	-0.30	-0.10	47.43	32.42	1.32	35.61	65
41	希瓦小牛 FOF	30.76	2.95*	-2.50	-1.36	1.18	-0.39	-0.49	-0.61	31.19	26.53	1.10	31.92	46
42	法理 1 号	30.50	2.33*	2.02	0.87	1.08	0.11	-0.27	0.78	57.19	33.12	1.50	24.34	45
43	进化论复合策略 1 号	30.01	3.94*	-1.56	-1.16	0.58	-0.23	-0.51	-0.16	35.59	17.41	1.77	12.59	33

续表

编号	基金名称	年化 α (%)	t(α)	γ	t(γ)	β_{mkt}	β_{smb}	β_{hml}	β_{mom}	年化收益率 (%)	年化波动率 (%)	年化夏普比率	最大回撤率 (%)	调整后 R^2 (%)
44	林园	30.01	2.46*	-2.07	-0.96	0.68	-0.57	-0.97	-0.07	34.93	27.70	1.18	28.94	32
45	远澜红枫 1 号	29.81	2.44*	-1.65	-0.76	0.00	-0.11	-0.38	-0.02	29.93	23.41	1.17	8.72	4
46	汉和资本-私募学院菁英 7 号	29.70	4.24*	-2.35	-1.90	0.89	-0.22	-0.19	-0.09	33.32	18.60	1.57	15.00	50
47	榕树文明复兴 3 期	29.68	4.00*	-3.09	-2.35	1.01	-0.08	-0.35	-0.11	32.30	20.62	1.40	29.39	54
48	利得汉景 1 期	29.23	3.26*	-2.27	-1.43	0.94	-0.33	0.02	0.14	32.98	22.21	1.34	22.16	43
49	美港基金	29.14	1.43	-3.58	-0.99	0.87	0.12	-0.05	0.67	27.39	41.08	0.74	29.70	13
50	高毅邻山 1 号	28.78	3.57*	-2.47	-1.73	0.85	-0.24	-0.40	-0.39	29.57	19.74	1.34	18.21	41
51	挚盟资本-私募学院菁英 189 号	28.01	2.38*	-0.65	-0.31	0.78	-0.26	-0.55	-0.96	27.80	26.37	1.01	26.04	30
52	勤远动态平衡 1 号	27.96	2.78*	-2.84	-1.60	0.70	0.36	0.47	0.40	28.11	21.98	1.17	12.09	26
53	壁虎成长 3 号	27.78	2.73*	-0.90	-0.50	0.84	-0.25	-0.58	-0.31	34.24	23.67	1.31	21.33	35
54	盈阳 22 号	27.74	2.05*	-0.22	-0.09	0.50	0.20	0.54	0.50	34.28	27.00	1.16	9.08	12
55	新思哲成长	27.72	3.46*	-3.25	-2.29	0.92	-0.43	0.06	0.18	28.09	21.10	1.22	23.63	49
56	高毅利伟精选唯实	27.24	4.50*	-4.14	-3.87	0.85	-0.38	-0.11	-0.17	23.06	16.74	1.24	19.39	54
57	康曼德 003 号	27.17	2.95*	-1.25	-0.77	0.49	0.03	-0.21	-0.08	31.04	18.94	1.45	12.38	17
58	远望角投资 1 期	27.02	3.52*	-2.02	-1.48	0.65	0.06	-0.20	-0.08	29.73	17.55	1.50	12.75	33
59	鸿道创新改革	27.01	2.45*	0.78	0.40	0.85	0.11	-0.40	0.00	40.81	25.99	1.40	12.66	36
60	神农老院子基金	26.87	1.91*	-4.35	-1.74	1.08	-0.13	-0.43	-0.09	22.74	31.01	0.76	35.38	27
61	理臻鸿运精选 1 号	26.81	3.90*	-1.31	-1.07	0.75	0.10	-0.48	0.09	35.92	18.45	1.69	9.18	51

续表

编号	基金名称	年化 α(%)	t(α)	γ	t(γ)	β_{mkt}	β_{smb}	β_{hml}	β_{mom}	年化收益率(%)	年化波动率(%)	年化夏普比率	最大回撤率(%)	调整后 R^2(%)
62	盈定 2 号	26.76	1.68*	-1.64	-0.58	0.81	-0.20	-0.56	-0.38	27.59	32.61	0.84	15.50	16
63	长牛分析 1 号	26.68	2.68*	-1.33	-0.75	0.75	0.04	-0.18	0.19	33.60	22.24	1.36	20.55	29
64	石锋重剑一号	26.63	2.30*	-1.08	-0.53	1.02	-0.04	-0.51	0.35	38.49	28.33	1.24	22.19	41
65	远望角容远 1 号	26.56	3.69*	-1.88	-1.47	0.61	0.16	-0.12	0.03	30.12	16.62	1.59	12.70	34
66	十字星 1 期	26.06	8.77*	0.80	1.53	-0.04	0.15	0.03	0.24	35.82	6.06	4.90	0.78	15
67	石锋驾行一号	25.95	2.76*	-1.21	-0.73	0.87	-0.03	-0.26	0.27	35.10	22.85	1.37	21.61	40
68	景林丰收 2 号	25.79	4.04*	-4.12	-3.64	1.11	-0.28	-0.34	0.03	25.78	20.61	1.15	26.82	66
69	东方先进制造优选	25.55	3.17*	-3.56	-2.50	0.85	-0.51	-0.40	-0.34	22.21	19.91	1.04	28.57	42
70	睿璞投资·睿洪 1 号	25.50	3.26*	-2.15	-1.56	0.91	-0.23	0.08	0.11	28.42	20.02	1.28	13.47	46
71	上海优波投资-长江	25.22	1.71*	-2.41	-0.92	0.86	-0.19	0.35	0.18	23.07	30.47	0.78	25.99	18
72	磐耀 3 期	25.19	2.62*	-0.04	-0.02	0.35	0.27	-0.24	0.28	35.01	19.79	1.55	9.39	17
73	果实长期成长 1 号	25.13	3.82*	-2.80	-2.41	0.90	-0.53	-0.29	0.19	28.56	20.33	1.27	19.53	63
74	盛信 1 期 (2016)	24.97	3.70*	-1.48	-1.24	0.82	0.07	-0.53	0.27	35.27	19.49	1.59	20.22	58
75	远澜红松	24.89	4.06*	-1.39	-1.28	0.07	-0.43	-0.34	-0.61	21.17	12.73	1.46	8.10	18
76	东方港湾 3 号	24.78	2.44*	-2.79	-1.56	0.92	-0.41	0.00	-0.05	23.59	23.53	0.96	21.70	35
77	朴信 3 号	24.71	1.32	-6.24	-1.88	1.75	0.43	-0.43	0.34	17.79	44.86	0.54	50.58	38
78	睿泉成长 1 号	24.57	3.46*	-2.44	-1.94	0.91	-0.33	-0.25	0.01	27.52	19.36	1.28	23.50	53
79	盛泉佰元量化进取多策略 1 号	24.54	4.44*	-3.24	-3.31	0.77	0.20	0.17	0.45	26.58	15.73	1.49	18.94	57

续表

编号	基金名称	年化α(%)	t(α)	γ	t(γ)	β_{mkt}	β_{smb}	β_{hml}	β_{mom}	年化收益率(%)	年化波动率(%)	年化夏普比率	最大回撤率(%)	调整后R^2(%)
80	守正	24.53	3.28*	-3.20	-2.42	0.71	-0.19	0.20	-0.42	17.61	17.41	0.94	25.26	35
81	上海远澜顾桦1号	24.47	2.11*	-0.10	-0.05	0.00	-0.07	-0.44	-0.26	26.31	22.09	1.11	33.34	3
82	正鑫1号	24.43	1.31	-2.65	-0.80	0.85	0.73	0.37	0.66	23.83	38.31	0.69	30.06	17
83	睿璞投资-睿华1号	24.39	3.14*	-1.98	-1.44	0.90	-0.23	0.01	0.06	27.58	19.80	1.26	14.79	46
84	大朴多维度24号	24.33	5.52*	-2.21	-2.83	0.60	-0.05	-0.02	0.15	27.13	12.12	1.94	6.18	53
85	溪牛长期回报	24.19	2.41*	-3.17	-1.79	1.31	0.31	0.03	0.52	28.95	27.79	1.01	29.90	54
86	神农长空集母	24.14	1.79*	-4.06	-1.70	1.01	-0.17	-0.60	-0.06	21.62	29.99	0.75	27.24	29
87	汉和资本1期	23.99	3.28*	-3.15	-2.43	0.89	-0.14	-0.15	-0.08	23.31	18.69	1.14	17.72	46
88	红筹平衡选择	23.97	2.77*	-2.93	-1.92	1.04	-0.37	-0.26	-0.26	22.98	22.19	0.98	21.07	47
89	汉和天信	23.90	3.51*	-2.47	-2.05	0.89	-0.20	-0.15	-0.12	25.09	18.14	1.25	17.15	50
90	高毅庆斓6号	23.90	3.14*	-3.65	-2.70	0.87	-0.20	-0.26	0.18	24.29	19.75	1.13	23.54	48
91	东方马拉松致远	23.82	2.90*	-3.02	-2.08	0.91	-0.47	-0.37	-0.37	21.71	20.59	0.99	32.30	44
92	彤源5号	23.68	3.19*	-2.13	-1.62	1.00	0.06	-0.25	0.31	30.88	21.29	1.31	18.86	57
93	彤源同创1期A	23.65	3.46*	-0.98	-0.81	0.90	-0.01	-0.13	0.29	33.26	19.46	1.51	17.24	56
94	红筹1号	23.63	2.59*	-2.71	-1.68	0.88	0.11	0.45	0.58	25.96	21.97	1.10	21.05	39
95	同裤智慧1号	23.59	2.12*	-1.73	-0.88	0.93	-0.46	-0.09	-0.20	24.13	25.29	0.93	36.81	32
96	石锋厚积一号	23.56	2.53*	-1.07	-0.65	0.85	-0.11	-0.31	0.20	32.00	22.59	1.28	23.38	40
97	91金融东方港湾价值1号	23.48	2.23*	-1.59	-0.86	0.88	-0.34	-0.13	0.15	27.85	24.42	1.07	20.30	35

续表

编号	基金名称	年化α(%)	t(α)	γ	t(γ)	β_mkt	β_smb	β_hml	β_mom	年化收益率(%)	年化波动率(%)	年化夏普比率	最大回撤率(%)	调整后R²(%)
98	齐家科技先锋	23.34	1.39	-5.75	-1.93	1.43	0.30	1.04	0.72	12.96	38.31	0.46	49.60	32
99	北京福睿德9号	23.30	1.06	1.62	0.42	0.90	0.96	0.35	1.34	40.07	46.35	0.90	51.64	21
100	景林稳健	23.27	3.56*	-3.49	-3.02	0.94	-0.47	-0.19	-0.19	20.73	18.53	1.04	27.98	56
101	新思哲1期	23.24	2.91*	-2.68	-1.89	0.95	-0.26	0.21	0.10	23.30	20.54	1.05	23.86	47
102	昭图5期	23.21	2.58*	-1.47	-0.93	0.96	-0.10	-0.65	-0.05	30.71	23.53	1.20	14.93	49
103	鹰傲绝对价值	23.21	2.21*	-5.02	-2.70	1.07	-0.60	-0.33	-0.19	15.96	25.74	0.65	38.74	41
104	金汇荣盛3号	23.13	1.71*	-3.21	-1.34	1.05	-0.38	-0.02	0.04	20.24	29.84	0.72	33.03	28
105	神衣优选价值	23.07	1.96*	-4.00	-1.92	1.19	-0.17	-0.40	-0.22	19.62	28.12	0.72	28.02	39
106	百航进取2号	22.96	2.75*	-1.87	-1.26	0.88	-0.02	0.42	0.27	25.40	20.47	1.14	13.00	42
107	东方消费服务优选	22.92	2.80*	-3.69	-2.55	1.05	-0.45	-0.21	-0.18	20.01	21.79	0.88	31.23	50
108	东兴港湾1号	22.79	2.37*	-3.23	-1.90	0.67	-0.20	-0.54	0.18	23.95	21.92	1.03	19.74	32
109	同望1期1号	22.75	3.34*	-1.03	-0.85	0.90	0.00	-0.16	0.29	32.17	19.47	1.46	16.84	57
110	美港喜马拉雅	22.70	1.45	-1.67	-0.60	0.72	-0.37	0.21	0.13	21.23	31.67	0.71	27.10	14
111	远望角容远1期A期	22.59	3.34*	-2.03	-1.69	0.63	0.09	-0.09	-0.07	23.77	15.88	1.34	13.99	36
112	无量1期	22.55	2.56*	0.18	0.12	1.11	0.29	-0.06	0.06	33.68	25.23	1.22	20.06	57
113	坤德永盛1期	22.43	3.15*	-2.42	-1.92	1.00	-0.06	-0.18	-0.07	24.66	19.98	1.14	22.23	55
114	彤源7号（A）	22.27	3.20*	-1.63	-1.33	0.94	0.09	-0.24	0.24	29.83	19.99	1.34	18.55	57
115	林园2期	22.25	1.65*	0.71	0.30	0.34	-0.27	-1.28	0.38	37.13	30.57	1.15	30.52	32

续表

编号	基金名称	年化α(%)	t(α)	γ	t(γ)	β_mkt	β_smb	β_hml	β_mom	年化收益率(%)	年化波动率(%)	年化夏普比率	最大回撤率(%)	调整后R²(%)
116	少数派 19 号	22.24	2.90*	−2.58	−1.90	0.82	−0.43	0.44	−0.07	18.53	19.31	0.90	23.67	44
117	中润一期	22.21	2.64*	0.29	0.20	0.71	0.36	−0.05	0.69	37.54	21.23	1.55	12.68	45
118	望岳投资小象 1 号	22.19	2.20*	−2.38	−1.34	1.11	−0.45	−0.73	−0.26	24.96	26.24	0.92	25.25	48
119	五色土 1 期	22.19	1.09	−4.35	−1.21	1.92	0.38	−0.90	0.60	22.97	50.50	0.63	70.37	43
120	少数派 8 号	22.15	3.00*	−2.19	−1.67	0.81	−0.36	0.44	0.01	20.47	18.72	1.01	23.19	45
121	景林丰收	22.10	3.58*	−4.32	−3.96	1.08	−0.16	−0.15	0.15	20.64	19.62	0.98	28.02	65
122	浦慧系列 1 号	22.06	3.57*	−4.33	−3.96	1.08	−0.16	−0.15	0.15	20.58	19.62	0.98	28.06	65
123	少数派 29 号	22.06	2.84*	−2.40	−1.74	0.83	−0.45	0.44	0.03	19.74	19.83	0.94	24.40	46
124	元达信资本-安易持兴国 2 号	22.03	2.49*	−0.35	−0.22	0.83	0.03	−0.49	−0.01	31.66	22.20	1.29	15.22	44
125	同薅尊享 1 号	22.03	2.04*	−1.68	−0.88	0.90	−0.43	0.01	−0.22	21.70	24.41	0.87	34.67	31
126	睿璞投资-睿洪金 2 号	22.02	2.82*	−1.90	−1.37	0.86	−0.22	0.04	0.14	25.14	19.60	1.17	14.71	44
127	证大量化价值	22.01	2.63*	−2.18	−1.47	1.03	0.43	0.61	0.66	26.65	22.83	1.08	33.80	53
128	平石 T5 对冲基金	21.99	3.50*	−2.11	−1.90	0.56	−0.22	0.26	0.04	21.05	14.54	1.29	11.79	34
129	少数派大浪淘金 18 号	21.87	2.87*	−2.32	−1.72	0.79	−0.39	0.42	−0.01	19.47	19.00	0.96	22.73	43
130	佰泰辰丰港兴 1 期	21.70	2.28*	−2.01	−1.19	0.85	−0.34	0.02	0.10	23.31	22.28	0.99	23.53	35
131	泰和长兴 1 期	21.58	3.11*	−2.35	−1.91	0.96	−0.06	−0.14	−0.05	23.64	19.27	1.13	22.31	54
132	融通资本汉景港湾 1 号	21.55	2.56*	−1.61	−1.08	0.85	−0.39	−0.27	−0.33	22.85	20.40	1.04	20.77	40
133	九霄投资稳健成长 2 号	21.48	2.51*	−3.73	−2.46	0.84	−0.61	−0.41	−0.38	16.28	20.87	0.76	30.48	41

续表

编号	基金名称	年化 α(%)	$t(\alpha)$	γ	$t(\gamma)$	β_{mkt}	β_{smb}	β_{hml}	β_{mom}	年化收益率(%)	年化波动率(%)	年化夏普比率	最大回撤率(%)	调整后 R^2(%)
134	同犇尊享 2 号	21.42	1.87*	-2.02	-1.00	0.90	-0.36	0.09	-0.16	19.84	25.26	0.79	34.65	28
135	泽升优选成长 1 期	21.36	1.40	0.16	0.06	1.12	-0.30	-0.35	-0.19	27.91	34.05	0.84	33.86	30
136	清和泉成长 2 期	21.32	2.52*	-1.80	-1.20	0.91	-0.13	-0.44	0.17	27.82	22.01	1.16	20.56	48
137	少数派求是 1 号	21.26	2.77*	-2.27	-1.67	0.82	-0.42	0.38	0.00	19.25	19.37	0.93	23.69	45
138	盛泉恒元定增套利多策略 6 号	21.17	4.98*	-1.55	-2.06	0.70	0.33	-0.06	0.25	27.23	14.34	1.66	12.19	69
139	民森 K 号	21.09	3.03*	-3.16	-2.57	0.88	-0.12	-0.18	-0.07	20.20	18.15	1.03	21.99	48
140	阳光宝 3 号	21.07	4.19*	-3.32	-3.73	0.91	-0.36	-0.20	-0.14	19.57	16.35	1.09	26.41	67
141	五色土 3 期	21.05	1.73*	-0.67	-0.31	1.86	-0.18	-0.35	-0.74	23.93	37.56	0.71	39.57	63
142	榕树陈氏	21.01	2.55*	-1.43	-0.98	1.03	-0.36	-0.31	-0.19	25.18	22.20	1.06	27.84	52
143	私享-蓝筹 1 期	20.97	1.56	-3.96	-1.67	1.26	-0.91	0.88	-0.22	7.92	33.43	0.35	44.45	43
144	恒天泰旸 1 期	20.94	2.91*	-2.19	-1.72	0.76	-0.14	-0.14	0.09	23.37	17.67	1.20	16.68	42
145	远澜火松	20.92	1.87*	0.16	0.08	0.07	-0.05	-0.69	-0.13	26.25	21.94	1.11	24.95	9
146	少数派 5 号	20.88	3.21*	-2.42	-2.10	0.71	-0.39	0.39	-0.10	17.35	16.49	0.97	21.07	45
147	中欧瑞博诺亚	20.83	4.85*	-1.15	-1.51	0.80	-0.18	-0.37	-0.20	26.19	15.02	1.54	20.49	71
148	神农长空集 1 号	20.66	1.55	-4.13	-1.75	1.00	-0.17	-0.46	-0.11	16.12	29.21	0.60	27.44	26
149	少数派 7 号	20.57	2.65*	-2.01	-1.47	0.82	-0.38	0.45	0.03	19.10	19.50	0.92	24.80	44
150	民森 H 号	20.56	2.83*	-3.30	-2.57	0.93	-0.04	-0.09	0.00	19.43	19.03	0.95	26.45	49
151	进化论稳进 2 号	20.56	2.46*	-1.72	-1.16	0.62	-0.16	-0.70	-0.05	25.18	19.62	1.17	15.84	36

续表

编号	基金名称	年化 α(%)	$t(\alpha)$	γ	$t(\gamma)$	β_{mkt}	β_{smb}	β_{hml}	β_{mom}	年化收益率(%)	年化波动率(%)	年化夏普比率	最大回撤率(%)	调整后 R^2(%)
152	恒丰一号	20.56	1.72*	-3.74	-1.77	1.21	-1.19	0.46	-0.60	7.60	31.23	0.34	38.16	48
153	万利富达德盛 1 期	20.55	2.22*	-1.96*	-1.19	0.65	-0.52	-0.48	-0.14	21.67	21.16	0.97	26.07	32
154	大朴多维度 15 号	20.46	4.77*	-1.97*	-2.60	0.64	0.01	-0.04	0.12	23.34	12.45	1.64	10.47	58
155	少数派 17 号	20.44	2.68*	-2.07	-1.53	0.76	-0.43	0.30	0.04	19.46	18.94	0.96	22.47	43
156	神农医药 A	20.41	2.49*	-5.11*	-3.52	0.99	-0.40	-0.47	-0.45	11.95	21.17	0.57	30.39	47
157	九峰 FOF3 号	20.39	1.45	0.01	0.00	0.63	0.98	1.69	1.17	24.48	32.13	0.78	31.52	32
158	朱雀 13 期	20.32	2.93*	-1.58	-1.29	1.00	-0.24	-0.53	-0.11	26.07	20.71	1.16	21.28	61
159	新方程清和泉	20.26	2.36*	-1.75	-1.15	0.90	-0.16	-0.47	0.17	26.75	22.22	1.12	21.74	47
160	东方行业优选	20.25	2.64*	-3.27*	-2.41	0.91	-0.45	-0.33	-0.25	17.73	19.84	0.85	29.54	47
161	鸿道国企改革	20.10	1.91*	0.06	0.03	0.73	0.34	-0.13	0.17	28.98	23.89	1.12	23.77	32
162	宽远沪港深精选	20.07	3.50*	-1.63	-1.61	0.81	-0.23	-0.02	-0.04	22.80	16.15	1.27	18.08	56
163	沣沛优选	20.07	2.91*	-1.66	-1.36	0.66	-0.07	-0.15	-0.29	20.27	16.30	1.13	14.70	37
164	清和泉牛山 1 期	20.06	2.27*	-1.71	-1.09	0.85	-0.16	-0.44	0.21	26.39	22.12	1.11	18.51	44
165	易同精选 3 期	20.04	4.10*	-1.32	-1.52	0.70	-0.10	0.01	0.04	23.93	13.84	1.52	19.40	56
166	观富源 3 期	20.02	3.29*	-1.36	-1.26	0.67	-0.12	-0.31	-0.08	24.17	15.50	1.39	16.96	46
167	宽远价值成长 2 期	19.95	3.66*	-2.04	-2.11	0.81	-0.24	-0.08	-0.09	21.34	15.60	1.23	18.56	57
168	资端兴 1 号	19.88	2.99*	-1.03	-0.88	0.80	-0.10	-0.11	0.22	26.99	17.97	1.34	11.49	52
169	优波美元	19.87	1.43	-2.11	-0.86	0.66	-0.18	0.07	-0.15	15.70	27.69	0.61	33.08	11

续表

编号	基金名称	年化α(%)	t(α)	γ	t(γ)	β_{mkt}	β_{smb}	β_{hml}	β_{mom}	年化收益率(%)	年化波动率(%)	年化夏普比率	最大回撤率(%)	调整后R²(%)
170	泓澄投资	19.83	3.79*	-2.27	-2.45	0.98	-0.29	-0.42	-0.17	22.58	17.97	1.15	22.45	70
171	星石1期	19.77	2.47*	-3.27	-2.31	1.00	-0.39	-0.60	-0.36	18.14	21.47	0.82	25.88	51
172	久铭3号	19.70	2.11*	-2.68	-1.62	0.99	-0.69	0.20	-0.42	13.88	23.34	0.61	24.87	44
173	果实资本仁心回报1号	19.69	2.80*	-2.87	-2.31	0.90	-0.51	-0.38	0.17	21.86	20.79	0.99	21.92	60
174	同犇9期	19.68	2.05*	-1.58	-0.93	0.84	-0.26	-0.07	-0.07	21.46	21.98	0.93	23.90	33
175	鸿道2期	19.67	2.20*	-0.13	-0.08	0.73	0.23	-0.13	0.12	28.03	21.12	1.21	17.88	37
176	神农价值精选1号	19.54	1.71*	-4.86	-2.40	1.02	-0.12	-0.64	-0.13	14.53	26.85	0.58	41.67	36
177	景林稳健2号	19.46	3.04*	-3.71	-3.27	1.05	-0.29	-0.08	0.06	17.85	19.49	0.87	28.35	62
178	淞银财富-清和泉优选1期	19.46	2.35*	-1.49	-1.02	0.81	-0.24	-0.39	0.12	25.15	20.66	1.12	19.49	44
179	华夏未来泽时进取1号	19.41	3.37*	-2.35	-2.31	1.11	-0.06	-0.04	-0.13	20.74	19.49	0.99	26.13	69
180	鸿道创新改革尊享1号	19.35	1.74*	0.73	0.37	0.77	0.11	-0.22	0.12	30.09	25.05	1.12	15.10	31
181	神农春江	19.23	2.00*	-4.35	-2.55	0.79	-0.32	-0.79	-0.46	13.08	22.42	0.59	28.28	35
182	乐晟精选	19.21	3.12*	-1.83	-1.68	0.84	-0.05	-0.04	0.52	26.26	18.45	1.28	29.64	61
183	同犇1期	19.20	1.87*	-0.95	-0.52	0.80	-0.40	0.08	-0.22	19.83	22.91	0.84	36.94	30
184	长江汉景港湾1号	19.18	2.26*	-1.30	-0.87	0.78	-0.52	-0.06	-0.16	20.52	20.48	0.94	25.47	39
185	少数派12号	19.16	2.48*	-2.02	-1.48	0.75	-0.45	0.26	-0.02	17.75	18.95	0.88	24.47	42
186	敦和八卦田积极3号	19.16	2.39*	-2.28	-1.61	0.92	-0.56	-0.33	0.00	21.12	21.70	0.93	16.87	52
187	趣时事件驱动1号	19.15	2.51*	-0.62	-0.46	0.94	0.19	-0.45	0.40	31.65	22.39	1.28	24.59	59

续表

编号	基金名称	年化 α(%)	$t(\alpha)$	γ	$t(\gamma)$	β_{mkt}	β_{smb}	β_{hml}	β_{mom}	年化收益率(%)	年化波动率(%)	年化夏普比率	最大回撤率(%)	调整后 R^2(%)
188	少数派 9 号	19.06	2.54*	-2.14	-1.61	0.73	-0.49	0.32	-0.03	16.68	18.66	0.84	22.60	43
189	相聚芒格 1 期	19.04	3.10*	-1.60	-1.47	0.57	0.18	-0.47	-0.02	23.25	15.78	1.32	13.73	47
190	银叶阶跃	18.99	2.31*	-1.94	-1.33	0.78	0.09	-0.20	0.02	21.45	19.67	1.02	22.16	38
191	尚雅 9 期	18.96	1.91*	-3.04	-1.73	1.04	-0.54	-0.42	-0.20	17.54	24.82	0.71	36.81	43
192	进化论 FOF1 号	18.90	3.00*	-1.20	-1.07	0.61	-0.16	-0.45	-0.07	23.72	15.67	1.35	9.59	43
193	常春藤春竹	18.88	2.92*	-1.35	-1.18	0.94	-0.20	0.38	-0.01	20.53	18.63	1.02	21.98	58
194	璟恒 1 期	18.88	2.51*	-1.72	-1.29	0.77	-0.21	-0.16	-0.07	20.97	18.22	1.06	17.02	40
195	林园 3 期	18.88	1.43	1.58	0.68	0.36	-0.26	-1.33	0.44	36.64	30.98	1.13	30.49	36
196	国润一期	18.87	2.19*	1.50	0.99	0.71	0.22	-0.12	0.58	36.41	21.94	1.47	12.52	46
197	中欧瑞博诺亚 1 期	18.83	4.38*	-1.16	-1.53	0.80	-0.19	-0.37	-0.20	23.69	15.01	1.40	21.40	71
198	仁布财富 1 期	18.82	3.17*	-2.70	-2.57	0.54	0.08	-0.08	0.29	19.92	14.11	1.26	13.93	38
199	高信百诺 1 期	18.81	2.90*	-1.91	-1.66	0.73	-0.57	-0.26	-0.38	17.89	16.92	0.97	24.16	48
200	中环港沪深对冲	18.78	2.24*	-4.27	-2.88	0.81	-0.95	-0.99	-0.33	14.06	24.00	0.61	32.50	57
201	尚雅 13 期	18.66	2.01*	-3.32	-2.02	1.13	-0.45	-0.15	-0.34	14.54	23.81	0.63	33.50	46
202	弘尚企业融资驱动策略	18.61	2.77*	-3.51	-2.96	1.34	-0.72	-0.05	-0.41	13.98	23.56	0.61	36.31	71
203	青骊长兴	18.59	1.89*	1.48	0.85	0.80	0.57	0.10	0.65	35.35	24.84	1.29	35.40	45
204	通和富享 1 期	18.53	1.69*	-1.94	-1.00	1.12	0.02	0.26	0.14	19.89	26.42	0.76	29.65	39
205	神农太极	18.53	1.65*	-1.11	-0.56	0.92	0.45	-0.48	0.41	28.17	27.69	0.98	28.17	42

续表

编号	基金名称	年化 α(%)	$t(\alpha)$	γ	$t(\gamma)$	β_{mkt}	β_{smb}	β_{hml}	β_{mom}	年化收益率(%)	年化波动率(%)	年化夏普比率	最大回撤率(%)	调整后 R^2(%)
206	私募工场秃鹫 1 期	18.46	1.93*	-3.21	-1.90	1.13	-0.46	-0.05	-0.17	15.26	24.40	0.64	36.11	46
207	宽远价值成长 2 期诺亚专享 1 号	18.42	3.27*	-1.76	-1.77	0.77	-0.26	-0.09	-0.14	19.75	15.50	1.15	18.88	54
208	拾贝 1 号	18.42	2.79*	-1.03	-0.88	0.80	-0.11	-0.10	0.20	25.07	17.88	1.26	12.52	52
209	华杉永旭	18.41	2.13*	0.46	0.30	0.59	0.45	0.17	0.70	31.08	20.34	1.37	22.25	37
210	涌鑫 2 号	18.38	2.90*	-0.26	-0.23	0.57	0.18	0.02	0.14	25.15	15.25	1.46	9.73	39
211	洋扬锦绣	18.35	4.80*	-2.55	-3.76	0.71	-0.04	-0.49	-0.05	20.51	13.64	1.34	13.47	72
212	望正 1 号	18.35	1.66*	-0.45	-0.23	0.24	0.09	-0.94	0.21	26.62	23.65	1.06	21.01	23
213	民森 A 号	18.34	2.30*	-3.18	-2.26	0.85	-0.27	-0.56	-0.07	18.37	20.36	0.86	23.27	46
214	玖鹏价值精选 1 号	18.33	2.39*	-2.52	-1.85	1.01	-0.23	-0.16	0.18	21.08	21.29	0.94	39.74	54
215	康曼德 106 号	18.26	2.81*	-2.24	-1.95	0.71	-0.36	-0.43	-0.22	18.72	16.61	1.03	17.40	46
216	同犇 6 期	18.24	1.67*	-1.77	-0.91	0.90	-0.45	-0.15	-0.30	17.07	24.58	0.70	37.54	30
217	同犇财通 5 期	18.21	1.87*	-1.74	-1.01	0.85	-0.47	-0.10	-0.20	17.98	22.49	0.78	34.43	34
218	明河优质企业	18.08	2.69*	-2.83	-2.38	0.74	-0.11	0.26	0.20	16.64	16.57	0.93	18.53	42
219	承泽资产趋势 1 号	17.94	1.96*	-2.98	-1.84	1.00	-0.15	-0.21	0.00	17.60	22.61	0.77	23.21	42
220	趣时事件驱动 1 号 A 期	17.93	2.39*	-0.78	-0.59	0.93	0.18	-0.45	0.38	29.34	22.06	1.21	25.38	59
221	远澜雪松	17.90	3.16*	-0.68	-0.68	0.10	-0.12	-0.12	-0.21	18.00	10.84	1.45	10.34	4
222	智诚 5 期	17.89	1.94*	-2.55	-1.56	0.91	-0.26	-0.64	-0.39	17.35	22.49	0.76	26.49	41

续表

编号	基金名称	年化α(%)	t(α)	γ	t(γ)	β_{mkt}	β_{smb}	β_{hml}	β_{mom}	年化收益率(%)	年化波动率(%)	年化夏普比率	最大回撤率(%)	调整后R^2(%)
223	巴克夏月月利1号	17.89	1.45	1.28	0.59	2.21	-0.33	1.27	0.51	27.40	44.06	0.72	48.24	72
224	丰岭远航母基金	17.82	2.51*	-2.66	-2.12	0.83	-0.38	0.10	-0.03	15.92	18.19	0.82	21.58	46
225	观富源2期	17.76	3.42*	-2.33	-2.53	0.73	-0.19	-0.16	-0.27	16.51	14.30	1.04	13.15	53
226	重阳1期	17.71	2.89*	-3.36	-3.10	0.74	-0.16	-0.03	-0.05	14.41	15.47	0.85	20.92	45
227	明达3期	17.69	2.36*	-2.65	-2.00	0.79	-0.24	-0.59	-0.24	17.84	18.97	0.88	29.29	45
228	榕树文明复兴2期	17.68	2.55*	-1.39	-1.14	1.09	-0.31	-0.17	-0.07	22.21	21.24	0.98	26.95	62
229	智诚16期	17.47	1.87*	-3.41	-2.06	0.84	-0.24	-0.32	-0.11	14.64	21.52	0.67	29.52	34
230	明河成长2号	17.46	2.51*	-2.76	-2.25	0.73	-0.15	0.22	0.19	16.14	16.94	0.88	19.63	41
231	久铭稳利2号	17.46	1.80*	-3.17	-1.85	0.72	-0.63	0.10	-0.42	9.26	21.54	0.45	23.74	29
232	阳光宝1号	17.31	3.04*	-3.41	-3.39	0.79	-0.32	-0.29	-0.10	14.98	15.98	0.86	26.24	55
233	东方港湾创业成长	17.30	2.05*	-1.56	-1.05	0.79	-0.48	-0.11	-0.21	17.56	20.10	0.83	26.59	38
234	中国龙精选	17.25	0.95	-2.78	-0.87	0.84	0.73	0.45	1.12	18.43	37.67	0.58	35.79	19
235	少数派10号	17.19	2.51*	-2.38	-1.97	0.73	-0.46	0.35	-0.02	13.99	17.61	0.75	24.57	47
236	汇泽至远1期	17.17	2.19*	-0.52	-0.37	0.80	-0.07	0.05	0.19	23.69	19.43	1.12	19.86	43
237	源洋进取2号	17.15	1.30	-1.59	-0.68	0.90	0.02	0.41	0.58	20.21	28.79	0.72	41.73	26
238	智诚15期	17.09	1.69*	-2.35	-1.31	0.94	-0.35	-0.34	-0.28	16.09	23.62	0.68	27.23	35
239	康曼德101号	17.08	2.40*	-2.62	-2.08	0.75	-0.26	-0.37	-0.29	15.47	17.42	0.83	20.11	41
240	宽远价值成长3期	17.03	3.08*	-2.28	-2.33	0.77	-0.30	0.06	-0.12	15.83	15.18	0.95	19.63	53

续表

编号	基金名称	年化 α(%)	t(α)	γ	t(γ)	β_mkt	β_smb	β_hml	β_mom	年化收益率(%)	年化波动率(%)	年化夏普比率	最大回撤率(%)	调整后 R²(%)
241	中欧瑞博 1 期	16.97	2.90*	−2.47	−2.38	0.77	−0.10	−0.49	−0.10	18.56	16.55	1.03	24.66	56
242	下游消费板块 H1104	16.97	1.93*	1.48	0.95	0.53	0.58	0.64	0.54	27.68	20.72	1.22	23.61	37
243	乐道成长优选 2 号 A 期	16.93	3.51*	−3.06	−3.59	0.99	−0.18	−0.07	0.04	16.82	16.93	0.92	26.58	72
244	同威海源价值 1 期	16.93	1.43	−0.90	−0.43	0.87	0.29	0.17	0.87	26.47	27.33	0.94	18.16	34
245	东方港湾价值投资 2 号	16.91	1.74*	−2.41	−1.40	0.91	−0.35	−0.17	−0.22	15.18	22.53	0.67	30.31	35
246	康曼德 101A	16.90	2.09*	−2.71	−1.90	0.73	−0.50	−0.11	−0.09	14.30	19.24	0.72	32.95	38
247	宝源胜知 1 号	16.89	1.65*	−1.97	−1.08	1.14	−0.48	−0.21	0.02	19.23	26.46	0.74	34.72	47
248	致君日月星	16.88	2.24*	−0.86	−0.65	0.75	0.03	−0.23	0.02	22.44	18.61	1.11	18.98	42
249	神农 1 期	16.87	2.05*	−2.29	−1.57	1.00	−0.06	−0.54	−0.18	19.06	22.24	0.83	28.40	52
250	华夏养老金玉良辰	16.81	2.77*	−3.27	−3.04	1.08	−0.35	−0.10	−0.29	13.62	19.16	0.69	33.36	65
251	智诚 11 期	16.81	1.80*	−1.94	−1.17	0.92	−0.27	−0.34	−0.10	18.73	22.58	0.81	27.56	40
252	中环港沪深对冲 2 号	16.72	1.98*	−4.67	−3.12	0.86	−0.88	−0.97	−0.24	11.49	24.27	0.51	34.42	57
253	久铭 2 号	16.67	1.87*	−2.74	−1.73	1.01	−0.73	0.11	−0.48	10.58	22.97	0.48	25.40	47
254	东方医疗平衡 1 期	16.66	1.97*	−3.45	−2.30	0.94	−0.55	−0.48	−0.22	13.79	21.85	0.63	33.00	47
255	理成风景 1 号（2015）	16.62	1.97*	−0.45	−0.30	1.01	0.44	−0.17	0.47	28.17	24.18	1.09	24.80	57
256	抱朴精选成长 1 号	16.62	0.94	−8.01	−2.57	1.54	0.18	−0.96	−0.73	−1.67	42.25	0.12	56.58	39
257	少数派 101 号	16.57	2.28*	−1.86	−1.45	0.75	−0.45	0.33	0.06	15.59	18.58	0.79	23.94	46
258	从容内需医疗 3 期	16.57	1.34	−2.99	−1.36	0.71	−0.34	−1.19	0.08	18.12	28.85	0.68	30.93	35

续表

编号	基金名称	年化 α (%)	$t(\alpha)$	γ	$t(\gamma)$	β_{mkt}	β_{smb}	β_{hml}	β_{mom}	年化收益率 (%)	年化波动率 (%)	年化夏普比率	最大回撤率 (%)	调整后 R^2 (%)
259	聚洋 1 期	16.56	2.64*	-1.97	-1.77	0.40	0.02	-0.06	0.01	16.10	13.13	1.09	13.06	20
260	盈阳 15 号	16.56	2.19*	-0.94	-0.70	0.51	0.48	0.23	0.53	22.43	17.38	1.17	32.09	33
261	弘茗套利稳健管理型 4 号	16.53	0.74	-1.57	-0.40	0.59	-0.12	-0.74	0.72	18.14	45.11	0.55	58.01	14
262	明达	16.51	2.41*	-2.03	-1.67	1.08	-0.12	0.03	-0.13	17.36	20.29	0.82	34.68	60
263	源洋进取 1 号	16.46	1.75*	-1.93	-1.16	0.81	-0.08	0.35	0.22	16.73	21.36	0.76	36.43	32
264	新活力精选	16.45	2.42*	-1.78	-1.48	0.62	0.22	-0.36	0.35	22.32	17.29	1.17	27.92	45
265	清和泉金牛山 4 期	16.43	2.00*	-1.32	-0.90	0.80	-0.10	-0.49	0.00	21.77	20.50	0.99	16.24	43
266	金辇圆盛积极成长 2 号	16.36	1.73*	-0.39	-0.23	0.82	0.37	-0.26	0.24	25.23	23.42	1.01	17.30	42
267	仙童 3 期	16.34	1.49	-1.50	-0.77	0.85	-0.21	-0.15	0.20	20.03	24.79	0.80	27.57	31
268	红宝石安心进取 H-1001	16.32	1.91*	1.24	0.82	0.60	0.53	0.60	0.46	26.09	20.65	1.16	26.66	40
269	少数派新三板尊享 2 号	16.29	2.23*	-2.00	-1.55	0.73	-0.41	0.42	-0.03	13.57	18.09	0.71	23.75	43
270	鲤鱼门家族	16.27	2.81*	-1.45	-1.41	0.87	-0.17	0.35	0.07	17.87	16.97	0.97	24.03	59
271	观富价值 1 号	16.26	2.89*	-0.98	-0.98	0.74	-0.21	-0.26	-0.11	20.57	15.63	1.19	18.37	54
272	利檀 3 期	16.23	2.72*	-1.83	-1.73	0.69	-0.18	-0.01	0.12	18.26	15.39	1.08	24.02	47
273	康曼德 107 号	16.20	1.80*	-1.86	-1.17	0.66	-0.10	-0.56	0.00	19.20	20.47	0.89	21.56	32
274	金百镕 1 期	16.16	1.98*	-2.63	-1.83	0.94	0.32	-0.19	0.58	21.63	22.20	0.93	21.27	53
275	金广资产—鑫 1 号	16.14	1.90*	-2.34	-1.55	0.77	-0.39	-0.29	-0.02	16.48	20.25	0.78	26.52	38
276	涌鑫 3 号	16.05	2.05*	1.33	0.96	0.38	-0.08	-0.89	-0.08	28.79	18.81	1.37	14.09	39

续表

编号	基金名称	年化 α(%)	t(α)	γ	t(γ)	β_mkt	β_smb	β_hml	β_mom	年化收益率(%)	年化波动率(%)	年化夏普比率	最大回撤率(%)	调整后 R²(%)
277	金蕴 99 期（谷策长线回报）	15.91	2.73*	−2.38	−2.31*	0.40	−0.45	0.03	−0.34	10.33	13.07	0.70	15.25	30
278	宽远优势成长 2 号	15.90	3.21*	−1.44	−1.64	0.69	−0.09	0.09	0.13	18.84	13.83	1.21	14.62	55
279	紫晶 1 号	15.90	3.02*	−1.32	−1.42	0.80	0.01	−0.26	0.25	22.86	16.61	1.24	21.80	65
280	观富策略 1 号	15.89	2.66*	−1.46	−1.38	0.67	−0.13	−0.30	−0.02	19.39	15.45	1.13	20.62	47
281	趣时事件驱动 1 号 B 期	15.87	2.17*	−0.86	−0.66	0.93	0.16	−0.48	0.31	26.13	21.67	1.11	24.88	60
282	广金成长 3 期	15.81	2.34*	−1.89	−1.58	0.82	−0.29	−0.25	−0.14	17.14	17.78	0.90	21.34	49
283	金蕴 90 期（相生）	15.78	1.81*	−1.04	−0.68	0.78	−0.11	−0.29	0.29	22.82	21.29	1.01	21.74	41
284	久铭稳健 1 号	15.71	1.71*	−2.78	−1.71	0.68	−0.64	0.08	−0.38	8.79	20.63	0.44	23.63	30
285	洋杨旺德福	15.65	2.96*	−1.73	−1.84	0.50	0.08	−0.42	0.17	19.90	13.70	1.29	15.20	47
286	六禾光辉岁月 1 期	15.65	2.46*	−1.73	−1.54	0.89	0.13	−0.24	0.02	19.50	18.58	0.98	24.04	59
287	明河 2016	15.59	2.50*	−2.55	−2.31*	0.70	−0.09	0.26	0.20	14.59	15.56	0.86	18.48	43
288	长见策略 1 号	15.58	3.38*	−1.73	−3.47*	0.63	−0.14	−0.07	0.01	13.99	12.48	1.00	15.27	52
289	宽远优势成长 3 号	15.54	3.48*	−1.73	−2.19	0.67	−0.12	0.10	0.07	16.92	12.84	1.17	14.23	57
290	兴聚财富 8 号	15.53	2.68*	−1.22	−1.19	0.57	−0.21	−0.43	−0.29	17.59	14.28	1.11	11.83	42
291	易同精选 2 期 1 号	15.51	3.44*	−1.52	−1.90	0.68	−0.10	0.02	0.01	17.56	13.02	1.20	21.06	58
292	投资精英（星石 B）	15.50	3.35*	−1.22	−1.49	1.17	−0.39	−0.34	−0.40	19.06	20.13	0.90	27.33	81
293	因诺天跃	15.44	3.00*	0.12	0.13	0.28	0.27	−0.02	0.31	23.05	11.52	1.74	6.69	30
294	果实资本精英汇 3 号	15.42	3.39*	−2.47	−3.06*	0.72	−0.43	−0.19	0.10	16.29	15.04	0.98	16.77	68

续表

编号	基金名称	年化α(%)	t(α)	γ	t(γ)	β_{mkt}	β_{smb}	β_{hml}	β_{mom}	年化收益率(%)	年化波动率(%)	年化夏普比率	最大回撤率(%)	调整后 R^2(%)
295	尚雅 8 期	15.42	1.48	-0.30	-0.16	0.34	-0.03	-0.65	-0.33	18.32	21.27	0.83	20.46	16
296	相聚顺为 3 期	15.36	2.35*	-2.38	-2.06	0.65	0.22	-0.25	0.34	18.74	16.76	1.02	21.74	46
297	国泰君安兴富进取 2 期	15.34	1.12	-1.94	-0.80	0.75	0.07	-0.22	-0.23	13.03	28.33	0.51	26.80	18
298	盈定 8 号	15.33	1.99*	-0.43	-0.31	0.54	0.18	-0.05	0.41	23.16	17.46	1.20	15.77	32
299	晟盟新消费 1 号	15.33	0.63	-3.18	-0.74	1.38	-0.37	-0.67	0.42	11.16	51.86	0.42	56.48	22
300	泓澄投资睿享 3 号	15.31	2.93*	-2.44	-2.64	0.97	-0.28	-0.30	-0.24	15.55	17.42	0.83	23.67	68
301	彤源 6 号	15.30	2.38*	-0.61	-0.53	0.72	0.05	-0.25	0.29	23.86	17.39	1.24	14.03	52
302	鸿道 1 期	15.30	1.34	0.20	0.10	0.66	0.23	-0.56	-0.11	22.57	25.50	0.87	24.31	29
303	金百镕 6 期	15.28	1.84*	-3.49	-2.38	0.92	0.35	-0.15	0.70	18.66	22.36	0.81	19.78	52
304	新方程清和泉 1 期	15.20	1.75*	-1.91	-1.24	0.87	-0.11	-0.41	0.08	18.93	21.61	0.84	23.49	43
305	准锦复利 1 号	15.18	2.53*	-0.77	-0.72	0.73	0.11	-0.15	0.29	22.89	16.67	1.24	24.91	54
306	晟盟微石 1 号	15.15	0.62	-3.28	-0.76	1.12	-0.14	-0.38	0.45	9.72	49.68	0.38	40.29	14
307	辉毅 5 号	15.11	4.56*	-0.64	-1.09	0.08	-0.11	-0.10	-0.16	15.49	6.45	2.04	2.50	7
308	渤源洋扬价值成长	15.08	2.67*	-2.54	-2.54	0.68	-0.16	-0.52	-0.09	15.96	15.40	0.95	11.27	53
309	盈定 6 号	15.04	1.83*	-1.66	-1.14	0.60	0.30	0.05	0.49	19.44	18.62	0.97	25.58	31
310	久富 2 期	15.01	2.21*	-0.83	-0.69	0.81	0.30	0.18	0.60	23.55	18.83	1.14	25.35	54
311	小鳄 2 号	14.97	1.50	-1.26	-0.71	0.41	-0.34	-0.56	-0.26	15.46	20.45	0.73	26.09	16
312	晨燕 2 号	14.95	1.98*	-0.81	-0.61	0.56	0.14	0.05	0.26	19.82	16.82	1.07	13.43	29

续表

编号	基金名称	年化 α (%)	$t(\alpha)$	γ	$t(\gamma)$	β_{mkt}	β_{smb}	β_{hml}	β_{mom}	年化收益率 (%)	年化波动率 (%)	年化夏普比率	最大回撤率 (%)	调整后 R^2 (%)
313	兴聚尊享 A 期	14.94	2.60*	-1.83	-1.81	0.59	-0.44	-0.39	-0.13	16.03	15.02	0.97	15.49	49
314	昆仑 36 号	14.94	2.02*	-1.51	-1.15	0.92	-0.02	-0.16	0.37	21.54	20.53	0.98	26.20	54
315	久富 7 期	14.91	2.25*	0.13	0.11	0.65	0.25	0.02	0.40	24.80	17.10	1.30	19.10	47
316	易同成长	14.86	2.30*	-2.23	-1.95	0.77	0.07	-0.06	0.05	15.71	16.67	0.87	24.84	47
317	弘尚资产灵活配置	14.83	1.89*	-3.25	-2.33	1.21	-0.15	0.62	-0.02	9.74	22.86	0.46	36.50	58
318	米牛沪港深精选	14.80	3.10*	-2.47	-2.93	0.91	-0.19	0.02	-0.26	12.82	15.75	0.75	32.75	68
319	宽远价值成长 5 期 1 号	14.79	3.00*	-1.31	-1.51	0.69	-0.07	0.11	0.15	17.95	13.81	1.16	14.31	55
320	道谊稳健	14.79	2.02*	-1.51	-1.17	0.66	-0.32	-0.41	-0.17	16.71	17.46	0.89	17.81	38
321	明曜金星 3 期	14.76	1.77*	-2.67	-1.81	0.88	0.09	0.04	0.22	15.19	20.35	0.72	26.59	41
322	鼎萨价值精选 1 期	14.73	1.19	-2.74	-1.25	1.33	-0.01	-1.19	-0.19	17.80	33.36	0.61	44.73	51
323	源乐晟锐进 58 期	14.71	2.23*	-1.57	-1.35	0.85	-0.25	-0.05	0.44	20.52	19.47	0.98	36.99	60
324	彬元价值 1 号	14.69	2.57*	-1.42	-1.41	0.73	0.27	0.05	0.39	20.22	16.06	1.14	16.88	55
325	黑森 9 号	14.66	2.43*	0.23	0.21	0.45	0.04	0.31	0.31	21.10	13.89	1.35	11.25	34
326	执耳医药	14.60	1.91*	-3.56	-2.64	1.13	-0.53	-0.12	-0.47	8.57	21.64	0.42	29.93	56
327	乐端中国股票 1 号	14.56	1.98*	0.21	0.16	0.64	-0.35	-0.22	-0.36	18.62	17.53	0.98	17.68	38
328	金田龙盛	14.55	1.48	-0.55	-0.32	0.87	0.08	0.09	-0.11	17.46	23.07	0.75	16.82	36
329	鸿道 3 期	14.52	1.58	0.18	0.11	0.75	0.22	-0.14	0.10	22.52	21.87	0.97	22.60	37
330	雀跃进取 1 号	14.49	2.30*	-2.97	-2.65	1.20	-0.16	-0.52	-0.75	10.77	22.33	0.50	38.32	72

续表

编号	基金名称	年化 α(%)	$t(\alpha)$	γ	$t(\gamma)$	β_{mkt}	β_{smb}	β_{hml}	β_{mom}	年化收益率(%)	年化波动率(%)	年化夏普比率	最大回撤率(%)	调整后 R^2(%)
331	趣时分红增长 1 号 A 期	14.45	2.00*	-1.39	-1.08	0.92	0.16	-0.43	0.33	22.71	21.11	1.01	25.76	59
332	尚雅 12 期	14.45	1.56	-2.40	-1.46	0.98	-0.26	-0.06	-0.08	13.58	22.45	0.61	36.29	40
333	格雷成长 3 号	14.45	1.41	-4.33	-2.39	0.94	-0.45	-0.31	-0.14	8.14	23.85	0.39	35.09	35
334	致君基石投资 1 号	14.36	2.22*	-3.63	-3.17	0.89	0.00	-0.32	-0.19	11.05	18.06	0.59	31.07	55
335	名禹沐凤 1 期	14.33	2.57*	0.35	0.35	0.56	0.22	-0.23	0.16	23.86	15.07	1.40	6.69	52
336	千合紫荆 1 号	14.30	1.66*	0.41	0.27	0.37	0.26	-0.08	0.46	23.72	18.24	1.18	19.62	21
337	通和富享 1 期 2 号	14.30	1.34	-1.89	-1.00	1.14	0.06	0.30	0.16	15.22	26.24	0.61	32.40	42
338	易同精选	14.24	2.25*	-2.19	-1.96	0.76	0.08	-0.06	0.04	15.08	16.43	0.85	24.16	48
339	恒复趋势 1 号	14.20	1.50	-1.16	-0.69	1.01	-0.15	-0.55	-0.48	16.25	24.27	0.68	41.16	47
340	高信百诺价值成长	14.19	1.82*	-1.82	-1.32	0.65	-0.55	-0.72	-0.22	15.63	19.42	0.77	32.41	44
341	盈定 9 号	14.19	1.79*	1.89	1.35	0.51	0.41	0.25	0.35	26.41	18.75	1.27	18.04	37
342	红奶酪	14.15	2.19*	-1.29	-1.13	0.72	-0.25	0.23	-0.02	14.85	16.30	0.84	22.27	45
343	神农医药 A—阿司匹林	14.09	1.93*	-4.59	-3.55	0.95	-0.39	-0.48	-0.47	6.54	19.62	0.35	31.53	51
344	思瑞 2 号	14.08	2.87*	0.54	0.62	-0.06	0.15	0.05	0.02	17.47	9.48	1.60	4.73	6
345	通和进取 2 号	14.08	1.68*	-2.10	-1.41	0.78	0.13	0.21	0.37	15.92	19.75	0.77	18.16	36
346	朱雀 20 期	14.06	2.55*	-1.06	-1.09	0.92	-0.12	-0.38	0.06	20.89	18.34	1.05	21.79	68
347	枫池稳健	14.00	1.55	-0.49	-0.31	0.56	0.11	-0.32	0.14	20.20	19.83	0.95	19.60	27
348	景领核心领先 1 号	13.97	2.54*	-0.97	-0.99	0.61	-0.21	-0.33	-0.06	18.16	14.38	1.13	15.01	48

续表

编号	基金名称	年化α(%)	t(α)	γ	t(γ)	β_mkt	β_smb	β_hml	β_mom	年化收益率(%)	年化波动率(%)	年化夏普比率	最大回撤率(%)	调整后R²(%)
349	易同精选 3 期 1 号	13.94	2.85*	-0.94	-1.09	0.69	-0.06	-0.01	0.11	18.45	13.99	1.18	21.07	57
350	智德 1 期	13.87	2.44*	-2.54	-2.53	0.67	-0.42	-0.53	-0.11	14.01	15.87	0.81	21.35	55
351	龙全 2 号	13.85	2.06*	-0.89	-0.75	0.99	0.28	-0.06	0.25	21.30	20.74	0.96	29.11	63
352	翼虎成长 7 期	13.84	1.81*	-2.09	-1.54	0.69	-0.08	-0.48	0.05	16.42	18.47	0.83	25.24	40
353	凤翔长盈	13.82	2.57*	-1.19	-1.25	1.01	0.16	0.12	0.25	19.66	18.78	0.97	32.20	71
354	尚雅 7 期	13.81	1.30	-0.38	-0.20	0.35	-0.02	-0.68	-0.35	16.11	21.78	0.73	23.11	16
355	七曜领峰	13.80	2.76*	-1.83	-2.06	0.75	-0.08	-0.18	0.06	16.58	14.80	1.01	16.65	60
356	泓澄锐进 52 期	13.76	2.72*	-2.48	-2.77	0.95	-0.29	-0.48	-0.20	14.83	17.46	0.80	25.56	70
357	德丰华 1 期	13.75	2.79*	-1.70	-1.95	0.67	-0.21	0.01	-0.04	14.40	13.44	0.96	17.26	53
358	明达 2 期	13.74	1.11	-0.78	-0.36	0.46	-0.29	-0.91	-0.34	15.81	25.64	0.64	31.57	18
359	翼虎成长 6 期	13.71	1.70*	-2.27	-1.59	0.65	-0.07	-0.38	-0.11	13.62	18.26	0.71	25.99	31
360	浅湖达尔文 2 号	13.71	0.97	-1.77	-0.71	1.28	0.56	-0.22	-0.21	13.83	35.31	0.48	44.60	43
361	汇升稳进 1 号	13.70	2.27*	-1.96	-1.83	0.73	-0.20	-0.19	-0.06	14.67	15.71	0.86	12.18	48
362	明曜启明 1 期	13.70	1.62	-1.64	-1.09	0.88	0.07	-0.10	0.08	16.57	20.89	0.77	22.84	42
363	久富全球配置	13.67	2.06*	-0.87	-0.74	0.67	0.29	0.13	0.55	21.02	17.08	1.12	26.23	47
364	鼎萨 1 期	13.65	1.03	-0.91	-0.39	1.25	-0.38	-1.06	-0.20	20.15	33.56	0.67	34.08	45
365	宽远价值成长	13.61	3.07*	-1.88	-2.39	0.70	-0.02	0.13	0.10	14.68	13.03	1.01	16.42	59
366	华夏金色长城养老投资	13.61	2.32*	-2.51	-2.41	0.95	-0.30	-0.11	-0.19	12.48	17.63	0.67	27.29	61

续表

编号	基金名称	年化α(%)	$t(\alpha)$	γ	$t(\gamma)$	β_{mkt}	β_{smb}	β_{hml}	β_{mom}	年化收益率(%)	年化波动率(%)	年化夏普比率	最大回撤率(%)	调整后R^2(%)
367	久铭1号	13.61	1.52	-2.54	-1.60	0.96	-0.66	-0.01	-0.52	8.00	22.23	0.39	25.96	43
368	富承成长1号	13.58	1.16	-6.24	-3.01	1.55	-0.51	-0.14	-0.06	3.46	31.41	0.22	44.22	51
369	深积复利成长1期	13.55	2.87*	-0.72	-0.87	0.79	0.06	-0.22	-0.14	18.35	15.66	1.06	22.59	68
370	投资精英（朱雀B）	13.54	2.47*	-0.65	-0.67	0.93	-0.11	-0.36	0.06	21.45	18.55	1.06	22.63	69
371	私募工场肥尾价值一号	13.54	2.05*	0.85	0.73	0.59	-0.30	0.49	-0.11	17.09	16.71	0.94	16.35	45
372	金塔行业精选1号	13.52	2.01*	0.62	0.52	0.35	0.10	-0.10	0.57	24.87	15.66	1.41	8.34	35
373	七曜中信领奕	13.50	2.51*	-2.09	-2.19	0.79	-0.06	-0.18	0.06	15.59	15.64	0.91	17.85	58
374	鑫安泽雨1期	13.47	2.12*	-0.22	-0.19	0.49	-0.02	-0.48	-0.04	20.12	15.27	1.18	11.38	39
375	彼立弗复利1期	13.40	2.80*	-2.18	-2.57	0.61	-0.15	-0.16	-0.09	13.00	12.62	0.92	13.55	49
376	睿远景泰复利回报第7期	13.40	2.15*	-1.78	-1.61	0.44	-0.17	-0.19	-0.22	11.97	13.32	0.81	19.70	23
377	翼虎成长1期（翼虎）	13.38	1.83*	-1.69	-1.31	0.65	0.00	-0.39	0.15	17.37	17.64	0.91	26.38	40
378	致君日月星1号	13.36	1.67*	-1.19	-0.84	0.85	-0.07	-0.39	-0.26	16.08	20.30	0.76	24.84	45
379	投资精英之域秀长河价值2号	13.35	3.59*	-1.19	-1.81	0.82	-0.08	-0.30	-0.02	18.42	14.73	1.13	24.19	78
380	衍航6号	13.35	2.07*	0.20	0.17	0.39	0.07	0.11	0.17	19.08	13.79	1.23	13.70	23
381	康曼德002号	13.34	1.68*	-2.74	-1.94	0.81	-0.35	-0.01	-0.14	10.16	18.99	0.53	17.22	38
382	常春藤目标	13.33	2.27*	0.19	0.19	0.66	-0.17	-0.32	-0.06	21.01	15.86	1.19	10.56	52
383	乐道成长优选5号	13.30	2.27*	-2.44	-2.35	1.00	-0.05	-0.07	0.27	16.32	18.82	0.82	26.63	66
384	朱雀1期（深国投）	13.27	1.54	-0.36	-0.24	0.62	-0.02	-0.63	0.09	21.32	20.42	0.98	25.24	37

续表

编号	基金名称	年化 α(%)	t(α)	γ	t(γ)	β_mkt	β_smb	β_hml	β_mom	年化收益率(%)	年化波动率(%)	年化夏普比率	最大回撤率(%)	调整后 R²(%)
385	复和金色海洋	13.25	2.08*	-1.36	-1.20	1.01	-0.28	-0.01	-0.07	16.02	19.42	0.79	21.51	62
386	细水善提	13.22	1.24	-1.66	-0.87	0.92	0.27	-0.19	0.35	18.15	25.33	0.72	19.89	37
387	华夏养老新动力 1 号	13.19	2.55*	-2.78	-3.03	0.93	-0.27	-0.16	-0.18	11.76	16.49	0.67	26.50	65
388	鸿凯进取 5 号	13.17	1.26	0.75	0.40	0.30	-0.02	-0.37	0.18	21.38	21.17	0.95	24.16	14
389	汇谷舒心 1 号	13.14	1.07	-2.60	-1.20	1.17	-0.40	-0.55	-0.07	13.32	29.65	0.53	43.79	40
390	雅柏宝量化 5 号	13.12	2.25*	-1.09	-1.06	-0.02	-0.29	-0.19	-0.23	10.56	11.61	0.79	13.51	11
391	泊通新价值 1 号	13.11	2.33*	-1.60	-1.60	0.85	-0.17	0.08	0.04	15.05	16.40	0.85	25.81	58
392	稳中求进 1 号	13.10	2.36*	-1.01	-1.03	0.70	-0.04	-0.25	0.21	19.45	15.78	1.11	18.48	56
393	源洋长征	13.06	1.65*	0.02	0.01	0.61	0.01	0.29	0.32	19.24	18.02	0.98	24.55	32
394	榜样多策略对冲	13.04	2.26*	-1.62	-1.59	0.76	-0.01	-0.23	0.19	17.54	16.28	0.99	17.52	56
395	浦来德天天开心对冲 1 号	13.00	2.51*	-1.37	-1.49	0.41	0.14	-0.33	-0.04	15.25	12.49	1.08	11.52	39
396	泊通泊岸 1 号	12.95	2.31*	-1.47	-1.48	0.84	-0.20	0.08	0.00	14.83	16.35	0.84	25.25	58
397	洋扬目标缓冲	12.94	2.71*	-1.59	-1.88	0.51	-0.10	-0.30	-0.03	14.85	12.08	1.09	15.13	45
398	润晖稳健值	12.93	3.37*	-1.46	-2.15	0.83	-0.24	-0.19	-0.15	15.41	14.46	0.96	23.28	75
399	丰岭稳成长 1 期	12.93	2.05*	-2.37	-2.12	0.81	-0.37	0.17	0.01	11.27	17.12	0.62	23.71	52
400	展弘稳进 1 号	12.87	9.36*	-0.14	-0.57	0.02	-0.04	-0.01	-0.03	14.86	2.62	4.75	0.00	3
401	果实资本精英汇 4A 号	12.85	2.71*	-2.40	-2.86	0.72	-0.42	-0.17	0.11	13.54	15.28	0.81	17.91	66
402	中欧瑞博 4 期	12.84	3.20*	-0.84	-1.18	0.75	-0.19	-0.38	-0.29	16.58	14.18	1.05	21.64	72

续表

编号	基金名称	年化α(%)	$t(\alpha)$	γ	$t(\gamma)$	β_{mkt}	β_{smb}	β_{hml}	β_{mom}	年化收益率(%)	年化波动率(%)	年化夏普比率	最大回撤率(%)	调整后R^2(%)
403	易鑫安资管-鑫安7期	12.84	2.04*	-0.24	-0.21	0.47	-0.08	-0.63	-0.10	19.46	15.41	1.14	12.04	41
404	锐进41期	12.78	2.85*	-1.32	-1.66	0.69	-0.25	-0.21	-0.01	16.03	13.74	1.05	15.49	63
405	景颐健康中国1号	12.75	2.30*	-0.97	-0.98	0.60	-0.21	-0.36	-0.06	16.84	14.47	1.05	16.65	48
406	米答资产管理1号	12.74	2.18*	-1.41	-1.37	0.68	-0.17	-0.21	-0.11	14.70	15.06	0.89	18.30	47
407	睿郡众享2号	12.74	1.96*	-0.84	-0.73	0.58	0.18	-0.08	0.22	18.02	15.59	1.05	17.74	39
408	私享-价值3期	12.74	0.95	-4.17	-1.75	1.21	-0.97	0.58	-0.50	-1.72	32.34	0.06	53.47	39
409	百泉进取1号	12.72	2.19*	-0.03	-0.03	0.67	0.55	0.02	0.46	22.50	17.40	1.17	9.33	61
410	慧博清和泉	12.70	1.47	-1.54	-1.01	0.81	-0.09	-0.32	0.15	16.93	20.86	0.78	19.06	40
411	从容医疗1期	12.68	1.24	-0.39	-0.21	0.64	0.00	-0.47	0.08	19.15	22.59	0.82	21.18	28
412	淡水泉2008	12.61	2.56*	-2.13	-2.44	1.15	-0.38	-0.43	-0.49	12.74	19.69	0.63	29.42	78
413	易同成长1号	12.57	1.94*	-2.18	-1.90	0.77	0.08	-0.02	0.06	13.23	16.69	0.74	26.17	47
414	兴识乾坤1号	12.56	2.62*	-1.99	-2.34	0.76	-0.10	0.20	0.05	12.60	14.16	0.81	21.86	60
415	明达6期	12.56	2.29*	-2.25	-2.31	0.85	-0.02	-0.03	0.02	13.23	16.11	0.76	31.29	59
416	久富1期	12.54	1.80*	-0.68	-0.56	0.77	0.36	0.05	0.61	21.61	19.04	1.05	25.47	53
417	进化-金钱豹	12.51	2.61*	-1.54	-1.81	0.39	-0.06	0.03	-0.08	11.71	10.50	0.97	9.29	26
418	翼虎成长3期	12.50	1.62	-2.72	-1.99	0.66	0.01	-0.26	0.20	13.04	17.98	0.69	29.49	35
419	源洋长征2号	12.47	1.42	0.38	0.25	0.66	0.07	0.32	0.36	19.81	20.01	0.93	27.59	32
420	小鳄3号	12.44	1.49	-0.17	-0.12	0.26	0.14	-0.05	0.07	15.70	16.42	0.88	19.22	9

续表

编号	基金名称	年化α(%)	t(α)	γ	t(γ)	β_mkt	β_smb	β_hml	β_mom	年化收益率(%)	年化波动率(%)	年化夏普比率	最大回撤率(%)	调整后R²(%)
421	鑫安 6 期	12.34	1.97*	-0.44	-0.40	0.48	0.00	-0.51	0.03	18.78	15.14	1.12	14.46	40
422	锐进 35 期	12.33	1.62	-0.79	-0.59	0.93	-0.16	-0.62	-0.28	17.51	21.28	0.80	28.11	55
423	七曜中信证券领奕 1 号	12.25	2.20*	-2.13	-2.17	0.80	-0.06	-0.17	0.05	13.93	15.88	0.81	19.93	57
424	天朗稳健增长 1 号	12.23	2.44*	0.97	1.09	0.31	0.06	0.11	-0.06	17.86	11.21	1.40	6.93	30
425	少数派新三板创新 1 号	12.23	1.59	-1.79	-1.32	0.59	-0.13	0.68	0.20	9.48	17.63	0.52	26.17	33
426	通和进取 1 号	12.22	1.37	-2.44	-1.54	0.83	0.11	0.07	0.23	12.48	20.79	0.60	18.75	35
427	清泉（华宝）	12.18	2.84*	-0.92	-1.21	0.80	-0.12	-0.21	0.07	17.92	15.12	1.07	18.72	72
428	弘尚资产中国机遇策略配置 1 号	12.16	2.27*	-0.54	-0.57	0.77	0.05	-0.06	0.21	19.11	16.07	1.08	16.02	61
429	华西神农复兴	12.13	1.60	-2.48	-1.85	0.91	0.07	-0.27	0.16	14.31	20.14	0.69	29.75	50
430	榕树文明复兴 6 期	12.11	1.71*	-0.76	-0.61	1.10	-0.22	-0.24	-0.09	17.74	21.80	0.79	29.52	63
431	昭时 9 期	12.11	1.38	-0.61	-0.39	0.77	0.30	0.07	0.50	19.72	21.20	0.89	19.45	40
432	恒德先锋一号	12.11	1.15	-1.70	-0.91	0.96	-0.32	0.37	0.04	10.77	24.58	0.48	22.88	35
433	天弓 2 号	12.10	1.03	-2.37	-1.14	1.17	-0.38	-0.54	-0.08	12.87	28.85	0.52	41.51	42
434	华夏未来领时对冲 1 号尊享 A 期	12.08	2.51*	-1.41	-1.65	1.03	-0.11	0.10	-0.17	13.66	17.71	0.73	26.24	74
435	钜融大安 1 号	12.08	0.85	0.99	0.39	0.67	0.28	0.17	0.62	22.20	29.81	0.76	24.21	20
436	悟空对冲量化 11 期	12.07	2.50*	-0.94	-1.10	0.53	-0.12	-0.36	0.14	17.58	13.25	1.18	15.33	53

续表

编号	基金名称	年化α(%)	t(α)	γ	t(γ)	β_mkt	β_smb	β_hml	β_mom	年化收益率(%)	年化波动率(%)	年化夏普比率	最大回撤率(%)	调整后R²(%)
437	神农尊享B期	12.07	1.61	-0.75	-0.56	0.92	-0.18	-0.64	-0.27	17.51	21.08	0.80	28.10	55
438	双隆稳盈1号	12.03	2.26*	-0.48	-0.51	0.06	-0.17	-0.28	-0.33	11.58	10.42	0.96	8.66	8
439	恒复利质	12.03	1.27	-0.67	-0.40	0.90	-0.22	-0.56	-0.59	13.75	23.39	0.60	44.18	42
440	卓越理财1号	12.02	3.42*	-0.56	-0.90	0.49	-0.13	-0.04	-0.04	15.35	9.95	1.34	6.97	56
441	雀跃岩宸量化投资1期	11.99	1.62	-1.59	-1.21	1.19	0.07	-0.32	-0.36	13.81	23.70	0.60	44.68	66
442	大朴目标	11.93	3.06*	-1.13	-1.65	0.61	-0.11	-0.05	0.11	15.54	11.98	1.15	9.51	63
443	五岳归来量化贝塔	11.84	3.44*	-1.88*	-3.09	0.97	0.05	0.12	0.17	14.80	15.86	0.86	25.16	83
444	准锦驱动力1号	11.80	2.10*	-0.15*	-0.15	0.65	0.12	-0.20	0.27	20.52	15.66	1.18	22.28	55
445	证大量化增长2号	11.79	1.53	-1.74	-1.28	0.86	0.26	0.45	0.59	19.91	19.91	0.74	31.09	48
446	观富价值1号-1	11.78	2.14*	-0.86	-0.88	0.73	-0.20	-0.21	-0.12	15.39	15.39	0.92	19.66	55
447	睿郡众享1号	11.76	2.87*	-0.73*	-1.01	0.60	0.10	-0.02	0.14	16.66	12.28	1.20	15.95	61
448	大朴多维度22号	11.76	2.33*	-1.43	-1.60	0.71	-0.18	-0.06	-0.06	13.48	14.17	0.86	12.78	55
449	陆宝恒信1号	11.75	1.16	-0.81	-0.45	0.39	0.15	-1.16	0.07	19.38	23.69	0.79	9.48	35
450	长青藤3期	11.73	1.34	-0.29	-0.18	0.35	-0.02	0.03	-0.20	12.19	17.36	0.66	20.37	11
451	金蕴28期（神农春生）	11.69	1.61	-1.04	-0.81	0.95	-0.24	-0.62	-0.35	15.65	20.88	0.73	27.25	57
452	金蕴12期（泽升）	11.69	0.98	-0.45	-0.21	0.99	-0.34	-0.46	-0.32	15.09	27.69	0.59	31.08	34
453	久阳润泉6号	11.64	0.85	-1.12	-0.46	1.11	0.65	1.35	1.20	15.11	32.93	0.54	32.44	40
454	从容全天候增长母	11.58	1.31	-0.70	-0.45	0.28	0.13	-0.17	0.50	17.24	18.20	0.89	19.41	17

续表

编号	基金名称	年化 α(%)	$t(\alpha)$	γ	$t(\gamma)$	β_{mkt}	β_{smb}	β_{hml}	β_{mom}	年化收益率(%)	年化波动率(%)	年化夏普比率	最大回撤率(%)	调整后 R^2(%)
455	大朴策略 1 号	11.57	3.03*	-1.44	-2.13	0.70	-0.10	-0.09	0.14	15.25	13.04	1.04	13.14	70
456	景泰复利回报银信宝 1 期	11.57	1.87*	-1.59	-1.45	0.36	-0.18	-0.18	-0.26	9.62	12.83	0.66	20.46	18
457	兴聚财富 3 号	11.51	2.24*	-0.41	-0.45	0.49	-0.22	-0.32	-0.06	16.22	12.91	1.12	14.83	44
458	国联安-弘尚资产成长精选 1 号	11.47	2.18*	-3.09	-3.32	0.92	0.18	-0.22	0.10	11.70	17.44	0.64	26.94	68
459	涵元天权	11.45	1.40	-1.94	-1.34	0.51	-0.19	-0.04	-0.01	10.10	17.13	0.56	20.86	19
460	西藏隆源对冲 1 号	11.39	3.05*	-0.69	-1.05	0.82	-0.12	0.09	0.08	16.27	14.48	1.01	15.60	77
461	道谊红杨	11.39	1.47	-0.56	-0.41	0.65	-0.18	-0.62	0.01	18.12	19.11	0.89	19.11	42
462	龙全进取 1 期	11.33	1.55	-0.81	-0.62	1.05	0.32	-0.08	0.36	19.76	22.50	0.85	32.88	63
463	长江稳健	11.28	2.27*	-1.76	-2.00	0.77	-0.12	0.02	-0.14	11.22	14.47	0.71	18.35	58
464	昭图 2 期	11.28	1.73*	-1.09	-0.95	0.87	-0.02	-0.46	-0.19	15.50	18.85	0.78	14.69	58
465	淡水泉精选 1 期	11.21	2.24*	-0.74	-0.83	1.03	-0.47	-0.26	-0.65	12.19	18.75	0.63	29.85	75
466	平安阖鼎神农春风	11.16	1.60	-2.93	-2.37	0.55	0.13	-0.74	-0.12	10.52	17.59	0.57	28.89	45
467	盛泉恒元多策略市场中性 3 号	11.06	4.64*	0.61	1.45	-0.02	0.18	-0.09	0.17	16.98	5.26	2.74	1.59	28
468	惠正进取	11.05	0.93	0.00	0.00	1.16	0.30	-0.25	0.35	21.45	30.31	0.73	24.34	46
469	艾方博云全天候 1 号	10.92	3.30*	-1.46	-2.49	0.58	0.23	0.27	0.18	12.46	11.11	0.98	19.93	69
470	七曜尊享 A 期	10.87	2.40*	-1.88	-2.34	0.70	-0.18	-0.22	-0.02	12.41	13.61	0.82	17.45	61
471	睿郡尊享 A 期	10.86	2.50*	-1.35	-1.76	0.80	0.10	0.10	0.30	15.43	14.78	0.95	18.16	70
472	易同精选 1 号	10.84	1.82*	-2.22	-2.11	0.76	0.07	0.00	0.01	10.69	15.75	0.63	25.44	50

续表

编号	基金名称	年化α(%)	$t(\alpha)$	γ	$t(\gamma)$	β_{mkt}	β_{smb}	β_{hml}	β_{mom}	年化收益率(%)	年化波动率(%)	年化夏普比率	最大回撤率(%)	调整后R^2(%)
473	悟空对冲量化 3 期	10.83	2.24*	-1.08	-1.26	0.53	-0.12	-0.33	0.11	15.37	12.98	1.06	15.67	51
474	毅木动态精选 2 号	10.82	3.01*	-0.69	-1.08	0.50	-0.11	-0.02	-0.02	13.74	10.13	1.18	9.55	56
475	辉毅 4 号	10.79	4.34*	-0.63	-1.43	0.10	0.00	0.09	0.07	11.84	4.95	1.99	5.63	11
476	朱雀 20 期之慧选 11 号	10.70	2.31*	-2.03	-2.47	0.67	-0.09	-0.40	0.03	13.01	13.97	0.84	21.83	61
477	易同增长	10.70	1.60	-2.04	-1.73	0.71	0.11	-0.10	0.11	12.03	16.64	0.68	24.78	43
478	淡水泉专项 3 期	10.64	2.08*	0.01	0.01	0.98	-0.39	-0.36	-0.44	15.89	18.72	0.80	29.71	74
479	钜融 1 号	10.64	0.78	-1.63	-0.67	1.29	0.30	0.52	0.66	14.03	32.95	0.51	40.50	39
480	投资精英（淡水泉 B）	10.55	2.30*	-1.03	-1.26	1.07	-0.48	-0.29	-0.52	12.15	18.70	0.63	28.67	79
481	承泽资产-元泉绝对收益 1 号	10.51	1.20	-2.22	-1.43	0.86	-0.36	-0.35	-0.37	8.52	20.87	0.42	27.87	38
482	民晟红鹭 21 期	10.49	1.36	1.53	1.13	0.59	-0.11	-0.45	-0.02	21.81	18.91	1.06	16.14	42
483	金舆宏观配置 1 号	10.48	1.52	-2.42	-1.99	0.53	-0.06	-0.24	-0.08	8.83	15.16	0.53	23.15	28
484	七曜领诚	10.46	2.09*	-1.91	-2.16	0.76	-0.04	-0.12	0.05	12.15	14.66	0.76	18.59	59
485	台旦 61 号	10.42	0.80	1.07	0.47	0.76	0.65	0.55	1.12	23.63	29.56	0.80	25.03	31
486	淡水泉专项 5 期	10.40	2.17*	-0.92	-1.08	1.06	-0.46	-0.33	-0.52	12.48	18.91	0.64	27.94	77
487	锐进 47 期	10.39	1.99*	-1.77	-1.91	0.70	-0.03	-0.14	0.06	12.41	14.45	0.78	16.46	54
488	鼎锋成长 1 期 C 号	10.37	1.25	-1.57	-1.07	0.92	-0.18	-0.49	0.04	14.76	21.72	0.67	27.97	49
489	山东信托-同威 3 期	10.34	0.91	-1.00	-0.50	0.81	-0.37	-0.90	-0.18	14.60	26.44	0.59	33.30	35
490	思晔全天候 1 号	10.30	1.91*	1.30	1.36	0.40	-0.06	0.00	-0.01	18.00	12.67	1.26	8.70	36

续表

编号	基金名称	年化α(%)	t(α)	γ	t(γ)	β_{mkt}	β_{smb}	β_{hml}	β_{mom}	年化收益率(%)	年化波动率(%)	年化夏普比率	最大回撤率(%)	调整后R^2(%)
491	七曜领峰1号	10.21	1.90*	-1.94	-2.03	0.76	-0.04	-0.17	0.05	12.01	15.24	0.72	18.99	56
492	永升致远1期	10.19	1.34	-2.55	-1.89	0.83	-0.24	0.49	-0.09	5.14	18.84	0.28	18.49	42
493	久期量利指数1号	10.11	2.83*	-1.59	-2.52	1.01	0.49	0.10	0.38	15.78	18.38	0.81	24.91	87
494	诚盛2期	10.11	2.80*	-0.29	-0.46	0.50	-0.11	-0.24	0.21	17.17	11.60	1.30	11.42	66
495	九载禾禧1号	10.07	2.31*	-2.28	-2.95	0.96	0.07	0.20	0.17	11.10	16.26	0.64	28.81	75
496	睿郡众享3号	10.00	1.93*	-0.90	-0.99	0.29	0.15	0.06	0.19	12.24	10.84	0.99	11.13	20
497	博普指数增强3号	9.92	1.89*	-1.72	-1.85	1.10	0.41	0.22	0.43	15.03	20.37	0.71	31.83	77
498	宁聚量化稳增1号	9.90	1.68*	0.17	0.17	0.02	0.04	-0.03	-0.08	11.57	11.18	0.90	10.25	2
499	华西神农繁荣	9.84	1.36	-0.70	-0.54	0.87	-0.01	-0.43	0.01	16.26	20.07	0.78	30.56	54
500	懿坤光辉岁月	9.83	1.04	-1.29	-0.77	0.82	0.21	0.00	0.21	13.08	22.12	0.60	25.27	35
501	锐进16期中欧瑞博	9.82	1.85*	0.70	0.75	0.76	-0.15	-0.40	-0.12	18.96	16.86	1.03	22.06	65
502	涵元天璇	9.79	1.71*	-1.82	-1.79	0.56	-0.14	-0.01	0.07	10.00	13.56	0.66	10.62	37
503	金蕴56期(恒复)	9.77	1.17	-1.41	-0.96	1.03	-0.26	-0.65	-0.51	11.23	22.97	0.51	43.70	53
504	易同优选	9.75	1.09	2.06	1.30	0.74	0.00	-0.47	0.10	24.09	22.73	1.00	16.82	45
505	明曜精选1期	9.74	1.20	-1.75	-1.22	0.84	0.13	-0.03	0.24	12.66	19.99	0.62	23.96	42
506	锦成盛优选	9.70	2.24*	-1.10	-1.44	0.58	-0.08	-0.20	0.06	13.30	12.24	0.96	11.60	56
507	恒复利享1号	9.66	1.10	0.50	0.32	1.10	-0.34	-0.67	-0.67	15.38	25.24	0.63	41.30	58
508	新同方	9.64	1.28	0.45	0.34	0.17	-0.09	-0.13	-0.13	12.64	14.57	0.79	26.49	6

续表

编号	基金名称	年化 α(%)	t(α)	γ	t(γ)	β_{mkt}	β_{smb}	β_{hml}	β_{mom}	年化收益率(%)	年化波动率(%)	年化夏普比率	最大回撤率(%)	调整后 R^2(%)
509	侏罗纪超龙优选	9.62	1.85*	-0.90	-0.97	0.81	0.01	-0.15	0.06	14.64	16.03	0.84	25.55	63
510	巨杉泛翼达双策略 3 号	9.60	1.87*	-1.58*	-1.73	0.52	-0.02	-0.18	0.07	11.41	12.57	0.81	21.86	41
511	通和量化对冲 6 期	9.59	1.24	-1.31	-0.96	0.55	0.06	0.05	0.28	12.18	16.91	0.67	11.11	26
512	景泰复利回报 2 期	9.57	1.54	-1.36	-1.24	0.37	-0.21	-0.15	-0.30	7.69	12.89	0.52	21.42	18
513	久富 4 期	9.52	1.43	0.00	0.00	0.72	0.22	-0.10	0.41	19.00	18.07	0.97	26.93	52
514	超龙 5 号	9.50	1.83*	-0.88	-0.96	0.80	0.01	-0.15	0.07	14.55	16.04	0.84	25.58	63
515	盛泉恒元多策略量化对冲 2 号	9.46	4.49*	1.43	3.83*	-0.01	0.14	-0.12	0.15	17.46	5.16	2.88	1.31	41
516	长河优势 3 号	9.45	1.71*	-2.33	-2.39	0.82	-0.22	-0.28	-0.07	9.80	16.11	0.57	35.21	59
517	冰冷 2 期	9.44	0.99	-1.71	-1.01	1.04	-0.53	-0.53	-0.67	7.60	24.14	0.36	34.94	45
518	辉毅 3 号	9.39	5.01*	-0.62	-1.87	0.07	-0.08	-0.14	-0.15	9.54	3.91	1.98	1.52	19
519	中国龙进取	9.39	2.34*	-1.22	-1.72	0.70	-0.05	0.05	0.19	12.97	13.09	0.89	12.77	67
520	弘酬永泰	9.29	2.62*	-1.92	-3.06	0.96	-0.14	-0.13	-0.02	11.45	15.73	0.67	26.21	82
521	重阳对冲 2 号	9.19	2.08*	-2.03	-2.60	0.71	0.13	-0.03	0.25	11.55	13.71	0.76	16.10	63
522	尚雅 14 期	9.16	0.69	0.64	0.27	0.47	-0.37	-0.76	-0.24	14.25	27.34	0.57	29.49	17
523	康曼德甘主动管理型	9.15	1.30	-2.19	-1.76	0.75	-0.33	-0.41	-0.24	8.42	17.63	0.46	20.50	44
524	康曼德 001 号	9.14	2.10*	-2.62	-3.40	0.71	-0.07	-0.10	-0.03	7.92	13.07	0.54	14.29	61
525	裕晋 5 期	9.12	1.08	-0.44	-0.29	0.41	-0.02	-0.48	-0.42	10.19	18.04	0.54	27.11	23
526	大朴进取 1 期	9.10	2.77*	-1.60	-2.76	0.67	-0.04	-0.01	0.16	11.66	11.79	0.87	14.12	73

续表

编号	基金名称	年化 α(%)	t(α)	γ	t(γ)	β_{mkt}	β_{smb}	β_{hml}	β_{mom}	年化收益率(%)	年化波动率(%)	年化夏普比率	最大回撤率(%)	调整后 R²(%)
527	展博 2 期	9.08	0.93	0.21	0.12	0.35	0.09	0.27	0.36	13.63	19.40	0.67	15.18	11
528	红宝石安心进取 H–1003	9.06	2.47*	0.53	0.82	0.33	0.34	0.23	0.37	16.47	10.03	1.43	9.13	53
529	重阳目标尊享 A 期	9.05	2.45*	-0.92	-1.41	0.56	0.03	0.04	0.05	11.82	10.92	0.94	13.71	60
530	珺容-金吾量子基金	9.05	1.35	0.13	0.11	0.26	-0.06	-0.19	-0.11	12.34	13.46	0.82	8.87	12
531	红宝石 E–1306 多元凯利	9.03	2.12*	0.45	0.59	0.44	0.49	0.21	0.40	17.07	12.71	1.19	15.04	61
532	景熙 18 号	9.02	1.46	-0.10	-0.09	0.47	0.17	-0.42	0.08	15.92	15.24	0.95	16.67	42
533	笃道 1 期	9.01	2.23*	0.36	0.50	0.56	0.08	0.12	0.07	15.08	12.08	1.10	9.31	61
534	珺容灵活进取 1 期	9.01	0.77	-0.54	-0.26	0.81	0.03	0.43	-0.07	8.74	25.36	0.39	29.10	25
535	易同精选策远 2 号	8.98	1.30	-1.67	-1.37	0.71	0.03	0.12	0.20	10.51	16.71	0.59	25.97	40
536	中域津和 5 期	8.96	1.10	-1.41	-0.98	0.66	0.23	-0.40	0.53	16.09	20.27	0.76	27.13	43
537	世诚-诚博	8.95	2.37*	-1.40	-2.10	0.74	-0.14	-0.20	0.02	12.16	13.49	0.81	19.20	72
538	岳瀚 1 号	8.95	1.02	-1.41	-0.91	0.73	-0.12	-0.45	-0.25	10.04	20.23	0.50	26.53	34
539	展博新兴产业（A）	8.95	0.95	-0.55	-0.33	0.64	-0.04	-0.17	0.13	13.49	20.60	0.64	22.35	26
540	涌津涌赢 8 号	8.94	0.83	-2.17	-1.14	0.77	-0.47	0.08	-0.01	6.17	23.72	0.30	42.49	28
541	盈定 3 号	8.93	1.08	-2.75	-1.87	0.79	0.05	-0.06	0.00	6.85	19.38	0.36	22.18	35
542	开宝 1 期	8.88	1.10	-0.19	-0.14	0.46	0.10	0.22	-0.07	10.14	16.98	0.56	23.37	21
543	证大金马量化 1 号	8.84	1.33	-2.41	-2.05	0.94	0.24	0.28	0.51	11.17	19.18	0.57	35.05	58
544	锦成盛优选股票策略 1 号	8.82	2.04*	-1.12	-1.46	0.58	-0.08	-0.18	0.06	12.16	12.18	0.88	12.43	56

续表

编号	基金名称	年化 α(%)	t(α)	γ	t(γ)	β_{mkt}	β_{smb}	β_{hml}	β_{mom}	年化收益率(%)	年化波动率(%)	年化夏普比率	最大回撤率(%)	调整后 R²(%)
545	民晟金牛 4 号	8.81	1.23	1.51	1.19	0.47	0.05	0.18	0.42	19.44	16.68	1.06	10.81	35
546	宁聚满天星	8.80	1.42	0.21	0.20	0.96	-0.14	-0.05	-0.19	14.54	19.30	0.72	28.05	64
547	重阳 3 期	8.75	2.16*	-1.66	-2.32	0.66	0.02	-0.12	0.08	10.92	12.55	0.77	13.46	63
548	神农本源	8.75	0.77	0.91	0.46	0.88	0.28	-0.86	0.27	23.11	28.89	0.80	25.31	46
549	九旭 5 号	8.74	0.88	-2.20	-1.26	0.35	0.12	0.13	0.46	7.93	19.72	0.41	22.71	12
550	中国龙平衡资本市场尊享系列	8.71	2.32*	-1.23	-1.85	0.40	-0.24	0.04	-0.22	7.26	9.17	0.65	11.20	41
551	明河科技改变生活	8.69	1.27	-2.41	-1.99	0.61	-0.12	0.04	-0.10	5.68	15.38	0.34	23.36	30
552	承泽 2 号	8.68	1.29	-2.33	-1.95	0.96	-0.25	-0.25	-0.17	8.32	18.95	0.44	24.85	55
553	道谊泽时 2 号	8.68	1.05	-0.81	-0.55	0.64	-0.15	-0.62	-0.06	13.53	19.58	0.67	20.51	37
554	恒天稳宜灵活	8.60	1.43	-0.41	-0.38	0.62	-0.36	-0.30	-0.19	12.21	15.45	0.73	16.41	47
555	毅木资产海阔天空 1 号	8.57	2.37*	-0.76	-1.18	0.50	-0.12	0.00	-0.05	10.72	10.09	0.91	11.16	55
556	稳盈 20	8.57	0.76	-1.45	-0.73	0.68	-0.13	0.15	-0.29	5.06	23.47	0.25	29.04	18
557	悟空同创量化 1 期	8.54	1.77*	-0.73	-0.86	0.51	-0.18	-0.40	0.00	13.13	12.96	0.90	20.13	51
558	易同增长 2 号	8.54	1.29	-2.00	-1.70	0.71	0.10	-0.03	0.09	9.23	16.40	0.53	25.76	43
559	少数派新三板尊享 1 号	8.46	1.13	-1.36	-1.03	0.72	-0.20	0.39	0.11	8.24	18.01	0.45	26.20	39
560	平凡悟象	8.39	2.59*	-0.25	-0.44	0.07	0.01	-0.08	-0.03	10.15	6.23	1.35	3.76	5
561	盛泉恒元多策略量化对冲 1 号	8.37	3.69*	1.18	2.95*	-0.03	0.12	-0.22	0.06	15.23	5.41	2.38	3.26	38
562	旭鑫价值成长 2 期	8.33	1.53	1.34	1.39	0.21	0.12	0.10	0.21	16.11	11.44	1.24	4.13	20

续表

编号	基金名称	年化α(%)	t(α)	γ	t(γ)	β_mkt	β_smb	β_hml	β_mom	年化收益率(%)	年化波动率(%)	年化夏普比率	最大回撤率(%)	调整后R²(%)
563	衍航1号	8.31	1.43	1.22	1.18	0.39	0.09	0.17	0.17	15.96	13.29	1.07	11.50	32
564	艾方锐进多空1号	8.27	3.66*	-1.09	-2.74	0.37	0.15	0.25	0.17	9.40	7.17	1.08	10.56	65
565	盛世长安	8.25	0.99	-0.72	-0.49	0.97	-0.03	-0.21	0.24	15.21	22.43	0.67	33.83	51
566	名禹灵动	8.22	1.31	0.29	0.26	0.54	-0.16	-0.13	-0.09	13.37	14.90	0.82	13.98	37
567	世诚扬子2号	8.19	2.14*	-1.36	-2.00	0.74	-0.14	-0.18	0.03	11.38	13.46	0.76	18.19	72
568	小鳄1号	8.17	1.07	-0.11	-0.08	0.51	0.08	-0.04	-0.01	11.99	16.60	0.67	16.02	25
569	朴石1期	8.14	0.93	-1.67	-1.07	0.73	-0.15	-0.28	0.34	12.09	21.01	0.58	26.42	38
570	远策1期	8.13	1.38	-1.92	-1.84	0.76	-0.14	-0.37	0.22	11.87	17.01	0.66	22.15	58
571	因诺启航1号	8.12	1.83*	0.59	0.76	0.09	0.33	-0.07	0.31	15.05	9.75	1.34	6.93	27
572	金蕴105期（融科信1号）	8.06	1.02	-1.35	-0.97	1.03	-0.34	-0.55	-0.53	8.93	22.08	0.43	29.91	55
573	洋扬尊享A期	8.04	2.82*	-0.69	-1.37	0.41	-0.12	-0.26	-0.04	11.35	8.72	1.11	7.68	62
574	诚盛1期	8.02	2.52*	-0.49	-0.86	0.47	-0.11	-0.19	0.12	13.12	10.11	1.13	12.29	65
575	盛世中欧	7.97	0.92	-0.64	-0.42	0.97	-0.03	-0.21	0.23	14.97	22.91	0.65	34.88	49
576	平石2n对冲基金	7.94	0.97	-2.09	-1.44	0.52	0.01	0.30	0.33	6.87	17.34	0.38	20.43	21
577	枫池稳健1号	7.94	0.95	-0.19	-0.13	0.55	0.08	-0.34	0.06	13.62	18.66	0.70	21.19	29
578	东源1期	7.92	1.55	-3.24	-3.60	0.89	-0.36	0.23	-0.16	2.62	15.90	0.15	24.01	64
579	盈定1号	7.90	1.22	2.08	1.82*	0.54	0.33	0.06	0.16	19.38	17.03	1.04	18.22	49
580	森林湖稳健收益1号	7.90	1.03	-1.68	-1.24	1.01	-0.28	0.26	-0.09	7.20	20.69	0.37	25.87	52

续表

编号	基金名称	年化 α(%)	t(α)	γ	t(γ)	β_{mkt}	β_{smb}	β_{hml}	β_{mom}	年化收益率（%）	年化波动率（%）	年化夏普比率	最大回撤率（%）	调整后 R²（%）
581	昆仑 26 号	7.89	2.04*	-1.39	-2.03	0.60	-0.05	-0.11	0.14	10.87	11.85	0.81	22.50	63
582	道谊泽时 3 号	7.89	1.07	-0.54	-0.42	0.67	-0.21	-0.64	0.01	14.41	18.93	0.73	19.66	46
583	从容全天候增长 1 期	7.82	0.71	-0.95	-0.49	0.41	0.26	0.32	0.73	11.42	22.32	0.53	29.99	15
584	申毅多策略量化套利 3 号	7.68	4.24*	-0.60	-1.86	0.08	0.04	-0.05	0.02	8.88	3.75	1.89	2.24	18
585	民森 M 号	7.68	1.18	-0.24	-0.21	0.43	-0.08	-0.48	0.16	14.51	15.38	0.86	19.94	37
586	宁聚量化精选	7.65	1.78*	0.63	0.82	0.07	0.07	-0.13	-0.03	11.89	8.52	1.19	9.19	10
587	陆宝点金精选	7.63	1.72*	-0.35	-0.45	0.42	0.01	-0.27	0.25	14.14	11.72	1.06	9.73	50
588	涌盛 1 号	7.51	0.93	-2.50	-1.74	0.56	0.14	-0.08	0.26	7.05	17.58	0.39	21.60	25
589	锦成盛宏观策略 1 号	7.48	2.33*	-0.82	-1.45	0.50	0.04	-0.02	0.17	11.39	9.87	0.99	11.77	63
590	少数派新三板尊享 3 号	7.45	1.19	-0.99	-0.89	0.48	-0.12	0.52	0.22	7.41	14.50	0.46	22.35	34
591	新方程巨杉	7.44	1.76*	-1.02	-1.36	0.33	0.01	-0.22	0.03	9.58	9.67	0.84	8.92	33
592	陆宝利恒	7.39	1.54	-0.65	-0.76	0.43	0.00	-0.27	0.28	13.31	12.37	0.95	8.57	47
593	信弘龙腾稳健 1 号	7.37	4.45*	-0.32	-1.10	0.14	0.06	0.02	0.03	9.31	3.82	1.96	1.77	34
594	逸杉 2 期	7.34	0.84	-1.60	-1.04	0.96	-0.02	0.00	0.31	10.83	22.11	0.51	24.36	46
595	超龙 6 号	7.33	1.40	-0.93	-1.00	0.80	0.01	-0.11	0.05	11.62	15.85	0.68	26.31	61
596	雷球 1 号	7.29	0.55	-4.06	-1.73	0.74	-0.54	-1.51	-0.61	1.26	30.27	0.14	45.67	33
597	金锝 5 号	7.23	5.39*	0.60	2.55*	0.01	0.14	0.00	0.16	12.22	3.26	3.11	0.96	40
598	朴石 6 期	7.20	0.84	-1.67	-1.10	0.72	-0.23	-0.36	0.29	10.92	20.82	0.53	31.31	40

续表

编号	基金名称	年化α(%)	t(α)	γ	t(γ)	β_{mkt}	β_{smb}	β_{hml}	β_{mom}	年化收益率(%)	年化波动率(%)	年化夏普比率	最大回撤率(%)	调整后R²(%)
599	易同增长1号	7.17	0.99	-1.79	-1.39	0.66	0.09	-0.14	0.02	7.94	17.03	0.44	25.83	36
600	北京福睿德5号	7.16	0.91	-0.56	-0.40	0.30	0.18	-0.19	0.19	10.82	15.99	0.63	13.20	15
601	悟空对冲量化6期	7.15	1.53	-0.84	-1.02	0.51	-0.11	-0.35	0.10	11.80	12.64	0.83	16.45	52
602	从容医疗精选	7.12	0.77	0.99	0.60	0.62	0.11	-0.26	0.02	15.37	21.09	0.71	27.52	32
603	幂因1号	7.12	0.76	-0.55	-0.33	0.79	0.19	-0.09	0.37	13.83	22.22	0.62	33.56	37
604	福睿德6号	7.06	0.50	-1.97	-0.79	0.75	0.35	-0.07	0.51	8.46	29.48	0.37	52.71	19
605	金锝6号	7.03	5.18*	0.36	1.52	0.02	0.13	-0.01	0.12	11.07	3.16	2.88	1.41	35
606	谦石1期	6.94	0.78	-0.74	-0.47	0.51	0.41	0.41	0.37	9.01	19.28	0.47	37.04	24
607	中国龙	6.92	1.22	-1.56	-1.56	0.52	0.00	0.40	-0.03	4.53	13.26	0.29	21.00	36
608	演绎美好旗舰	6.90	0.64	2.03	1.07	0.36	-0.04	-0.13	0.12	16.20	21.90	0.72	23.71	15
609	投资精英之重阳(B)	6.89	2.03*	-1.51	-2.52	0.64	-0.22	-0.14	-0.07	8.00	11.49	0.60	12.55	69
610	TOP30对冲母基金1号	6.86	2.15*	-0.15	-0.26	0.38	0.06	-0.02	0.22	12.31	8.96	1.18	9.49	55
611	神农初阳	6.80	0.62	0.96	0.49	0.89	0.30	-0.85	0.31	21.40	28.65	0.75	26.75	48
612	宁聚量化优选	6.79	1.51	0.96	1.20	0.11	0.13	0.24	0.12	11.34	9.21	1.05	7.19	16
613	玖鹏积极成长1号	6.77	0.93	-2.06	-1.60	0.87	0.10	-0.53	0.09	10.12	20.19	0.50	32.36	54
614	金锝量化	6.75	3.55*	0.68	2.01*	0.03	0.19	-0.01	0.16	12.12	4.58	2.21	4.06	39
615	御峰2号	6.75	0.61	2.04	1.04	0.89	-0.25	0.58	-0.36	10.14	26.66	0.44	24.21	39
616	柘弓1期	6.71	0.78	-3.26	-2.16	1.13	0.17	0.25	0.14	4.00	23.09	0.22	33.24	52

续表

编号	基金名称	年化 α (%)	$t(\alpha)$	γ	$t(\gamma)$	β_{mkt}	β_{smb}	β_{hml}	β_{mom}	年化收益率 (%)	年化波动率 (%)	年化夏普比率	最大回撤率 (%)	调整后 R^2 (%)
617	中国龙平衡对冲增强	6.67	2.12*	-0.95	-1.70	0.39	-0.20	0.04	-0.22	5.97	8.22	0.56	9.43	48
618	明日璞远	6.63	0.72	-1.73	-1.06	1.54	0.18	0.51	0.26	8.68	29.26	0.38	50.96	65
619	上善若水疾风	6.57	0.47	-1.22	-0.49	1.40	-0.20	-0.18	0.04	9.44	34.06	0.38	46.46	41
620	从容全天候增长 2 期	6.51	0.76	-0.53	-0.35	0.22	0.18	0.09	0.53	10.64	17.13	0.59	20.11	12
621	名禹稳健增长	6.50	1.12	-0.02	-0.02	0.54	-0.11	-0.12	-0.07	10.82	14.01	0.70	13.01	39
622	巨杉银信宝 8 期	6.49	1.54	-0.48	-0.64	0.39	0.00	-0.11	0.08	10.30	10.21	0.87	9.47	40
623	博孚利聚强 2 号 FOF	6.48	1.56	0.65	0.89	-0.07	0.20	0.10	0.30	11.30	8.21	1.17	6.50	10
624	锐进 25 期盈信瑞峰多空策略 1 号	6.48	0.70	-0.96	-0.58	1.04	-0.26	-0.42	0.02	11.62	24.47	0.51	37.86	49
625	兴聚 1 期	6.41	1.72*	-0.45	-0.68	0.53	-0.19	-0.19	0.09	11.38	11.62	0.86	12.64	64
626	珺容 5 期	6.41	1.34	-0.53	-0.62	0.44	-0.06	-0.29	-0.12	9.52	11.63	0.71	13.04	40
627	昂坤资产配置型	6.40	1.35	-0.99	-1.18	0.65	-0.16	-0.20	0.03	9.95	13.70	0.65	16.54	58
628	展博精选 C 号	6.36	0.74	-0.28	-0.18	0.67	-0.06	-0.08	0.04	10.56	19.27	0.54	21.80	31
629	重阳目标回报 1 期	6.34	1.31	-0.15	-0.17	0.55	0.06	-0.01	0.14	11.82	12.82	0.82	13.71	50
630	景裕新能源汽车行业 1 号	6.32	0.59	1.55	0.82	0.73	0.10	-0.24	0.45	19.52	25.06	0.77	26.36	36
631	大钧盛世精选主题	6.32	0.41	-1.54	-0.57	0.67	0.43	-0.25	0.77	11.19	32.23	0.43	26.76	20
632	支点先锋 1 号	6.24	0.68	6.03	3.72*	0.54	0.08	0.18	0.27	28.41	23.66	1.11	15.51	47
633	中国龙价值	6.03	1.92*	-1.39	-2.49	0.41	-0.06	0.26	0.05	5.24	8.38	0.47	16.30	50

续表

编号	基金名称	年化 α(%)	$t(\alpha)$	γ	$t(\gamma)$	β_{mkt}	β_{smb}	β_{hml}	β_{mom}	年化收益率(%)	年化波动率(%)	年化夏普比率	最大回撤率(%)	调整后 R^2(%)
634	旭鑫价值成长 1 期	5.99	1.14	1.46	1.57	0.20	0.14	0.09	0.24	14.19	11.21	1.11	4.91	23
635	重阳 8 期	5.98	1.50	-1.44	-2.04	0.57	0.06	0.03	0.06	7.20	11.29	0.54	13.96	56
636	趋势投资 1 号	5.93	0.31	4.67	1.40	0.96	-0.12	0.02	0.34	22.65	41.17	0.63	32.93	26
637	锐进 26 期	5.89	0.76	-0.38	-0.28	0.79	-0.04	-0.32	0.33	14.17	20.35	0.67	22.30	49
638	汇升共盈尊享	5.84	2.41*	-0.31	-0.72	0.20	0.14	0.02	0.15	9.10	5.93	1.25	8.82	41
639	泓澄尊享 C 期	5.83	0.40	-1.83	-0.71	0.92	-0.97	-0.16	-0.57	-3.22	31.80	0.08	63.38	27
640	尚诚	5.80	0.78	-1.54	-1.17	0.63	-0.48	-0.83	-0.41	6.47	18.56	0.35	30.64	44
641	从容全天候增长 3 期	5.78	0.72	-0.38	-0.27	0.19	0.17	0.12	0.50	9.84	15.91	0.58	18.79	11
642	兴聚财富 7 号	5.76	1.33	-0.21	-0.27	0.52	-0.11	-0.16	0.15	11.55	12.24	0.83	16.06	56
643	兴聚财富 2 号	5.76	1.31	-0.31	-0.41	0.51	-0.16	-0.15	0.17	11.27	12.33	0.81	15.70	56
644	朱雀 20 期之慧选 10 号	5.75	1.69*	-1.89	-3.13	0.45	-0.01	-0.18	-0.07	5.17	9.29	0.43	21.87	52
645	恒昌格物 1 号	5.75	0.37	1.95	0.70	2.20	0.33	0.46	0.53	18.42	47.67	0.54	58.49	62
646	智聚 19 期	5.67	0.70	-1.38	-0.96	0.84	0.13	-0.32	0.16	9.98	20.73	0.49	25.93	46
647	偏锋 3 期	5.66	0.80	1.35	1.07	0.48	0.29	0.09	0.46	16.55	16.85	0.91	16.17	38
648	兴聚财富 6 号	5.55	1.18	-0.29	-0.34	0.52	-0.18	-0.13	0.15	10.76	12.73	0.75	17.09	52
649	金塔 1 号	5.55	0.68	-0.95	-0.66	0.54	0.28	-0.08	0.52	11.29	18.49	0.59	16.85	31
650	鹤骑鹰奇早指数	5.52	1.16	-0.72	-0.86	0.42	0.20	-0.01	0.10	8.31	11.50	0.62	7.32	40
651	汇信-众智组合 1 号	5.49	1.51	0.31	0.48	0.60	-0.14	-0.21	-0.11	11.42	12.24	0.82	20.07	69

续表

编号	基金名称	年化 α（%）	$t(\alpha)$	γ	$t(\gamma)$	β_{mkt}	β_{smb}	β_{hml}	β_{mom}	年化收益率（%）	年化波动率（%）	年化夏普比率	最大回撤率（%）	调整后 R^2（%）
652	星石汇智财富	5.48	0.75	0.42	0.32	0.89	-0.19	-0.32	0.06	14.37	20.64	0.67	21.21	56
653	易同优选 1 号	5.46	0.68	1.82	1.29	0.69	0.02	-0.35	0.06	17.36	20.33	0.81	17.69	46
654	本地资本一花开富贵	5.43	0.97	-0.20	-0.20	0.48	-0.12	-0.09	0.02	9.35	13.07	0.64	17.06	35
655	民晟红鹭 6 期	5.43	0.71	1.63	1.20	0.54	-0.01	-0.20	-0.10	14.01	17.91	0.74	19.10	35
656	久阳润泉 2 号	5.43	0.42	2.21	0.96	1.37	0.92	1.24	1.29	20.61	36.65	0.64	38.61	56
657	数博增强 500	5.40	1.58	0.31	0.52	0.72	0.25	0.15	0.18	12.57	14.02	0.81	17.70	79
658	天贝合共盈 2 号	5.37	0.23	4.42	1.09	1.69	-0.14	-0.49	-1.99	3.02	56.77	0.26	64.22	43
659	易同领先	5.33	0.56	2.36	1.41	0.76	0.02	-0.51	0.09	19.78	23.97	0.81	18.24	45
660	博道精选 5 期	5.23	1.31	-1.17	-1.66	0.58	-0.20	-0.37	-0.16	7.35	11.99	0.53	15.69	61
661	盈定 5 号	5.18	0.60	0.27	0.18	0.60	0.22	-0.27	0.06	11.76	19.82	0.58	16.22	34
662	锐进 39 期民森多元策略	5.14	0.57	0.81	0.51	0.67	-0.07	-0.25	0.35	15.63	21.67	0.70	12.21	38
663	百泉 1 号	5.12	0.81	1.45	1.29	0.71	0.53	0.04	0.71	19.94	19.46	0.95	11.82	62
664	景熙 5 号	5.10	1.08	1.00	1.20	0.47	0.21	-0.25	0.28	15.64	13.58	1.03	15.48	57
665	锐进 15 期中国龙稳健	5.04	1.18	-1.58	-2.09	0.49	-0.16	0.28	-0.18	2.01	10.89	0.10	20.96	46
666	浅湖 6 号	5.02	0.39	-1.70	-0.74	1.32	0.50	-0.36	-0.36	4.41	34.23	0.24	55.52	50
667	凡宇证券 A 股 1 号	4.97	1.02	-1.46	-1.68	0.74	-0.10	0.07	0.09	6.66	14.26	0.42	17.82	59
668	鸣石满天星四号	4.96	0.73	1.81	1.50	0.29	0.06	0.15	-0.04	11.47	14.50	0.72	17.99	23
669	睿信 5 期	4.95	0.44	0.56	0.28	0.25	-0.22	-0.68	-0.09	9.93	22.82	0.46	21.62	13

续表

编号	基金名称	年化α(%)	t(α)	γ	t(γ)	β_{mkt}	β_{smb}	β_{hml}	β_{mom}	年化收益率(%)	年化波动率(%)	年化夏普比率	最大回撤率(%)	调整后R^2(%)
670	盛世知己 1 期	4.94	0.64	0.12	0.09	0.91	0.14	-0.03	0.24	12.98	21.08	0.61	34.33	53
671	正弘 2 号	4.90	0.30	0.68	0.24	1.09	0.55	0.90	0.59	9.29	36.32	0.37	42.41	30
672	紫鑫指数精选 FOI2 号	4.89	1.04	-0.84	-1.01	0.47	0.24	0.18	0.48	9.61	12.22	0.69	14.36	48
673	展博 1 期	4.88	0.55	-0.14	-0.09	0.65	-0.13	-0.15	0.02	9.23	19.75	0.47	21.69	29
674	银帆 8 期	4.86	0.51	0.27	0.16	0.17	0.18	-0.39	-0.13	7.80	19.06	0.41	20.07	11
675	睿赢精选	4.77	1.52	-1.39	-2.51	0.47	-0.16	-0.24	0.01	6.49	9.64	0.55	11.38	63
676	资舟观复	4.75	3.00*	-0.11	-0.41	0.03	0.09	0.02	0.09	6.93	3.19	1.65	1.10	14
677	世诚扬子 5 号	4.71	1.41	-0.97	-1.64	0.74	-0.16	-0.25	-0.07	8.33	13.27	0.56	17.98	78
678	中国龙稳健	4.70	0.94	-1.20	-1.35	0.49	-0.01	0.47	0.11	3.78	12.13	0.24	19.63	40
679	开宝 2 期	4.68	0.96	-0.08	-0.09	0.83	0.17	0.31	0.00	8.62	16.45	0.49	26.62	69
680	广金成长 6 期	4.67	0.51	-2.03	-1.25	0.92	0.29	-0.08	0.52	8.77	23.09	0.41	31.43	44
681	展博精选 A 号	4.64	0.53	-0.14	-0.09	0.65	-0.13	-0.15	0.02	8.98	19.68	0.46	21.71	29
682	远澜乔松	4.62	1.01	-0.45	-0.55	0.06	0.01	-0.12	-0.20	4.23	8.98	0.34	13.97	8
683	理时元开	4.55	0.46	-1.00	-0.57	0.90	0.06	0.29	0.17	6.45	23.02	0.32	36.31	36
684	航长鹰眼 1 号	4.54	0.80	0.62	0.62	0.12	0.39	0.52	0.59	10.11	12.19	0.73	13.55	24
685	博颐精选	4.49	0.46	-1.76	-1.02	1.01	0.12	-0.53	0.13	8.58	25.12	0.39	41.32	47
686	私募工场 19 期第 7 期（红角 1 号）	4.42	0.58	-1.87	-1.39	1.06	0.27	-0.18	-0.28	4.24	22.89	0.23	40.67	61

续表

编号	基金名称	年化α(%)	t(α)	γ	t(γ)	β_{mkt}	β_{smb}	β_{hml}	β_{mom}	年化收益率(%)	年化波动率(%)	年化夏普比率	最大回撤率(%)	调整后R²(%)
687	鼎锋1期	4.35	0.61	-0.92	-0.73	0.90	0.04	-0.29	0.21	10.62	20.15	0.53	28.53	56
688	盈阳资产38号	4.30	0.63	0.25	0.21	0.21	0.47	0.18	0.51	10.40	14.51	0.65	13.27	22
689	华宝兴业－锐锋量化1号	4.28	0.83	-2.09	-2.30	1.00	-0.06	0.09	0.08	5.23	17.57	0.29	26.48	70
690	泓水泉精选2期	4.27	0.62	0.98	0.81	1.03	-0.43	-0.42	-0.35	12.18	22.02	0.56	31.79	66
691	德睿恒丰1号	4.22	0.44	-2.18	-1.28	1.27	0.51	-0.61	0.21	9.10	29.41	0.39	37.40	62
692	品正理翔2期	4.18	0.81	-0.96	-1.06	0.88	0.12	0.28	0.17	7.42	16.66	0.42	25.64	66
693	听畅深蓝价值1号	4.16	0.80	-0.99	-1.07	0.67	-0.27	0.09	-0.45	2.27	14.11	0.12	26.09	52
694	博孚利聚强1号	4.11	1.13	1.85	2.88*	-0.02	0.13	-0.01	0.11	11.48	7.56	1.28	10.78	19
695	珺容量化精选3号	3.91	1.16	-0.12	-0.20	0.11	-0.06	-0.06	-0.04	5.72	6.58	0.65	6.71	8
696	汇泽领慧FOF1期	3.90	1.22	-0.46	-0.81	0.42	0.09	-0.04	0.20	8.41	9.28	0.76	7.01	58
697	中国龙稳健5	3.88	0.77	-1.35	-1.51	0.52	0.02	0.43	0.08	2.79	12.39	0.16	22.80	41
698	弘酬开元	3.84	1.60	0.02	0.04	0.24	0.00	-0.05	0.05	7.53	6.08	0.98	4.00	45
699	中域稳健涵和1期	3.77	0.54	-1.86	-1.51	0.75	0.23	-0.13	0.42	7.64	18.11	0.41	29.76	48
700	投资精英之尚雅（B）	3.75	0.35	-2.42	-1.26	1.17	0.08	0.13	0.54	6.05	27.34	0.30	47.05	45
701	赤骥量化1号	3.70	0.62	0.40	0.38	0.12	-0.01	0.06	0.10	6.95	11.49	0.51	10.86	5
702	航长常春藤5号	3.69	0.86	2.55	3.37*	0.43	0.01	0.27	-0.13	11.86	12.79	0.82	7.59	61
703	紫鑫凌紊1号	3.56	0.89	-0.93	-1.31	0.57	-0.06	-0.16	0.03	6.64	11.62	0.48	14.56	58
704	鑫安1期	3.53	0.57	-0.13	-0.12	0.46	-0.09	-0.43	-0.03	8.75	14.57	0.54	13.53	37

续表

编号	基金名称	年化 α(%)	t(α)	γ	t(γ)	β_mkt	β_smb	β_hml	β_mom	年化收益率(%)	年化波动率(%)	年化夏普比率	最大回撤率(%)	调整后 R²(%)
705	申毅量化	3.48	1.50	-0.68	-1.67	0.06	0.05	-0.01	0.07	4.13	4.55	0.58	3.81	9
706	京福 2 号	3.39	0.34	-0.87	-0.49	1.19	0.39	-0.19	0.14	8.91	27.69	0.39	45.65	54
707	合道－翼翔 1 期	3.36	0.52	1.43	1.24	0.51	0.04	-0.09	-0.08	10.91	15.66	0.64	13.45	39
708	中子星－星海 3 号	3.32	0.94	-0.22	-0.36	0.29	0.15	-0.08	0.14	7.50	8.65	0.71	9.26	41
709	锐进 12 期	3.32	0.30	1.02	0.51	0.95	0.06	-0.76	-0.02	14.08	28.23	0.55	37.14	44
710	博普跨市场 1 号	3.29	2.24*	0.72	2.79*	-0.08	0.06	0.02	0.07	6.77	3.06	1.67	2.26	19
711	中国龙价值 2	3.29	0.84	-1.26	-1.82	0.41	-0.17	0.16	-0.03	2.41	9.50	0.14	16.14	40
712	盈阳仁医 1 号	3.29	0.45	0.66	0.51	0.64	0.58	0.43	0.60	11.95	19.16	0.61	24.29	48
713	景熙 3 号	3.27	0.69	0.55	0.65	0.44	0.18	-0.29	0.29	12.42	13.09	0.85	16.30	54
714	汇泽领慧 FOF1 期 A 号	3.19	0.99	-0.55	-0.97	0.43	0.10	0.00	0.27	7.77	9.47	0.68	7.19	59
715	颢瀚稳健 1 期	3.02	0.84	0.03	0.04	0.51	0.05	-0.10	0.16	9.17	11.07	0.71	9.07	63
716	汇利优选 2 号	2.99	0.45	-1.71	-1.46	1.07	-0.03	0.09	0.19	5.62	20.29	0.30	37.37	63
717	银帆 3 期	2.92	0.29	1.96	1.09	0.18	0.21	-0.52	0.12	12.99	20.96	0.61	18.50	17
718	汇信惠正 1 号	2.75	0.34	1.59	1.12	0.85	-0.16	-0.30	0.05	13.91	21.82	0.63	22.92	52
719	汇利优选	2.72	0.43	-1.73	-1.53	1.09	-0.08	0.07	0.12	5.00	20.24	0.27	37.39	65
720	中睿合银策略优选 1 号	2.68	0.43	1.11	1.01	0.33	0.10	-0.01	0.38	11.60	13.83	0.75	6.47	30
721	展博专注 B 期	2.61	0.36	-0.21	-0.17	0.42	0.11	0.12	0.39	7.59	15.58	0.45	19.60	24
722	汇利 3 期	2.55	0.36	-2.15	-1.74	1.12	0.05	-0.05	0.15	4.60	21.50	0.24	39.29	63

续表

编号	基金名称	年化 α(%)	t(α)	γ	t(γ)	β_{mkt}	β_{smb}	β_{hml}	β_{mom}	年化收益率(%)	年化波动率(%)	年化夏普比率	最大回撤率(%)	调整后 R^2(%)
723	盈定 7 号	2.54	0.48	3.04	3.22*	0.36	0.34	0.01	0.18	15.58	14.60	0.96	13.95	53
724	沃胜 5 期	2.51	0.43	-0.61	-0.59	0.42	-0.19	-0.32	0.04	6.07	13.62	0.39	12.72	34
725	汇利优选 9 期	2.50	0.32	-1.47	-1.08	1.01	-0.16	0.05	0.05	4.28	20.97	0.23	36.36	52
726	鑫安 9 期	2.44	0.45	0.04	0.04	0.39	-0.18	-0.41	-0.13	6.89	12.63	0.47	12.12	36
727	雪球 2 期	2.41	0.34	-1.08	-0.88	1.08	-0.25	0.58	-0.02	2.21	21.21	0.14	37.91	62
728	本地资本紫气东来 FOF	2.32	0.75	0.76	1.40	0.10	0.10	0.02	0.11	7.27	6.47	0.89	4.18	20
729	安进 13 期壹心 1 号	2.32	0.73	0.24	0.42	-0.01	0.16	-0.04	0.24	6.46	6.44	0.77	12.51	15
730	鼎锋 2 期	2.31	0.35	0.05	0.04	0.93	-0.06	-0.31	0.26	11.59	20.55	0.56	29.70	63
731	航长常春藤 7 号	2.30	0.49	2.81	3.38*	0.42	0.09	0.33	-0.05	11.28	13.53	0.75	8.96	58
732	普尔麒麟	2.29	0.43	-3.03	-3.19	1.11	-0.11	-0.10	0.10	2.05	19.11	0.12	34.56	72
733	君茂跨市场 1 号	2.26	0.24	-3.92	-2.32	0.98	-0.34	-0.57	-0.07	-1.18	23.78	0.01	46.59	43
734	中睿合银策略精选 1 号	2.24	0.28	3.88	2.79*	0.72	0.09	-0.11	0.35	20.83	22.14	0.89	23.67	56
735	武当 6 期	2.18	0.42	-2.25	-2.44	0.50	0.07	-0.42	-0.15	1.22	13.22	0.04	24.67	46
736	宜信财富颐颢资本市场量化	2.07	1.05	0.51	1.46	0.08	0.21	0.12	0.25	6.89	4.83	1.10	5.47	42
737	投资精英之汇利	2.03	0.29	-1.60	-1.29	1.15	-0.10	0.04	0.08	4.51	21.80	0.24	38.51	63
738	普尔 2 号	2.00	0.37	-2.75	-2.88	1.11	-0.08	-0.01	0.14	2.45	19.26	0.14	32.67	72
739	银帆 5 期	2.00	0.37	0.26	0.27	0.40	-0.04	-0.04	0.07	6.76	12.18	0.47	11.26	31
740	厚品资产复利 1 号	1.99	0.58	-2.22	-3.65	0.46	-0.08	0.01	-0.19	-1.34	9.17	-0.26	20.67	50

续表

编号	基金名称	年化 α(%)	t(α)	γ	t(γ)	β_mkt	β_smb	β_hml	β_mom	年化收益率(%)	年化波动率(%)	年化夏普比率	最大回撤率(%)	调整后 R²(%)
741	汇泽至慧 FOF1 期	1.94	0.52	-0.46	-0.70	0.32	0.12	-0.01	0.25	5.99	9.01	0.52	7.65	40
742	陆宝成全 1 期	1.87	0.32	-0.40	-0.38	0.47	0.09	-0.36	0.43	9.56	15.22	0.58	23.01	47
743	若愚量化满仓全 A	1.86	0.15	-0.68	-0.31	0.69	0.52	-0.16	1.36	13.90	29.24	0.53	27.12	38
744	理成转子 2 号	1.80	0.28	-0.15	-0.14	1.00	0.41	-0.10	0.42	11.23	21.60	0.53	26.80	69
745	乾元 TOT	1.72	1.32	0.26	1.14	0.03	0.14	-0.01	0.17	5.53	3.21	1.23	1.84	42
746	投资精英（汇利 B）	1.72	0.24	-1.57	-1.25	1.15	-0.10	0.03	0.09	4.36	21.85	0.23	38.42	63
747	睿信 4 期	1.55	0.19	-1.73	-1.22	0.75	-0.20	-0.32	0.05	3.29	19.30	0.18	22.20	39
748	从时投资旺财稳健 1 期	1.53	0.23	0.74	0.63	0.57	0.03	-0.30	0.19	10.45	16.78	0.59	20.34	44
749	恒天紫鑫 2 号	1.44	0.42	-0.45	-0.75	0.36	0.06	0.14	0.05	3.41	8.44	0.26	10.00	43
750	颢瀚稳健 3 期	1.40	0.39	0.19	0.31	0.48	0.05	-0.10	0.16	7.74	10.76	0.61	9.56	61
751	雷钧 2 号	1.38	0.14	0.37	0.20	0.80	-0.13	-0.35	-0.05	7.57	23.58	0.36	27.93	35
752	尚雅 5 期	1.32	0.12	0.29	0.15	0.71	-0.17	-0.09	0.13	6.57	23.51	0.32	32.12	27
753	金蕴 30 期	1.18	0.11	-2.16	-1.19	1.57	-0.30	0.39	-0.29	-2.15	30.18	0.03	60.93	59
754	鼎萨 3 期	1.10	0.08	1.92	0.78	0.86	0.09	-0.60	0.05	12.17	31.64	0.47	42.55	31
755	泛涵康元 1 号	1.09	0.83	1.20	5.17*	0.01	0.03	0.01	0.08	6.41	3.30	1.45	1.90	45
756	武当 1 期	1.09	0.15	-0.30	-0.23	0.20	0.12	-0.20	-0.23	1.46	14.52	0.07	27.64	14
757	中证 500 指数增强 2 期	1.06	0.41	0.20	0.44	0.86	0.12	0.14	0.08	7.46	15.00	0.45	28.05	90
758	景熙 1 号	1.04	0.14	1.24	0.97	0.44	0.39	-0.28	0.36	12.00	17.63	0.64	17.44	41

续表

编号	基金名称	年化 α (%)	$t(\alpha)$	γ	$t(\gamma)$	β_{mkt}	β_{smb}	β_{hml}	β_{mom}	年化收益率 (%)	年化波动率 (%)	年化夏普比率	最大回撤率 (%)	调整后 R^2 (%)
759	汇泽至慧 FOF1 期 A 号	0.95	0.24	-0.32	-0.45	0.30	0.11	0.03	0.26	5.04	9.17	0.42	7.87	35
760	民晟金牛 3 号	0.78	0.43	-0.10	-0.31	-0.01	0.05	0.08	0.11	2.34	3.56	0.25	3.53	7
761	昭时 5 期	0.71	0.10	0.55	0.44	0.67	0.33	-0.18	0.26	9.55	18.82	0.50	33.94	49
762	博识众彩 TOF 投资	0.68	0.23	-0.44	-0.86	0.62	-0.02	-0.02	-0.07	3.83	11.02	0.26	24.98	76
763	明曜新三板 1 期	0.66	0.08	2.84	1.92*	-0.02	0.07	-0.03	0.38	11.63	16.78	0.64	9.62	13
764	京福 1 号	0.59	0.06	-0.07	-0.04	1.27	0.38	-0.28	0.05	8.09	28.86	0.35	52.21	60
765	汇泽至慧 FOF1 期 B 号	0.50	0.13	-0.33	-0.47	0.31	0.11	0.03	0.26	4.56	9.18	0.37	8.00	35
766	银帆 7 期	0.45	0.07	0.21	0.20	0.21	-0.18	-0.35	-0.01	4.67	12.74	0.30	25.84	20
767	睿信 3 期	0.36	0.05	-1.38	-1.08	0.71	-0.09	-0.34	0.10	3.49	17.96	0.20	27.69	43
768	淘利多策略量化套利	0.35	0.15	-0.80	-1.94	0.02	0.00	-0.07	-0.02	-0.03	4.60	-0.31	10.09	9
769	普尔 1 号	0.35	0.06	-2.22	-2.20	1.06	-0.04	-0.01	0.16	2.02	19.19	0.12	34.38	69
770	私募工场兴富进取 1 期	0.28	0.02	-2.32	-0.79	1.00	0.26	-0.09	0.07	-2.86	34.92	0.04	55.17	21
771	合德丰泰	0.21	0.13	0.48	1.70*	0.09	0.11	-0.01	0.09	4.29	3.93	0.71	6.49	41
772	睿信 2 期	0.14	0.02	-1.87	-1.54	0.77	-0.14	-0.24	0.12	1.97	17.75	0.11	29.58	47
773	航长常春藤 3 号	0.10	0.01	2.37	1.92*	0.39	0.37	0.21	0.21	10.01	16.61	0.56	11.21	38
774	慧安浙商家族 1 号	-0.06	-0.01	-0.08	-0.04	0.39	0.64	0.97	1.03	4.42	22.33	0.23	31.78	26
775	普尔聚鑫	-0.19	-0.03	-1.70	-1.61	1.03	0.02	0.02	0.19	2.72	19.23	0.16	34.28	66
776	航长常春藤	-0.19	-0.03	3.44	3.03*	0.44	0.08	0.46	-0.19	8.05	17.04	0.45	21.83	50

续表

编号	基金名称	年化α(%)	t(α)	γ	t(γ)	β_{mkt}	β_{smb}	β_{hml}	β_{mom}	年化收益率(%)	年化波动率(%)	年化夏普比率	最大回撤率(%)	调整后R^2(%)
777	炳富2号	-0.24	-0.07	2.73	4.15*	0.27	0.28	0.07	0.42	13.00	11.24	1.01	10.75	62
778	九旭2号	-0.31	-0.03	-1.66	-1.02	0.44	0.18	0.02	0.21	-0.47	18.60	-0.01	30.56	15
779	和聚5期	-0.32	-0.05	-1.54	-1.25	0.80	0.62	0.19	0.35	2.29	19.90	0.13	27.71	57
780	工银量化信诚精选	-0.38	-0.26	0.22	0.84	-0.02	-0.03	0.02	0.00	1.42	2.88	-0.02	6.82	5
781	银帆2期	-0.40	-0.04	1.72	0.95	0.15	0.16	-0.65	0.17	9.36	21.20	0.45	18.87	18
782	宾悦成长1号	-0.41	-0.06	0.27	0.24	1.09	0.10	0.57	0.04	3.74	21.43	0.21	27.04	69
783	慧安1号	-0.41	-0.07	1.18	1.14	0.47	0.21	0.52	0.40	6.60	14.60	0.41	16.13	43
784	平凡悟量	-0.44	-0.14	1.24	2.31*	-0.13	0.16	-0.07	0.09	4.51	6.37	0.49	17.55	20
785	中睿合银策略精选系列A号	-0.58	-0.08	3.81	3.12*	0.69	0.07	-0.14	0.29	17.10	20.49	0.80	23.71	60
786	和聚1期	-0.68	-0.09	-1.70	-1.31	0.79	0.65	0.26	0.42	1.54	20.27	0.10	27.77	54
787	盈阳19号	-0.81	-0.10	3.60	2.48*	0.45	-0.01	-0.18	0.30	14.89	19.83	0.72	16.49	40
788	久阳润泉5号	-0.85	-0.09	3.17	1.82*	0.98	0.72	1.06	1.06	14.92	28.46	0.57	29.38	58
789	冰剑1号	-1.00	-0.19	-0.45	-0.48	0.59	-0.11	-0.06	-0.19	0.87	13.52	0.02	31.70	46
790	慧安财富2期	-1.03	-0.10	-0.05	-0.03	0.42	0.49	0.89	0.82	2.58	21.46	0.15	33.67	24
791	和聚7期	-1.15	-0.17	-1.75	-1.42	0.79	0.62	0.19	0.36	0.95	19.67	0.07	28.18	56
792	长阳似锦1期	-1.34	-0.23	-0.90	-0.88	0.90	-0.02	0.09	0.17	2.65	17.69	0.15	33.99	62
793	汇升稳进共盈1号	-1.38	-0.60	0.73	1.79*	-0.02	0.19	-0.03	0.25	4.00	5.19	0.49	8.60	31
794	尚雅4期	-1.42	-0.12	0.65	0.31	0.44	-0.29	-0.67	-0.41	1.75	24.25	0.13	34.64	16

续表

编号	基金名称	年化 α(%)	$t(\alpha)$	γ	$t(\gamma)$	β_{mkt}	β_{smb}	β_{hml}	β_{mom}	年化收益率(%)	年化波动率(%)	年化夏普比率	最大回撤率(%)	调整后 R^2(%)
795	道睿择 1 期	-1.48	-0.30	0.39	0.44	0.23	-0.20	-0.51	-0.14	3.23	11.39	0.20	21.42	32
796	乐桥 1 期	-1.76	-0.11	-0.11	-0.04	0.24	-0.61	-0.38	-0.05	-3.07	32.88	0.01	53.62	9
797	铭深 1 号	-1.79	-0.40	0.79	0.98	0.53	0.32	0.10	0.06	4.37	13.68	0.27	23.28	61
798	和聚 10 期	-1.94	-0.26	-0.87	-0.66	0.78	0.63	0.28	0.50	2.81	20.32	0.16	28.41	53
799	宁聚量化精选 2 号	-2.01	-0.25	-0.53	-0.37	0.48	-0.12	0.22	-0.01	-1.64	16.70	-0.10	32.45	20
800	展博 5 期	-2.03	-0.25	1.12	0.78	0.40	0.18	0.03	0.58	7.82	17.98	0.42	19.45	28
801	稳进 10 期雁丰对冲尊 B 期	-2.12	-0.71	0.74	1.40	0.08	0.06	0.22	0.15	1.57	6.25	0.04	9.65	20
802	雁丰对冲尊 L 期	-2.13	-0.71	0.74	1.41	0.08	0.06	0.22	0.15	1.57	6.24	0.04	9.66	20
803	炳富 1 号（华宝）	-2.27	-0.63	2.60	4.07*	0.26	0.26	0.12	0.37	9.69	10.61	0.78	12.89	59
804	海西晟乾 7 号	-2.36	-0.19	-2.49	-1.11	1.30	0.80	0.47	0.22	-4.66	33.28	-0.03	64.81	48
805	朴石 8 期	-2.38	-0.31	-0.96	-0.71	0.45	-0.24	-0.24	-0.06	-1.23	16.26	-0.09	33.14	22
806	品质生活 2 期	-2.45	-0.31	0.35	0.26	0.77	-0.27	-0.36	-0.23	2.76	19.74	0.16	25.28	45
807	慧安财富 3 期	-2.52	-0.25	-0.71	-0.40	0.44	0.53	0.92	0.85	-0.46	21.90	0.02	37.70	24
808	慧安财富 5 期	-2.52	-0.33	-0.67	-0.50	0.28	0.36	0.67	0.63	-0.79	16.17	-0.06	32.45	21
809	尚雅 1 期（深国投）	-2.53	-0.24	-0.93	-0.50	0.82	-0.02	-0.07	0.17	0.36	23.66	0.07	35.56	30
810	乐正资本乐享	-2.53	-0.36	-2.71	-2.16	0.88	-0.14	-0.10	0.20	-2.49	18.90	-0.12	43.03	50
811	云程泰资本（1 期）	-2.58	-0.26	-0.98	-0.57	1.33	-0.05	-0.15	0.12	2.35	27.91	0.17	56.96	57
812	和聚 6 期（2014）	-2.58	-0.34	-1.08	-0.80	0.79	0.60	0.20	0.46	1.79	20.57	0.11	26.93	52

续表

编号	基金名称	年化 α(%)	t(α)	γ	t(γ)	β_mkt	β_smb	β_hml	β_mom	年化收益率(%)	年化波动率(%)	年化夏普比率	最大回撤率(%)	调整后 R²(%)
813	兆天尊享 A 期	-2.78	-0.28	1.99	1.14	0.98	0.16	-0.08	0.73	13.17	27.16	0.52	37.22	53
814	美联融通 1 期	-3.02	-0.26	0.49	0.24	0.68	0.45	0.37	-0.09	-1.41	25.94	0.01	35.25	31
815	银帆 6 期	-3.19	-0.49	0.36	0.31	0.40	-0.02	0.02	0.04	0.96	13.87	0.03	16.86	23
816	积胜 1 期	-3.51	-0.35	0.70	0.40	0.61	-0.06	-0.19	0.10	3.08	21.69	0.17	22.94	26
817	谦溢多策略稳健 1 号	-3.54	-0.48	1.54	1.18	0.92	-0.05	0.21	-0.02	4.14	21.07	0.22	25.20	57
818	承源 9 号	-3.57	-0.26	-2.14	-0.88	0.67	-0.38	-0.50	-0.19	-6.21	27.99	-0.15	44.24	16
819	若愚量化满仓中小盘	-3.63	-0.29	-0.36	-0.16	0.62	0.49	-0.24	1.30	8.23	29.41	0.36	27.23	35
820	和聚 12 期汇智 B 期	-3.87	-0.65	0.06	0.06	0.40	0.31	0.14	-0.02	-1.35	14.03	-0.13	24.78	36
821	中域增值 1 期	-4.14	-0.51	-0.17	-0.11	1.09	0.40	-0.32	0.27	4.55	25.06	0.24	55.52	62
822	昭时新三板 A	-4.17	-0.48	1.69	1.10	0.70	0.31	-0.10	0.39	7.51	21.72	0.37	33.14	43
823	信复创值 2 号	-4.39	-0.49	-0.73	-0.46	0.85	-0.24	-1.42	0.07	4.82	26.57	0.25	33.87	61
824	工银量化恒盛精选	-4.45	-1.74	0.03	0.07	0.17	-0.09	-0.16	0.10	-0.54	6.37	-0.29	15.61	43
825	恒天稳宜灵活配置 2 期	-4.56	-0.81	-1.02	-1.01	0.57	-0.06	-0.32	-0.19	-2.92	14.10	-0.25	35.09	43
826	若愚量化动态对冲 1 期	-4.81	-0.37	0.48	0.21	0.62	0.49	-0.26	1.40	9.83	30.67	0.40	27.09	37
827	若愚量化配置 1 期	-4.97	-0.45	-0.26	-0.13	0.65	0.45	-0.31	1.29	7.90	27.60	0.35	27.97	43
828	万思艾瑞斯 2 号	-5.22	-0.70	0.61	0.46	0.11	0.18	0.06	-0.17	-3.92	14.96	-0.29	22.87	12
829	仙多山 1-A	-5.35	-0.11	13.72	1.63	-0.13	1.99	-0.68	2.44	21.57	96.26	0.54	60.84	14
830	信复创值 5 号	-5.38	-0.57	-0.97	-0.58	0.79	-0.40	-1.43	-0.32	-0.14	25.60	0.06	33.99	52

续表

编号	基金名称	年化 α(%)	$t(\alpha)$	γ	$t(\gamma)$	β_{mkt}	β_{smb}	β_{hml}	β_{mom}	年化收益率(%)	年化波动率(%)	年化夏普比率	最大回撤率(%)	调整后 R^2(%)
831	中睿合银趋势 1 号	-5.42	-0.81	5.06	4.28*	0.47	0.31	-0.03	0.62	16.20	19.77	0.78	16.75	60
832	尚雅 3 期	-5.46	-0.44	0.91	0.42	0.46	-0.17	-0.37	-0.18	-1.38	24.75	0.01	40.34	13
833	蕴泽 3 号	-5.54	-0.20	-0.10	-0.02	1.12	-0.12	-1.28	-0.39	-6.63	56.13	0.08	60.64	16
834	华美沪合	-5.66	-0.81	-0.45	-0.36	0.65	0.24	0.08	0.52	0.87	17.55	0.05	23.30	44
835	投资精英之云程泰（B）	-6.04	-0.62	-1.48	-0.85	1.27	-0.02	-0.36	-0.06	-2.76	27.26	-0.02	59.44	55
836	和聚鼎宝 1 期	-6.40	-0.73	-0.53	-0.35	0.64	0.49	0.06	0.42	-1.16	20.46	-0.03	35.49	36
837	泽泉景勃财富	-6.43	-0.69	-1.56	-0.95	1.00	0.79	0.58	0.54	-4.25	25.50	-0.11	49.29	53
838	谦璞多策略进取 1 号	-6.80	-0.72	1.84	1.09	0.90	0.02	0.43	0.01	0.11	24.05	0.06	31.86	45
839	新里程藏宝图京都 1 号	-6.81	-0.55	-1.55	-0.71	0.77	-0.08	0.58	0.59	-6.64	26.85	-0.18	56.77	25
840	和聚 7 期之和聚专享 1 期	-7.32	-0.77	1.04	0.62	0.39	0.82	0.06	0.39	0.06	22.30	0.04	28.23	36
841	尚雅 11 期	-7.95	-0.58	1.18	0.49	0.50	0.04	-0.04	0.37	-1.10	27.67	0.04	45.20	14
842	泽泉涨停板 1 号	-8.08	-0.94	-1.79	-1.18	0.86	0.83	0.21	0.65	-4.20	23.58	-0.13	50.76	53
843	智诚 8 期	-8.32	-0.94	1.46	0.93	0.78	0.17	-0.32	0.31	3.20	22.79	0.18	29.01	46
844	承源 10 号	-8.78	-0.58	2.57	0.96	0.82	0.08	0.13	0.11	-0.52	32.57	0.09	55.61	23
845	融临 55 号	-9.01	-0.49	2.38	0.73	1.05	0.65	0.59	0.74	0.41	40.44	0.16	55.08	27
846	新价值 4 号	-9.22	-0.83	-1.45	-0.74	0.58	0.54	0.70	0.68	-8.40	23.73	-0.32	63.10	23
847	金蕴 21 期（泓璞 1 号）	-9.23	-0.95	3.63	2.10*	1.07	-0.22	-0.31	-0.43	2.81	27.78	0.18	45.09	57
848	塔晶狮王 2 号	-9.44	-0.95	1.29	0.73	0.89	0.42	0.14	0.81	3.31	25.68	0.19	43.43	47

续表

编号	基金名称	年化 α(%)	t(α)	γ	t(γ)	β_{mkt}	β_{smb}	β_{hml}	β_{mom}	年化收益率(%)	年化波动率(%)	年化夏普比率	最大回撤率(%)	调整后 R^2 (%)
849	泽泉信德	-9.73	-0.92	-0.76	-0.41	0.82	0.94	0.79	0.78	-5.89	26.50	-0.16	53.40	44
850	值薄率 1 号	-9.87	-1.52	3.83	3.33*	0.99	-0.29	-0.17	-0.32	3.38	23.22	0.19	34.65	72
851	融通 3 号	-10.04	-0.62	0.17	0.06	0.70	0.05	0.54	0.14	-10.89	32.65	-0.22	57.95	13
852	塔晶老虎 1 期	-11.11	-0.73	-0.68	-0.25	0.76	0.63	0.84	0.44	-11.59	32.29	-0.27	54.85	22
853	睿信	-11.25	-1.21	2.35	1.43	0.14	0.06	0.26	0.05	-5.29	18.40	-0.29	31.08	10
854	映雪穑雪 2 期	-12.36	-1.19	-3.05	-1.66	0.43	-0.24	-0.36	-0.83	-20.77	21.54	-1.02	68.92	18
855	映雪穑雪 1 期	-14.90	-1.17	-2.55	-1.14	0.56	-0.30	-0.10	-0.54	-21.56	25.30	-0.86	71.91	11
856	新价值 5 号	-14.91	-1.26	-1.08	-0.52	0.56	0.47	0.57	0.57	-13.19	24.60	-0.51	69.61	18
857	万思艾瑞斯 1 号	-15.41	-1.79	1.13	0.74	-0.06	0.12	0.08	-0.05	-12.92	16.42	-0.83	51.66	3
858	正弘旗胜	-15.70	-1.76	-1.43	-0.91	0.97	0.05	-0.02	-0.21	-14.75	22.46	-0.66	62.15	44
859	汇富进取 3 号	-16.09	-2.72	1.41	1.34	0.90	0.00	-0.24	-0.04	-6.22	19.62	-0.31	38.13	68
860	向量 ETF 创新 1 期	-16.14	-1.40	-0.51	-0.25	1.25	0.03	0.35	0.11	-12.70	29.26	-0.37	61.92	45
861	瑞晟昌-双轮策略 1 号	-19.00	-1.63	3.75	1.82*	0.71	-0.23	-0.12	-0.15	-7.26	26.82	-0.21	44.00	33
862	塔晶狮王	-19.48	-1.96	1.82	1.03	0.83	0.52	0.22	1.00	-4.67	25.89	-0.12	40.36	48
863	新价值 16 号	-20.52	-2.66	-1.20	-0.87	0.79	0.32	0.58	0.27	-18.18	19.44	-1.00	65.51	44
864	融泽 6 号	-21.18	-1.32	-0.64	-0.23	0.69	0.03	-0.44	0.24	-16.84	32.72	-0.45	72.69	15

注：由于部分基金五年样本期（2017～2021 年）内净值涨跌过于剧烈，导致年化基金 α 过高的同时调整后 R^2 过低，没有参考意义，因此予以剔除。

附录三 收益率在排序期排名前 30 位的基金在检验期的排名（排序期为一年）：2018~2021 年

本表展示的是排序期为一年，检验期为一年时，排序期收益率排名前 30 位的基金在检验期的收益率排名，及基金在排序期和检验期的收益率。样本量为在排序期和检验期都存在的基金数量。★ 表示在检验期仍排名前 30 位的基金。

排序期	排序期排名	基金名称	排序期收益率（%）	检验期	检验期排名	检验期收益率（%）	样本量
2018	1	天成壹号（方圆）	236.0	2019	454	54.2	5 012
2018	2	潮金产融 1 号	152.9	2019	2 861	17.0	5 012
2018	3	天下溪	127.3	2019	4 055	4.2	5 012
2018	4	梧源北斗 1 号	122.7	2019	115	89.3	5 012
2018	5	奥瀚投资 2 号	119.0	2019	157	78.6	5 012
2018	6	协捷资产-私募学院菁英 324 号	116.1	2019	311	61.4	5 012
2018	7	大禾投资-掘金 1 号	99.0	2019	64	108.9	5 012
2018	8	大禾投资-掘金 6 号	85.6	2019	92	96.4	5 012
2018	9	金然稳健 1 号	85.3	2019	3 246	12.5	5 012
2018	10	宁水精选 3 期	85.1	2019	1 280	35.8	5 012
2018	11	塑造者 1 号	84.3	2019	287	63.4	5 012
2018	12	梧源点精 1 号	81.3	2019	2 677	19.1	5 012
2018	13	领冠 3 号	79.0	2019	3 523	9.6	5 012
2018	14	步耘众禾朴门 5 号	69.0	2019	4 228	2.7	5 012
2018	15	尚艺麒麟 1 号	66.9	2019	4 593	-3.0	5 012
2018	16	洼盈 9 号	62.4	2019	4 962	-31.8	5 012
2018	17	洼盈 17 号量化对冲 FOF	62.4	2019	4 973	-35.8	5 012

续表

排序期	排序期排名	基金名称	排序期收益率（%）	检验期	检验期排名	检验期收益率（%）	样本量
2018	18	青云专享 1 号	60.1	2019	2 558	20.4	5 012
2018	19	红亨稳赢 2 期	59.3	2019	3 166	13.3	5 012
2018	20	领冠 2 号	59.1	2019	1 845	28.9	5 012
2018	21	舜正群蚁	56.8	2019	4 439	-0.1	5 012
2018	22	梧源农产品 2 号	55.9	2019	3 943	5.3	5 012
2018	23	天瓴-幻方星辰 12 号	53.0	2019	35	129.9	5 012
2018	24	冲和冉昇 1 号	51.6	2019	4 924	-21.9	5 012
2018	25	云天志太平山 1 号	51.4	2019	143	81.2	5 012
2018	26	幂数期权做市 1 号	50.8	2019	3 691	7.8	5 012
2018	27	招金 11 号	50.4	2019	4 953	-28.6	5 012
2018	28	银垒进取 2 号	49.5	2019	4 694	-5.5	5 012
2018	29	君翼价值 1 号	49.2	2019	4 553	-2.3	5 012
2018	30	万顺通 2 号	47.2	2019	2 669	19.1	5 012
2019	1	小棉袄	234.5	2020	56	101.6	1 687
2019	2	富承价值 1 号	223.6	2020	1 497	0.0	1 687
2019	3	富承高息 1 号	211.8	2020	1 618	-12.6	1 687
2019	4	聚鸣医药创新	167.4	2020	61	99.9	1 687
2019	5	重华 1 号	149.6	2020	1 463	1.6	1 687
2019	6	新里程超越梦想	145.7	2020	774	34.9	1 687
2019	7	浅湖达尔文 2 号	144.7	2020	427	51.2	1 687

续表

排序期	排序期排名	基金名称	排序期收益率（%）	检验期	检验期排名	检验期收益率（%）	样本量
2019	8	迎水龙呈风祥 1 号	140.7	2020	86	90.1	1 687
2019	9	新里程藏宝图私享家 1 号	137.7	2020	737	36.3	1 687
2019	10	达理 1 号	127.8	2020	9*	185.3	1 687
2019	11	舜智竹节 1 号	120.5	2020	1 629	−17.2	1 687
2019	12	鲤鱼门稳健	118.3	2020	1 224	14.7	1 687
2019	13	鼎萨价值成长	116.2	2020	204	69.6	1 687
2019	14	恒泰辰丰港湾 1 期	114.5	2020	1 314	10.4	1 687
2019	15	掘金 707 号	111.3	2020	451	50.1	1 687
2019	16	纽达 1 号	111.1	2020	1 349	8.7	1 687
2019	17	无量 1 期	110.2	2020	607	42.3	1 687
2019	18	大禾投资‑掘金 1 号	108.9	2020	413	52.3	1 687
2019	19	辛巴达母基金 B 类	108.0	2020	90	89.1	1 687
2019	20	黑牛食品定增 1 号	107.6	2020	1 656	−28.0	1 687
2019	21	掘金 909 号	105.5	2020	459	49.9	1 687
2019	22	菁骊长兴	105.4	2020	104	84.7	1 687
2019	23	迎水龙呈风祥 2 号	103.0	2020	78	92.4	1 687
2019	24	迎水龙呈风祥 12 号	101.6	2020	242	64.7	1 687
2019	25	浅湖稳健 5 号	100.7	2020	4*	249.2	1 687
2019	26	浦江之星 165 号	100.3	2020	180	72.6	1 687
2019	27	上善若水疾风	97.5	2020	856	30.5	1 687

续表

排序期	排序期排名	基金名称	排序期收益率（%）	检验期	检验期排名	检验期收益率（%）	样本量
2019	28	华中 1 号（伊洛投资）	96.5	2020	435	50.9	1 687
2019	29	大禾投资－掘金 6 号	96.4	2020	385	54.2	1 687
2019	30	华杉永旭	95.7	2020	414	52.2	1 687
2020	1	建泓绝对收益 1 号	830.9	2021	229	39.3	2 937
2020	2	弘苕套利稳健管理型 2 号	517.2	2021	3*	382.8	2 937
2020	3	顺然共赢 2 号	514.7	2021	64	77.5	2 937
2020	4	具力禾至 1 号	514.3	2021	103	64.5	2 937
2020	5	建泓时代绝对收益 2 号	461.0	2021	1 239	8.6	2 937
2020	6	顺然好运来长期复利 1 号	404.7	2021	42	100.1	2 937
2020	7	汇瑾豪翔进取 1 号	398.3	2021	738	19.0	2 937
2020	8	顺然 3 号	357.0	2021	48	91.8	2 937
2020	9	骐聚旭瀛多空主题 1 号	322.6	2021	2 782	−21.8	2 937
2020	10	财富兄弟紫时成长 1 号	310.3	2021	205	40.9	2 937
2020	11	卓晔 1 号	303.3	2021	10*	207.4	2 937
2020	12	量磁群英 1 号	264.1	2021	15*	156.4	2 937
2020	13	沃土 1 号	256.1	2021	121	59.1	2 937
2020	14	冠丰 3 号消费优选	255.3	2021	41	100.7	2 937
2020	15	浅湖稳健 5 号	249.2	2021	2 398	−8.7	2 937
2020	16	诚品 2 号	243.9	2021	34	104.9	2 937
2020	17	正圆小伙伴	243.2	2021	18*	135.7	2 937

续表

排序期	排序期排名	基金名称	排序期收益率（%）	检验期	检验期排名	检验期收益率（%）	样本量
2020	18	长量大志 1 号	237.8	2021	31	107.5	2 937
2020	19	顺然 7 号	237.4	2021	49	90.3	2 937
2020	20	凌顶 7 号	237.3	2021	702	19.5	2 937
2020	21	汐泰东升 2 号	232.7	2021	66	77.1	2 937
2020	22	盈洋远航 1 号	232.3	2021	45	94.4	2 937
2020	23	中安汇富-国元莲花山	215.3	2021	138	53.2	2 937
2020	24	诚品 1 号	214.4	2021	73	74.3	2 937
2020	25	北京福睿德 9 号	212.8	2021	65	77.3	2 937
2020	26	鸿凯 37 号	202.9	2021	1 133	10.1	2 937
2020	27	天合至诚 6 号	191.6	2021	2 453	−10.0	2 937
2020	28	厚生稳赢 7 号	189.4	2021	638	20.8	2 937
2020	29	达理 1 号	185.3	2021	520	24.5	2 937
2020	30	匠心全天候	179.3	2021	1*	1 382.7	2 937

附录四 收益率在排序期和检验期分别排名前 30 位的基金排名（排序期为一年）：2018~2021 年

本表展示的是排序期为一年，检验期为一年时，排序期和检验期分别排名前 30 位的基金及基金的收益率。样本量为在排序期和检验期都存在的基金数量。★ 表示在检验期仍排名前 30 位的基金。

排序期	排序期排名	基金名称	排序期收益率（%）	检验期	检验期排名	基金名称	检验期收益率（%）	样本量
2018	1	天成壹号（方圆）	236.0	2019	1	等观风险 5 号	373.6	5 012
2018	2	潮金产融 1 号	152.9	2019	2	财富骐骥定增 28 号	356.5	5 012
2018	3	天下溪	127.3	2019	3	紫霞 1 号	354.5	5 012
2018	4	悟源北斗 1 号	122.7	2019	4	万方稳进 1 号	293.9	5 012
2018	5	奥瀚投资 2 号	119.0	2019	5	小棉袄	234.5	5 012
2018	6	协捷资产-私募学院菁英 324 号	116.1	2019	6	等观风险 7 号	228.8	5 012
2018	7	大禾投资-掘金 1 号	99.0	2019	7	富承价值 1 号	223.6	5 012
2018	8	大禾投资-掘金 6 号	85.6	2019	8	柚子乘风	221.1	5 012
2018	9	金然稳健 1 号	85.3	2019	9	富承高息 1 号	211.8	5 012
2018	10	宁水精选 3 期	85.1	2019	10	齐翔盛世 3 期	206.8	5 012
2018	11	塑造者 1 号	84.3	2019	11	正圆 1 号	197.0	5 012
2018	12	悟源点精 1 号	81.3	2019	12	胤狮 10 号	194.1	5 012
2018	13	领冠 3 号	79.0	2019	13	激流 1 号	193.3	5 012
2018	14	步标众禾朴门 5 号	69.0	2019	14	林园投资 20 号	181.4	5 012
2018	15	尚艺麒麟 1 号	66.9	2019	15	青鼎恒润 1 号	173.6	5 012
2018	16	洼盈 9 号	62.4	2019	16	林园投资 2 号	167.5	5 012

续表

排序期	排序期排名	基金名称	排序期收益率（%）	检验期	检验期排名	基金名称	检验期收益率（%）	样本量
2018	17	洼盈 17 号量化对冲 FOF	62.4	2019	17	七王瑞德 2 号	165.7	5 012
2018	18	菁云专享 1 号	60.1	2019	18	建泓绝对收益 1 号	164.6	5 012
2018	19	红亭稳赢 2 期	59.3	2019	19	林园投资 1 号	164.6	5 012
2018	20	领冠 2 号	59.1	2019	20	信确 1 号	159.1	5 012
2018	21	舜正群蚁	56.8	2019	21	红帆 2 号	157.0	5 012
2018	22	悟源农产品 2 号	55.9	2019	22	斌诺启航 1 号	153.8	5 012
2018	23	天瓴-幻方星辰 12 号	53.0	2019	23	乔戈里蓝筹精选 9 号	150.7	5 012
2018	24	冲和再昇 1 号	51.6	2019	24	林园投资 15 号	146.1	5 012
2018	25	云天志太平山 1 号	51.4	2019	25	新里程超越梦想	145.7	5 012
2018	26	幂数期权做市 1 号	50.8	2019	26	浅湖达尔文 2 号	144.7	5 012
2018	27	招金 11 号	50.4	2019	27	迎水龙凤呈祥 1 号	140.7	5 012
2018	28	银杢进取 2 号	49.5	2019	28	建泓时代绝对收益 2 号	140.3	5 012
2018	29	君翼价值 1 号	49.2	2019	29	恒昌格物 1 号	139.6	5 012
2018	30	万顺通 2 号	47.2	2019	30	私募工场龙安长航 1 期	138.4	5 012
2019	1	小棉袄	234.5	2020	1	华融金融小镇九智 1 号	1 434.0	1 687
2019	2	富承价值 1 号	223.6	2020	2	仙童 FOF11 期	286.8	1 687
2019	3	富承高息 1 号	211.8	2020	3	沃土 1 号	256.1	1 687
2019	4	聚鸣医药创新	167.4	2020	4	浅湖稳健 5 号*	249.2	1 687
2019	5	重华 1 号	149.6	2020	5	诚品 2 号	243.9	1 687

续表

排序期	排序期排名	基金名称	排序期收益率（%）	检验期	检验期排名	基金名称	检验期收益率（%）	样本量
2019	6	新里程超越梦想	145.7	2020	6	盈宇远航 1 号	232.3	1 687
2019	7	浅湖达尔文 2 号	144.7	2020	7	中安汇富-国元莲花山	215.3	1 687
2019	8	迎水龙凤呈祥 1 号	140.7	2020	8	诚品 1 号	209.2	1 687
2019	9	新里程藏宝图私享家 1 号	137.7	2020	9	达理 1 号*	185.3	1 687
2019	10	达理 1 号	127.8	2020	10	五色土 1 期	184.3	1 687
2019	11	舜智竹节 1 号	120.5	2020	11	红船一号	167.9	1 687
2019	12	鲤鱼门稳健	118.3	2020	12	石锋重剑一号	166.3	1 687
2019	13	鼎萨价值成长	116.2	2020	13	鼎锋大健康	165.9	1 687
2019	14	恒泰辰丰港湾 1 期	114.5	2020	14	中安汇富-莲花山宏观 5 号	164.3	1 687
2019	15	掘金 707 号	111.3	2020	15	趣时健康生活 1 号	152.9	1 687
2019	16	纽达 1 号	111.1	2020	16	华安合鑫稳健 1 期	151.4	1 687
2019	17	无量 1 期	110.2	2020	17	朴信 3 号	150.7	1 687
2019	18	大禾投资-掘金 1 号	108.9	2020	18	钜融 1 号	149.5	1 687
2019	19	辛巴达母基金 B 类	108.0	2020	19	中安汇富莲花山宏观对冲 7 号	148.4	1 687
2019	20	黑牛食品定增 1 号	107.6	2020	20	华安合鑫稳健	144.5	1 687
2019	21	掘金 909 号	105.5	2020	21	罗马大道鸢尾花 1 期	140.5	1 687
2019	22	菁骊长兴	105.4	2020	22	混沌 1 号（聚发 11）	137.6	1 687
2019	23	迎水龙凤呈祥 2 号	103.0	2020	23	望岳投资小象 1 号	136.2	1 687
2019	24	迎水龙凤呈祥 12 号	101.6	2020	24	朴信成长 6 号	133.0	1 687

续表

排序期	排序期排名	基金名称	排序期收益率（%）	检验期	检验期排名	基金名称	检验期收益率（%）	样本量
2019	25	浅湖稳健5号	100.7	2020	25	中安汇富-莲花山宏观对冲3号2期	132.6	1 687
2019	26	浦江之星165号	100.3	2020	26	朴信1号	131.4	1 687
2019	27	上善若水疾风	97.5	2020	27	石锋笃行一号	126.3	1 687
2019	28	华中1号（伊洛投资）	96.5	2020	28	石锋守正二号	124.7	1 687
2019	29	大禾投资-掘金6号	96.4	2020	29	神农极品	122.5	1 687
2019	30	华杉永旭	95.7	2020	30	盈定2号	121.6	1 687
2020	1	建泓绝对收益1号	830.9	2021	1	匠心全天候★	1 382.7	2 937
2020	2	弘苍套利稳健管理型2号	517.2	2021	2	金曼宏观1号	415.2	2 937
2020	3	顺然共赢2号	514.7	2021	3	弘苍套利稳健管理型2号★	382.8	2 937
2020	4	具力禾玺1号	514.3	2021	4	中阅产业主题3号	331.0	2 937
2020	5	建泓时代绝对收益2号	461.0	2021	5	佰邦2号	276.1	2 937
2020	6	顺然好运来长期复利1号	404.7	2021	6	康祺资产稳进1号	267.6	2 937
2020	7	汇璮豪翔进取1号	398.3	2021	7	前海佰德稳纳资本5号	259.0	2 937
2020	8	顺然3号	357.0	2021	8	必胜季季升1号	218.7	2 937
2020	9	骐聚旭瀛多空主题1号	322.6	2021	9	长富山3号	217.7	2 937
2020	10	财富兄弟紫时成长1号	310.3	2021	10	卓畔1号★	207.4	2 937
2020	11	卓畔1号	303.3	2021	11	前海佰德稳纳资本大轮动6号	185.5	2 937
2020	12	量磁群英1号	264.1	2021	12	前海佰德稳纳资本大轮动7号	181.0	2 937

续表

排序期	排序期排名	基金名称	排序期收益率(%)	检验期	检验期排名	基金名称	检验期收益率(%)	样本量
2020	13	沃土 1 号	256.1	2021	13	正圆 1 号	168.2	2 937
2020	14	冠丰 3 号消费优选	255.3	2021	14	象牙盈虚有象	164.2	2 937
2020	15	浅湖稳健 5 号	249.2	2021	15	量磁群英 1 号*	156.4	2 937
2020	16	诚品 2 号	243.9	2021	16	财富兄弟量石量化	152.5	2 937
2020	17	正圆小伙伴	243.2	2021	17	涌贝资产阳光进取	138.9	2 937
2020	18	长量大志 1 号	237.8	2021	18	正圆小伙伴*	135.7	2 937
2020	19	顺然 7 号	237.4	2021	19	华安合鑫稳健 1 期	133.1	2 937
2020	20	凌顶 7 号	237.3	2021	20	华安合鑫稳健	131.3	2 937
2020	21	汐泰东升 2 号	232.7	2021	21	弘茗套利稳健管理型 1 号	128.3	2 937
2020	22	盈洋远航 1 号	232.3	2021	22	涌贝资产阳光稳健	127.3	2 937
2020	23	中安汇富－国元莲花山	215.3	2021	23	五色土 5 期	126.3	2 937
2020	24	诚品 1 号	214.4	2021	24	前海佰德纳资本 8 号	125.6	2 937
2020	25	北京福睿德 9 号	212.8	2021	25	九峰 FOF3 号	125.4	2 937
2020	26	鸿凯 37 号	202.9	2021	26	睿祺 6 号	124.5	2 937
2020	27	天合至诚 6 号	191.6	2021	27	润泉 1 期	122.1	2 937
2020	28	厚生稳赢 7 号	189.4	2021	28	恒邦 10 号	121.5	2 937
2020	29	达理 1 号	185.3	2021	29	国盈资本成长 1 号	120.5	2 937
2020	30	匠心全天候	179.3	2021	30	靖奇光合长谷	109.7	2 937

附录五　夏普比率在排序期排名前 30 位的基金在检验期的排名（排序期为一年）：2018～2021 年

本表展示的是排序期为一年，检验期为一年时，排序期夏普比率排名前 30 位的基金在检验期的夏普比率排名，及基金在排序期和检验期的夏普比率排名。★ 表示在检验期仍排名前 30 位的基金。样本量为在排序期和检验期都存在的基金数量。

排序期	排序期排名	基金名称	排序期夏普比率	检验期	检验期排名	检验期夏普比率	样本量
2018	1	高创金龙 1 号	12.09	2019	4 725	-0.53	5 052
2018	2	地鑫海中湾 A	11.20	2019	4 622	-0.29	5 052
2018	3	坤元 TOT	10.77	2019	2★	10.29	5 052
2018	4	展弘稳进 1 号 3 期	8.28	2019	5★	7.90	5 052
2018	5	达尔文明德 1 号	7.75	2019	678	2.14	5 052
2018	6	泛融金太极 2 号	7.68	2019	1★	12.93	5 052
2018	7	展弘稳进 1 号	7.37	2019	7★	7.86	5 052
2018	8	卓踪稳健致远	6.99	2019	1 589	1.65	5 052
2018	9	达尔文至诚 1 号	6.80	2019	2 990	1.01	5 052
2018	10	君悦日新 4 号	6.49	2019	4 390	0.05	5 052
2018	11	乾升对冲 1 号	6.29	2019	4 361	0.09	5 052
2018	12	紫升文丰 2 期	6.29	2019	914	2.00	5 052
2018	13	天宝云中燕 4 期	6.11	2019	2 935	1.03	5 052
2018	14	嘉华合晟 3 号	5.71	2019	4★	7.95	5 052
2018	15	天宝云中燕 3 期	5.64	2019	118	2.96	5 052
2018	16	量游 2 号	5.37	2019	4 079	0.36	5 052
2018	17	丰衍财富与日聚金	5.31	2019	368	2.47	5 052

续表

排序期	排序期排名	基金名称	排序期夏普比率	检验期	检验期排名	检验期夏普比率	样本量
2018	18	金锝建业 2 号	5.20	2019	599	2.22	5 052
2018	19	丰衍财富绝对收益	5.10	2019	2 673	1.17	5 052
2018	20	金锝 5 号	5.06	2019	78	3.28	5 052
2018	21	雷根期权套利	5.05	2019	80	3.23	5 052
2018	22	复熙恒赢 11 号	4.98	2019	20*	5.30	5 052
2018	23	塑造者 1 号	4.92	2019	37	4.12	5 052
2018	24	幂数期权做市 1 号	4.91	2019	3 963	0.45	5 052
2018	25	熠道丰盈 1 号	4.79	2019	489	2.33	5 052
2018	26	尊享系列 1 号	4.78	2019	122	2.95	5 052
2018	27	达尔文远志 1 号	4.66	2019	2 795	1.11	5 052
2018	28	励京资本一稳利 2 号	4.61	2019	15*	6.40	5 052
2018	29	金锝 15 号	4.48	2019	55	3.58	5 052
2018	30	弦高稳健 2 号	4.43	2019	1 740	1.59	5 052
2019	1	兴业元泰 9 号	25.95	2020	2*	17.13	1 694
2019	2	元泰 12 号（20181212 期）	20.68	2020	1*	25.32	1 694
2019	3	联合安鑫	10.36	2020	4*	7.38	1 694
2019	4	坤元 TOT	10.29	2020	127	2.58	1 694
2019	5	明铖安心回报 1 号	8.63	2020	157	2.48	1 694
2019	6	鲁信稳健 1 号	7.86	2020	6*	5.77	1 694
2019	7	展弘稳进 1 号	7.86	2020	10*	4.97	1 694

续表

排序期	排序期排名	基金名称	排序期夏普比率	检验期	检验期排名	检验期夏普比率	样本量
2019	8	联创永泉新享尊享 A 期	5.66	2020	7*	5.63	1 694
2019	9	青云专享 1 号	5.65	2020	677	1.64	1 694
2019	10	工银量化信诚精选	5.60	2020	1 646	-1.16	1 694
2019	11	复熙恒赢 11 号	5.30	2020	37	3.35	1 694
2019	12	扬帆 18 号	4.86	2020	1 064	1.14	1 694
2019	13	申毅格物 5 号	4.57	2020	204	2.38	1 694
2019	14	睿赢精选 C 类 6 期	4.57	2020	5*	5.78	1 694
2019	15	天合天勤 1 号	4.57	2020	844	1.43	1 694
2019	16	宁波幻方	4.49	2020	186	2.41	1 694
2019	17	联合安鑫添利	4.23	2020	990	1.26	1 694
2019	18	真爱梦想 1 号	4.06	2020	905	1.36	1 694
2019	19	美盈	4.01	2020	627	1.70	1 694
2019	20	鹤骑鹰一栗	3.92	2020	271	2.22	1 694
2019	21	微丰全天候 2 号	3.86	2020	14*	4.31	1 694
2019	22	理石盛世 1 号	3.85	2020	890	1.38	1 694
2019	23	大朴多维度 15 号	3.83	2020	198	2.39	1 694
2019	24	希格斯沪深 300 单利宝 1 号	3.75	2020	92	2.72	1 694
2019	25	大朴多维度 24 号	3.67	2020	201	2.38	1 694
2019	26	君行 5 号	3.57	2020	1 282	0.75	1 694
2019	27	量化稳健 4 号	3.52	2020	1 499	0.03	1 694

续表

排序期	排序期排名	基金名称	排序期夏普比率	检验期	检验期排名	检验期夏普比率	样本量
2019	28	君行 8 号	3.43	2020	268	2.23	1 694
2019	29	微丰凯旋 9 号	3.42	2020	77	2.88	1 694
2019	30	大朴藏象 1 号	3.42	2020	221	2.34	1 694
2020	1	联卡稳健 1 期	12.72	2021	116	2.45	2 937
2020	2	弘茗稳健管理型 9 号	7.74	2021	1 955	−0.02	2 937
2020	3	白鹭 FOF 演武扬 1 号	5.19	2021	147	2.26	2 937
2020	4	珺容锐远 2 号	5.17	2021	2 324	−0.40	2 937
2020	5	金锝建业安享 1 号	5.03	2021	145	2.28	2 937
2020	6	金锝量化	5.03	2021	72	2.75	2 937
2020	7	展弘稳进 1 号	4.97	2021	1*	8.17	2 937
2020	8	金锝 6 号对冲 15 号	4.91	2021	157	2.24	2 937
2020	9	十字星 1 期	4.91	2021	19*	4.21	2 937
2020	10	梧源点精 3 号	4.90	2021	1 427	0.41	2 937
2020	11	辉毅 5 号	4.87	2021	714	1.11	2 937
2020	12	金锝 6 号	4.87	2021	128	2.37	2 937
2020	13	霁泽夏天 1 号	4.86	2021	14*	4.80	2 937
2020	14	金锝建业 17 号	4.81	2021	143	2.30	2 937
2020	15	金锝中性量化优选 3 号	4.80	2021	179	2.14	2 937
2020	16	金锝建业 1 号	4.77	2021	85	2.63	2 937
2020	17	金锝 6 号对冲 14 号	4.76	2021	158	2.23	2 937

续表

排序期	排序期排名	基金名称	排序期夏普比率	检验期	检验期排名	检验期夏普比率	样本量
2020	18	靖奇睿科 3 号	4.74	2021	234	1.95	2 937
2020	19	金锝中性量化优选 1 号	4.70	2021	178	2.15	2 937
2020	20	璧虎震宇成长 1 号	4.66	2021	2 270	-0.35	2 937
2020	21	辉毅 4 号	4.44	2021	141	2.31	2 937
2020	22	旌安 3 号	4.44	2021	205	2.02	2 937
2020	23	展弘稳达 1 号	4.30	2021	7*	5.86	2 937
2020	24	建泓绝对收益 1 号	4.28	2021	619	1.25	2 937
2020	25	盈诚兆丰 1 号	4.23	2021	811	1.02	2 937
2020	26	致同稳健成长 1 期	4.20	2021	124	2.38	2 937
2020	27	璧虎南商 1 号	4.20	2021	2 082	-0.15	2 937
2020	28	金锝 5 号	4.19	2021	103	2.51	2 937
2020	29	展弘稳进 1 号 10 期	4.18	2021	8*	5.82	2 937
2020	30	盈阳 27 号	4.06	2021	246	1.89	2 937

参 考 文 献

［1］庞丽艳、李文凯、黄娜：《开放式基金绩效评价研究》，载于《经济纵横》2014 年第 7 期。

［2］赵骄、闫光华：《公募基金与阳光私募基金经理的管理业绩持续性实证分析》，载于《科技经济市场》2011 年第 12 期。

［3］赵羲、刘文宇：《中国私募证券投资基金的业绩持续性研究》，载于《上海管理科学》2018 年第 6 期。

［4］朱杰：《中国证券投资基金收益择时能力的实证研究》，载于《统计与决策》2012 年第 12 期。

［5］Agarwal V, Naik N Y. On Taking the "Alternative" Route：The Risks, Rewards, and Performance Persistence of Hedge Funds ［J］. The Journal of Alternative Investments, 2000 (2)：6-23.

［6］Brown S J, Goetzmann W N. Performance Persistence ［J］. The Journal of Finance, 1995 (50)：679-698.

［7］Carhart M M. On Persistence in Mutual Fund Performance ［J］. The Journal of Finance, 1997 (52)：57-82.

［8］Cao C, Simin T & Wang Y. Do Mutual Fund Managers Time Market Liquidity? ［J］. Journal of Financial Markets, 2013 (16)：279-307.

［9］Cao C, Chen Y, Liang B & Lo A. Can Hedge Funds Time Market Liquidity? ［J］. Journal of Financial Economics, 2013 (109)：493-516.

［10］Cao C, Farnsworth G & Zhang H. The Economics of Hedge Fund Startups：Theory and Empirical Evidence ［J］. Journal of Finance, Forthcoming, 2020.

［11］Chen Y. Timing Ability in the Focus Market of Hedge Funds ［J］. Journal of Investment Management, 2007 (5)：66-98.

［12］Chen Y, Liang B. Do Market Timing Hedge Funds Time the Market?［J］. Journal of Financial and Quantitative Analysis, 2007 (42)：827-856.

［13］Fama E F, French K R. The Cross-section of Expected Stock Returns ［J］. The Journal of Finance, 1992 (47)：427-465.

［14］Fama E F, French K R. Common Risk Factors in the Returns on Stocks and Bonds ［J］. Journal of Financial Economics, 1993 (33)：3-56.

［15］ Fama E F, French K R. Luck Versus Skill in the Cross-section of Mutual Fund Returns ［J］. The Journal of Finance, 2010 （65）: 1915−1947.

［16］ Fung W, Hsieh D A. Hedge Fund Benchmarks: A Risk-based Approach ［J］. Financial Analysts Journal, 2004 （60）: 65−80.

［17］ Malkiel B G. Returns from Investing in Equity Mutual Funds 1971 to 1991 ［J］. The Journal of Finance, 1995 （50）: 549−572.

［18］ Jegadeesh N, Titman S. Returns to Buying Winners and Selling Losers: Implications for Stock Market Efficiency ［J］. The Journal of Finance, 1993 （48）: 65−91.

后　记

　　本书是清华大学五道口金融学院民生财富管理研究中心经过多年积累的研究成果，是我中心 2016~2021 年历年出版的《中国公募基金研究报告》和《中国私募基金研究报告》的后续报告。2022 年，我们进一步完善了研究方法、样本和结果，出版《2022 年中国公募基金研究报告》和《2022 年中国私募基金研究报告》，以飨读者。

　　本书凝聚着所有参与研究和撰写的工作人员的心血和智慧。在整个书稿的撰写及审阅过程中，清华大学五道口金融学院的领导们给予了大力支持，报告由曹泉伟教授和陈卓教授共同主持指导，由研究人员门垚、王平凡、石界、李想、姜白杨、詹欣琪和滕立雅共同撰写完成。

　　我们衷心感谢清华大学五道口金融学院、香港中文大学（深圳）高等金融研究院和香港中文大学（深圳）经济管理学院的大力支持，感谢来自学术界、业界、监管机构的各方人士在书稿写作过程中提供的帮助。在此特别鸣谢中国民生银行对民生财富管理研究中心的慷慨捐赠，正是因为中国民生银行的大力支持，民生财富管理研究中心才能专注于运用现代经济金融理论，结合前沿量化研究方法，分析研究金融市场的产品与投资策略，搭建学术研究与金融业界交流的平台。此外，我们感谢富国基金管理有限公司和汇添富基金管理股份有限公司的领导在我们实地调研时提供的大力支持，感谢于江勇、王立新、史炎、朱民、李剑桥、张晓燕、杨文斌、余剑锋、钟蓉萨、赵康、张博辉、舒涛、俞文宏和廖理等为本书提供了许多有价值的建议。最后，我们由衷感谢来自各方的支持与帮助，在此一并致谢！

作者

2022 年 3 月

图书在版编目（CIP）数据

2022年中国私募基金研究报告／曹泉伟等著．—北京：经济科学出版社，2022.5

ISBN 978-7-5218-3640-0

Ⅰ.①2… Ⅱ.①曹… Ⅲ.①投资基金-研究报告-中国-2022 Ⅳ.①F832.51

中国版本图书馆 CIP 数据核字（2022）第 070108 号

责任编辑：初少磊
责任校对：刘　娅
责任印制：范　艳

2022 年中国私募基金研究报告

曹泉伟　陈卓　等/著

经济科学出版社出版、发行　新华书店经销

社址：北京市海淀区阜成路甲 28 号　邮编：100142

总编部电话：010-88191217　发行部电话：010-88191540

网址：www.esp.com.cn

电子邮箱：esp@esp.com.cn

天猫网店：经济科学出版社旗舰店

网址：http://jjkxcbs.tmall.com

北京季蜂印刷有限公司印装

787×1092　16 开　19.5 印张　400000 字

2022 年 6 月第 1 版　2022 年 6 月第 1 次印刷

ISBN 978-7-5218-3640-0　定价：76.00 元

（图书出现印装问题，本社负责调换。电话：010-88191510）

（版权所有　侵权必究　打击盗版　举报热线：010-88191661

QQ：2242791300　营销中心电话：010-88191537

电子邮箱：dbts@esp.com.cn）